A *Teologia Pública Africana* é um empreendimento teológico coletivo monumental, que desafia a igreja global de modo geral e africana em particular a engajar-se na busca de soluções para os dilemas que enfermam a realidade humana de forma transversal. É uma convocação à comunidade de fé em África para celebrar a sua fé em praça pública e servir de ponto de referência moral para um continente que clama desesperadamente pela manifestação dos filhos de Deus. É uma ferramenta prática que desperta a consciência missionária dos cristãos, e os desafia no sentido de assumirem-se como agentes da *Missio Dei* em suas áreas de intervenção pública; usando os recursos ao seu dispor (dons e serviços) para o avanço do Reino de Deus. Os autores desta obra, são teólogos de diferentes países africanos, que de forma uníssona se recusam a aceitar que a África que temos hoje é a Africa que Deus quer. É este inconformismo, expresso em cada capítulo deste livro, que nos inspira a reflexão, oração e ação em prol de uma África que todos nós queremos. Leia e responda.

Alberto Lucamba Salombongo Alberto
Professor de Teologia Bíblica,
Diretor do Instituto Superior de Teologia Evangélica no Lubango (ISTEL), Angola

A *Teologia Pública Africana* irá enriquecer o discurso internacional sobre a teologia pública. Africanos de diferentes países e disciplinas teológicas propuseram-se a refletir sobre a tarefa tríplice da teologia pública. Isso significa que eles, em primeiro lugar, explicam os conteúdos públicos inerentes à tradição da fé cristã; em segundo lugar, demonstram a racionalidade pública, a razoabilidade e a lógica da fé cristã; e, em terceiro lugar, exploram e revelam o significado público, sua relevância pública e o impacto público da fé cristã.

Vivendo num continente com tantas preocupações globais, os autores fazem seu trabalho com pathos, ethos e logos. Impulsionados pela compaixão e preocupação, por valores éticos sólidos e pela lógica libertadora de Deus, eles trazem uma nova visão para várias preocupações públicas globais. Eles nos desafiam a nos preocuparmos com as coisas com as quais Deus se preocupa em todos os públicos da vida.

Este livro nos ajudará a sermos discípulos fiéis e cidadãos responsáveis, uma igreja pública fiel e uma instituição engajada da sociedade civil, em contextos locais, globais, continentais e cósmicos.

Nico Koopman, DTh
Vice-Presidente, Social Impact, Transformation and Personnel,
Professor de Teologia Pública e Ética,
Universidade de Stellenbosch, África do Sul

Atualmente todo o cristão comprometido em África concordará que este continente enfrenta enormes problemas de corrupção, mentiras, engano, ganância, assassinato e maldade de todos os tipos. Este é o cenário que este grupo cuidadosamente selecionado de teólogos procura abordar ao insistir que a África que Deus deseja é possível. A teologia pública deve ser vista não apenas como o estudo de Deus, mas também como o estudo de como Deus interage com sua criação. A teologia pública analisa o que a fé significa na "vida secular" (a arena pública). Os escritores exploram uma ampla gama de áreas cruciais da vida atual e trazem encorajamento e visão renovada ao considerarem o ensino bíblico e os princípios cristãos como sendo relevantes e, assim, procuram descobrir como a igreja pode realmente ser luz e sal, anunciando transformação e mudança. É leitura essencial para todas as faculdades teológicas e cristãos interessados.

The Most Rev Benjamin A. Kwashi, DMin
Bispo de Jos, Nigeria
Secretário-Geral, Global Anglican Future Conference (GAFCON)

O trabalho neste livro de estudiosos conceituados de África é uma pesquisa confiável que abordou a maioria das questões teológicas no terreno na África. Os vários tópicos descritos neste livro representam os desafios que afetam os africanos e destacam o fato de que a teologia deve continuar a se envolver com esses tópicos para se trazer mudanças positivas para as comunidades africanas. Gostaria de elogiar todos os colaboradores deste projeto por sua profunda preocupação com a África. Os leitores não apenas obterão informações, mas também serão capacitados para entender questões que afetam as comunidades africanas. Este livro vai além da mera leitura para se tornar um recurso acadêmico.

Rev. Gertrude Aopesyaga Kapuma, PhD
Professora Sénior,
Teologia Prática (Cuidado Pastoral e Aconselhamento),
Zomba Theological College, Malawi

Os autores deste recurso crítico demonstraram sucintamente e com integridade teológica, bem como pesquisa aprofundada, o lugar da teologia pública na África. Leia a sua conta em profundidade!

Thabo Makgoba, PhD
Arcebispo da Igreja Anglicana Cidade do Cabo, África do Sul

Este livro representa um presente oportuno do coração da África na hora certa. É uma coleção de ensaios com nuances e de fácil leitura, tecendo uma variedade de questões que pertencem uma à outra, mas muitas vezes são desarticuladas. Sua principal preocupação é a relação entre a vida cotidiana das pessoas e suas convicções de fé. O livro desafia profundamente congregações e centros de aprendizagem em África e no resto do mundo. A perspetiva de cada capítulo aborda questões teológicas e sociais de forma crítica e transformadora. Algo que representa um fio de ouro é o revisitar a vida pública africana a partir de diferentes perspetivas bíblicas. A pesquisa para o livro foi feita sem detalhes irrelevantes. É altamente recomendado para quem deseja ter um novo olhar sobre as ricas e complexas realidades das sociedades africanas dentro de seus contextos religiosos.

Elna Mouton
Professora Emérita, Novo Testamento,
Ex-reitora da Faculdade de Teologia,
Universidade de Stellenbosch
África do Sul

Gratos estamos a Deus pelo trabalho de amor oferecido pelos autores da *Teologia Pública Africana* para o povo da África. Este importante trabalho abre um caminho fecundo para a relevância evangélica no continente africano. De facto, por gerações, os evangélicos evitaram a praça pública e escaparam para a esfera privada da moralidade pessoal, salvação pessoal, estudo pessoal da Bíblia e evangelismo pessoal, vendo estes como a soma total do que os cristãos são chamados a ser e fazer no mundo.

O distinto intelectual público queniano, Professor Ali Mazrui, descreveu a situação africana assim: "Os africanos podem não ser as pessoas mais brutalizadas do mundo, mas certamente são as mais desumanizadas". Ele estava certo, e é essa condição que desafia os teólogos africanos a teologizar de forma diferente sobre sua fé e explorar sua relevância pública. Sua "paróquia" exige isso.

Em sua compilação da *Teologia Pública Africana*, Agang, Hendriks e Forster deram uma valiosa contribuição para a formação de pastores e teólogos chamados a servir o povo africano, que em muitos aspectos são como ovelhas sem pastor.

Rev Moss Ntlha, MTh
Secretário Geral
Aliança Evangélica da África do Sul

Este livro pressiona exatamente onde dói. Mais uma vez, os teólogos africanos demonstraram sua disposição e capacidade de abordar questões que importam para a igreja em África. É uma iniciativa louvável que saúdo. A *Teologia Pública Africana* é um convite para sair do caminho já percorrido de fazer teologia. Apresenta a ideia de que para a África se tornar a África que queremos, devemos lutar pela África que Deus quer. Não é, portanto, surpreendente que a Bíblia seja vista como a pedra angular deste projeto que busca a renovação e restauração da África. O tempo em que a igreja apenas ora e proclama mudanças já passou. Este livro chama os cristãos africanos a "sujarem as mãos" e tornarem-se agentes da transformação da África. Ele foca honestamente nas questões-chave que precisam de nossa atenção, sugere novas atitudes e propõe direções para a práxis adequada. Este livro é notavelmente bem escrito e bem organizado, intelectualmente gratificante e bíblico e teologicamente sólido.

Yacouba Sanon, PhD
Professor, Université de l'Alliance Chrétienne d'Abidjan, Cote D'Ivoire
Presidente do Conselho e Editor Geral, *Africa Bible Commentary*

Esta é uma ignição importante para uma introdução à teologia pública na África. Explicando a natureza e a fundamentação teológica trinitária da teologia pública e nomeando uma série de assuntos que são desafios concretos a serem abordados, o livro termina desafiando a igreja em sua tarefa nesta perspetiva e contexto. Os autores africanos estão a escrever sobre os desafios africanos de dentro e para o contexto africano. No entanto, este livro não é relevante apenas para os africanos; Cristãos em outros contextos também podem ganhar muito com as percepções oferecidas aqui. Há honestidade e autocrítica, bem como uma voz profética. Os cristãos são chamados a atuar com competência, tanto teológica quanto outras conforme a necessidade, para atuar na esfera pública, contribuindo vigorosamente como igreja na sociedade sem se impor. A teologia pública oferecida aqui é bíblica e contextualmente fundamentada e teologicamente refletida, oferecida em linguagem muito acessível, com questões pertinentes para posterior discussão e reflexão. Uma contribuição muito relevante e encorajadora para envolver a esfera pública na África.

Rudolf von Sinner, Theol Habil
Professor Associado de Teologia Sistemática, Pontifícia Universidade Católica do Paraná, Campus Curitiba, Brasil Presidente da Global Network for Public Theology

Em nosso mundo complexo, pós-colonial, pós-moderno, pluralista e global, pensar biblicamente e teologicamente sobre o testemunho público da fé cristã tornou- se criticamente importante. É urgente explorar e trazer à tona a contribuição que a nossa fé dá ao bem comum e ao crescimento humano. E é exatamente isso que se faz na *Teologia Pública Africana*! É um livro novo e inovador que aborda questões cruciais de fé e vida pública para pessoas comuns na África e defende uma presença cristã redentora no mundo. Os eruditos africanos que escrevem neste livro argumentam corajosamente e convincentemente que os cristãos têm uma contribuição a dar para alargar o horizonte e a visão mais ampla da ÁFRICA 2063 e mostram especificamente qual é o papel único que a teologia pública africana pode desempenhar em trabalhar para alcançar essa visão. Estou certo de que esta notável coleção de estudos influenciará a opinião pública, inspirará a ação pública e impactará as políticas públicas. Eu recomendo-o de todo o coração.

Corneliu Constantineanu, Theol Habil
Professor de Teologia Pública,
Director do Intercultural and Interconfessional Research Centre, Aurel Vlaicu University of Arad, Romania

Teologia Pública Africana

Teologia Pública Africana

Editor Geral
Sunday B. Agang

Editores Associados
H. Jurgens Hendriks
Dion A. Forster

© 2023 Sunday B. Agang, H. Jurgens Hendriks e Dion A. Forster

Publicado em 2022 pela HippoBooks, uma marca da Langham Publishing.

Langham Publishing, PO Box 296, Carlisle, Cumbria, CA3 9WZ, Reino Unido
www.langhampublishing.org

Sem o subsídio da TEARFUND para este livro, Teologia Pública Africana, a impressão não teria sido possível. Sinceros agradecimentos.

ISBNs:
978-1-83973-763-3 Imprimir
978-1-83973-764-0 ePub
978-1-83973-765-7 Mobi
978-1-83973-766-4 PDF

Sunday B. Agang, H. Jurgens Hendriks e Dion A. Forster, por meio deste, declaram aos Editores e aos cessionários, licenciados e sucessores dos Editores em seu direito moral de serem identificados como Autor da parte do Editor Geral na Obra de acordo com seções 77 e 78 da Lei de Direitos Autorais, Desenhos e Patentes de 1988. Os Contribuintes também afirmam seu direito de serem conhecidos como Autor de sua Contribuição de acordo com a mesma Lei de 1988.

Todos os direitos reservados. Nenhuma parte desta publicação pode ser reproduzida, armazenada em um sistema de recuperação ou transmitida, de qualquer forma ou por qualquer meio, eletrônico, mecânico, fotocópia, gravação ou outro, sem a permissão prévia por escrito do editor ou da Agência de Licenciamento de Direitos Autorais.

As solicitações de reutilização de conteúdo da Langham Publishing são processadas por meio do PLSclear. Visite www.plsclear.com para concluir sua solicitação.

Todas as citações bíblicas, salvo indicação em contrário, são extraídas da Bíblia Sagrada, Nova Versão Internacional®, NVI®. Copyright ©1993, 2000 por Biblica, Inc.™ Usado com permissão.

British Library Cataloguing-in-Publication Data
A catalogue record for this book is available from the British Library

ISBN: 978-1-83973-763-3

Design de capa e livro: projectluz.com

Os editores deste livro apoiam activamente o diálogo teológico e o direito do autor de publicar, mas não endossa necessariamente as visões e opiniões aqui expostas ou em obras referenciadas nesta publicação, nem garantem a correção técnica e gramatical. Os editores não aceitam qualquer responsabilidade ou obrigação perante pessoas ou bens como consequência da leitura, uso ou interpretação do seu conteúdo publicado.

Dedicamos este livro a Ronald Hartgerink (1942–2019)
que ouviu, compartilhou e apoiou generosamente o NetACT
até que estivéssemos de pé e a andar.

*E consideremos uns aos outros para nos
incentivarmos ao amor e às boas obras.
Hebreus 10:24*

Conteúdo

Preâmbulo xv
Prefácio xvii
Agradecimentos xxi
Contribuintes xxiii

Parte 1: Introdução a Teologia Pública 1

1   A Necessidade de Teologia Pública em África 3
     Sunday Bobai Agang

2   A Natureza da Teologia Pública 17
     Dion A. Forster

3   A Bíblia e a Teologia Pública 29
     Hassan Musa

4   A Trindade e a Teologia Pública 41
     Tersur Aben

5   A Teologia Pública e Identidade 51
     H. Jurgens Hendriks

Part 2: Teologia Pública e a Vida Pública 67

6   Democracia, Cidadania e Sociedade Civil 69
     Jane Adhiambo Chiroma

7   Trabalho 85
     Sunday Bobai Agang

8   Economia 101
     Piet Naudé

9   Pobreza 119
     Collium Banda

10   Desenvolvimento Comunitário Rural 135
     Olo Ndukwe

11   Educação 153
     Samuel Peni Ango e Ester Rutoro

12   O Meio Ambiente 167
     Ernst Conradie

13   Ciência 185
     Danie Veldsman

14 Saúde 199
    Daniel Rikichi Kajang
15 Direitos Humanos 215
    Kajit J. Bagu (John Paul)
16 Gênero 231
    Esther Mombo
17 Migração e Tráfico de Seres Humano 243
    Babatunde Adedibu
18 Refugiados e Apátridas 253
    Benaya Niyukuri
19 Relações Inter-Religiosas 269
    Johnson A. Mbillah
20 O Estado 281
    Theodros Assefa Teklu
21 Polícia e Forças Armadas 295
    Sipho Mahokoto
22 Problemas de Terra 309
    Dwight S. M. Mutonono
23 A Mídia 325
    Bimbo Fafowora and Rahab N. Nyaga
24 As Artes 345
    Ofonime e Idaresit Inyang
25 Liderança 359
    Maggie Madimbo
26 Questões Intergeracionais 373
    Nathan Hussaini Chiroma

Part 3: Teologia Pública e a Igreja 387

27 Cristianismo e a Igreja em África 389
    Matthew Michael
28 Mobilizando a Igreja em África 401
    Alfred uw'Imana Sebahene
29 Rumo à África que Deus Quer 413
    H. Jurgens Hendriks

Apêndice: Agenda 2063: A África que Queremos 423
Bibliografia 425

Preâmbulo

As teologias cristãs tradicionais do Ocidente muitas vezes se preocupara com questões que são irrelevantes para as preocupações africanas. A genialidade da *Teologia Pública Africana* é que ela adopta uma abordagem inovadora enraizada na crença de que a definição de teologia como o estudo de Deus precisa ser repensada. A teologia não é apenas o estudo de Deus; envolve também o estudo de como Deus interage com sua criação. Esta 3definição expandida permite aos trinta estudiosos africanos que contribuíram para este livro oferecer verdades novas, pertinentes e práticas. A África está a ser servida com "carne de verdade" em vez de apenas migalhas das mesas ocidentais. Ou para usar uma metáfora ainda mais básica, este livro arranha a África lá onde faz comichão!

É claro que a teologia tradicional ainda tem seu lugar e está subjacente a grande parte do conteúdo do livro, como fica claro nos capítulos da Parte 1 que discutem não apenas a natureza e a necessidade da teologia pública, mas também o papel da Bíblia e da doutrina da Trindade na formulação da teologia pública.

A Parte 2, Teologia Pública e Vida Pública, é o cerne do livro. Uma simples olhada no índice mostrará que os tópicos abordados são importantes e relevantes, e a leitura dos capítulos o convencerá de que os autores compartilham uma profunda preocupação com a África, os problemas que a África enfrenta e o que Deus deseja para o povo de África. É uma paixão que percorre todo o livro.

A parte 3, Teologia pública e a Igreja, discute a responsabilidade primária da igreja na África como testemunha de Deus em Jesus Cristo através do poder do Espírito Santo. Recorda-nos que a África que Deus quer e com que sonhamos só pode tornar-se realidade através de um movimento dos seus muitos povos.

A Teologia Pública Africana não faz apenas perguntas que os crentes, teólogos e a Igreja fazem, mas também lida com as aspirações e paixões do continente africano, conforme reflectido na Agenda 2063 da União Africana. A agenda defende a aplicação de Políticas públicas de modo a combater os demônios mais obscuros do continente – má governança, corrupção, injustiça socioeconômica, competição religiosa, conflitos tribais e étnicos e dominação política. A *Teologia Pública Africana* oferece interação intencional e robusta e recomendações sobre as questões no terreno.

Muitas teologias fazem e respondem perguntas que as pessoas não estão a fazer, e usam linguagem e conceitos que são completamente estranhos e técnicos. Na *Teologia Pública Africana*, o conteúdo é apresentado de uma forma compreensível e interessante. Os leitores não precisam de treinamento teológico avançado para entender do que trata o livro. A firme crença dos editores de que a teologia pública não é apenas para uma pequena elite, mas envolve todos é demonstrada no impulso prático de cada capítulo e de todo o livro. As perguntas ao final de cada capítulo incentivam os leitores a interagir com o conteúdo do livro e aplicar o que leram em seus próprios contextos.

A *Teologia Pública Africana* é uma declaração ousada de teólogos africanos que estão dispostos a pegar o touro pelos chifres e mostrar o que podem fazer num novo campo. Embora existam trinta autores de diferentes origens e disciplinas, há unidade de propósito, clareza e continuidade neste livro altamente legível. Seu objectivo ambicioso foi perseguido vigorosamente e, em minha mente, realizado. Os autores do livro criaram uma nova e refrescante maneira de fazer teologia que falará com teólogos, pastores, crentes e até mesmo incrédulos. Todos acharão o livro envolvente e prático.

A *TeologiaPpública Africana* é um dos livros teológicos mais importantes a sair da África em 2020 e deve ser um marco para as futuras teologias africanas. Está a ser o caso, é um recurso necessário para todos os estudiosos e crentes africanos e para todos os que estão preocupados com a África que Deus quer. Recomendo entusiasticamente como leitura obrigatória para todos os nossos cursos de teologia em todas as nossas instituições teológicas.

Samuel Waje Kunhiyop, PhD
Ex-Secretário Geral, Evangelical Church Winning All (ECWA)
Autor, African Christian Ethics *and* African Christian Theology
Janeiro 2020

Prefácio

No princípio Deus criou os céus e a terra. Era a terra sem forma e vazia; trevas cobriam a face do abismo, e o Espírito de Deus se movia sobre a face das águas.

—*Genesis 1:1-2*

África é um continente em transição com alicerces instáveis. No entanto, a leitura do relato da criação em Gênesis 1-2 nos dá uma tremenda esperança. O Deus de todos os primórdios ainda está a trabalhar! Ele usa humanos, que ele criou para serem portadores de sua imagem, para mudar a terra. Sua energia criativa não se esgota, mas ainda nos conduz por um processo repetido de criação, movendo-nos da ausência de forma, vazio e escuridão para o estágio de luz e abundância. Como escritores, experimentamos isso à medida que um livro cresce do estágio de ausência de ideias (ou esterilidade) para o estágio em que nascem ideias que podem mudar o mundo em que vivemos. Para que um livro consiga isso, ele deve gerar ideias que sejam capazes de infundir uma nova consciência, um novo espírito que seja capaz de renovar, transformar e redirecionar as sociedades humanas para a glória de Deus e a bênção das gerações presentes e futuras. Devem nascer ideias que sejam capazes de levar à humanidade e ao meio ambiente a esperança do amor, da divindade, da honestidade, da justiça, da integridade, da dignidade e da paz, ao mesmo tempo em que celebra a diferença e a diversidade. É o que queremos que este livro, fruto de um esforço colaborativo de homens e mulheres da África, alcance.

Este livro também começou na escuridão. Eu tinha terminado um livro anterior e não tinha ideia do que fazer a seguir. Então, Deus, em sua sabedoria criativa, projetou uma reunião que produziu uma centelha de luz. Foi na conferência de 2016 da Global Network for Public Theology, organizada pelo Beyers Naudé Center for Public Theology da Universidade de Stellenbosch, que me sentei para conversar com Isobel Stevenson, editora sênior da Langham Literature. Já havíamos trabalhado juntos antes e ficamos felizes em nos encontrar cara a cara. Nossa conversa se voltou para a conferência em que ambos estávamos a participar, e ela disse: "Preciso que alguém me dê um livro sobre teologia pública Africana".

Meu coração ateou em chamas. Naquela noite, Deus me deu uma ideia aproximada de como seria um livro assim. No dia seguinte, Isobel e eu nos sentamos fizemos os alicerces dessas ideias na forma que eu usaria para fazer uma proposta formal de livro a Langham. O livro começava a tomar forma, mas eu sabia que ainda faltava algo.

Em 2017, compartilhei minha visão para este livro com a Network for African Congregational Teology (NetACT), que estava reunida na Scott University, no Quênia. Cheguei à conclusão de que não deveria ser o único autor; o livro deveria ser um projecto colaborativo de autores de toda a África para que pudesse falar a toda a África. A NetACT abraçou a ideia e agendou uma reunião de planejamento em Wellington, África do Sul, em 2018.

Com a ajuda de um patrocínio de Langham e incentivado por Jurgens Hendriks e Dion Forster, tirei uma licença sabática em Stellenbosch para trabalhar no livro. Foi durante esta minha estadía lá que me deparei com o documento da União Africana (UA) *Agenda 2063: A África que Queremos* (ver apêndice). Fiquei emocionado ao assistir a um vídeo sobre o que nossos jovens em África estão a dizer e ler o que os líderes africanos fizeram para resolver suas preocupações. Ocorreu-me que este livro não deveria ser apenas meu livro, nem apenas um livro NetACT, mas deveria ser parte de um esforço colaborativo que alimenta a *Agenda 2063* da UA, e que deveria estar lado a lado com outros esforços, como o Africa Leadership Study (ALS) conduzido e publicado pela Tyndale House Foundation e o trabalho de desenvolvimento da Tearfund.

Na assembleia geral da NetACT em Wellington em 2018, dois dias foram dedicados ao brainstorming, durante os quais elaboramos duas listas: "A África que não queremos" e "África que Deus quer". A nossa visão era empoderar líderes cristãos africanos de modo fazer com que a oração "venha o teu reino" se torne numa realidade iniciando um movimento liderado pelo Espírito em nosso continente. Assim, escrevemos um manual que as escolas teológicas e os cristãos em geral podem usar para capacitá-los teológica e espiritualmente para lidar com os problemas da África.

O livro está dividido em três partes. A Parte 1 apresenta a necessidade de uma teologia pública africana e os princípios fundamentais subjacentes à nossa abordagem à teologia pública. A Parte 2 discute a aplicação da teologia prática em vários campos, e a Parte 3 trata do papel da igreja em relação à teologia prática. Cada capítulo é seguido por perguntas que podem ser usadas individualmente ou em grupo para estimular a reflexão sobre como os princípios do capítulo se relacionam com o contexto particular de cada leitor. Cada capítulo também é seguido por uma lista de leitura adicional para aqueles que desejam aprofundar um tópico de forma mais detalhada.

O último capítulo do livro fala sobre a necessidade de uma rede de teólogos para construir as ideias apresentadas nesses capítulos. Um passo na construção desta rede serão as reuniões regionais em toda a África para apresentar o livro. Mas as reuniões não podem fazer o trabalho. Depende de vocês, leitores, e nossa oração é que vocês assumam a tarefa em oração e se unam aos seus pares para trabalhar pela África que Deus deseja

Sunday B. Agang
Januario 2020

Agradecimentos

Sou profundamente grato aos muitos parceiros e colaboradores que Deus permitiu cruzar meu caminho na jornada para a produção deste livro. Agradeço ao Conselho Governativo da Evangelical Church Winning All (ECWA) Theological Seminary Kagoro por me conceder a oportunidade de tirar um ano sabático. Sou grato à Langham Partnership por me conceder um Writer's Grant em 2018, permitindo-me ter o tempo e o espaço de que precisava para ler, pesquisar e escrever. Langham também designou sua editora sênior, Isobel Stevenson, para trabalhar comigo. Sou profundamente grato por seu ardente compromisso com o projeto e sua experiência aprimorada ao longo de muitos anos de edição. Sou grato ao Centro Beyers Naudé de Teologia Pública na Faculdade de Teologia da Universidade de Stellenbosch na África do Sul, onde passei meu ano sabático. Gostaria de agradecer especialmente ao Prof. Jurgens Hendriks, que me incentivou a passar meu período sabático na África do Sul e cujas sugestões e apoio contribuíram grandemente para a concretização deste livro. Seu trabalho árduo como administrador do projeto é muito apreciado, assim como suas habilidades de angariação de fundos. Sou grato ao diretor do Beyers Naudé Centre, Prof. Dion Forster, que me acolheu calorosamente e aumentou sua carga pesada ao concordar em ser um dos editores deste livro. Gostaria também de agradecer ao Prof. Reggie Nel, Decano da Faculdade de Teologia, pelo apoio moral e pela calorosa recepção que me concedeu quando lá estive. Estou profundamente grato à Network for African Congregational Theology (NetACT) por organizar a sessão de brainstorming em 2018 e por lidar com o pedido de subvenção à Tyndale House Foundation e à Tyndale House Foundation pela subvenção para fazer os workshops regionais em 2019. E finalmente, tenho uma dívida de gratidão para com todos os autores que dedicaram seu tempo e energia às suas contribuições a este livro e ao serviço da África.

Sunday B. Agang

Contribuintes

Tersur Aben (PhD, Calvin Theological Seminary, EUA) é professor de teologia sistemática e filosófica no Theological College of Northern Nigeria, onde já actuou como presidente da faculdade. É um pastor ordenado na Igreja Cristã Reformada Universal (NKST) na Nigéria.

Babatunde Adedibu (PhD, North West University, África do Sul) é reitor da Redeemed Christian Bible College, Nigéria (ligada à Redeemers University, Ede, Nigéria).

Sunday Bobai Agang (PhD, Fuller Theological Seminary, EUA) é reitor do ECWA Theological Seminary, Jos (JETS), Nigéria. Foi anteriormente professor de ética cristã, teologia cristã e teologia pública no Seminário Teológico da ECWA, Kagoro, Nigéria. Ele também é pesquisador em teologia sistemática e eclesiologia na Stellenbosch University, África do Sul, e director do African Research Consultancy Center (ARCC) do Oversea Council International (OCI) com sede em Kagoro. Dr Agang é o fundador e presidente da Fundação Internacional para Educação Empreendedora (IFEE) e cofundador e vice-presidente da Gantys Aid to Widows, Orphans and Needy (GAWON). Publicou vários livros e artigos acadêmicos e populares.

Samuel Peni Ango (PhD, Nigerian Baptist Theological Seminary, Ogbomoso) é professor de educação cristã no UMCA Theological College, Ilorin, e atualmente o reitor do Theological College of Northern Nigeria (TCNN), Bukuru.

Kajit J. Bagu (John Paul) (PhD, Universidade de Edimburgo, Reino Unido) administra uma fundação para justiça cognitiva, ao mesmo tempo em que combina pesquisa, advocacia e redação com prática jurídica na Nigéria. Ele é o autor de *Peacebuilding, Constitutionalism and the Global South*.

Collium Banda (PhD, Stellenbosch University, África do Sul) é pesquisador de pós-doutorado na faculdade de teologia da North-West University, África do Sul, e professor adjunto de teologia sistemática e ética teológica no Theological College of Zimbabwe.

Jane Adhiambo Chiroma (PhD, Stellenbosch University, África do Sul) é professora adjunta no Departamento de Liderança da Pan Africa Christian

University, Nairobi, Quênia, e dirige uma consultoria em pesquisa e desenvolvimento de liderança. Anteriormente, ela foi chefe de educação no Seminário Teológico da ECWA, Jos (JETS), Nigéria. Dr. Chiroma se envolve em pesquisa interdisciplinar em educação ambiental, política e teologia.

Nathan Hussaini Chiroma (PhD, Stellenbosch University, África do Sul) ensina teologia prática e trabalha como reitor da Escola de Teologia da Pan Africa Christian University, Nairobi, Quênia, e é pesquisador do Departamento de Teologia Prática e Missiologia da Universidade de Stellenbosch, África do Sul.

Ernst M. Conradie (PhD, Stellenbosch University, África do Sul) é professor sênior no Departamento de Religião e Teologia da Universidade de Western Cape na África do Sul, onde ensina teologia sistemática e ética.

Bimbo Fafowora (candidata a doutorado, Stellenbosch University, África do Sul) possui mestrado em comunicação e artes da linguagem pela Universidade de Ibadan, Nigéria. Seus interesses de pesquisa são mídia, notícias falsas, gênero e política.

Dion A. Forster (PhD, Radboud University, Holanda; DTh, University of South Africa) é professor de teologia pública e ética, presidente do Departamento de Teologia Sistemática e Eclesiologia e director do Centro Beyers Naudé de Teologia Pública da Universidade Stellenbosch. Sua pesquisa se concentra nas teologias públicas africanas, na política do perdão na África do Sul e na ética teológica Wesleyana e Metodista. Dr. Forster é um ministro ordenado na Igreja Metodista da África Austral.

H. Jurgens Hendriks (DLitt, Stellenbosch University, África do Sul) é professor emérito de teologia prática e missiologia na Stellenbosch University. Ele é membro fundador e coordenador do programa da Rede de Teologia Congregacional Africana (NetACT).

Idaresit Inyang (candidato a doutorado, Stellenbosch University, África do Sul) que está afiliada ao Departamento de Artes Teatrais da Universidade de Uyo, Estado de Akwa Ibom, Nigéria. Desenvolve programas de artes criativas para crianças e jovens.

Ofonime Inyang (PhD, Tshwane University of Technology, África do Sul) ministra cursos de drama de mídia, direção, literatura oral, teatro contemporâneo e pesquisa avançada nas indústrias criativas na Universidade de Uyo, Estado de Akwa Ibom, Nigéria. Ele estuda a intersecção da política cultural no desenvolvimento sustentável na África Subsaariana com ênfase nos contextos nigeriano e sul-africano.

Daniel Rikichi Kajang (PhD, St Clement University, Índias Ocidentais Britânicas) é actualmente um especialista sênior em governança em aquisições do Banco Mundial. Anteriormente, trabalhou como oficial de saúde pública no serviço público do Estado de Kaduna e como chefe da Divisão de Aquisição e Gestão de Activos da Agência Nacional de Controle da AIDS (NACA), Abuja, Nigéria. O Dr. Kajang é um ministro ordenado da Igreja Evangélica Vencedora de Todos (ECWA).

Maggie Madimbo (PhD, Eastern University, EUA) é vice-reitora do African Bible College, Lilongwe, Malawi. Ela é especialista em estudos de liderança e é autora de *Transformative and Engaging Leadership: Lessons from Indigenous African Women.*

Sipho Mahokoto (PhD, Stellenbosch University, África do Sul) leciona ética e teologia pública na Stellenbosch University. Também actua como ministro de meio período da Igreja Reformada Unida na África Austral, Kayamandi, Stellenbosch.

Johnson A. Mbillah (PhD, Universidade de Birmingham, Reino Unido) ensina religiões mundiais/estudo comparativo de religiões, Islamismo e relações cristãos-muçulmanas no Trinity Teological Seminary, Legon, Accra. Foi anteriormente conselheiro geral do Programa de Relações Cristãs-Muçulmanas na África (PROCMURA), Nairobi, Quênia.

Matthew Michael (PhD, ECWA Theological Seminary, Jos [JETS], Nigéria) dirige os programas de mestrado e doutorado do Departamento de Filosofia e Estudos Religiosos da Nasarawa State University, Nigéria. Tem uma bolsa de pesquisa com a Faculdade de Teologia da Universidade de Stellenbosch. Ele também trabalha sob os auspícios do Nagel Institute/John Templeton Foundation, Estados Unidos, como pesquisador sênior do projecto Triangulated Health & Integrative Wellness.

Esther Mombo (PhD, Universidade de Edimburgo, Reino Unido) é diretora de parcerias internacionais e relações com ex-alunos da St. Paul's University, Limuru, Quênia, onde ministra cursos de história, gênero e teologia e relações ecumênicas em África. Ela é membro do Circle of Concerned African Women Teologians e mentora de mulheres na educação teológica e ministério.

Hassan Musa (PhD, Stellenbosch University, África do Sul) leciona no ECWA Eological Seminary, Kagoro, Nigéria, e é pesquisador da Stellenbosch University.

Dwight SM Mutonono (DMin, Bakke Graduate University, EUA) frequenta actualmente no Seminário Teológico de Asbury nos EUA estudando para o doutoramento em estudos interculturais. Ele trabalhou anteriormente na Africa Leadership and Management Academy no Zimbábue como director executivo. Está associado ao International Council for Faith Ministries churches do Conselho para os Ministérios da Fé que originaram no Zimbábue. Ele é autor de dois livros e contribuiu com capítulos para outros.

Piet Naudé (PhD, Stellenbosch University, África do Sul) é professor de ética e director da Business School da Universidade de Stellenbosch.

Olo Ndukwe (PhD, Stellenbosch University, África do Sul) é reitor da Hugh Goldie Lay/Theological Training Institution, Arochukwu, Abia State, Nigéria, e pesquisador associado da Stellenbosch University. Ele ensina teologia sistemática, teologia pública e teologia e desenvolvimento e publicou livros e artigos em revistas conceituadas.

Benaya Niyukuri (candidata ao doutoramento, Stellenbosch University, África do Sul) é pesquisadora do Departamento de teologia Prática e Missiologia da Universidade de Stellenbosch. Ele é o director fundador da Paraclete Counseling Mission, uma organização religiosa no Assentamento Informal de Havana em Windhoek, Namíbia, que oferece serviços de aconselhamento e educação cristã para órfãos e crianças vulneráveis, pessoas vivendo com HIV e AIDS e pessoas dependentes de álcool e drogas.

Rahab Njeri Nyaga (PhD, Kenyatta University, Quênia) é professora sênior de comunicação no Departamento de Comunicação, Línguas e Linguística da Pan Africa Christian University, Nairobi, Quênia. Ela é membro da Sociedade de Relações Públicas do Quênia (PRSK) e presidiu a Equipade Intervenção de 2019 sobre Relações Públicas e Lei de Gestão de Comunicação no Quênia. É autora principal do livro *Introdução à Comunicação* e também publicou vários artigos revisados por pares sobre comunicação e relações públicas. A Dr. Nyaga chefiou o departamento de comunicação em duas diferentes universidades e actuou como reitora acadêmica da PAC University e como reitora da Escola de Humanidades e Ciências Sociais.

Ester Rutoro (PhD, Zimbabwe Open University) coordena a Research Based Curriculum Development Unit na Reformed Church University (RCU) no

Zimbabué, onde também é responsável pela garantia de qualidade. Ela ensina métodos de pesquisa e estatística. Ester esteve profundamente envolvida na formação de professores de 2007 a Abril de 2019, quando ingressou na RCU. Ela trabalhou como reitora de estudantes e conselheira de gênero no Morgenster Teachers' College (MTC), Masvingo, Zimbábue.

Alfred uw'Imana Sebahene (PhD, Stellenbosch University, África do Sul) é um cônego da Igreja Anglicana da Tanzânia, Diocese de Kagera. Ele leciona teologia sistemática e ética na Universidade St John da Tanzânia em Dodoma e é fundador e líder do Departamento de Estudos de Corrupção. Ele auxilia governos, ONGs, igrejas e outras organizações na compreensão, formulação e resposta à ética e política pública, e também é colunista escrevendo sobre ética e crescimento humano.

Theodros Assefa Teklu (PhD, University of Manchester, Reino Unido) ensina teologia e ética na Escola Etíope de Pós-Graduação em teologia e é

pesquisador em teologia sistemática e eclesiologia na Universidade Stellenbosch.

Danie P. Veldsman (PhD, Universidade de Pretória, África do Sul) é o chefe do Departamento de Teologia Sistemática e Histórica da Faculdade de Teologia e Religião da Universidade de Pretória, onde ensina teologia sistemática.

Parte 1

Introdução a Teologia Pública

OS dois capítulos iniciais deste livro se propõem a explicar a necessidade de uma teologia pública africana e a natureza de uma teologia pública africana. Dado que tal teologia deve ser bíblica, temos um capítulo que trata de questões relacionadas à interpretação das Escrituras no contexto da teologia pública. Em seguida, há dois capítulos mostrando como os principais conceitos teológicos afetam não apenas nossa compreensão de Deus, mas também nossa compreensão do mundo que Deus criou. Esses conceitos estabelecem as bases para os capítulos que se seguem. Como todas as fundações, elas nem sempre são visíveis à superfície, mas serão encontradas assim que se começar a cavar as ideias apresentadas. A superestrutura da teologia pública deve repousar firmemente sobre esses fundamentos ou entrará em colapso.

1

A Necessidade de Teologia Pública em África

Sunday Bobai Agang

Quase todos na África reconhecem que estamos a viver actualmente em uma África que não queremos. Não é que não amemos a África – amamos, apaixonada e profundamente. Há muita coisa boa e bonita na África e muito de que podemos nos orgulhar em nosso passado. Mas quando olhamos ao nosso redor, vemos evidências abundantes de que nem tudo está bem na África. A União Africana também reconheceu esta realidade e elaborou uma Agenda 2063 ambiciosa que defende políticas públicas de longo alcance para enfrentar os demônios mais sombrios do continente – má governança, corrupção, injustiça socioeconômica, competição religiosa, conflitos tribais e étnicos e dominação política. A versão popular desse documento conclui com as palavras marcantes: "Nossa jornada em direção à África de 2063 começou . . . . Faça parte da transformação!"[1]

Como os cristãos africanos vão responder a esse chamado?

Os Cristãos da África

Como cristãos, devemos estar profundamente preocupados com o facto de a África estar a ser atormentada por tantos males e esteja tão longe de ser o que Deus deseja. Afinal, cada vez que fazemos a Oração do Senhor, oramos "Venha o teu reino". Estamos apenas a orar para que Cristo retorne e estabeleça seu reino um dia? Mas isso vai acontecer independentemente de nossas orações.

---

1. União Africana, *Agenda 2063: The Africa We Want* (2015). Veja o apendice

Quando Cristo falou sobre o reino de Deus, ele se referiu a ele também como uma realidade presente – o reino de Deus tornado real no presente, mesmo enquanto esperamos sua plenitude.

Somos os representantes desse reino aqui e agora, e é por isso que oramos pela ajuda de Deus para ver a vontade de Deus feita "na terra como no céu". Como representantes desse reino, devemos trabalhar não apenas por uma sociedade melhor para nós mesmos, mas por uma sociedade que mostre evidências reais do amor de Deus. Devemos querer ver todos os esforços humanos feitos à maneira de Deus, para a glória de Deus.

Infelizmente, muitos dos que lêem o parágrafo anterior simplesmente concordam com a cabeça ou pronunciam um profundo "Amém". E será só isso. Eles concordarão plenamente que os cristãos devem se preocupar com essas coisas e estarão a esperar que sua igreja ou pastor fale contra a imoralidade e a corrupção. E de resto, será o cotidiano como de costume.

Em poucas palavras é o problema que a teologia pública procura abordar. Para muitas pessoas, há uma desconexão entre sua vida cristã e o resto de sua vida, entre o mundo sagrado e o secular. Eles tendem a pensar na igreja como "autocontida e institucional. Só é reconhecido como parte da Igreja o que está nas alas do escritório central; somente aquelas atividades que são iniciadas e apoiadas a partir desse escritório são consideradas como obra da Igreja."[2] Supõe-se que apenas o clero está realmente fazendo a obra de Deus, enquanto o que os leigos estão fazendo não tem nada a ver com o facto de serem mordomos de Deus e portadores de sua imagem. Cristãos em empregos seculares raramente se vêem como colegas de trabalho em um único empreendimento cristão. Eles não se vêem como constituintes da igreja, ou como responsáveis pelo cumprimento de sua missão. O reino de Deus tem um lugar em seus corações, mas não em suas mentes e vidas.

A teologia pública fala não apenas aos pastores e líderes da igreja, mas a todas as pessoas que afirmam seguir a Cristo. Ele chama cada um de nós a assumir a responsabilidade de realizar as três tarefas que a igreja em todos os lugares é chamada a fazer: 1) proclamar a palavra que Deus falou, 2) demonstrar o caminho de Cristo e 3) trabalhar duro pela cura de nossas nações. Essas tarefas exigem toda a sabedoria, compreensão e discernimento que Deus nos deu. Os desafios parecem assustadores, mas podemos extrair coragem do facto de que o poder incomparavelmente grande de Deus está operando em nós (Ef 1:19). Seu Espírito nos ajudará enquanto buscamos a verdadeira visão moral, sabedoria ética e conhecimento real – ou em outras

---

2. John Taylor, *Christianity and Politics in Africa* (Westport, CT: Greenwood, 1979), 7.

palavras, enquanto buscamos ser transformados pela renovação de nossas mentes (Rm 12:2) Pois não são apenas nossas almas que precisam ser salvas, mas também nossas mentes. Mas antes de darmos nossos primeiros passos na teologia pública, vamos examinar onde a África está agora e o que a teologia pública cristã pode contribuir para a transformação necessária para nos dar a África que queremos e, ainda mais importante, a África que Deus endossa.

Patrimônio da África

A África é amplamente reconhecida como o berço da raça humana e contribuiu muito para a formação da mente cristã.[3] O pensamento de Agostinho de Hipona (354–430), um africano, moldou a doutrina e a teologia cristã por séculos e ainda é influente hoje. Nos séculos anteriores a Agostinho, centenas de mártires africanos morreram por sua fé, com seu sangue derramado como a semente para a propagação do cristianismo na Europa. Foram os monges africanos do deserto os pioneiros do sistema monástico que preservaram as Sagradas Escrituras em tempos turbulentos e lançaram as bases para a civilização ocidental.

O escritor indiano Vishal Mangalwadi argumenta que foi o estudo cuidadoso da Bíblia pelos monges medievais que os levou a reconhecer que todos os seres humanos têm dignidade porque foram criados à imagem de Deus e porque o facto de Cristo se tornar humano na encarnação conferiu enorme dignidade a raça humana.[4] À medida que os monges refletiam sobre as implicações dessa percepção, eles passaram a reconhecer que eram chamados a se opor a tudo o que mina a dignidade humana e a trabalhar para proteger a dignidade humana. aprofundando ainda mais as implicações desse chamado, perceberam que precisavam usar a razão, a lógica, a ciência e a tecnologia para melhorar a vida humana. Foi a aplicação de suas mentes às implicações da verdade bíblica que levou ao crescimento da civilização ocidental.

Será nossa aplicação igualmente diligente de nossas mentes às implicações da verdade bíblica hoje que dará origem a uma Renascença e Reforma espiritual, moral e material na África, tornando o continente africano um lugar que oferece esperança a todos. É hora de acabar com o gemido do continente!

---

3. Para saber mais sobre este tema, consulte Thomas C. Oden, *How Africa Shaped the Christian Mind: Rediscovering the African Seedbed of Western Christianity* (Downers Grove, IL: InterVarsity Press, 2007).

4. Vishal Mangalwadi, *The Book that Made Your World: How the Bible Created the Soul of Western Civilization* (Nashville: Thomas Nelson, 2011).

O Gemido da África

Muitos africanos estão a sofrer. Alguns são refugiados, lutando por suas vidas para escapar de governos malignos. Outros fogem de suas próprias famílias, que os acusam de bruxaria e coisas do gênero. Outros ainda ficaram apátridas e desabrigados pela pobreza e pelo terrorismo, cujos efeitos são agravados pela corrupção que leva a mais desemprego. A quem está empregado é frequentemente negado o justo salário por seus irmãos e irmãs africanos, bem como por estrangeiros. Crianças abandonadas sofrem. Os órfãos de HIV/AIDS enfrentam estigmatização e pobreza. Crenças e práticas tradicionais desumanizadoras dobram as tristezas de viúvas e viúvos. Pastores e agricultores estão presos em conflito violento à medida que a degradação ambiental transforma as terras aráveis em desertos. Presos entre essas forças, muitos africanos não têm a quem recorrer. Não há ninguém a quem eles possam pedir ajuda. Tudo o que eles podem fazer é gemer enquanto lutam para sobreviver.

Ao contemplarmos essa perspectiva de sofrimento e desumanização, nos achamos a fazer a mesma pergunta de Paulo Freire, que se perguntou se a humanização é uma possibilidade viável.[5] Será que problemas tão grandes podem ser resolvidos? Certamente, os políticos mostraram pouca habilidade para fazê-lo. E os apelos aos espíritos ancestrais e à Religião Tradicional Africana não oferecem uma solução permanente. É hora de os cristãos se posicionarem.

Para poder fazer isso, os cristãos precisam ter uma teologia sólida que vá além da promessa de libertação futura e da salvação de nossas almas, e não apenas promessa de prosperidade, desde que sigamos os rituais corretos e demonstremos fé suficiente. As pessoas em nossas igrejas precisam de serem expostas a teologia pública que proclama que Deus se importa com as pessoas e escuta o seu gemido. Ele criou os seres humanos e se tornou humano, e se opõe a tudo que é desumanizador. Ele é um refúgio para os oprimidos e convida seu povo a ser seus representantes em nosso mundo. Como tal, não somos chamados apenas a dar esmolas aos que sofrem, mas a gemer ao lado deles enquanto procuramos entender e remediar as causas de seu sofrimento. Quando gememos assim, o Espírito Santo ouve e interpreta nossos gemidos, e Deus responde nossas orações em nome de Jesus.

---

5. Paulo Freire, *Pedagogy of the Oppressed* (New York: Seabury, 1973), 27.

A Teologia da África

A teologia pública precisa direcionar os africanos de volta para aquele que é a fonte do poder. Ele nos lembra de ir ao Senhor em busca de libertação, força, poder e sabedoria e buscar a direção do Espírito Santo em momentos difíceis.

Mas, alguns dirão, temos clamado a Deus por muitos anos. E temos apontado as pessoas para Deus. A igreja na África tem mostrado um crescimento fenomenal em números. Por que então a África ainda está em apuros? Talvez em nossa busca por uma resposta devêssemos ouvir John Stott, que, embora não escrevesse sobre a África, fez uma observação que se aplica à África:

> *Nosso hábito cristão é lamentar os padrões deteriorados do mundo com um ar de desânimo um tanto hipócrita. Criticamos sua violência, desonestidade, imoralidade, desrespeito pela vida humana e ganância materialista. "O mundo está a ir pelo esgoto", dizemos com um encolher de ombros. Mas de quem é a culpa? Quem é o culpado? Deixe-me colocar assim. Se a casa está escura ao cair da noite, não há sentido em culpar a casa, pois é isso que acontece quando o sol se põe. A pergunta a fazer é "Onde está a luz?" Se a carne estragar e se tornar inconsumível, não há sentido em culpar a carne, pois é isso que acontece quando as bactérias são deixadas reproduzir-se. A pergunta a fazer é "Onde está o sal?" Da mesma forma, se a sociedade se deteriorar e seus padrões declinarem, até se tornar uma noite escura ou um peixe fedorento, não há sentido em culpar a sociedade, pois é isso que acontece quando homens e mulheres caídos são entregues a si mesmos, e o egoísmo humano é desmarcado. A pergunta a ser feita é "Onde está a igreja? Por que o sal e a luz de Jesus Cristo não estão permeando e mudando nossa sociedade?" É pura hipocrisia da nossa parte erguer as sobrancelhas, encolher os ombros ou torcer as mãos. O Senhor Jesus nos disse para sermos sal e luz do mundo. Se, portanto, abundam as trevas e a podridão, a culpa é nossa e devemos aceitar a culpa.*[6]

Se a África está podre hoje, não devemos colocar toda a culpa na sociedade africana. Em vez disso, precisamos perguntar à igreja: "Onde está o sal e a luz?" Há algo de errado com a teologia cristã da África? Ficamos tão focados

---

6. John Stott, *Issues Facing Christians Today: New Perspective on Social and Moral Dilemmas* (London: Marshal Pickering, 1990), 63.

em salvar almas que nos esquecemos que também temos que salvar as mentes das pessoas? Nossas vidas e nossos pensamentos precisam ser transformados.

O fracasso da teologia cristã africana está parcialmente enraizado em nossa compreensão inadequada do que a teologia realmente é. Tradicionalmente, tem sido definida como a arte e ciência do estudo de Deus, mas essa definição precisa ser repensada. A teologia não é apenas o estudo de Deus; envolve também o estudo de como Deus interage com sua criação. Precisamos buscar entender o propósito de Deus ao criar os seres humanos à sua imagem e semelhança e o que significa que ele os colocou no comando da ordem criada. À medida que entendemos mais sobre isso, podemos começar a nos afastar de nosso foco em nossos próprios interesses e status e começar a trabalhar para aplicar todas as nossas habilidades intelectuais e econômicas para realizar sua intenção de que tudo em toda a criação traga sua glória (Rm 11:36).

Uma melhor compreensão da teologia também minará a percepção dos cristãos africanos de que a vida pública, ou o que chamamos de vida secular, é uma área neutra sobre a qual a igreja não tem nada a dizer. Esta deve ser parte da explicação do porquê que num continente onde muitos dizem serem cristão, está cheio de todas as formas de corrupção e impunidade, mentiras, enganos, orgulho, medo e ganância. A teologia pública olha para o que a fé significa na arena secular, e esta definição de teologia é uma das novas verdades que a teologia pública pode trazer para um continente que tem vivido de migalhas em vez de carne real.

O que a África precisa não é apenas de uma teologia cristã, mas de uma teologia cristã que se preocupe com como todos os aspectos do conhecimento humano, compreensão e fé em Deus podem se traduzir em um profundo compromisso moral com a construção de uma sociedade melhor, que seja forte na fé, no amor, justiça e sabedoria. Tal teologia pode ser chamada de teologia pública.

A África está aberta a tal teologia? Sim, está. Digo isso como quem acredita que Deus nos chamou para essa tarefa. Mas também tenho apoio secular para essa postura. A Aspiração 5 da Agenda 2063 apela a "Uma África com uma forte identidade cultural, herança comum, valores e ética". Sob este ponto, acrescenta, no parágrafo 46: "A África é um continente de pessoas com crenças religiosas e espirituais, que desempenham um papel profundo na construção da identidade africana e na interação social". Embora a Agenda se oponha a "todas as formas de politização da religião e do extremismo religioso", ela não nega que na África nossa ética e nossos valores sejam moldados por nossas crenças religiosas, ou em outras palavras, por nossas teologias.[7] Agora é um momento oportuno para os cristãos africanos reflectirem sobre teologia, ética e educação moral.

O Medo da África

Mas, alguém dirá, os cristãos na África já têm estado a falar sobre corrupção. Durante anos, fomos ensinados a acreditar que os problemas do continente estão enraizados na corrupção e na impunidade. Até certo ponto isso é verdade. No entanto, isso não pode ser toda a verdade, pois não há continente no mundo inteiro que esteja livre de corrupção. A lista de países corruptos da Transparência Internacional deixa isso muito claro. Os tigres econômicos asiáticos e outras economias desenvolvidas e em desenvolvimento continuaram a prosperar apesar da corrupção e impunidade que existem dentro deles. Portanto, deve haver algo mais fundamentalmente errado com a África.

Podemos encontrar uma pista sobre o que isso pode ser no provérbio tanzaniano: "Faça algum dinheiro, mas não deixe o dinheiro te faça". Na África, tanto os líderes quanto os liderados estão a deixar que o dinheiro os faça em vez de eles fazerem dinheiro. E a razão pela qual sucumbem à atração do dinheiro é o medo, que é devastador para os padrões sociais, econômicos, intelectuais, morais e éticos. As pessoas se definem por suas posses e seu status, e temem qualquer coisa que os ameace. Portanto, eles não têm compaixão pelo sofrimento porque os veem como uma ameaça à sua própria segurança. Os líderes temem qualquer pessoa e qualquer coisa que possa reduzir seu poder e, portanto, não podem compartilhar o poder com ninguém, mas devem manter o poder sobre as pessoas, por qualquer meio necessário. Os africanos tornaram-se escravos do medo.

Os políticos sabem jogar com os medos do povo africano. Eles usam religião, etnia e regionalidade para enganar seus semelhantes e colocá-los uns contra os outros. Enquanto as pessoas estão enredadas nos conflitos que esses medos geram, a elite desvia fundos públicos para contas privadas dentro e fora do continente. Eles temem a possibilidade de perder seu status e ter seus bens saqueados, e para aliviar esse medo eles mesmos saqueiam o continente, muitas vezes em parceria com grupos externos que procuram explorar os recursos da África para seu próprio benefício. As atividades antipatrióticas dos líderes africanos deixam seus súditos em terrível desemprego, pobreza e conflitos. No

---

7. União Africana, *Agenda 2063*, 2, 8.

entanto, as pessoas estão relutantes em mudar a situação porque é pelo menos uma com a qual estão familiarizadas. Eles temem a mudança.

Em tais circunstâncias, a teologia pública equipa os cristãos para se aproximarem de especialistas em vários campos e ajudá-los a desenvolver melhores opções para o trabalho e para a sociedade. Pode ajudar os cristãos a persuadir as pessoas a abandonar seus medos e confiar naquele que chama seu povo para viver em amor e justiça. Esta é uma opção muito melhor do que ficar preso no ciclo de medo que gera corrupção e impunidade, que depois geram fanatismo, extremismo e terrorismo. Para desalojar esses males mortais, precisamos de uma teologia pública africana que traga uma dimensão do discurso público enraizada em uma narrativa bíblica da origem e solução do medo humano.

Desde a queda de Adão e Eva, o medo tem perseguido a raça humana. Quando Deus chamou Adão dizendo: "Onde tu estás?" Adão respondeu:

"Ouvi-te a andar no jardim, então me escondi. Tive medo porque estava nu" (Gn 3:8–10). Ele e Eva recorreram ao uso de folhas para vestir sua nudez e se esconderam da presença de Deus porque estavam nus espiritual e fisicamente. Eles não entendiam que não havia nenhum lugar onde pudessem se esconder de Deus e nada que pudesse cobrir sua nudez fundamental diante dele. Assim como Adão e Eva presumiram que as folhas poderiam vestir sua nudez, os africanos e seus líderes assumem que a riqueza e o poder político podem vestir sua nudez espiritual e física. Mas eles descobrem que seu sucesso material os deixa social, moral e eticamente vazios e solitários – e com medo. É por isso que muitos líderes africanos se recusam a renunciar ao poder por décadas; eles temem que seus pecados os encontrem. eles se recusam a renunciar porque têm medo de perder o poder; eles têm medo do que acontecerá se sua corrupção e riqueza ilícita forem descobertas; eles têm medo de seus súditos a quem não trataram com respeito e bondade. Eles têm medo de enfrentar um futuro sem esperança. Eles também têm medo de bruxas e feiticeiros e do feitiço. Essas diversas formas de medo persistem porque, como Adão e Eva, os humanos – tantocristãos quanto outros – falharam em perceber que a riqueza ou o poder não podem reparar um relacionamento rompido com Deus. Os africanos precisam de uma teologia pública que infunda uma nova consciência que transforme essa mentalidade.

A maior arma contra o medo é a verdade. A Agenda 2063 só pode ser alcançada quando os africanos conhecem, compreendem e acreditam na verdade. Portanto, uma das razões pelas quais a teologia pública é necessária na África é que ela ajudará África a descobrir a verdade que pode desbloquear o potencial do continente e liberá-lo para o bem maior dos pobres e ricos da

África. Os cristãos africanos hoje precisam de uma teologia que os ajude e seus vizinhos a dizer:

> Eu deito-me e durmo;
> Acordo de novo, porque o SENHOR me sustenta.
> Eu não temerei ainda que dezenas de milhares
> me ataquem por todos os lados. (Sl 3:5-6)

Governança em África

Embora a África seja um continente religioso, os líderes africanos carecem dos padrões morais e éticos que podem mudar o continente e torná-lo um lugar para todos. Não nos faltam políticas que atendam às melhores práticas globais. Quase todas as nossas nações são signatárias das principais declarações das Nações Unidas. No entanto, nossos líderes não têm a vontade política de implementá-los para o bem maior de seu povo. Consequentemente, os africanos não confiam mais em seus líderes.[8]

Quando as nações colonizadas da África recuperaram sua independência dos regimes britânico, francês, português, espanhol ou do apartheid, o povo confiou suas vidas e países a líderes africanos que eram as suas realezas e parentes. Todos os anos há celebrações alegres do Dia da Independência em todo o continente, pois as nações lembram que escaparam do colonialismo com sua desumanização, opressão e exploração dos recursos naturais e humanos da África. Mas enquanto ouvem discursos empolgantes no Dia da Independência, as pessoas não podem ignorar que os oradores estão fazendo as mesmas coisas (ou até piores) que os colonialistas fizeram no continente. O povo descobriu, para sua total consternação, que seus próprios líderes abusaram da confiança neles depositada e se aproveitaram de suas posições políticas para fazer mau uso dos recursos econômicos do continente dados por Deus. A África ainda está cheia de desumanização, exploração, opressão e destruição de vidas e propriedades humanas.

Como resultado, o povo africano foi deixado no desemprego e na pobreza extrema. É por isso que os africanos, jovens e velhos, anseiam por uma nova África, uma África livre de uma liderança que não tem no coração os interesses e o bem-estar de seu povo. Até que isso aconteça, somos escravizados por

---

8. Este é um fenômeno global, mas é especialmente verdadeiro na África – veja Manuel Castells, *Rupture: The Crisis of Liberal Democracy* (Cambridge: Polity, 2019).

aqueles que elegemos para representar nossos interesses, mas que, em vez disso, arruinaram nosso continente.

A teologia pública é necessária para libertar a África, mantendo os líderes nos padrões bíblicos. Mas isso significa mais do que apenas criticar nossos líderes quando eles falham. Os cristãos não devem apenas ficar à margem e gritar com conselhos aos protagonistas; precisamos nos envolver no trabalho árduo de alcançar um objetivo. Precisamos unir governos e instituições sociais e fazer o trabalho duro de pensar por meio de ideologias, políticas e questões administrativas, ajudando os políticos a elaborar boas leis e fazendo com que sejam observadas. É hora de acabar com o mero serviço da boca para a justiça para os oprimidos, os marginalizados, os refugiados e os apátridas. É hora de nos unirmos para buscar o bem comum – mas fazer isso como cristãos informados, cujo pensamento sobre as questões da vida é moldado por Cristo.

Educação em África

Para que a Agenda 2063 seja bem-sucedida, a África precisa de transformação, inovação e iniciativa na educação de todos os tipos, inclusive no domínio da educação teológica. Como nossos sistemas escolares, grande parte de nossa educação teológica tem usado o que Paulo Freire chama de método bancário: o professor deposita informações na mente dos alunos, que os alunos então devolvem ao professor quando seus conhecimentos são testados. Mas este modelo é lamentavelmente inadequado para abordar os problemas de África e realizar o seu potencial. Tudo o que faz é manter o status quo. Não incentiva os alunos a pensar criativamente ou a considerar como o que estão a aprender se aplica no contexto em que estão a aprender.

Já passou da hora de o sistema bancário de educação ser substituído pelo método educacional de problematização e resolução de problemas. Como aponta Freire, "educação é comunicação e diálogo. Não é a transferência de conhecimento, mas o encontro de Sujeitos em diálogo em busca do significado do objeto de conhecer e pensar."[9] Veremos isso mais em capítulos posteriores deste livro.

Um dos problemas com a introdução de tal educação é que agora vivemos em uma era de 'fast food', internet rápida, adoração rápida e assim por diante. Estamos a viver num século de impaciência. Assim, tendemos a "querer conhecimento, mas apenas se ele vier de forma rápida e fácil. Ainda mais

---

9. Paulo Freire, *Education for Critical Consciousness* (1967; New York: Bloomsbury Academic, 2013), 126.

perigosa do que um sistema de aprendizado defeituoso, essa mentalidade virtualmente universal de algo por nada prejudica fundamentalmente o crescimento de habilidades e processos de pensamento de qualidade."[10]

Os cristãos também aceitam essa mentalidade. Assumimos que tudo o que precisamos fazer é reconhecer que algo está errado e orar sobre isso, e então nosso trabalho está feito e deixamos o resto com Deus. Mas não é assim que Deus trabalhou na Bíblia, e não está de acordo com a tarefa que ele designou a Adão e Eva na criação. Ele os dotou com as habilidades que eles precisariam para resolver problemas, mas não revelou imediatamente as soluções para os problemas que eles enfrentariam quando se propuseram a ser seus administradores sobre a criação. Eles tiveram que aplicar suas mentes a essa tarefa. Da mesma forma, a teologia pública nos chama a aplicar nossas mentes aos problemas que a África enfrenta. Somos chamados a olhar de perto os problemas, indo além das questões superficiais para as causas subjacentes enraizadas nas estruturas sociais e visões de mundo predominantes. Isso é parte do que a educação deve nos treinar para fazer.

A teologia pública também nos convida a usar nossa criatividade dada por Deus ao procurar soluções para problemas. Não basta denunciar as estruturas corruptas sem oferecer uma alternativa positiva e realista. E se nossa alternativa for adotada, ela também deve ser criticada; pois em um mundo caído, boas intenções não são suficientes para garantir bons resultados. O reino de Deus cresce de uma semente – não podemos esperar que uma árvore frutífera cresça da noite para o dia.

A teologia pública precisa fornecer um modelo do tipo de educação moral, ética e intelectual necessária para trazer esperança à África. Formar a África que queremos não vai ser uma tarefa simples. Exigirá um tipo de educação infundida com uma consciência nova e radical que inspire uma paixão por um futuro com esperança. Pois, como diz Freire, "Sem um mínimo de esperança, não podemos nem começar a luta. Mas sem luta, esperança... se dissipa, perde o rumo e se transforma em desesperança. E a desesperança pode se tornar um desespero trágico... [que é] tanto a consequência quanto a causa da inacção ou do imobilismo."[11]

---

10. Philip E. Dow, *Virtuous Minds: Intellectual Character Development for Students, Educators and Parents* (Downers Grove, IL: InterVarsity Press, 2013), 86.

11. Paulo Freire, *Pedagogy of Hope* (New York: Bloomsbury, 1992), 3.

As Esperanças da África

Como seres humanos, somos capazes tanto de um tremendo bem quanto de um tremendo mal. Neste capítulo, destacamos alguns dos tremendos males que estão a ser feitos em África. Estes eclipsaram o potencial positivo da África de tal forma que parece que a África não tem esperança. No entanto, a teologia pública africana destina-se a ajudar o povo africano a reconhecer que Deus não terminou com a África. Dado que todos os seres humanos são capazes de fazer um bem tremendo, a África certamente pode ressurgir. Connosco do lado de Deus e Deus do nosso lado, a África pode transcender os seus dilemas e tornar-se a África que queremos, a África que Deus endossa.

A teologia pública nos lembra que a Bíblia ensina que tudo que existe vem de Deus, tudo que existe é mantido em existência pelo poder de Deus, e tudo que existe é destinado à glória de Deus. Assim, toda a vida – trabalho, liderança, sabedoria, política, economia, empreendimento, intelecto, tecnologia, ciência, arte e humanidades, empreendedorismo, mídia e assim por diante – é destinada à glória de Deus. Compreender a realidade deste facto nos ajudará a transformar a África. Isso nos tornará conscientes de que todos os esforços humanos em todas as esferas são parte integrante da interação com a criação de Deus, e que todos devemos viver e trabalhar como mordomos de Deus.

A educação teológica é fundamental nesse assunto.[12] E o público para essa educação em teologia pública não são apenas pastores e teólogos, mas toda a igreja. Cada membro deve ser encorajado a participar plenamente no viver, pensar e trabalhar diariamente com uma compreensão clara do facto de que todo o seu trabalho, educação, pesquisa e vida em todas as esferas devem ser vividos para o louvor da glória de Deus. Esta mentalidade é exigida tanto do clero como dos leigos, para que todos vejam e façam o seu trabalho como obra de Deus, feita à maneira de Deus, para a sua glória.

Construiremos o que Dow chama de banco moral intelectual composto por homens e mulheres com coragem intelectual, cuidado, imparcialidade, curiosidade, tenacidade, honestidade e humildade.[13] A falta dessas virtudes intelectuais está fazendo os africanos gemerem. A sua presença fará com que a África cresça e cumpra as grandes esperanças daqueles que elaboraram a Agenda 63. Este livro não contém as soluções para todos os problemas que identificamos. Nem sua teologia é abrangente. Mas nossa oração é que, ao lê-lo e estudá-lo, seus pés sejam colocados no caminho que o levará a se tornar

---

12. NetACT, a rede de escolas teológicas africanas que iniciou este livro foi fundada nesta crença, assim como a Langham Partnership.

13. Dow, *Virtuous Minds*.

alguém que vive para a glória de Deus e traz esperança para a África em sua esfera de influência. Mais do que isso, oramos para que você faça parte dum grande movimento dedicado a curar e transformar o nosso amado continente.

Perguntas

1. O que a teologia significa para ti?
2. Leia e ore pela Agenda 2063: A África que Queremos, observando suas sete aspirações (ver apêndice). Os cristãos devem se preocupar com essas coisas? Se sim, por quê?
3. Você consegue identificar exemplos da divisão entre sagrado e secular em sua própria vida e na vida de sua igreja? Como você pode trabalhar em sua situação para acabar com essa falsa dicotomia?
4. Podemos aplicar os princípios da teologia pública em todas as áreas de nossas vidas ou apenas nas áreas em que temos experiência especial?
5. Como os cristãos podem se tornar pilares de esperança para o nosso continente?

Leitura adicional

African Union. *Agenda 2063: The African We Want*. Addis Ababa: African Union, 2015. https://au.int/en/Agenda2063/popular_version

2

A Natureza da Teologia Pública

Dion A. Forster

Há um problema com o título deste capítulo e, de facto, com o título deste livro. Ambos falam de "teologia pública", mas na realidade pode ser melhor falar de "teologias públicas" no plural, em vez de teologia pública no singular. Diferentes teólogos, e teólogos em diferentes regiões do mundo, têm abordagens muito diferentes sobre o assunto. Eles também se concentram em questões diferentes. Isso não é surpreendente, dada a diversidade daqueles que contribuem para a teologia pública e as questões únicas enfrentadas em cada região. Mesmo dentro da África, diferentes regiões podem ter diferentes abordagens para a teologia pública. No entanto, em meio a essa diversidade, é possível identificar algumas características comuns da teologia pública contemporânea. Então é isso que faremos neste capítulo, além de especificar a abordagem da teologia pública que adotamos neste livro em particular.

Não Será Toda a Teologia Pública?

Deixe-me começar com duas perguntas que frequentemente me fazem quando falo sobre teologia pública. A primeira é: "Não será toda a teologia pública?" Afinal, os teólogos não trabalham em segredo nem escondem o que sabem – gostam de publicar em livros e de falar e pregar sobre suas ideias. A segunda pergunta é: "tu estás a dizer que devemos distinguir entre nossa teologia 'pública' e nossa teologia 'privada'?" A ideia de uma teologia privada atrai aqueles no contexto global cada vez mais secular que relegam a religião à esfera privada. Eles argumentam que a religião pode ser praticada em casa, mas que tem pouco ou nenhum lugar na vida pública, excepto por um papel ritual em certas cerimônias públicas. Mas não tem sido assim que a maioria dos Africanos vê a relação entre fé e vida. Na África, a religião não é privada; está presente em formas positivas e negativas em todas as esferas da vida.

A compreensão africana capta um ponto importante sobre a teologia. De facto, podemos identificar três maneiras diferentes pelas quais aqueles que dizem que toda teologia é pública estão bastante corretos.

- *Todo engajamento e reflexão teológica inevitavelmente tem presença pública, influência pública e consequências públicas.* Em todas as disciplinas teológicas – da teologia sistemática à teologia prática – os teólogos procuram entender um Deus que está amorosamente a trabalhar com tudo que Deus cria em todas as esferas da vida. Porque Deus está activo em todas as áreas da vida, a teologia está interessada em todas as esferas da vida, e nesse sentido aqueles que dizem que toda teologia é pública estão bastante corretos. Nico Koopman coloca assim: "A teologia pública reflecte sobre o amor do Deus trino pelo mundo. Em seu cerne, portanto, a teologia cristã é teologia pública."[1]

O teólogo reformado alemão Jürgen Moltmann coloca assim:

> Do ponto de vista de suas origens e de seu objetivo, a teologia cristã é teologia pública, pois é a teologia do reino de Deus. . . . Como tal, deve se envolver com as esferas política, cultural, educacional, econômica e ecológica da vida, não apenas com as esferas privada e eclesial.[2]

- *Nossa teologia influencia nossas vidas, e nossas vidas influenciam e são influenciadas pelos contextos em que vivemos.* Não há convicções puramente "privadas". Se, por exemplo, um cristão ou uma comunidade eclesiástica tem crenças religiosas sobre a estruturação das relações de gênero na sociedade, essas crenças afetarão tanto suas relações com seu cônjuge e seus filhos quanto a maneira como tratam as pessoas no trabalho e na sociedade em geral. A influência de suas crenças se estenderá além de sua porta da frente e terá um impacto na sociedade em geral. suas crenças serão mostradas em público. Mas a influência vai nos dois sentidos. Nós influenciamos nossa comunidade, e nossa comunidade nos influencia. Portanto, devemos

---

1. Nico Koopman, "Some Contours for Public Theology in South Africa," *International Journal of Practical Theology* 14, no. 1 (2010): 123.

2. Jürgen Moltmann, Nicholas Wolterstorff, and Ellen T. Charry, *A Passion for God's Reign: Theology, Christian Learning and the Christian Self* (Grand Rapids: Eerdmans, 1998), 24.

cultivar a consciência de que a nossa cosmovisão não é moldada apenas pela Bíblia (como gostamos de afirmar), mas também pelo "público" circundante, ou seja, a sociedade em que vivemos. As crenças e comportamentos das pessoas a nossa volta afectam o que nós Cristãos cremos e como nos comportamos. Esta influência às vezes é neutra e às vezes negativa. É neutra quando as práticas que compartilhamos com nossos vizinhos são moralmente neutras – por exemplo, podemos compartilhar preferências por certos alimentos, certos esportes e certas saudações. Mas a influência da sociedade ao nosso redor também pode ser muito ruim para nossa teologia – como quando algumas partes da igreja na África do Sul aceitaram o racismo cultural predominante e usaram as Escrituras para defender o apartheid, e quando os pregadores no Ruanda aceitaram as divisões étnicas locais e incitaram ao genocídio em 1994. Esses são exemplos extremos; outros danos podem parecer menores. Mas o facto de que nosso pensamento teológico é influenciado por uma série de factores, e que pode resultar em ações que são prejudiciais a outros, significa que devemos pensar cuidadosamente sobre o que acreditamos e como isso deve afetar nossas ações. Os capítulos da segunda parte deste livro destinam-se a ajudá-lo a começar a pensar cuidadosamente sobre como sua teologia afeta a maneira como você e sua igreja respondem às necessidades da África.

- *A tarefa da teologia é facilitar o envolvimento significativo com todos os aspectos da vida, e não apenas com os aspectos religiosos da vida.* Afirmamos acreditar que Deus é ativo em toda a vida, em todas as esferas da sociedade, e que a atividade de Deus não se restringe à igreja e organizações baseadas na fé. Se este for o caso, precisamos falar sobre verdades teológicas com pessoas em contextos fora da igreja. A igreja em suas muitas formas (crentes individuais, congregações, denominações, corpos ecumênicos, etc.) está presente na vida pública como o corpo de Cristo. Assim, ela participa do discurso público e do raciocínio público "nos muitos, diversos e complexos, aspectos e esferas, estruturas e instituições da vida pública e fala muitas línguas diferentes ao mesmo tempo."[3] Precisamos aprender a fazer isso. Em outras palavras, precisamos

---

3. Dirk J. Smit, "Does It Matter?: On Whether There Is Method in the Madness," in *A Companion to Public Theology*, ed. Sebastian C. H. Kim and Katie Day, 1st ed. (Leiden: Brill, 2017), 75.

encontrar maneiras de "traduzir" a presença de Deus e colocá-la em linguagem pública, ou seja, na linguagem usada por economistas, enfermeiros, professores, políticos, empresários e agricultores. Esta linguagem "pública" será diferente de grupo para grupo, e precisaremos usar diferentes métodos e abordagens quando queremos discutir teologia em seus contextos.

Nos três sentidos descritos acima, toda teologia é teologia pública. Isso significa que a teologia pública não é uma disciplina teológica separada, ou um departamento em um seminário ou universidade, ou mesmo um método de fazer as coisas. É o trabalho do "raciocínio público" com, ao lado e às vezes a despeito dos diversos públicos em que vivemos.[4]

Porque Existe a Teologia Pública?

Dado o que acaba de ser dito, por que tantas pessoas agora estão falando sobre teologia pública? Se a teologia sempre foi, em certo sentido, "teologia pública", por que agora falamos de "teologias públicas" e nos referimos a alguns estudiosos como "teólogos públicos"? Dirk Smit tem um argumento válido quando pergunta: "Isso importa?"[5]

A resposta de Smit como teólogo público é que a teologia pública como campo de estudo importa porque opera de forma diferente de outras disciplinas teológicas. Dado que seu mandato é refletir sobre o significado, e implicações da fé na e para a vida pública, ela não pode ser restrita a uma única disciplina teológica, como teologia sistemática, teologia prática ou estudos bíblicos. A teologia pública baseia-se nessas disciplinas, mas também interage com outras disciplinas, pois busca aplicar a teologia em áreas que geralmente são cobertas por disciplinas como economia, sociologia, ecologia e teoria educacional e política. A teologia pública estuda as "mudanças das realidades políticas, culturais e econômica da época . . . seguindo imagens diferentes, buscar metáforas diferentes, fazer propostas diferentes, manter pontos de vista conflitantes e levantar novas questões."[6]

---

4. Smit, "Does It Matter?," 76–77.
5. Smit, 67.
6. Smit, "Does It Matter?," 67.

Em seus estudos sobre o surgimento da teologia pública como um paradigma separado, Dirk Smit identificou seis áreas que têm sido de interesse teológico nas últimas décadas:[7]

- O papel da religião na vida pública.
- Como a religião e a teologia afectam e são afectadas pelo raciocínio público na sociedade, na academia e na igreja.
- A contextualização das teologias em contextos sociais, religiosos e políticos muito diferentes, como África, Europa, Ásia, Austrália e Américas.
- A relação entre teologias e lutas públicas em contextos de injustiça e conflito.
- O papel que a teologia e a igreja têm desempenhado nos discursos de desenvolvimento sobre prestação de serviços, debates de gênero e questões de preocupação ambiental.
- A teologia e o retorno público dos religiosos, incluindo os fundamentalismos religiosos e a violência e o extremismo religiosos, bem como o ressurgimento do interesse pela religião e pela espiritualidade como uma contribuição positiva para a vida das pessoas e comunidades em todo o mundo.

Esses interesses surgiram dentro ou em resposta a contextos políticos, sociais e religiosos em mudança. Eles revelam a importância de vincular fé e vida, de ter trocas significativas entre teologia e outras disciplinas acadêmicas e de estar cientes da necessidade de reflecção crítica sobre os fatores históricos e contextuais que afetam nosso pensamento.

A análise de Smit deixa claro que para os teólogos públicos o trabalho de reflexão teológica é feito em relação a amplas preocupações sociais, políticas, econômicas e históricas. Mas, ao mesmo tempo, é importante lembrar que a teologia pública não é idêntica à sociologia ou aos estudos políticos ou aos estudos literários: ela deve permanecer de natureza teológica e facilitar a presença de uma voz teológica na vida pública. Como enfatiza Koopman, o trabalho do teólogo público é "refletir sobre o significado, e implicações da fé trinitária para a vida pública."[8]

---

7. Dirk J. Smit, "The Paradigm of Public Theology: Origins and Development," in *Contextuality and Intercontextuality in Public Theology*, eds. Heinrich Bedford-Strohm, Florian Höhne, and Tobias Reitmeier (Münster: LIT Verlag, 2013), 11–23.

8. Nico Koopman, "The Beyers Naudé Centre for Public Theology: Five Years On," in *Christian in Public: Aims, Methodologies and Issues in Public Theology*, ed. Len Hanson (Stellenbosch: Beyers Naudé Series on Public Theology, 2007), 281.

O que Significa Ter uma Teologia Pública Africana?

A África é um continente diverso e a teologia pública é um campo diverso e, portanto, não há uma única definição ou método que caracterize a teologia pública. Afinal, a teologia pública é "um projecto visionário e normativo, que busca se posicionar, fazer a diferença, servir ao que importa . . . é o desejo de mostrar ao mundo como é a teologia. Preocupa-se com questões de interesse comum e do bem comum, seja lá o que isso possa significar. Trata-se de discipulado como transformação."[9] Se pudéssemos colocar essa definição em um quadro africano, poderíamos dizer que a teologia pública africana pode ser comparada aos valores do ubuntu. Como africanos, sabemos que fomos moldados e que nossa identidade foi dada por nossas comunidades, e por isso procuramos reunir nossa identidade como africanos em comunidade e nossa identidade em Cristo, e oferecer de volta às nossas comunidades o fruto de nossos pensamentos e trabalhem para que nós e nossas comunidades possamos ver uma colheita que irá nutrir a todos nós enquanto trabalhamos juntos para a África que Deus quer e pela qual ansiamos.

O engajamento e diálogo entre a teologia e o resto da vida na África tanto contribui para a sociedade (e vida pública) quanto permite que a sociedade desafie e renove o pensamento teológico. Vamos pensar sobre o que isso significa olhando para seis características importantes da teologia pública e suas implicações em nosso contexto africano:

- *A teologia pública deve ser teologia bíblica*. Como Smit coloca, "a teologia pública deve ser reconhecível como teologia"[10] Não somos apenas pessoas que são cristãs falando sobre, digamos, questões econômicas. Em vez disso, somos pessoas que estão a aplicar nossas mentes para entender o que foi revelado sobre os propósitos de Deus para todas as áreas da vida. A teologia pública deve permanecer teológica em sua natureza, conteúdo e contribuição.[11] Como a teologia cristã está enraizada nas Escrituras, a Bíblia deve desempenhar um papel fundamental, como é reconhecido no próximo capítulo deste livro. Mas devemos ler a Bíblia não apenas através dos olhos ocidentais, mas também como africanos buscando sua relevância para a África hoje.

- *A teologia pública deve ser multilíngue*. Todos nós falamos várias línguasNa África, muitas pessoas conhecem sua língua materna, outras línguas faladas

---

9. Smit, "Does It Matter?," 89.
10. Smit, 71.
11. Koopman, "Some Contours," 127–129.

em sua região e uma língua colonial. É o multilinguismo que nos permite ouvir pessoas que vêm de uma variedade de culturas e têm uma variedade de experiências, e comunicar o que aprendemos da teologia pública a eles, sejam eles de nosso próprio grupo étnico, outros grupos étnicos na região, ou de outras partes da África ou do mundo. No entanto, também somos todos "multilíngues" em um sentido diferente, pois usamos a linguagem de maneira diferente em diferentes contextos. Podemos usar uma forma de linguagem quando falamos informalmente e outra quando discursando em uma conferência. Sabemos que diferentes esferas da sociedade têm seus próprios jargões e sistemas de argumentação e ética. Um taxista vê o mundo de forma muito diferente do advogado que anda de táxi. Os teólogos públicos que desejam se relacionar com os motoristas de táxi precisam usar um estilo de linguagem diferente do que usariam ao se dirigir a uma reunião de advogados. Então, se quisermos começar a pensar em como a teologia se aplica a um campo específico, precisamos conhecer o jargão desse campo e quais tipos de argumento serão entendidos e vistos como relevantes por nossos pares naquele campo.

- *A teologia pública deve ser interdisciplinar.* Qualquer um que pretenda ser um teólogo público precisa saber mais do que apenas teologia.[12] Isso ocorre porque a tarefa da teologia geralmente se estende além de uma conversa de mão dupla e envolve uma reflexão cuidadosa e rigorosa em muitas disciplinas, valendo-se da experiência de estudiosos em vários campos acadêmicos e de variadas tradições religiosas. Por exemplo, se tu vais expressar uma convicção teológica sobre justiça em relação a alguma questão econômica, é crucial que tu sejas conhecedor e competente para se envolver com esse tópico e não esteja a falar por ignorância. Em algumas partes da África, tu também podes precisar saber algo sobre os conceitos islâmicos de justiça e ética para que seus argumentos sejam persuasivos. É nossa oração que muitos de vocês que estão a ler este livro já tenham ou estejam a adquirir experiência em outras áreas e que a usem para beneficiar a teologia e a sociedade. Então tu serás capaz de falar com clareza, convicção e competência em diversos contextos e sobre diversos assuntos de interesse público.

---

12. No Beyers Naudé Center for Public Theology, por exemplo, espera-se que os teólogos contribuintes tenham experiência em áreas como justiça social e econômica, reconciliação, ecologia, religião e direito, religião e ciência, gênero e saúde.

- *A teologia pública deve ser competente para fornecer orientação política.* Em outras palavras, os teólogos públicos precisam ser capazes de "fornecer orientação, direção e até orientação para a formulação de políticas e decisões sobre a vida pública."[13] Este papel de orientação aplica-se não apenas em relação às políticas governamentais, mas também em relação a situações dentro de igrejas, organizações, escolas e comunidades, de facto, em qualquer situação em que os líderes religiosos possam ser solicitados a ajudar a fornecer orientação. Para dar um exemplo desse papel de orientação, Alfred Sebahene da Tanzânia (autor do capítulo 28 deste livro) fez um estudo aprofundado sobre a corrupção em Uganda e criou um departamento para o estudo da corrupção que pode aconselhar os líderes de toda a África sobre como lidar com questões de corrupção.[14]

- *A teologia pública deve ser profética.* Como é repetidamente enfatizado nos capítulos 28 e 29 deste livro, não devemos permitir que nossa teologia seja cooptada pelo Estado ou por outras pessoas ou estruturas poderosas em nossa sociedade, de modo que simplesmente concordemos com o que as autoridades fazem. "A teologia deve ser de alguma forma crítica, em oposição, resistindo, advertindo, criticando, opondo-se ao que já está a acontecer na vida pública, e para a maioria esse é um aspecto que pertence inerentemente ao evangelho e, portanto, ao papel da igreja e à tarefa da teologia."[15] A igreja e os teólogos têm a responsabilidade de avaliar criticamente as estruturas, decisões, valores e formulações da vida contemporânea na África à luz do evangelho de Cristo e dos valores do reino de Deus. Um dos desafios dessa característica da teologia pública é que vários ramos da igreja podem não concordar sobre as implicações da verdade do evangelho e os valores do reino de Deus. Portanto, ao exercer um papel profético, devemos ter certeza de que nossa posição é apoiada por uma rigorosa teologia bíblica. Também podemos, infelizmente, achar necessário criticar não apenas a sociedade, mas também a igreja.[16]

- *A teologia pública deve ser intercontextual.* Já observamos que a teologia pública ocorre em uma ampla variedade de contextos (diferentes esferas

---

13. Smit, "Does It Matter?," 82.

14. Para mais informações sobre este departamento, consulte https://www.sjut.ac.tz/index.php/directorates-departments/department-of-corruption.

15. Smit, "Does It Matter?," 84.

16. Nico Koopman, "Racism in the Post-Apartheid South Africa," in *Questions About Life and Morality: Christian Ethics in South Africa Today*, ed. Louise Kretzschmar and L. D. Hulley (Pretoria: Van Schaik, 1998), 165.

da sociedade, diferentes localizações geográficas e diferentes disciplinas). Embora as questões, preocupações e padrões dos contextos possam diferir, há muito a aprender com a variedade desses contextos. O engajamento intercontextual pode enriquecer as teologias públicas com insights mais profundos e subtis. É por isso que nós esperamos que faças mais do que ler capítulos deste livro que apenas se relacionam com a tua area especial de interesse. E é também por esse motivo que o encorajamos a considerar se juntar a outros que compartilham as tuas preocupações para formar uma rede de teólogos públicos que alcance toda a África, apoiando uns aos outros e aprendendo uns com os outros. Isso é duplamente importante nesta era de globalização, na qual as preocupações de uma comunidade local estão frequentemente conectadas com as preocupações globais de outras comunidades[17] (dando origem ao termo "glocal", abrangendo tanto global quanto local).[18] Isto representa um grande desafio para aqueles que optam por trabalhar no campo da teoçogia pública a medida que precisam reconhecer a importância de entender o local (micro) sem perder de vista as preocupações nacionais ou regionais mais amplas (o contexto mezzo), mas também estar ciente das preocupações globais (o macrocontexto).

Que Desafios Enfrentamos Como Teólogos Públicos Africanos?

Quando tentarmos fazer teologia pública, enfrentaremos críticas, principalmente se buscarmos exercer uma função profética. Algumas dessas críticas virão daqueles cujo poder e ações estamos desafiando. Sua resposta pode ser dolorosa – tanto física quanto emocionalmente – mas não é inesperada.

O que pode ser mais difícil de lidar é a crítica de dentro da comunidade cristã. Alguns desses críticos podem ser pessoas que foram cooptadas por aqueles que estão no poder, mas outras críticas virão de pessoas cuja teologia é diferente da nossa. Precisamos ouvi-los, pois às vezes podemos realmente precisar de correções ou sugestões e orientação de pessoas com conhecimento teológico mais amplo, experiência específica ou maior sabedoria do que nós. Portanto, precisamos pesar o que nossos críticos dizem contra as Escrituras e as realidades da situação. Também precisamos nos examinar humildemente e

---

17. Frederike Van Oorschot, "Public Theology Facing Globalization," in *Contextuality and Intercontextuality*, 225–232.

18. Para mais informações sobre o foco glocal da Global Network for Public Theology, ver Dion A. Forster, "Democracy and Social Justice in Glocal Contexts," *International Journal of Public Theology* 12, no. 1 (2018): 1–4; Smit, "Does It Matter?," 87.

ver se estamos deixando nossa comunidade nos influenciar quando deveríamos estar falando a verdade de Deus para a comunidade. Estudo, diálogo e redes de teólogos preocupados e membros "comuns" da igreja são vitais para nos ajudar a determinar se devemos manter nossas posições ou modificá-las de alguma forma.

Os teólogos contextuais e da libertação africanos têm sido muito críticos da teologia pública "global", perguntando se ela é radical e contextual o suficiente para se envolver com as lutas e realidades contínuas dos cristãos negros e africanos. Eles estão preocupados que alguns teólogos públicos tenham tentado aplicar visões e abordagens ocidentalizadas ao cristianismo em contextos africanos sem entender completamente esses contextos. Tinyiko Maluleke questiona se aqueles que fazem isso realmente entendem a dor dos cristãos africanos que amam Jesus, mas se ressentem dos danos causados pelo colonialismo e imperialismo (e por missionários bem intencionados, mas mal orientados).[19] Rothney Tshaka torna este ponto ainda mais forte. Ele afirma que os africanos precisam de abordagens teológicas que enfatizem as perspectivas e contribuições dos teólogos negros africanos.[20]

Embora seus argumentos tenham alguma validade, existe o risco de que essa abordagem possa limitar o escopo de sua teologia a um contexto geográfico específico (África), ou uma experiência histórica específica (libertação do colonialismo ou apartheid), ou uma etnia ou cultura específica. Tais limitações podem dificultar a capacidade dos cristãos africanos de compartilhar suas teologias, experiências e descobertas com outros cristãos ao redor do mundo. O resultado pode ser que a África desenvolva sua própria forma de teologia "privada" (privada à África ou aos cristãos negros) em vez de fazer sua própria contribuição para a teologia pública global.

Nosso objetivo neste livro é ajudar os africanos a desenvolver uma teologia pública contextual que leve a sério nossa história e experiência africana e que seja capaz de operar com rigor e integridade na vida pública africana e além da

---

19. Tinyiko Sam Maluleke, "Reflections and Resources: The Elusive Public of Public Theology: A Response to William Storrar," *International Journal of Public Theology* 5, no. 1 (2011): 79–89.

20. Ver Rothney S. Tshaka, "African, You Are on Your Own!: The Need for African Reformed Christians to Seriously Engage Their Africanity in Their Reformed Theological Reflections," *Scriptura* 96 (2007): 533–548; Rothney S. Tshaka, "On Being African and Reformed? Towards an African Reformed Theology Enthused by an Interlocution of Those on the Margins of Society," *HTS Theological Studies* 70, no. 1 (2014): 1–7; e R. S. Tshaka e A. P. Phillips, "The Continued Relevance of African/Black Christologies in Reformed Theological Discourses in South Africa Today," *Dutch Reformed Theological Journal/Nederduitse Gereformeerde. Teologiese Tydskrif* 53, no 3 & 4 (2012): 353–362.

África. Cabe a vocês, leitores e estudantes que usam este livro, tornarem-se os teólogos negros africanos cujas vozes precisam ser ouvidas. Cabe a ti interagir com os outros teólogos que já estão levantando a voz.

Dito isso, seria um erro pensar que a teologia pública acaba com a necessidade de teologias da libertação e teologias contextuais como as teologias africanas, negras ou feministas, ou outras abordagens específicas da teologia. Não estamos em competição com essas tradições teológicas e suas abordagens para experiências ou preocupações específicas. Pelo contrário, nosso objetivo deve ser incluir o melhor que podemos aprender deles, e dos teólogos e cristãos que os usam, para melhor servir a Cristo e trabalhar pela África que Deus quer e nós queremos. Precisamos de um envolvimento profético contínuo com estruturas sociais históricas e sistemas opressivos, como racismo, colonialismo, sexismo e injustiça social arraigada. O que nossa abordagem da teologia pública defende é que devemos aproveitar o melhor do que vem de outras teologias e das contribuições de especialistas de outros campos (como economia, ciência política, sociologia e história) e deve envolvê-los em uma conversa que seja profundamente teológica, muito contextual e criticamente informada.[21]

Uma crítica signicativa final vem de teólogas públicas feministas que argumentam que esse campo é frequentemente dominado por teólogos homens e abordagens da teologia que funcionam de maneira a excluir as mulheres e as perspectivas das mulheres.[22] Esse ponto se aplica igualmente a todas as áreas da teologia. Tomamos nota disso, e tu verás que vários capítulos deste livro foram escritos por mulheres. É importante se envolver com o trabalho desses teólogos e com outros como eles e ouvir as vozes de nossas irmãs, mães e filhas enquanto buscamos entender e resolver alguns dos problemas complexos que enfrentamos no continente Africano.

---

21. Ver, por exemplo, o artigo de Nico Koopman, "In Search of a Transforming Public Theology: Drinking from the Wells of Black Theology," em *Contesting Post-Racialism: Conflicted Churches in the United States and South Africa*, ed. R. D. Smith et al. (Jackson: University of Mississippi Press, 2015), 211–225.

22. Esther McIntosh, "Hearing the Other: Feminist Theology and Ethics," *International Journal of Public Theology* 4, no. 1 (2009): 1–4; Esther McIntosh, "Issues in Feminist Public Theology," em *Public Theology and the Challenge of Feminism*, ed. Stephen Burns e Anita Monro (London: Routledge, Taylor & Francis Group, 2015), 63–74; Esther McIntosh, "Public Theology, Populism and Sexism: The Hidden Crisis in Public Theology," em *Resisting Exclusion: Global Theological Responses to Populism* (Geneva, Switzerland: Lutheran World Federation, 2019), 221–228.

Conclusão

Como cristãos africanos cujas vidas são moldadas pela teologia cristã, devemos reconhecer que devemos focar nossa atenção na compreensão de quem é Deus e como ele está trabalhando em nossos contextos na África, não apenas na igreja, mas em toda a sociedade. Nosso objetivo é passar da crença à ação, da doutrina à ética e da adoração à missão.[23]

Nossa oração é que os capítulos que se seguem encorajem você a identificar áreas nas quais precisa se aprofundar mais e nos ajude a trabalhar para transformar nosso continente da África que não queremos para a África que queremos anseia – e a África que Deus deseja ver.

Perguntas

1. Quais dos pontos levantados no capítulo tu gostarias de discutir?
2. Em que área tu podes contribuir individualmente para a teologia pública? Quais das seis características da teologia pública tu consideras ter e quais tu precisas cultivar?
3. Após identificar a tua área de especialização, comece a trabalhar para identificar uma pessoa cuja especialização não seja em teologia com quem tu poderás dialogar e discutir questões que surgirem ao longo deste livro.

Leitura adicional

Hansen, L., ed. *Christian in Public: Aims, Methodologies and Issues in Public Theology*. Stellenbosch: Sun Media, 2008.

Kim, Sebastian C. H., e Katie Day, eds. *A Companion to Public Theology*. Leiden: Brill, 2017.

Koopman, Nico. "Some Contours for Public Theology." *International Journal of Public Theology* 14, no. 1 (2010): 123–138.

Mugambi, Jesse N. K. *Christian Theology and Social Reconstruction*. Nairobi: Acton, 2003.

---

23. Koopman, "Some Contours," 124.

3

A Bíblia e a Teologia Pública

Hassan Musa

Tendo considerado porque a África precisa de teologia pública e a natureza da teologia pública, está na hora de considerar a fonte da qual derivamos nossa teologia. na fonte está a Bíblia, a palavra escrita de Deus que foi preservada por muitas gerações. Ele contém a história da revelação de Deus de quem Ee é e de seus planos e propósitos para tudo o que Ele criou, e particularmente para os seres humanos, que Ele criou para levar sua imagem. A Bíblia trata da origem da vida, da humanidade e da criação em geral e registra as várias maneiras pelas quais a salvação de Deus foi introduzida e como a humanidade respondeu a ela. Mas a Bíblia não é meramente um registro histórico. Ainda fala aos contextos da igreja moderna e desempenha um papel fundamental na formação espiritual e na direção ética. É importante que nos envolvamos continuamente com ele para ver seu valor e significado para nossas vidas e comunidades.

No entanto, vivemos em um mundo de visão distorcida. É por isso que a Bíblia aborda nossas cosmovisões e as corrige de acordo com a visão original de Deus para sua criação. Mas como devemos entender e usar a Bíblia? Foi recebido de diferentes maneiras por diferentes leitores e intérpretes em diferentes momentos e em diferentes lugares e circunstâncias. Alguns acreditam que a maneira de estar a salvo da manipulação e da opressão demoníaca ao dormir é usar a Bíblia como travesseiro. Outros balançam uma Bíblia sobre uma pessoa doente por quem estão orando, ou lançam uma Bíblia contra alguém que consideram mau para expulsar um demônio. Alguns usam a Bíblia como uma ferramenta para a clarividência. Se algo estiver faltando e não puder ser encontrado pelos métodos convencionais, eles recomendam usar um pedaço de pau ou linha para abrir a Bíblia e revelar onde está o item ausente. Nos círculos tradicionais evangélicos, a Bíblia é usada como uma ferramenta de autoridade especialmente no que diz respeito ao governo da igreja e à regra de vida.

Dadas todas essas diferentes maneiras pelas quais a Bíblia é usada em contextos africanos, é importante que pensemos cuidadosamente sobre como a Bíblia deve ser usada ao fazer teologia pública na África. Precisamos de discernimento, e o discernimento, por sua vez, requer que tenhamos uma boa base teológica sobre a qual nos basear. É importante que compreendamos o amplo alcance da teologia bíblica se não quisermos ser indevidamente influenciados por versículos e incidentes individuais. Portanto, vamos começar considerando os grandes temas da Bíblia que devem moldar nosso pensamento.

A Bíblia e Origem, Identidade e Ética

Nossos entendimentos de nossa origem e identidade determinam nossa ética. Este ponto é facilmente entendido em contextos africanos, de onde e quem tu és é determinado pelo local de onde tu vens, o que explica o que tu fazes e o que não fazes. Mas hoje muitos em África e a questão das origens são complexas, pois a violência sociopolítica os forçou a se mudar para outros locais da África ou no exterior em busca de paz e comida. O resultado dessa migração, seja por motivos sociais, políticos, religiosos ou econômicos, é que a identidade das pessoas foi comprometida, se não totalmente alterada.

A migração também era a experiência dos antigos israelitas, e assim a Bíblia aborda questões de origem e migração. Questões de origem são tratadas em Gênesis 1–11, onde é afirmado que Deus criou tudo e todos e declarou que tudo que ele havia criado era "muito bom" (Gênesis 1:31). dois pontos-chave aqui para nossa compreensão a respeito da teologia pública. A primeira é que, porque tudo vem das mãos criativas de Deus, a criação de Deus é verdadeiramente bela e deve não apenas ser admirada, mas também ativamente protegida. O segundo ponto é a dignidade da humanidade. Todo ser humano é feito à imagem de Deus (Gn 1:27) e deve contribuir sempre que possível para o cuidado da boa criação de Deus. Os capítulos posteriores deste livro descrevem algumas das implicações dessas verdades em contextos particulares.

Embora Gênesis também registre a falha humana e o quebrantamento do mundo, essas falhas humanas não destroem a obra de Deus. Deus não desiste porque as pessoas agora estão profundamente impressionadas. A paciência e a graça de Deus devem nos encorajar a ser pacientes com os fracos entre nós e devem nos ajudar a viver melhor com grande alegria e esperança.

O restante de Gênesis (Gn 12-50) mostra como Deus continuou a trabalhar escolhendo e chamando os patriarcas e matriarcas do antigo Israel e prometendo-lhes bênçãos para si mesmos, seus descendentes e toda o mundo (Gn 12:3). Quando seus descendentes se viram escravizados no Egipto, Deus ofereceu dignidade aos escravos vendo seu sofrimento e graciosamente enviando Moisés e Arão para resgatá-los. O respeitado teólogo sul-africano Dirk Smit argumenta que o acto de "ver" é básico para a ética.[1] Deus viu a situação dos israelitas no contexto egípcio e providenciou seu resgate. Isso nos forneceu o tipo de ethos de que precisamos para responder às necessidades dos outros, ou seja, o ethos da compaixão.[2]

O resto da história da jornada dos israelitas no deserto fala da contínua graça e compaixão de Deus por seu povo, apesar de sua rebelião contra seus mensageiros, Moisés e Arão. O deserto era um lugar de seca e vulnerabilidade, mas Deus colocou sua companhia à disposição do povo e supriu suas necessidades. Ele também lhes deu a lei, que se destinava a ensiná-los a amar o Senhor, adorar somente o Senhor Deus de Israel e amar e cuidar de seus próximos. Se obedecessem à lei, desfrutariam das bênçãos da terra que Deus lhes daria. Os três discursos de Moisés no livro de Deuteronômio destinam-se a fornecer coragem e orientação sobre o ethos e a ética do povo de Deus para que vivam com responsabilidade em uma nova terra.

A lei como apresentada no Pentateuco não deve ser interpretada e aplicada literalmente hoje. Em vez disso, devemos vê-lo como a fonte dos princípios que moldaram a ética dos israelitas e devem moldar nosso pensamento hoje.[3] Jesus deu um exemplo de como isso deve ser feito em seu Sermão da Montanha, no qual Ele penetrou no coração da lei e ensinou os cristãos como se concentrar no que Deus deseja e ser perfeito como Deus é perfeito (Mt 5:48).

O restante do relato histórico das origens dos israelitas (Josué a 2 Reis), os livros proféticos e de sabedoria e o Novo Testamento nos mostram como os israelitas conduziram suas vidas dentro e fora da terra prometida. Aprendemos como eles receberam a terra e como a perderam por causa de sua desobediência. Sua história está repleta de histórias de arrogância humana,

---

1. Dirk Smit, "Liturgy and Life? On the Importance of Worship for Christian Ethics," *Scriptura* 62 (1997): 261-262.

2. Ver também M. Nussbaum, *Upheavals of Thoughts: The Intelligence of Emotions* (Cambridge: Cambridge University Press, 2001).

3. Christopher J. H. Wright, *Old Testament Ethics for the People of God* (Downers Grove, IL: IVP Academic, 2011); John Walton, "Deuteronomy: An Exposition of the Spirit of the Law," *Grace Theological Journal* 8, no. 2 (1987): 213-225.

ignorância e rebelião, e assim nos prepara para o tema da salvação que é um paradigma principal em toda a literatura bíblica e na teologia pública.

A Bíblia e a Salvação

O tema da salvação percorre várias formas através da Bíblia. O primeiro acto de salvação de Deus ocorreu logo depois que Adão e Eva pecaram e mergulharam toda a humanidade por todas as gerações no quebrantamento da vida e do relacionamento com Deus (Gn 3). Deus os resgatou de sua nova vulnerabilidade fazendo roupas para eles com pele de animal. No restante do Gênesis, vemos Deus salvando ou resgatando os patriarcas de Israel de perigos físicos, sociais e até espirituais.

O acto histórico de salvação ao qual os escritores bíblicos mais frequentemente refere-se à espetacular salvação de Deus dos israelitas da escravidão no Egipto.[4] Foi através da experiência do êxodo que eles se tornaram um povo independente e receberam uma identidade religiosa e social que os diferenciava dos outros povos do antigo Oriente Próximo. A salvação de Deus restaurou seu senso de ser e lhes deu um senso de relacionamento com Deus, uns com os outros e até com outras nações. Portanto, não surpreende que a experiência do êxodo tenha estado no centro da teologia da libertação.

Mesmo o livro de Levítico, que pode nos parecer centrado principalmente em regras arcanas de sacrifício, pode ser lido em termos de teologia da salvação.[5] Levítico responde à questão do que significa ser salvo dizendo que ser salvo é ser santo. A santidade é vista como a marca distintiva do povo de Deus. Isso significa que eles são separados para Deus para que possam ser uma bênção para o mundo inteiro (Gn 12:1-3) e que, portanto, vivam de uma maneira que demonstre seu amor por ele e por outras pessoas (Lv 19). Foi por isso que Deus criou tantas provisões para a restauração dos israelitas após qualquer tipo de rebelião ou falha pecaminosa. Sempre que as pessoas como indivíduos ou como uma nação eram enganados por qualquer motivo, Deus forneceu um meio de restauração, com o ponto mais alto sendo os rituais e sacrifícios no Dia da Expiação (Lv 16). As instruções de Levíticus mostram tanto as exigências de Deus por santidade bem como a capacitação de Deus para a santidade.

---

4. Walter Brueggemann, *Journey to the Common Good* (Louisville, KY: Westminster John Knox, 2010).

5. Ver A. A. Cody, *History of Old Testament Priesthood* (Rome: Pontifical Biblical Institute, 1969); M. Douglas, *Purity and Danger* (London: Routledge and Keegan Paul, 1966).

A rebelião humana e o afastamento do amor e adoração de Deus continuaram sendo problemas-chave nos livros de Josué e Juízes, mas a solidariedade compassiva de Deus sempre proporcionou salvação (resgate) de seus inimigos físicos. Vemos a mesma proteção estendida ao jovem Davi quando foi ameaçado por Saul. Não é surpreendente que tantos dos salmos celebram a salvação do Senhor. Davi e os outros salmistas não tiveram uma vida fácil, mas a presença de Deus os tornou seguros e protegidos.

Logo no início do Novo Testamento, somos apresentados a "Jesus, o Messias" (Mt 1,1), cujo nome e título mostram que o tema da salvação continua. O nome "Jesus", como os nomes Josué e Oséias no Antigo Testamento, significa aquele que salva, resgata e até restaura. o título "o Messias" significa que Jesus cumpre as profecias do Antigo Testamento de um libertador vindouro.

Enquanto a compreensão geral da salvação no Antigo Tesmento tinha a ver com o resgate físico de perigo potencial ou real, o Novo Testamento leva o tema da libertação ainda mais para a dimensão espiritual com o anúncio de que Jesus salva "seu povo dos seus pecados" (Mt. 1:21).

Alguns podem dizer que enquanto Deus estava trabalhando na esfera pública no Antigo Testamento, a salvação que Jesus oferece é privada e pessoal. Mas eu discordaria. Os pecados dos quais os "pecadores" são salvos podem ser públicos ou privados, vistos ou ocultos, mas o "pecador" como ser humano sempre vive em público. A salvação de um pecador resulta em uma vida transformada, que é tão visível nos espaços públicos quanto uma luz brilhando nas trevas. Quando as pessoas virem as boas obras de uma pessoa que foi salva, elas terão motivos para glorificar a Deus que está no céu (Mt 5:13–16).

Paulo insiste neste tema da salvação como a renovação da vida, ou regeneração, em Efésios 2. Ele argumenta que a salvação reorienta o povo de Deus para viver de maneira que agrada a Deus. Sua morte espiritual é destruída, e eles são despertados para a vida real de fé e fidelidade espiritual e fecundidade que Deus deseja. As novas pessoas de fé vivem de forma diferente: vivem sacrificialmente e em harmonia uns com os outros por causa de sua unidade em Cristo (Ef 3–4). Os velhos muros étnicos que os separavam foram derrubados, e cada membro agora faz parte da gloriosa família de Deus. esse sentido de renovação da vida nos une e nos faz adorar a Deus em espírito e em verdade (ver também João 4:24; Rm 12:2).

A Bíblia e Adoração

Uma das coisas mais extraordinárias que as pessoas de fé fazem em Cristo é se reunir em adoração. A Bíblia está repleta da justiça e do amor restauradores de

Deus. Constantemente nos chama de volta a Deus em adoração. A alienação da humanidade devido à rebelião humana nos conduziu à vulnerabilidade; no entanto, o amor estranho de Deus nos dignificou ao fornecer novas roupas para a humanidade rebelde. Em Levítico, as instruções sobre o caminho para a santidade permitem que pessoas ímpias ou pecadoras para serem purificados para que possam adorar novamente. Os Salmos estão cheios de apelos ao povo de Deus para vir e atribuir toda glória e honra a Deus em locais públicos de adoração. A adoração não é, portanto, um assunto puramente privado e, portanto, nossa teologia da adoração é uma parte séria da teologia pública. É em nosso ato de adoração que vivemos como o verdadeiro povo de Deus. Em nossos atos litúrgicos de adoração, olhamos na direção certa.[6] É na liturgia de oração e adoração que participamos da realidade do reino de Deus.[7] De nossa tradição de adoração, aprendemos a receber uns aos outros como irmãos e irmãs, e nele cultivamos continuamente um ethos centrado em Deus e que honra a Deus que leva a uma ética transformadora da vida e até mesmo do mundo. É neste compromisso ético com Deus e uns com os outros que vemos novamente que estamos no mundo, mas não pertencemos ao mundo. Rejeitamos todo tipo de mundanismo, mas aceitamos o mundo. Nosso culto público deve, portanto, sempre nos convidar à santa presença de Deus em verdadeira confissão e gratidão.

Às vezes, porém, nossa carne e seus desejos podem tomar conta de nossos pensamentos e atos, de modo que nossa adoração não permite que a vida de Deus flua em nós.[8] Não devemos fingir que tudo está bem e viver em falsa piedade, mas devemos continuar buscar ser renovado à imagem Daquele que nos salvou. A renovação de nossas mentes na presença de Deus para servir a Deus e uns aos outros torna-se nosso verdadeiro ato de adoração a Deus (Rm 12:1-2).

Observe que nossa piedade não é vista em nossa separação do mundo, mas em nosso viver no mundo de forma diferente (João 15-17). A teologia escatológica do Apocalipse acaba sendo uma teologia de esperança de vida e piedade, e não apenas uma sucessão de imagens assustadoras. No final, a ideia de adoração permanecerá e reinará quando todo o mal for destruído (Ap

---

6. Smit, *Liturgy and Life?*, 261; see also Stanley Hauerwas and W. H. Willimon, *Resident Aliens* (Nashville: Abingdon Press, 1989); Stanley Hauerwas, *In Good Company: The Church as Polis* (Notre Dame: University of Notre Dame Press, 1995).

7. D. E. Saliers, *Worship as Theology: Foretaste of Divine Glory* (Nashville: Abingdon, 1994).

8. J. W. de Gruchy, *Cry Justice! Prayer, Meditations and Readings from South Africa* (London: Collins Liturgical Publications, 1986).

18-19). Como seres humanos transformados, nos juntaremos à companhia dos anjos cantando louvores ao Senhor.

É em nossos atos de adoração que confrontamos o mundanismo do mundo e mostramos que há outro sentido de ser que é melhor do que o que ele tem a oferecer. Em nossa teologia pública de adoração, nos envolvemos com o reino de Deus aqui na terra como no céu. É quando o céu vem até nós aqui e agora. É quando vemos a beleza de Deus em nossa salvação e em nossa união. É em nossa adoração que aprendemos novas palavras que transformarão o mundo de forma construtiva e manterão continuamente aberto nosso testemunho da presença de Deus. Isto é em nossa teologia pública de adoração que aprendemos novas maneiras de viver no mundo como viver com responsabilidade.

A Bíblia e a Responsabilidade Social

Embora estejamos no mundo, não pertencemos ao mundo, como Jesus disse a seus discípulos no cenáculo antes de ser executado (João 13-17). Devemos, portanto, estar preparados para aprender a viver de forma diferente no mundo, ou seja, a viver com responsabilidade.

Esta teologia bíblica da responsabilidade é vista na criação e no êxodo. Quando os israelitas saíram do Egipto, Deus, falando por meio de Moisés, os chamou para serem um povo diferente. Deus pediu que eles aprendessem a ouvir e obedecer a voz do Senhor para serem o novo povo que Deus deseja. Em Êxodo 19 e outros capítulos semelhantes, o povo foi consagrado a fim de prepará-lo de forma prática para ver e saber que a santidade de Deus deve se re etir em sua vida diária. Deus fez uma aliança com eles para torná-los pessoas novas e responsáveis. A ideia de responsabilidade no aqui e agora significa viver com consciência da alteridade do outro e contribuir significativamente para o outro. é o que fazemos quando vivemos juntos como o novo povo de Deus, diferente e interconectado.[9]

Em Deuteronômio os israelitas foram chamados para mostrar ao mundo o que significa ser o povo de Deus amando a Deus e cuidando do próximo e dos estrangeiros. Nosso próximo pode ser alguém que conhecemos bem, ou alguém muito diferente de nós, às vezes até alguém que nos parece muito estranho. É por isso que precisamos ser desafiados a receber e amar o nosso próximo. Talvez tenhamos que aprender a fazê-lo.

---

9. Dirk Smit, "Notions of the Public and Doing Theology," *International Journal of Public Theology* 1 (2007): 431-454.

Essa idéia de vizinhança vem a nós novamente na vinda de Deus em Jesus Cristo. Jesus fala de si mesmo como presente no próximo que recebemos e cuidamos (Mt 25:31–46). A pessoa de Jesus pode ser vista nos rostos dos outros, sejam nossos amigos, vizinhos ou completos estranhos. Independentemente de quem sejam, a maneira como os recebemos e tratamos revela muito sobre como recebemos e tratamos Jesus Cristo. As crianças que vemos e o desconhecido que passa, todos têm o rosto de Jesus à nossa frente. O pobre necessitado de amor e cuidado é deixado para nós como prova de nossa fé e espiritualidade.

A história do bom samaritano nos deixa frios ou quentes. Sentimos frio e talvez desafiados por termos falhado com uma pessoa necessitada. Nós temos muitas vezes mostrou a mesma face de piedade que o sacerdote e o levita que simplesmente passaram. Mas o estranho em necessidade agora é aquele que nos é familiar. Trata-se de uma teologia pública do cuidado, que deriva de um sentido compassivo do que significa ser humano. Sempre que a verdade de nossa humanidade parece nos escapar, precisamos ser lembrados de que temos uma necessidade intrínseca de amor como cuidado e que devemos responder às necessidades dos outros.

Wolterstorff aplica essa perspectiva sobre a responsabilidade em seus vários escritos sobre o papel da "justiça" no mundo como um paradigma fundamental da vida.[10] Manifestamos essa justiça em nossa solidariedade com todos os necessitados entre nós e, cuidando deles, praticamos uma teologia pública útil para transformar o mundo em um lugar melhor para todos. Escritores como Heinrich Bedford-Strohm engajaram criticamente os problemas sociopolíticos e econômicos do mundo a partir de um contexto global em busca do significado da vida juntos para justiça e cuidado inclusivos, e precisamos ouvir suas vozes e reconhecer a necessidade de renovação da nossa civilização.[11]

Nossa civilização moderna nasceu no Ocidente, mas suas origens não são apenas ocidentais. Como Vishal Mangalwadi mostrou, a Bíblia, um livro do Oriente Médio, desempenhou um papel vital na formação do mundo em que vivemos.[12] O conceito bíblico de dignidade humana moldou a ética do mundo, e uma compreensão bíblica da natureza moldou o pensamento do mundo

---

10. Nicholas Wolterstorff, *Until Justice and Peace Embrace* (Grand Rapids: Eerdmans, 1983); Wolterstorff, "Liturgy, Justice and Holiness," *Reformed Journal* 16 (1989):12–20; Wolterstorff, "Justice as Condition for Authentic Liturgy," *Theology Today* 48 (1991): 6–21.

11. Heinrich Bedford-Strohm, "Prophetic Witness and Public Discourse in European Societies: A German Perspective," *HTS Teologiese Studies/Theological Studies* 66, no. 1 (2010): 1–6.

12. Vishal Mangalwadi, *The Book that Made Your World: How the Bible Created the Soul of Western Civilization* (Nashville: Thomas Nelson, 2011).

sobre a ciência. As ideias-chave que tornaram a sociedade civil ocidental vital e eficiente são, portanto, enraizadas na Bíblia.

Hoje, muitos no Ocidente têm pouca consideração pela Bíblia; não é assim na África. Aqui ela ainda faz parte de uma tradição vital e, portanto, devemos encorajar as pessoas a lerem a Bíblia por todo o seu valor em seus contextos pessoais e sociais. Precisamos permitir que ela transforme continuamente nossas vidas e nossas culturas. A Bíblia sempre foi um meio de preservação e valorização cultural, especialmente em contextos onde é lida com cuidado e profunda reverência. Esse tipo de leitura é tudo o que precisamos para uma teologia pública mais útil para o futuro.

A Bíblia e a Teologia Pública do Futuro

Pode ser útil perguntar se a Bíblia tem algum potencial para fazer o que chamamos de teologia pública do futuro. Essa preocupação é muito legítima porque muitos não veem a Bíblia a falar conosco aqui e agora. Eles pensam na Bíblia como um documento do passado, com pouca ou nenhuma relevância para o presente ou o futuro. Mas de uma perspectiva teológica pública, a Bíblia deve ser continuamente nossa companheira diária enquanto viajamos do passado para o futuro.

Ao dizer isso, não estou me referindo apenas a preocupações escatológicas, embora sejam parte do que significa olhar para o futuro através da Bíblia. Fomos lembrados disso pela teologia da esperança proposta por um dos renomados teólogos públicos dos séculos XX e XXI, Jürgen Moltmann. Moltmann argumenta que a ideia da vinda de Deus nos apresenta um foco realista para a esperança escatológica cristã que deve nos estimular a viver bem e viver plenamente no presente, mesmo quando nos movemos para o futuro.[13]

Voltando à tese de Mangalwadi de que a Bíblia moldou a civilização ocidental, podemos afirmar que a Bíblia foi útil na criação da civilização que serviu a toda a humanidade no passado recente, e que ainda mantém o mesmo potencial hoje. Se retornarmos ao estudo da Bíblia em nossos contextos com bom interesse e intenção, ela se envolverá continuamente conosco de maneira vivificante.

Pesquisas recentes incluem abordagens multidimensionais da hermenêutica bíblica que abordam nossas inúmeras preocupações em culturas modernas e

---

13. Jürgen Moltmann, *Theology of Hope* (London: SCM, 1967); Moltmann, *The Experiment of Hope* (London: SCM, 1975); Moltmann, *Ethics of Hope* (Cambridge: Cambridge University Press, 2012).

até pós-modernas. Gerald West, por exemplo, abriu o caminho ao fazer uma hermenêutica da libertação de uma perspectiva bíblica.[14] Há tantas coisas das quais precisamos ser libertados para ter a vida vital da verdadeira humanidade que Deus nos chamou. Essas preocupações são principalmente ideológicas e incluem colonização, violência, discriminação, abuso, abuso ecológico, abuso religioso e afins. Todas essas coisas estão sempre a colocar nossa humanidade e o mundo em perigo. Alguns deles são abordados em capítulos posteriores deste livro.

Estudiosos como Juliana M. Claassens sugeriram uma leitura restauradora da Bíblia que continuamente nos leva a ver a Bíblia de novas maneiras que são doadoras de vida.[15] Musa Dube ofereceu leituras pós-coloniais da Bíblia que dão voz aos sem voz e trazem libertação ao continente Africano.[16] Mercy Amba Oduyoye fundou o Circle of Concerned African Women Theologians em 1989, que junta mulheres (e homens) de toda a África para lerem a Bíblia hoje e atender a sua verdade em união. Este estudo bíblico cooperativo é muito útil para análise contextual e para encontrar formas relevantes de fazer teologia pública que atendam à preocupação do "leitor comum".

Gerald West também dedicou seu tempo e energia para fazer teologia "de baixo" e para ler a Bíblia da perspectiva do "leitor comum" que carece de treinamento formal de teólogo.[17] As perspectivas desses leitores precisam ser ouvidas. Eles nos mostram onde a palavra de Deus é necessária na vida das pessoas e nos lembram de como Deus em Jesus viveu com as pessoas em seus contextos. Eles revelam como a Bíblia pode ser usada como um documento oficial para orientar nossas vidas em diferentes contextos em direções a uma teologia pública mais vital na África.

Este é o caminho para o futuro da teologia pública na África. O conhecimento do passado deve ser discutido no presente com grande esperança no futuro em termos de hermenêutica responsável. O significado do material bíblico deve estar aberto às preocupações diárias das pessoas, e devemos procurar encontrar maneiras importantes de contextualizar a verdade

---

14. Gerald West, *Biblical Hermeneutics of Liberation: Modes of Reading the Bible in the South African Context*, 2nd ed. (Pietermaritzburg: Cluster, 1995).

15. Juliana M. Claassens and B. C. Birch, *Restorative Readings: The Old Testament, Ethics and Human Dignity* (Eugene, OR: Pickwick, 2015).

16. Musa W. Dube and G. West, eds., *The Bible in Africa: Transactions, Trajectories, and Trends* (Leiden: Brill, 2000). See also, Dube, *Other Ways of Reading: African Women and the Bible* (Atlanta: SBL, 2001), and Dube, "Exegeting the Darkness: Reading the Botswana Colonial Bible" (presented in Atlanta at the SBL Annual Meeting, 2010).

17. Ver G. I. Akper, "The Role of the 'Ordinary Reader' in Gerald O. West's Hermeneutics," *Scriptura* 88 (2005): 1–13.

da palavra de Deus de maneira que torne a teologia não apenas fácil de fazer, mas muito transformadora na África e além.

Perguntas

1. A Bíblia é sobre salvação? Se sim, o que significa salvação? Refere-se apenas a receber a vida eterna?
2. Como a leitura da Bíblia pode ajudar sua comunidade a se engajar no desenvolvimento e transformação sociocultural, espiritual, econômica e política?
3. Como tu, como teólogo público, responderia a alguém que argumenta que os cristãos de hoje devem obedecer à lei de Moisés conforme estabelecida no Pentateuco?
4. Identifique uma situação particular que o preocupe na tua comunidade e indique como o ensino da Bíblia sobre origens, salvação, adoração e responsabilidade afeta sua abordagem a esse problema.
5. Como tu podes encorajar as pessoas a ler a Bíblia por todo o seu valor, não apenas para suas vidas pessoais, mas também para suas comunidades?

Leitura Adicional

Akper, G. I. "The Role of the 'Ordinary Reader' in Gerald O. West's Hermeneutics," *Scriptura* 88 (2005): 1–13.

Dube, M. W., ed. *Other Ways of Reading: African Women and the Bible*. Atlanta: SBL, 2001.

Dube, M. W., e G. West, eds. *The Bible in Africa: Transactions, Trajectories, and Trends*. Leiden: Brill, 2000.

Fee, G. D., e D. Stuart. *How to Read the Bible for All Its Worth*, 4th ed. Grand Rapids: Zondervan, 2014.

Mbiti, J. S. "The Biblical Basis for Present Trends in African Theology." In *African Theology en Route*, edited by K. Appiah-Kubi and S. Torres, 83–94. Maryknoll, NY: Orbis, 1979.

Sanneh, L. *Translating the Message: The Missionary Impact on Culture*. New York: Orbis, 1989.

4

A Trindade e a Teologia Pública

Tersur Aben

O título deste capítulo pode confundir muitos, pois tendemos a pensar na Trindade como uma doutrina formulada no Concílio de Nicéia e aceite por todas as igrejas cristãs, mas que tem pouca relevância para nossa vida pública e ética. Como o conhecimento de que Deus existe como Pai, Filho e Espírito Santo pode começar a afetar a vida pública?

O lugar para começar a responder a esta pergunta é logo no início da Bíblia, no relato da criação onde nos é dito que os seres humanos são feitos à imagem de Deus.

A Imagem de Deus

Gênesis começa: "No princípio criou Deus os céus e a terra" (Gn 1:1). Parece que Deus é um indivíduo divino, mas um exame mais detalhado do restante do capítulo, à luz de nosso conhecimento do restante das Escrituras, sugere que todas as três pessoas divinas estavam presentes. É-nos dito que o "Espírito de Deus pairava sobre as águas" no início da criação (Gn 1:2). E foi pela palavra de Deus (o repetido "e Deus disse") que todas as coisas na terra foram colocadas em ordem e harmonizadas. Em João 1:1-3, nos é dito que esta Palavra é Cristo. Portanto, podemos dizer que no relato bíblico da criação, Deus existe como três pessoas divinas distintas que trabalham juntas para criar e ordenar todas as coisas na terra.

Gênesis também dá um relato detalhado da criação dos seres humanos. Começa com Deus dizendo: Então disse Deus: "Façamos o homem à nossa imagem, conforme a nossa semelhança. Domine eleb sobre os peixes do mar, sobre as aves do céu, sobre os grandes animais de toda a terrac e sobre todos os pequenos animais que se movem rente ao chão". (Gn 1:26). A palavra que a NVI traduz como "humanidade" significa literalmente "homem" (isto é, um homem individual), mas claramente no contexto refere-se a homens e mulheres, pois no versículo seguinte lemos: "Criou Deus o homem à sua imagem, à imagem de Deus o criou; homem e mulherd os criou" (Gn 1:27). O que isso significa é que a palavra "homem" no relato da criação se refere tanto a um indivíduo quanto a uma pluralidade de pessoas, da mesma forma que "Deus" se refere ao único Deus que, no entanto, é três pessoas divinas distintas. Falamos da mesma maneira quando nos referimos à "África" como uma unidade, apesar da vasta pluralidade de nações e pessoas dentro da África. Apreender essa ideia de unidade na pluralidade nos ajuda a entender o que significa dizer que Deus é uma pluralidade de pessoas.

Se concordarmos que Deus é uma pluralidade de pessoas a trabalharem juntas para realizar a criação, e que a "humanidade" é uma pluralidade de pessoas feitas à imagem de Deus, segue-se que os seres humanos foram criados para trabalharem juntos para realizar a tarefa que Deus deu a eles, que é cuidar da criação de Deus. E dado que a criação de Deus inclui seus semelhantes, sua tarefa também é cuidar uns dos outros, como será mencionado repetidamente na segunda parte deste livro.

Esta é uma primeira aplicação da idéia da Trindade. Mas há outro ponto que podemos deduzir do relato da criação da humanidade. É que o Deus que existe na pluralidade tem uma única essência ou natureza, e o mesmo vale para os seres humanos – todos compartilhamos o atributo essencial de termos sido criados à imagem de Deus. Para a África, isso significa que todos os seres humanos deste continente, independentemente de sua vasta diversidade, compartilham o atributo essencial de serem feitos à imagem de Deus. Como tal, todos compartilham da dignidade divina. As diferenças étnicas, políticas e econômicas às vezes ofuscam isso em nosso pensamento e em nossas ações. Mas nunca devemos esquecer que todos, mesmo nossos inimigos, mesmo os mais pobres entre nós, têm a dignidade de portar a imagem divina e, assim, compartilhar algo da essência divina.

A tarefa da teologia pública é encontrar maneiras de defender essa dignidade em todas as esferas da vida e conscientizar os cristãos de que o verdadeiro reconhecimento dessa dignidade transformará sua própria vida e a dos outros.

A Unidade da Trindade

A teologia trinitária afirma que Deus é um no que diz respeito não apenas à sua substância (sua essência), mas também no que diz respeito à sua vontade (decretos) e suas ações (obras). O Pai, o Filho e o Espírito Santo sempre agem de acordo, sem possibilidade de conflito. Como diz Neal Plantinga, "o Pai, o Filho e o Santo Espírito são ambos livre e essencialmente unidos um ao outro em uma unidade superlativa de harmonia e comunhão."[1] Jesus Christ used the preposition "in" to explain their relationship of perfect union and fellowship, saying, "I am in the Father" and "the Father is in me" (John 14:10–11).

Como seres humanos, achamos difícil imaginar que três pessoas possam governar em absoluta unidade. Na política africana, os líderes estão cercados por pessoas com suas próprias agendas, todas buscando promover seus próprios interesses. Mas dentro da Trindade, não há rivalidade. estão de pleno acordo sobre seus objetivos e sobre como devem atingi-los, e nenhum procura avançar em relação aos outros.

Não é este o modelo de como devemos nos conduzir ao trabalhar para melhorar a sociedade civil na África (e globalmente)? Se concordarmos com nossos objetivos para nossa comunidade, podemos tentar ser como a Trindade enquanto trabalhamos para atingir esses objetivos? Em outras palavras, podemos deixar de lado nossos egos individuais e focar em nossa tarefa ao invés de nossa posição em relação a outra pessoa que está a buscar o mesmo objectivo?

Essa compreensão da unidade na pluralidade é menos estranha aos africanos do que aos ocidentais. Enquanto o Ocidente tende a promover o individualismo, todos os africanos estão familiarizados com o conceito de ubuntu expresso nas palavras "eu sou porque nós somos". Todos os africanos estão cientes de que vivemos em comunidade e que nossa própria identidade está intrinsecamente entrelaçada com a dos outros. Vemos evidência disso no fato de que muitas línguas africanas não têm palavras para "sobrinho", "primo", "sobrinha" ou "tio". Tais palavras não são necessárias porque todos em sua comunidade são seus irmãos ou irmãs. As diferenças individuais não importam desde que se possa comer e conversar com o vizinho.[2]

In living out this concept of community, Africans are also living out an aspect of what it means to be made in the image of a Trinitarian God.

---

1. Cornelius Plantinga, Jr., "Hodgson-Welch Debate and the Analogy of the Trinity," (PhD dissertation, Princeton Theological Seminary, 1982), 339.
2. Byang H. Kato, *Theological Pitfalls in Africa* (Kumasi: Evangel, 1975), 130.

A Diversidade da Trindade

Uma maneira pela qual os teólogos tentaram enfatizar a distinção entre as três pessoas divinas da Trindade é atribuir nomes a elas. O Concílio de Nicéia concordou que a primeira pessoa da Trindade deve ser chamada de Pai, a segunda pessoa deve ser chamada de Filho e a terceira pessoa deve ser chamada de Espírito Santo. O Concílio acrescentou que o Pai não é o Filho ou o Espírito Santo, o Filho não é o Pai ou o Espírito Santo, e o Espírito Santo não é o Filho ou o Pai. Ainda assim, o Concílio insistiu que as três pessoas divinas distintas são exatamente um Deus, e as designações numéricas primeiro, segundo e terceiro não representam graus de status. Em vez disso, são termos convenientes relacionados à ordem em que as pessoas da Trindade nos foram reveladas nas Escrituras.

Embora a Trindade actue em perfeita unidade, eles têm papéis diferentes quando se trata da salvação humana. No Novo Testamento, fala-se de Deus Pai enviando seu Filho unigênito, Jesus Cristo, a segunda pessoa da Trindade, à terra para morrer na cruz do Calvário para salvar os seres humanos do pecado e restaurá-los a um relacionamento correto. Com Deus. Em conjunto, o Pai e o Filho enviaram o Espírito Santo, a terceira pessoa da Trindade, ao mundo para aplicar os benefícios da salvação e capacitar todos os que crêem em Cristo a serem transformados holisticamente à sua imagem. Essas bênçãos de salvação e santificação estão disponíveis para todos os que creem, independentemente de sua raça, etnia ou classe social. Esta distinção em ação é a razão pela qual falamos de Deus Pai como o criador, Jesus Cristo como o redentor e restaurador, e o Espírito Santo como o capacitador.

Embora a Trindade tenha papéis diferentes, nenhum é inerentemente superior ao outro. Cristo insistiu repetidamente: "Eu e o Pai somos um" (João 10:30). Da mesma forma, o livro do Apocalipse começa com uma visão do Cristo ascendido, que se descreve da seguinte forma: "Sou Aquele que Vive. Estive morto mas agora estou vivo para todo o sempre!" (Ap 1:18). O Cristo ressurrecto dá então à João mensagens para as sete igrejas e em cada vez termina com a declaração: "Quem tem ouvidos, ouça o que o Espírito diz às igrejas" (Ap 2:7, 11, 17, 29; 3: 6, 13, 22). Aqui as palavras do Espírito e as palavras do Cristo ressurrecto são tratadas como vindas da mesma fonte com a mesma autoridade. No entanto, Cristo também diz que "Jesus lhes deu esta resposta: "Eu lhes digo verdadeiramente que o Filho não pode fazer nada de si mesmo; só pode fazer o que vê o Pai fazer, porque o que o Pai faz o Filho também faz" (João 5:19) e que o Espírito "Não falará de si mesmo; falará apenas o que ouvir, e lhes anunciará o que está por vir. Ele me glorificará, porque receberá do que é meu e o tornará conhecido a vocês" (João 16:13–14).

Essas passagens ilustram tanto a harmonia quanto os diferentes papéis das três pessoas da Trindade.

O que vale a pena notar sobre essas declarações é que, embora o Pai, Jesus e o Espírito tenham papéis diferentes na salvação, todos eles têm igual dignidade. Segue-se que para vivermos como seres feitos à imagem de Deus, devemos conceder igual dignidade uns aos outros. Todos nós temos diferentes papéis a desempenhar na criação de Deus, e nenhum papel deve ser visto como carente de dignidade simplesmente porque é diferente de outro papel ou serve a outra função. Deus "envia" seu Filho, e o Filho pede ao Pai que "envie" o Espírito, mas em todos os casos o enviado é igualmente Deus. Da mesma forma, quando estamos em condições de "enviar" outros e atribuir tarefas, nunca devemos supor que o fato de estarmos na liderança implica que temos mais valor humano do que aquele que enviamos. Pelo contrário, se procuramos viver as implicações da Trindade, devemos procurar restaurar a dignidade humana em todas as relações dentro das famílias africanas, nosso sistema educacional, nossas estruturas comerciais e todas as nossas estruturas sociais e políticas.

Dito de outra forma, a Trindade ensina os africanos a abraçar sua diversidade e a considerar sua diversidade como fonte de enriquecimento. A convivência harmoniosa das pessoas trinitárias ensina os africanos a abraçar firmemente sua pluralidade e a celebrar a dinâmica da identidade africana. Assim como as pessoas trinitárias participam igualmente umas das outras na construção do reino de Deus, os africanos precisam aprender a se engajar em discursos construtivos uns com os outros visando a construção de uma sociedade civil piedosa e uma igreja missionária forte.

As consequências de não Reconhecer a Trindade

Deus criou os seres humanos para desfrutar da mesma comunhão perfeita de amor que Deus desfruta dentro da Trindade. Eles deveriam desfrutar desse amor com Deus e uns com os outros. Inicialmente, era assim que os seres humanos viviam. Mas quando Satanás trouxe o pecado ao mundo, ele interrompeu aquela perfeita comunhão de amor. Isso destruiu nossa perfeita comunhão de amor com Deus, pois fomos expulsos do jardim do Éden, onde Adão e Eva viviam em comunhão regular com Deus. Também prejudicou nossos relacionamentos uns com os outros, como pode ser visto na maneira como Adão e Eva culpam os outros por seus próprios pecados (Gn 3).

Na queda, os seres humanos se afastaram de Deus e deram prioridade aos seus próprios desejos, interesses e objetivos egoístas. deixaram de refletir a imagem de Deus. Como todos os outros, os africanos tornaram-se egocêntricos. Não queriam agradar a Deus, nem se amavam.

Mas, graças a Deus, o Pai enviou seu único Filho, Jesus Cristo, a segunda pessoa da Trindade, para vir à terra e morrer na cruz do Calvário para salvar os seres humanos do pecado. em sua morte, o Filho removeu as consequências negativas do pecado, tornando possível para nós novamente nos tornarmos como Deus em natureza e carácter. Através da obra capacitadora do Espírito Santo, um dia representaremos novamente plenamente a imagem de Deus, razão pela qual Ele nos criou.

Mas, no presente, ainda estamos marcados pelo pecado, e essas cicatrizes podem distorcer nossa compreensão do que significa viver à imagem da Trindade. Em particular, somos propensos a duas heresias: enfatizar demais a unidade e enfatizar demais a diversidade.

A demasiada ênfase na unidade

A primeira heresia em que caímos em relação à Trindade é borrar a distinção entre as três pessoas divinas, tratando Deus como se ele fosse apenas uma pessoa. Mas as Escrituras revelam claramente que existem três pessoas divinas distintas na Divindade.

Esta heresia deve ser rejeitada porque nega a verdade da revelação bíblica sobre a identidade de Deus. O que pode ser menos óbvio para nós é que também afeta a forma como tratamos os outros. Se negarmos que a diversidade existe dentro de Deus, podemos nos sentir no direito de nos opor à diversidade daqueles que nos rodeiam.

Por exemplo, em uma família, o marido pode se recusar a aceitar que sua esposa é uma pessoa diferente dele e pode tentar forçá-la a fazer apenas o que ele quer. Da mesma forma, os pais podem se recusar a aceitar que seus filhos tenham suas próprias identidades e podem insistir que seus filhos satisfaçam os desejos de seus pais, sem levar em conta os interesses ou habilidades dos filhos. Na escala social mais ampla, vemos uma dinâmica semelhante quando uma classe, grupo ou raça dominante tenta forçar classes ou grupos ou raças menores a se assimilarem e assumirem a mesma identidade. Todas essas tentativas de impor nossas vontades, decisões e desejos aos outros são opressivas e negam o fato de que, como seres feitos à imagem de Deus, somos diversos. A ditadura é a eliminação das liberdades dos indivíduos, suprimindo sua individualidade única.

Estamos todos familiarizados com as más consequências de tal opressão e das crises que ela provoca nas famílias, comunidades e nações. A opressão não traz a harmonia e a paz que Deus quer que tenhamos em nossos relacionamentos. Em vez disso, cria ódio e ausência do amor que existe dentro da Trindade e deveria existir entre nós como seres feitos à imagem de Deus.

A demasiada ênfase na diversidade

Alguns daqueles que resistem à tentação de ver Deus como um, e não como uma Trindade, caem no erro oposto e tratam as três pessoas da Trindade como se fossem três divindades separadas. Eles falam como se o Pai estivesse separado do Filho e do Espírito Santo. Esta separação da substância divina é herética porque faz surgir três divindades de deuses. Mas as escrituras revelam-nos que só há um Deus - não três deuses.

Quando vemos Deus como três divindades e ignoramos a unidade amorosa que existe dentro da Trindade, estamos a abrir caminho para o pensamento individualista, que é o que acontece quando os indivíduos escolhem viver suas vidas separados ou separados dos outros indivíduos da sociedade e não são dispostos a trabalhar em conjunto para alcançar objetivos comuns. Deus não vive isolado, e nós também não.

Para reflectir a imagem de Deus como Trindade, precisamos trabalhar arduamente para vivermos juntos e em harmonia através das fronteiras étnicas e geracionais. Precisamos redefinir a liderança para que ela não apenas beneficie os membros do grupo de líderes, mas busque atender às necessidades físicas e espirituais de todos os Africanos.

O individualismo excessivo não é apenas um problema a nível nacional; também afeta as famílias. Se pais e filhos se recusam a se comunicar ou se visitar, não estamos agindo como a Trindade. O mesmo é verdade se eles não se recusam ativamente a se encontrar, mas simplesmente se ignoram e não veem necessidade de se relacionar com outros membros da família.

Às vezes acontece que um grupo se separa dos outros e deixa de se ver como parte da comunidade maior. Esse tipo de divisão pode ser baseado em classe, raça, gênero ou sexualidade. Os membros do grupo vivem em um gueto e não querem nada com ninguém de fora do grupo. Eles não têm comunhão com os outros – nem na igreja, nem no mercado, nem na arena política. Em vez disso, eles simplesmente se opõem a qualquer posição apresentada por qualquer outra pessoa. Quando tais problemas surgem em uma igreja ou comunidade, devemos indicar às pessoas a perfeita comunhão trinitária de amor que é um modelo para agirmos juntos para alcançar objectivos mútuos.

O que chamo de perfeita comunhão Trinitária de amor se manifesta como o tipo de amor que confirma calorosamente e respeitosamente a alteridade do amado. Afirma, celebra e comunica sua alteridade sem reservas ou medo da opressão. Quando isso acontece, Deus está presente como um membro pleno da comunidade. De facto, Deus faz parte de qualquer comunidade cristã vibrante que vive em harmonia uns com os outros. Essa é a essência das afirmações bíblicas em Gênesis 1:26-27 e 2:18 de que Deus nos criou à sua imagem – essa imagem explica nossa existência comunal.

Nossa criação à imagem de Deus explica a natureza e o carácter social do Africano. Deus nos colocou em famílias, comunidades e nações na África. Cada membro desses grupos é um indivíduo distinto, com uma existência distinta. Mas uma perfeita comunhão de amor deve nos unir uns aos outros em vontade e acção. Famílias, igrejas, tribos e nações africanas, devem reflectir essa comunhão de amor, enquanto vivem juntas em unidade umas com as outras.

A Trindade e a Igreja

Outra analogia que Paulo usa para falar sobre a comunhão Trinitária que deve caracterizar a vida africana é a comunhão da igreja. Assim como o único Deus é três Pessoas, a igreja é um corpo, mas tem muitos membros que trabalham juntos para servir a todo o corpo. e diferentes órgãos – olhos, ouvidos, pés e mãos – são todos parte de um corpo unificado (1 Co 12:12-27). Da mesma forma, a igreja na África é oriunda de muitas sociedades africanas e inclui indivíduos com personalidades, origens e costumes muito diferentes, mas todos juntos formam a igreja de Deus na África. Se a igreja em uma parte da África sofre, toda a igreja sofre. E se a igreja em uma parte da África é honrada, então toda a igreja na África é honrada.

O forte senso de comunidade dos Africanos, que brota da Trindade, também explica por que os Africanos são por natureza ecumênicos e incentivam a cooperação e a união de diferentes grupos cristãos para que possam trabalhar juntos em harmonia para realizar o reino de Deus na terra. Nossa oração é que os capítulos da segunda metade deste livro sugiram novas maneiras pelas quais podemos cooperar para atingir esse objetivo

Conclusão

Juntos, o Pai e o Filho enviaram o Espírito Santo ao mundo para viver naqueles que seguem a Cristo e aplicar os benefícios da salvação a eles. os que são salvos do pecado são agora chamados a trabalhar para aprender a viver em perfeita comunhão de amor com Deus e uns com os outros. À medida que modelam seus relacionamentos nos relacionamentos que existem dentro da Trindade, os Africanos virão a experimentar o shalom ou paz de Deus, o que trará uma transformação holística das famílias africanas e das estruturas educacionais, comerciais e sócio-políticas.

Se vivermos em harmonia e concedermos dignidade humana uns aos outros, seremos verdadeiramente humanos e verdadeiramente Africanos. Assim, faço um apelo "profético" aos Africanos para que imaginem Deus, transformando suas comunidades, infundindo integridade moral em seus governos e sociedades civis, para que também vivam em paz uns com os outros. Ao fazê-lo, os Africanos defenderão a dignidade humana, buscarão justiça em todos os aspectos da vida humana e obedecerão às leis de Deus.

Perguntas

1. Como podemos reflectir melhor o relacionamento da Trindade em nossa própria família, em nosso relacionamento como maridos e esposas e em nosso relacionamento com nossos filhos?
2. O que significa respeitar a dignidade dos outros em termos trinitários? Quais são as implicações disso para o nosso envolvimento em todas as formas de política?
3. Quais são as implicações da Trindade em relação às diferenças étnicas e à importância que atribuímos às lealdades étnicas?
4. Que implicações o facto de a Trindade ser uma comunidade e de sermos feitos à sua imagem e semelhança tem para o nosso pensamento econômico?
5. Qual é a relação entre a Trindade, a humanidade e a criação?

Leitura Adicional

Bitrus, Ibrahim. *Community and Trinity in Africa*. London: Routledge, 2017.

Kombo, J. O. *The Doctrine of God in African Christian Thought: The Holy Trinity Theological Hermeneutics and the African Intellectual Culture*. Leiden: Brill, 2007. Peterson, Eugene. *Christ Plays in a Thousand Places*. Grand Rapids: Eerdmans, 2005.

Rohr, R., e M. Morrell. *The Divine Dance: The Trinity and Your Transformation*. New Kensington, PA: Whitaker House, 2016.

5

A Teologia Pública e Identidade

H. Jurgens Hendriks

Uma África que não queremos . . . os Africanos que não queremos ser . . .
"Quase todos na África reconhecem que actualmente estamos a viver em uma África que não queremos. Não é que não amemos a África – amamos, apaixonada e profundamente."[1]

A referência de um presidente americano aos países africanos como "países de merda"[2] é apenas uma em uma longa história de comentários e caracterizações depreciativas e racistas dirigidas ao nosso continente e seu povo, comentários que ferem e humilham.

O que torna essas observações ainda mais mortificantes é que, pelo menos em alguns casos, se formos honestos conosco mesmos, temos que admitir que somos responsáveis por fazer tais termos caracterizações bastante precisas. Historicamente, o comércio de escravos africanos não era um empreendimento financeiro iniciado e mantido apenas pelas potências ocidentais. Os mercadores locais sempre foram cúmplices do lucrativo comércio de compatriotas Africanos. As tribos locais estavam sempre dispostas a ajudar os senhores coloniais a dividir para governar. Actualmente, os sul-africanos estão a cambalear ao saber que nosso ex-presidente e muitos membros de seu governo foram corruptos e nepotistas em um grau que excede nossa imaginação. Estrangeiros e magnatas dos negócios sul-africanos influenciaram as decisões e nomeações do governo. Tiveram acesso a minerais e contratos que enriqueceram a si mesmos e aos que subornaram. O presidente e seus principais operadores viveram em luxo

---

1. Sunday Bobai Agang, Chapter 1, opening lines.
2. www.news24.com/Africa/News/africa-is-no-shithole-outrage-over-trumps-remark-20180112.

extremo enquanto o desemprego aumentava, a pobreza aumentava e os serviços básicos entravam em declínio. Por causa da corrupção e má gestão, alguns municípios não conseguem fornecer nem mesmo água potável ou eletricidade para seus moradores. O esgoto não tratadso fluI e poluI os sistemas fluviais.

O que aconteceu com a nação arco-íris que, para espanto e admiração do mundo, fez uma transição pacífica do apartheid para a democracia? Como um país cujos presidentes ganharam o Prêmio Nobel desce a esse estado de coisas?

Não há um único país no continente africano que não tenha uma história parecida para contar. Nosso continente geme de dor (Rm 8:19–21).

Um país de merda? Um continente de merda? Líderes de merda? Não é a verdade embaraçosa e terrível que nosso próprio povo está a vender nossos recursos para os maiores licitantes estrangeiros? Eles estão a embolsar os lucros, mantendo as pessoas que deveriam servir na pobreza e na dependência. O filme de 2006 Diamante de Sangue serve como uma parábola esclarecedora desse fenômeno.[3] Estatisticamente, a maioria dos Africanos é pobre quando comparada ao resto da população mundial. Muitos são escravos de sistemas sócio-políticos e econômicos que são desumanizantes ao extremo. Testemunho disso é encontrado nos milhões que fogem do continente para terras estrangeiras, muitas vezes com grande risco pessoal.

Chinua Achebe, da Nigéria, em 1958, lamentou profeticamente a condição da África em seu grande romance *Things Fall Apart*.[4] Nesse romance, um homem chamado Onkonkwo luta para proteger sua aldeia e seu povo contra mudanças inevitáveis. A história termina em tragédia com o suicídio de Onkonkwo.

São todas as histórias da África histórias tristes, histórias de fracasso? São as probabilidades que os africanos enfrentam insuperáveis? Todos os Africanos são necessariamente autores egoístas de corrupção e opressão ou vítimas dela? Os que podem migrar devem sair de nossas costas, ou devem se deixar arrastar para o banquete de nepotismo e auto-enriquecimento dos abutres? Como tudo isso faz sentido, dadas as declarações amplamente aceitas de que a África é incuravelmente religiosa e é o continente com a maior porcentagem de cristãos?[4] Não é hora de começarmos a fazer perguntas sobre o que significa ter uma identidade cristã?

---

3. "Blood Diamond," Wikipedia, https://en.wikipedia.org/wiki/Blood_Diamond. Proceeds from the sale of diamonds have funded wars and other conflicts in a number of African nations.
4. Chinua Achebe, *Things Fall Apart* (London: Heinemann, 1958).
4. P. Jenkins, *The Next Christendom: The Coming of Global Christianity* (Oxford: Oxford University Press, 2002).

O Deus que Chama e um Povo Chamado...

A Bíblia está cheia de histórias que nos dão vislumbres da identidade de Deus e da nossa, de quem Deus é e quem Ele chama.

Quando a humanidade escolheu ser responsável por seus próprios pequenos jardins (Gn 3), quando escolheu construir cidades com muros altos e torres impressionantes para se destacar (Gn 11), o paraíso foi perdido. Deus então chamou Abraão e o levou em uma viagem (Gn 12). Da mesma forma que Deus criou o mundo e o abençoou, Ele agora chamou este homem e o abençoou para que ele pudesse ser uma bênção para as nações do mundo. Deus ofereceu uma saída para a desilusão das escolhas erradas. A jornada de Abraão foi a primeira "longa caminhada para a liberdade!"[5]

A jornada de Abraão levou tempo, e o tempo é como um rio – serpenteia. Muitos anos depois, os descendentes de Abraão eram escravos no Egito sem nenhum sinal de esperança no horizonte. No entanto, um menino hebreu que sobreviveu entre os juncos do Nilo tornou-se um príncipe no Egipto. Ele lutou e matou por seus parentes e teve que fugir para o deserto. antes de conhecer Deus, que lhe disse, "De facto tenho visto a opressão sobre o meu povo no Egito, tenho escutado o seu clamor, por causa dos seus feitores, e sei quanto eles estão sofrendo. Por isso desci para livrá-los das mãos dos egípcios e tirá-los daqui para uma terra boa e vasta, onde manam leite e mel". (Êxodo 3:7-8)

O Deus que Moisés conheceu é um Deus que se preocupa com o sofrimento. A nação mais poderosa do mundo não conseguiu manter o povo de Deus em cativeiro. Moisés ficou cheio de descrença e terror quando lhe disseram que era seu trabalho resgatar seu povo! Nem uma sarça ardente nem uma vara que se transformou em cobra subjugou seu medo. Mas quando Deus revelou seu nome, algo incrível aconteceu. Embora Moisés pudesse dizer esse nome, ele percebeu que nem todas as palavras das línguas humanas ou todos os sons que todo o mundo poderia expressar em toda a extensão desse nome. Deus é o princípio e o fim de tudo que existe. No deserto árido, Moisés tirou os sapatos e cobriu o rosto porque percebeu que estava na presença do Todo-Poderoso.

Ele foi e disse ao Faraó o que Deus ordenou: "Deixe meu povo ir."

A história da jornada de Israel pelo deserto é um conjunto de lendas. Era uma estrada menos percorrida! Êxodo 32 e 33 ilustram a liderança. Moisés poderia ter o favor de Deus para si e sua família. Ele recusou. Ele implorou a Deus pelo povo. Ele foi um mediador para eles, e deles nunca desistiu. Ele levou-os consigo!

---

5. A referência é à autobiografia de Nelson Mandela, *Long Walk to Freedom* (Boston: Little, Brown, 1994).

Andrew Walls disse que a história da missão do cristianismo "não é uma progressão estável e triunfante. É uma história de avanço e recessão."[6] O mesmo vale para a história dos israelitas. Uma terra prometida pode ser facilmente perdida, e a vida dentro de suas fronteiras pode ser um pesadelo . . . antes e agora. Deus chamou Abraão e seus descendentes para serem uma bênção para o mundo, para semear a semente do reino de Deus. No entanto, não muito tempo depois de sua permanência na terra, o povo queria ter um rei, "como as nações ao seu redor." Saul se tornou o primeiro rei, mas não entendeu seu chamado. houve guerra com os filisteus, e os israelitas foram humilhados. Um gigante com o nome de Golias colocou medo no exército israelita. No impasse entre os exércitos, um menino pastor chamado David trouxe comida para seus irmãos. Ele se ofereceu para lutar contra Golias. Vale a pena ouvir a conversa entre um rei desesperado e o pastorzinho:

> *Saul respondeu: "Você não tem condições de lutar contra esse filisteu; você é apenas um rapaz, e ele é um guerreiro desde a mocidade".*
>
> *Davi, entretanto, disse a Saul: "Teu servo toma conta das ovelhas de seu pai. Quando aparece um leão ou um urso e leva uma ovelha do rebanho, eu vou atrás dele, dou-lhe golpes e livro a ovelha de sua boca. Quando se vira contra mim, eu o pego pela juba e lhe dou golpes até matá-lo. Teu servo pôde matar um leão e um urso; esse filisteu incircunciso será como um deles, pois desafiou os exércitos do Deus vivo. O SENHOR que me livrou das garras do leão e das garras do urso me livrará das mãos desse filisteu".*
>
> *Saul disse a Davi: "Vá, e o Senhor seja com você". (1 Sam 17:33–37)*

David ilustra como a confiança no Senhor pode vencer o medo e ajudar a pessoa a enfrentar desafios aparentemente impossíveis. O Novo Testamento também está cheio de histórias. Uma das mais belas delas é a história de Maria, a mãe de Jesus. Ela era uma jovem de uma área desprezada (João 7:52) a quem Deus chamou para ser a mãe de seu Filho. Seja por que padrão *humano*, Maria não estava à altura para aquele trabalho. Ela era uma adolescente pobre de uma zona rural, sem posição na sociedade. Mas Deus a chamou e explicou a ela o significado do próximo nascimento de seu filho, o filho dele, o Messias. Teria sido uma experiência alucinante para qualquer um, muito menos para uma garota da idade e circunstâncias de Maria. A sua resposta deixa-nos

---

6. Andrew Walls, *The Cross-Cultural Process in Christian History* (Maryknoll, NY: Orbis, 2002), 12.

maravilhados: "Sou serva do Senhor; que aconteça comigo conforme a tua palavra". (Lucas 1:38).

Há um fio de ouro que percorre todas essas histórias: se Deus chama e o Espírito Santo capacita, não há etnia, classe, gênero, idade ou qualquer outra barreira humana ou natural que impeça uma pessoa de se tornar um veículo para o reino vindouro. de Deus. Em, ao invés de suas circunstâncias humanas, é o que moldou sua identidade.

O que essas histórias também têm em comum é que, na presença de Deus, os chamados tornam-se profundamente conscientes e são inspirados pela santidade e poder de Deus. Eles acreditam nas palavras de Deus e obedientemente respondem ao chamado de Deus. Eles captam algo, não apenas de quem é esse Deus, mas também de quem eles são e o que foram chamados ou destinados a fazer. O Espírito Santo capacitou sua fé fraca e deu-lhes o poder de serem obedientes.

Alguns vislumbres da vida de Jesus sublinham o mesmo princípio. Ele não tinha dúvidas sobre sua identidade e seu chamado. Lucas descreve surpreendentemente como "o Espírito Santo desceu sobre ele em forma corpórea como uma pomba. E uma voz veio do céu: "Tu és o meu Filho amado; em ti me agrado" (Lucas 3:22–23).

É claro que Jesus conhecia sua identidade, ou seja, o que seu Pai o havia chamado para fazer e o que o Espírito o estava guiando a fazer. Assim como com Abraão, o chamado e ministério de Jesus também foi uma jornada, e é preciso orientação na jornada. Uma maneira de receber orientação é através da oração, como vemos ilustrado em Mateus 14:23. Jesus enviou os apóstolos de barco para o outro lado do lago e depois "subiu sozinho ao monte para orar." Da mesma forma, Jesus orou antes de sua prisão no Getsêmani e sua subsequente crucificação. Mateus relata que "prostrou-se com o rosto em terra e orou: "Meu Pai, se for possível, afasta de mim este cálice; contudo, não seja como eu quero, mas sim como tu queres" (Mt 26:39).

Essa oração também ilustra que nem sempre é fácil cumprir o chamado. Jesus pediu três vezes a seu Pai que deixasse passar. Seu Pai então enviou o Espírito para fortalecê-lo. Sem esta comunidade do Pai, Filho e Espírito Santo, é impossível permanecer fiel à nossa vocação[7] O próprio Jesus explica isso em sua metáfora da videira: "Permaneçam em mim, e eu permanecerei em vocês. Nenhum ramo pode dar fruto por si mesmo, se não permanecer

---

7. Capítulo 4, "A Trindade e a Teologia Pública", deve ser lido em conjunto com este capítulo.

na videira. Vocês também não podem dar fruto, se não permanecerem em mim" (João 15:4).

Para que a África se torne a África que queremos, para que nos tornemos os africanos que Deus quer, precisamos permanecer em Cristo, fazer parte da videira, estar em comunhão com a Trindade e, nessa comunhão, dar frutos. Como a passagem em João continua a explicar, o primeiro fruto de estar na videira é o amor uns pelos outros. Jesus explicou a metáfora dizendo: "Como o Pai me amou, assim eu os amei; permaneçam no meu amor. Se vocês obedecerem aos meus mandamentos, permanecerão no meu amor, assim como tenho obedecido aos mandamentos de meu Pai e em seu amor permaneço. Tenho lhes dito estas palavras para que a minha alegria esteja em vocês e a alegria de vocês seja completa" (João 15:9–11).

Recapitulando: O propósito de contar as histórias de Abraão, Moisés, Davi, Maria e Jesus tem sido deixar claro que Deus usa as pessoas para fazer a diferença. A maioria eram pessoas comuns com suas próprias fraquezas, mas faziam a diferença mesmo quando isso parecia humanamente impossível. As probabilidades que enfrentamos no nosso continente são muitas e complexas. Humanamente falando, superá-los parece impossível. No entanto, confessamos que o que é humanamente impossível não é impossível para Deus. As pessoas que fazem a diferença o fazem porque conhecem sua identidade e sua vocação. Eles experimentaram a presença daquele que é Santo, e eles, muitas vezes, mesmo hesitantes, trêmulos, obedecem.

Uma Questão de Identidade

A *identidade* de uma pessoa é quem ela é, a maneira como ela pensa sobre si mesma e também a maneira como ela é vista pelo mundo. Refere-se às características que a *definem*. Cada pessoa tem sua própria identidade e traços de caráter únicos, bem como traços de identidade que são compartilhados com outros, como gênero, idade, etnia, idioma, crença, ocupação e assim por diante.

Como cristãos, precisamos olhar para a Bíblia, para a teologia, para definir a identidade humana. Compreender a identidade humana, o que Deus tinha em mente quando nos criou, é importante para nossa busca como africanos para encontrar respostas e abrir janelas de esperança para o futuro do nosso continente.

Criado à Imagem e Semelhança de Deus

O primeiro capítulo da Bíblia descreve como Deus criou os céus e a terra e explica a identidade e o propósito da humanidade.

> *"Então disse Deus: "Façamos o homem à nossa imagem, conforme a nossa semelhança. Domine ele sobre os peixes do mar, sobre as aves do céu, sobre os grandes animais de toda a terra e sobre todos os pequenos animais que se movem rente ao chão". Criou Deus o homem à sua imagem, à imagem de Deus o criou; homem e mulherd os criou. Deus os abençoou, e lhes disse: "Sejam férteis e multipliquem-se! Encham e subjuguem a terra! Dominem sobre os peixes do mar, sobre as aves do céu e sobre todos os animais que se movem pela terra". (Gn 1:26–28)*

A passagem que acabamos de ler descreve a identidade e o propósito dos seres humanos.

- *Deus nos criou à sua imagem e semelhança,* no sexto dia, como a coroação da criação. Muitos teólogos contemporâneos nos lembram que o facto de sermos criados à imagem de Deus constitui a base da dignidade humana. Aplica-se a todos os seres humanos, independentemente de quaisquer outras características que possamos compartilhar ou não[8]

- *O Deus Trinitário criou os humanos como pessoas em relacionamento.*[9] A Escritura documenta o fluxo contínuo de ser, comunicação e ação entre o Pai, o Filho e o Espírito. Anteriormente, vimos a metáfora da videira e o mandamento de amar uns aos outros como um exemplo do tipo de vínculo que deve unir as pessoas. A primeira manifestação da imagem da Trindade é o companheirismo, a comunidade e o relacionamento do matrimônio e da vida familiar.[10] Devemos crescer em direção a essa semelhança. Ele circunda todas as relações humanas e as diferentes formas de estar conectado para viver em comunidades.

- *É importante ver que a diversidade dentro desta unidade é criacional por concepção.* O Pai não é o Filho e nem o Espírito, mas Eles são um. Marido e mulher diferem fisicamente, mas em mais de uma maneira eles se tornam

---

8. Bernd Oberdorfer, "Human Dignity and 'Image of God,'" *Scriptura* 104 (2010): 231–239; Nico Koopman, "Some Theological and Anthropological Perspectives on Human Dignity and Human Rights," *Scriptura* 95 (2007): 177–185.

9. Nico Koopman, "Public Theology in (South) Africa: A Trinitarian Approach," *International Journal of Public Theology* 1 (2007): 188–209.

10. *Africa Study Bible* (Carol Stream, IL: Oasis, 2016), 8–9.

"um" como o fluxo relacional de amor e acção os une e lhes traz alegria. A unidade relacional profunda é construída sobre amor e compreensão. Não contradiz a diversidade que também existe.

- *Uma das características mais fortes do Criador é que Ele cria e cuida.* Deus assume a responsabilidade pelo que criou. Ser criado à imagem de Deus está, portanto, ligado a cuidar da criação e de todas as suas criaturas. A terminologia bíblica de "governar" e "subjugar" pode soar dura, mas à luz do quadro maior diz respeito ao amor e cuidado responsáveis. Mordomia é uma palavra adequada para descrever tal cuidado[11]

- *A encarnação é a ilustração final de assumir a responsabilidade pela criação.* João 3:16–17 é uma das passagens mais conhecidas que descrevem o amor de Deus. O amor é o cerne da identidade de Deus (1 João 4:8, 16). É um amor sacrificial ao qual devemos corresponder com fé, aceitando-o e vivendo na alegria da vida ressurrecta: "Porque Deus tanto amou o mundo que deu o seu Filho Unigênito, para que todo o que Nele crer não pereça, mas tenha a vida eterna. Pois Deus enviou o seu Filho ao mundo, não para condenar o mundo, mas para que este fosse salvo por meio dele" (João 3:16–17).

Há esperança para o nosso continente? O argumento aqui é que se nossa identidade é baseada em nossa semelhança com a imagem de Deus, então o cuidado, a cura e a restauração de Deus também devem ser reflectidos em nós e por nós como elementos essenciais de nossa identidade. Nosso propósito é sermos mordomos, amar tanto este mundo que damos a nós mesmos, nossas vidas, para servi-lo e curá-lo. Por fim, Deus ilustrou essa identidade enviando seu Filho a nós. Mesmo quando as coisas deram terrivelmente erradas, o Deus cuidadoso estendeu a mão para curar e salvar. Paulo explica isso em Filipenses: Seja a atitude de vocês a mesma de Cristo Jesus, que, embora sendo Deus, não considerou que o ser igual a Deus era algo a que devia apegar-se; mas esvaziou-se a si mesmo, vindo a ser servo, tornando-se semelhante aos homens! E, sendo encontrado em forma humana, humilhou-se a si mesmo e foi obediente até a morte, e morte de cruz! Tendo se tornado humano, ele permaneceu humano. Foi um processo incrivelmente humilhante. Ele não reivindicou privilégios especiais. Em vez disso, ele viveu uma vida altruísta e obediente e depois morreu uma morte altruísta e obediente – e o pior tipo de morte – uma crucificação. (Fp 2:5–8 MSG)!

---

11. Exodo 32–33 ilustra esse traço de identidade e liderança cristã em Moisés.

Tendo se tornado humano, ele permaneceu humano. Foi um processo incrivelmente humilhante. Ele não reivindicou privilégios especiais. Em vez disso, ele viveu uma vida altruísta e obediente e depois morreu uma morte altruísta e obediente – e o pior tipo de morte – uma crucificação. (Fp 2:5-8 MSG)

Devemos crescer para isso: é, de facto, nossa identidade inerente! A palavra chave grega nesta passagem é *kenosis*. Significa esvaziar - amar aqueles em escravidão a tal ponto que se sacrifica a própria vida para ajudá-los e salvá-los. Kenosis significa, e Jesus ilustra, que a vida é uma doação altruísta até o ponto da crucificação. Seguir a Cristo é imitá-lo. Tal amor é, paradoxalmente, o único caminho para a esperança e a paz. Aqui, poder e impotência coexistem paradoxalmente. A salvação implica ser salvo do eu e das tentações a que sucumbe tão facilmente. Se alguém realmente quer amar a si mesmo, deve usar todo o poder à sua disposição para servir ao próximo!

Vamos dar alguns passos para trás para ganhar perspectiva. Deus colocou Adão e Eva no comando da criação, mas eles queriam ser independentes, fazer suas próprias coisas egoístas. O povo de Babel queria construir uma cidade com muralhas e uma torre para se destacar. essas histórias ilustram o que significa perder o foco! Chama-se pecado. Significa simplesmente seguir o caminho errado, não se tornar o que se pretende ser. Evitar tornar-se o que se foi criado para ser é autodestrutivo. Ilustrações desta triste realidade abundam em nosso continente.[12]

Em Filipenses 2:1-4, é como se Paulo estivesse a responder aos nossos gemidos e dores sobre a realidade deste mundo, do nosso continente e comunidades:

Se estar em uma comunidade do Espírito significa alguma coisa para você, se você tem um coração, se você se importa – então me faça um favor: Concordem uns com os outros, amem uns aos outros, sejam amigos de espírito profundo. Não empurre seu caminho para a frente; não fale docemente seu caminho para o topo.

Coloque-se de lado e ajude os outros a progredirem.
Não fique obcecado em obter sua própria vantagem.
Esqueça-se o suficiente para dar uma mãozinha.
(Fp 2:1-4 MSG)

---

12. Chinua Achebe oferece uma profunda demonstração desta verdade no contexto da corrupção e autodestruição na política africana em seu livro *A Man of the People* (London: Heinemann, 1966).

> *Se estar em uma comunidade do Espírito significa alguma coisa para você, se você tem um coração, se você se importa – então me faça um favor: Concordem uns com os outros, amem uns aos outros, sejam amigos de espírito profundo. Não empurre seu caminho para a frente; não fale docemente seu caminho para o topo.*
> *Coloque-se de lado e ajude os outros a progredirem.*
> *Não fique obcecado em obter sua própria vantagem.*
> *Esqueça-se o suficiente para dar uma mãozinha.*
> (Fp 2:1–4 MSG)

Certamente estas palavras dizem respeito à identidade cristã! Em outras palavras, o poder que temos deve ser usado para servir e erguer, amar o nosso próximo e alcança-los. Tal poder não deve ser usado para cultivar o nosso próprio pomar ou construir a nossa pórpria cidade.

O próprio Cristo teve acesso a um poder tão grande que nem podemos imaginar! Olhe para a criação, as estrelas, o universo . . . Mas, ao tornar-se humano, Jesus ilustrou o que significa servir, dar a vida como sacrifício. Jesus não usou seu poder para escapar da cruz. Ele sabia que o único caminho para um mundo melhor era nunca usar o poder em benefício próprio.

Abraão, Moisés, Davi e Maria têm em comum o facto de serem obedientes a Deus, mesmo quando isso significava não ter seu próprio caminho, não viver sua própria vida como queriam, para fazer a diferença em um mundo que deu errado. Eles descobriram a verdadeira identidade cristã. Eles eram pessoas do caminho . . . seguidores de Cristo.

Teologia Pública

Segundo Valdir Steuernagel, a teologia "vem na segunda hora.".[13] Deus aparece primeiro e fala, como ilustram as histórias referidas neste capítulo. Teologia é sobre nossas palavras e acções *depois* que Deus nos chamou. Steuernagel usa Maria como uma ilustração da teologia como "uma coisa de útero". Cresce profundamente dentro de ti. Leva tempo para entender o que a palavra de Deus significa em seu contexto. É uma jornada contínua de discernimento com sua cota de altos e baixos e muitas vezes uma cruz ao longo do caminho.

---

13. Valdir R. Steuernagel, "Doing Theology with an Eye on Mary," *Evangelical Review of Theology* 27 (2003): 100–112.

O teólogo africano Jesse Mugambi enfatiza que a identidade cristã só pode tomar forma em uma cultura específica.[14] Se a teologia é uma coisa de útero, isso significa que é sempre intensamente pessoal e culturalmente vinculado. No entanto, a cultura como tal não é cristã. Pessoas criadas à imagem de Deus podem crescer espiritualmente e amadurecer à semelhança de Cristo em qualquer cultura. Como cristãos, eles podem influenciar positivamente sua cultura. Paulo em 1 Coríntios 9:19-23 explica como ele aborda grupos culturais específicos ao compartilhar o evangelho.

Os cristãos devem ser o sal da terra e a luz do mundo na vida pública de uma cultura específica. Maria, mãe de Jesus, exemplificou a teologia pública no modo como sempre procurou discernir como Jesus Cristo poderia fazer a diferença onde estava. Um excelente exemplo são os eventos da festa de casamento em Caná, onde Jesus transformou água em vinho (João 2:1-11).

A sorte da África mudará quando os cristãos de todas as ocupações viverem e agirem como Maria, criando oportunidades para Cristo atender à necessidade e humilhação do nosso povo. Em todas as nossas culturas, os cristãos podem ser instrumentos para demonstrar que Cristo pode fazer a diferença.

The Times, They Are A-Changin'[15] (Os Tempos Estão Mudando)

É fácil listar cenários africanos que não queremos e sonhar com o continente que queremos. A Agenda 2063 da União Africana: *A África que Queremos* é um bom exemplo desse sonho.[16] Faz sentido olhar para as realidades que nos confrontam do ponto de vista das outras disciplinas.

O sociólogo Manuel Castells refletiu profundamente sobre as mudanças macroeconômicas, sociais e políticas do nosso tempo.[17] Ele argumenta que o mundo está a mudar através do impacto combinado da globalização, informatização, tecnologia e crime. O poder foi redefinido. Houve um tempo em que o poder físico dos homens e das armas dominava, mas hoje o poder da informação tem um efeito muito maior. Os resultados desse mudanças de época são difíceis de entender, mas alguns deles podem ser vistos no desaparecimento dos Estados-nação e na maneira pela qual as

---

14. Jesse N. K. Mugambi, "Christianity and the African Cultural Heritage," in *African Christianity: An African Story*, ed. Ogbu U. Kalu (Pretoria: University of Pretoria, 2005), 516-542.

15. A canção de Bob Dylan "The Times They Are A-Changin" foi escrita como um hino para a mudança.

16. Ver apêndice.

17. Manuel Castells, *The Power of Identity: The Information Age – Economy, Society and Culture*, vol. 2, 2nd ed. (Oxford: Blackwell, 2004).

democracias são agora influenciadas pelo poder financeiro dos super-ricos. As empresas multinacionais e a elite financeira têm a melhor informação possível disponível e podem comprar o poder de que precisam para influenciar pessoas e governos.[18] Paralelamente e muitas vezes em conflito com o poder dessas empresas e magnatas está uma sociedade em rede emergente onde os movimentos sociais estão a ter um impacto crescente.[19] O paternalismo, o poder dominante dos homens, está em declínio, enquanto as famílias estão em perigo e a turbulência de gênero é predominante. As mulheres estão a se destacar e cada vez mais representadas no mercado de trabalho e em todas as esferas da vida. Em resposta, vimos o surgimento de movimentos reacionários, movimentos religiosos fundamentalistas e nacionalismo regional que se opõe à globalização, todos motivados pelo medo e desafios às identidades e segurança particularistas.[20]

O que é importante para nossas deliberações é o fenômeno que Castells chama de "métodos legitimadores de formação de identidade". Ao longo de milênios, a igreja, as monarquias e os governos tiveram o poder de controlar e manipular informações e, assim, ditar a identidade e controlar as massas. A incapacidade de ler e escrever mantinha as pessoas ignorantes e supersticiosas. No entanto, a descoberta da imprensa e a subsequente Reforma mudaram o mundo. Os governos logo perceberam que precisavam controlar a imprensa e as informações para permanecer no poder quando não servissem mais ao seu povo. O surgimento da Internet, no entanto, tornou esse controle mais difícil. Porque gerou ferramentas de comunicação de mídia social, como o Facebook.

Os tempos estão realmente a mudar.[21] O rei está morto; vida longa ao rei! Estas mudanças de época desafiam a identidade cristã. Novos profetas usam as ferramentas de poder de uma nova era. Fake news é uma velha estratégia num novo desenho que visa proteger as preocupações dos poderosos e minimizar os esforços dos movimentos sociais. Há um novo jogo de bola na cidade, e a

---

18. The phenomenon of state capture applies to this scenario. See "State Capture," Wikipedia, https://en.wikipedia.org/wiki/State_capture.

19. Manuel Castells, *Networks of Outrage and Hope: Social Movements in the Internet Age*, 2nd ed. (Cambridge: Polity, 2015).

20. Castells, *Power of Identity*, 360. See also his later work, *Rupture: The Crisis of Liberal Democracy* (Cambridge: Polity, 2019).

21. Ver Manuel Castells, *The Rise of the Network Society: The Information Age – Economy, Society and Culture*, vol. 1 (Oxford: Blackwell, 1996); and Castells, *End of Millennium: The Information Age – Economy, Society and Culture*, vol. 3, 2nd ed. (Oxford: Blackwell, 2000).

verdade está distorcida.²² Essa transformação social tem graves implicações para a vida humana e, de facto, para o planeta.

Lições da História e Indicadores para a África que Deus Quer

The Rise of Christianity (1997) de Rodney Stark, foi um estudo sociológico multidisciplinar que analisou como, no Império Romano durante um período de trezentos e anos, o cristianismo cresceu de alguns adeptos para trinta e quatro milhões de seguidores dentro duma população de aproximadamente cinquenta e quatro milhões.²³ Apesar da perseguição, 60 por cento das pessoas no mundo então conhecido eram cristãs! A taxa de crescimento do movimento cristão por década foi de 43 %. O que levou Stark a perguntar: "Como exactamente isso foi feito?" Sua hipótese era que "a base para movimentos de conversão bem-sucedidos é o crescimento por meio de redes sociais, por meio de uma estrutura de vínculos interpessoais diretos e íntimos"²⁴

Em minhas anotações sobre o livro de Stark, resumi sua resposta à pergunta "Como foi feito?" pergunta em cinco pontos:

- *A vida dos cristãos era diferente da vida do mundo.* Observei Efésios 4:1-2 e Colossenses 4:1-2 como duas passagens que confirmam a declaração.

- *Entre 165-180 dC, uma terrível praga matou um terço da população do mundo conhecido.*²⁵ Fontes daquele período mencionam com a seita chamada "cristãos" cuidou dos doentes e dos moribundos. O resultado foi que mais cristãos sobreviveram e mais pessoas se juntaram às comunidades cristãs simplesmente por causa de como os cristãos se importavam, apesar do medo de infecção.

- *As comunidades cristãs tinham valores morais sólidos no casamento e na vida familiar* num império, onde a moral sexual era terrivelmente frouxa.²⁶ Na sociedade romana, cães e mulheres tinham mais ou menos o mesmo status! Decididamente não era o caso nas comunidades cristãs. As mulheres, portanto, desempenharam um papel importante no crescimento da igreja. Será preciso dizer mais algo? "Não há judeu nem grego, escravo

---

22. Um bom exemplo é a miríade de novos e super-ricos profetas em nosso continente que pregam o evangelho da prosperidade e prometem saúde e riqueza. Eles são abutres.
23. Rodney Stark, *The Rise of Christianity* (New York: Harper Collins, 1997).
24. Stark, *Rise of Christianity*, 20.
25. Stark, 73–94.
26. Stark, 95–128.

nem livre, homem nem mulher; pois todos são um em Cristo Jesus" (Gl 3:28).

- *A igreja lutou contra o racismo e o classismo em cada centímetro do seu percurso* (veja 1 Coríntios 3, para mencionar apenas uma passagem). A unidade da comunidade cristã foi encontrada em Cristo, e sua diversidade foi vista como um benefício e uma coisa bonita.[27]
- *Os cristãos eram diligentes e confiáveis* – procuravam funcionários e oficiais em todas as esferas da vida (ver Ef 5–6; Col 3:22–4:1; 2ess 3:6–13; 1 Pe 2:18–25).

Duas citações no final do livro de Stark ilustram aspectos-chave da identidade cristã:

> Finalmente, como o cristianismo era um movimento de massa, enraizado numa hierarquia altamente comprometida, ele tinha a vantagem da melhor de todas as técnicas de marketing: a influência de pessoa para pessoa . . . o que o cristianismo deu a seus convertidos foi nada menos que sua humanidade. Nesse sentido, a virtude era sua própria recompensa.[28]

Um dos meus ex-alunos escreveu o seguinte no final de sua tarefa discutindo o livro de Stark:

> O que era central para a identidade dos primeiros cristãos não eram as doutrinas em desenvolvimento, mas sim a contínua influência do Senhor ressurrecto. Foi o Senhor que inspirou, o Senhor que sustentou, o Senhor que libertou e o Senhor que formou a "doutrina" central da sua identidade.

Conclusão

Para nós Africanos, como para as pessoas em qualquer lugar, nosso maior constrangimento também pode ser nossa maior oportunidade. Setenta anos após o nascimento de Cristo, os romanos arrasaram Jerusalém, e com ela o templo, por terra. Os cristãos estavam espalhados por todo o Império Romano. Foi chamada de "diáspora". O evangelho tornou-se "global". A diáspora africana pode ser uma oportunidade.

---

27. Stark, 29–47.
28. Stark, 208, 215.

Deus disse a Sara, a esposa estéril de Abraão, que nada é impossível para Deus (Gn 18:14). Jeremias recebeu a mesma certeza quando duvidou que seu povo e seu destino pudessem mudar (Jr 32:26–27). Quando Maria hesitou por um momento ao ouvir que ela deveria dar à luz o Filho de Deus, o anjo disse: "nada será impossível para Deus" (Lucas 1:37 NRSV).

As histórias a que nos referimos ilustram que para Deus nada é impossível.

No entanto, existe um "mas". Uma maneira de explicar o "mas" é dizer que devemos viver à imagem e semelhança de nosso Criador. Temos que seguir seus passos. as coisas não vão desmoronar, nas palavras de Achebe, se permanecermos na videira. No centro da identidade cristã está a kenosis, o esvaziamento do eu e de todas as coisas egoístas.

Ser é estar disposto a sacrificar e servir, atravessar todas as divisões humanas e ajudar a restaurar a dignidade dos outros, especialmente a dignidade daqueles que são diferentes de si mesmo. Jesus fez isso, e como fomos criados para ser sua imagem, devemos alcançar essa semelhança.

Começa com a oração, o caminho do Getsêmani e a presença fortalecedora do Espírito.

Pode ser uma colina difícil de escalar, mas foi feito por Jesus que nos comissionou a fazer o mesmo

> "Foi-me dada toda a autoridade nos céus e na terra. Portanto, vão e façam discípulos de todas as nações, batizando-os em nome do Pai e do Filho e do Espírito Santo, ensinando-os a obedecer a tudo o que eu lhes ordenei. E eu estarei sempre com vocês, até o fim dos tempos". (Mat 28:18–20)[29]

Perguntas

1. Dê uma olhada crítica em seu país e comunidade. Descreva a influência da corrupção e do nepotismo. Discuta isso com os outros. O que se destaca?
2. Pegue um dos profetas do Antigo Testamento e descreva sua crítica a sociedade e liderança.
3. Discuta os traços de identidade de duas tribos/grupos étnicos com os quais você está familiarizado. Como explicaria a unidade e a diversidade a eles do ponto de vista cristão?

---

29. David Bosch argumenta que a identidade cristã foi incorporada ao fazer "teologia pública", na ortopráxis e no paradigma missionário de discipulado de Mateus, como mostrado na parábola do semeador em Mateus 13. Veja *Transforming Mission* (Maryknoll, NY: Orbis, 1991), 79–83.

4. A história da missão mostra que é somente cruzando as fronteiras que a igreja permanece fiel à sua identidade central. Jesus fez isso tornando-se humano, e fez isso com seus discípulos. Ele os levava a lugares e pessoas que eram culturalmente diferentes ou que não eram aceitáveis de acordo com suas crenças religiosas. Aplique este princípio ao seu contexto, cruze os limites familiares e veja onde Deus o conduz e o que acontece.

Leitura Adicional

Katongole, Emmanuel. *Born from Lament: The Theology and Politics of Hope in Africa*. Grand Rapids: Eerdmans, 2017.

Priest, R. J., and K. Barine, eds. *African Christian Leadership: Realities, Opportunities, and Impact*. Carlisle: Langham Global Library, 2019.

Sanneh, L. *Whose Religion Is Christianity? The Gospel beyond the West*. Grand Rapids: Eerdmans, 2003.

Tickle, P. *Emergence Christianity: What It Is, Where It Is Going and Why It Matters*. Grand Rapids: Baker, 2012.

Tutu, Desmond M. *No Future without Forgiveness*. New York: Doubleday, 1999.

Part 2

Teologia Pública e a Vida Pública

Os capítulos na parte 2 deste livro propõem-se em aplicar os princípios discutidos na parte 1 sobre vários aspectos da vida. Começamos com um capítulo sobre democracia, cidadania e sociedade civil para sublinhar que estas são questões que dizem respeito a todos em África, não apenas a alguns teólogos. Este capítulo é seguido por um sobre o trabalho, pois todos nós trabalhamos de uma forma ou de outra. O trabalho conduz naturalmente às questões de economia, e a economia conduz naturalmente às questões de pobreza e desenvolvimento. O desenvolvimento, por sua vez, está intimamente relacionado com questões de educação e preocupações ambientais, que também estão relacionadas com a ciência, área onde os cristãos muitas vezes não estão representados, excepto no sector de saúde. Dado que o acesso aos cuidados de saúde é um direito humano, é lógico colocar o capítulo sobre direitos humanos em seguida e, em seguida, abordar questões de direitos humanos em relação ao gênero, migrantes e refugiados. Migrantes e refugiados são muitas vezes de nidos como "o outro", e assim passamos a olhar para outros que são assim classificados por seguirem outras religiões, com as quais temos que nos engajar no diálogo inter-religioso.

As questões relativas ao Estado são deixadas até o final da seção para evitar dar a impressão de que a teologia pública é equivalente à teologia política. Mas trata de algumas das mesmas questões, incluindo o Estado e o uso do poder estatal. As questões sobre terras são preocupações políticas proeminentes em algumas partes da África, de modo que a seção inclui um capítulo separado sobre terras.

Muitas vezes é a mídia que responsabiliza os governos por suas ações e expõe a corrupção, e assim segue um capítulo sobre teologia pública e mídia, que também trata da questão das "notícias falsas". Os laços estreitos entre a mídia e as artes são a razão pela qual esses dois capítulos são colocados em estreita proximidade.

Por fim, tratamos de questões de liderança e da formação da próxima geração de líderes. Alguns podem ter esperado que esses capítulos iniciassem esta seção do livro, mas eles são deixados até o fim para desencorajar os leitores a confiar nos líderes existentes em vez de assumir a responsabilidade pessoal por como eles vivem como cristãos em suas próprias comunidades e locais de trabalho.

Cada capítulo é seguido por uma lista de leituras acadêmicas adicionais para aqueles que desejam se aprofundar em uma área específica. Os leitores também podem consultar os artigos relacionados aos temas deste livro em fontes populares como *Africa Study Bible*[1] e o *Africa Bible Commentary*.[2]

Observe que em todos os capítulos com autoria conjunta, os nomes dos autores são listados em ordem alfabética; nada está implícito sobre a contribuição que cada um fez para o capítulo.

---

1. *Africa Study Bible* (Carol Stream, IL: Oasis, 2016).

2. *Africa Bible Commentary*, ed. Tokunboh Adeyemo (Nairobi: Word Alive; Grand Rapids: Zondervan, 2006). A second edition is forthcoming.

6

Democracia, Cidadania e Sociedade Civil

Jane Adhiambo Chiroma

Os Cristãos que querem contribuir na sociedade civil e combater a corrupção precisam saber mais do que apenas teologia bíblica e ética bíblica. Eles também precisam entender o que é a sociedade civil e ter uma boa compreensão do significado da democracia e de seus direitos e responsabilidades como cidadãos. A teologia pública existe para ajudar os cristãos a entender essas questões e se tornarem participantes informados nos processos democráticos.

É fácil ser cético em relação à democracia em África, dadas as desigualdades, violência, corrupção, nepotismo, pobreza, xenofobia e política étnica que caracterizaram a era pós-colonial. As constituições das nações africanas podem falar de democracia, mas em muitos aspectos a África parece ter dado as costas à possibilidade de uma democracia que proteja os direitos humanos, a igualdade e a participação. No entanto, não devemos esquecer que foi uma compreensão crescente dos valores democráticos que levou ao fim da era colonial exploradora e ao ressurgimento de nações independentes na África. Portanto, não devemos descartar o que a democracia tem a oferecer. Em vez disso, devemos nos dedicar a pensar sobre o potencial da democracia para lidar com os males sociais da África. Também pode nos envolver em repensar nossa própria compreensão do que significa democracia.

Democracia

A democracia não é simplesmente uma importação ocidental para a África. Na sua raiz, a palavra significa simplesmente "poder do povo" e refere-se à forma como os membros de uma comunidade interagir para chegar a um acordo sobre como lidar com uma questão específica. Nesse sentido, a democracia é tão antiga quanto a própria humanidade.[1] As formas de democracia estiveram presentes nas comunidades africanas ao longo dos séculos, como pode ser visto, por exemplo, no sistema Kgotla em Botsuana, onde todos os membros da comunidade podem falar e as decisões são tomadas por consenso.

O conceito de ubuntu, que também foi difundido em toda a África, pressagiava a democracia na medida em que reconhecia que "eu sou porque nós somos".[2] Em outras palavras, a fonte de humanidade dum indivíduo veio da sinergia com a comunidade de outros. O indivíduo tinha dignidade, e a comunidade também. Cada indivíduo percebeu que havia uma humanidade comum para a qual eles existiam, e que essa humanidade era definida pela comunidade Esre reconhecimento trouxeum sentimento de pertencimento, participação coletiva, vida cooperativa e solidariedade que captura o verdadeiro coração da democracia africana. Isso significa que um grupo diversificado reconhece que eles precisam uns dos outros para sobreviver.

Hoje, no entanto, a democracia tornou-se um conceito político mais complicado, aberto a diferentes interpretações. Alguns entendem a democracia como significando poder popular no sentido da ditadura do povo. Em outras palavras, eles pensam que, uma vez que um grupo majoritário tenha obtido o poder, é livre para exercer autoridade autocrática, inclusive limitando a liberdade de expressão e religião daqueles que não estão no poder. O sistema parlamentar de governo que foi deixado para a África como legado colonial tem sido visto como encorajador desse modelo. Uma vez que um partido ganha uma eleição, ele se sente livre para governar sem levar em conta as preocupações daqueles que votaram em outros partidos.

Outros, no entanto, interpretam a democracia de forma mais ampla e argumentam que a democracia não é apenas ganhar o poder numa eleição, mas é uma abordagem para viver em comunidade que prioriza a razão, a mente aberta e a justiça e incentiva a moderação, cooperação, barganha, compromisso e acomodação. Esta compreensão mais igualitária da democracia, enraizada no respeito a todos, ajusta-se bem com a teologia cristã, que sustenta que, todos são criados à imagem de Deus, todos têm direito ao respeito, independentemente da sua raça, gênero ou origem étnica.

---

1. A. Mafeje, "Theory of Democracy and the African Discourse: Breaking Bread with Fellow Travellers," in *Democratisation Processes in Africa: Problems and Prospects*, eds. E. Chole and J. Ibrahim (Dakar: CODESRIA, 1995), 5-28.

2. John Mbiti, *African Religions and Philosophy* (New York: Doubleday, 1970), 141.

Finalmente, a democracia pode ser vista como um modelo em que o poder é exercido publicamente de forma cooperativa dentro das instituições da sociedade ou entre grupos particulares de pessoas.[3] Este estilo de democracia é deliberativo no sentido de que o poder é distribuído igualmente entre todos os indivíduos dentro duma determinada instituição, de modo que todos os interessados também são participantes que podem tomar parte na deliberação. Assim, todos os participantes têm a mesma chance de falar, fazer perguntas e investigar durante os debates públicos. Dessa forma, todos podem trabalhar juntos para o bem comum e buscar promover o bem-estar econômico, a estabilidade cultural e a eficácia institucional.

Cidadania

Falar sobre democracia como uma forma de viver em comunidade e envolver todos os membros duma sociedade leva inevitavelmente à questão de quem conta como membro duma comunidade com direitos dentro dessa comunidade. Em outras palavras, quem é considerado pertencente à comunidade e, portanto, tem o direito de participar dos processos democráticos. Quais são os limites da comunidade, quem está incluído e quem está excluído? Quem são as pessoas que contam como cidadãos?

Em termos gerais, tendemos a associar a cidadania à localização e a identificar alguém como cidadão duma aldeia, cidade ou país. No entanto, a localização não é o único fundamento da cidadania, pois a cidadania também envolve identificação e vínculos emocionais. Há muitos exemplos de exilados políticos vivendo no Ocidente que insistem que ainda são cidadãos de suas pátrias africanas.

Um senso de cidadania também está relacionado a sistemas de valores éticos e políticos.

Alguns se identificam fortemente com os valores duma determinada região, enquanto outros se veem como tendo uma visão mais nacional ou mesmo internacional. Alguns dos que estão neste último grupo se definem como "cidadãos do mundo" e se concentram em questões globais e não em questões regionais.

Uma questão que precisa ser abordada aqui é se pessoas com sistemas de valores diferentes da maioria numa comunidade ainda podem ser consideradas

---

3. S. Benhabib, "Towards a Deliberative Model of Democratic Legitimacy," in *Democracy and Difference: Contesting the Boundaries of the Political*, ed. S. Benhabib (Princeton: Princeton University Press, 1996), 69.

cidadãos da comunidade. Por exemplo, os muçulmanos podem ser considerados cidadãos numa comunidade onde a maioria é cristã? Nossa resposta precisa ser "sim." caso atendam aos requisitos de localização e identificação com a comunidade. Não devemos usar de nições de cidadania como forma de excluir as pessoas que vivem em nossa comunidade de participar da tomada de decisões em nossa comunidade.

Alguns estudiosos falam de cidadania como envolvendo um tipo de contrato abstrato entre um indivíduo e o Estado. Nesse entendimento, a cidadania é basicamente uma relação jurídica do tipo expressa na emissão de passaportes e documentos de identidade. Em outras palavras, envolve direitos e prerrogativas. Outros, porém, consideram a cidadania como participativa, envolvendo a relação de governar e ser governado. A compreensão da cidadania envolve direitos e responsabilidades. As responsabilidades incluem trabalhar para defender a sociedade civil e responsabilizar o governo pelo que faz ou deixa de fazer pelos cidadãos de uma vila, cidade ou país. Nesse entendimento, a cidadania pode ser vista como a associação entre nosso status e identidades como indivíduos e as vidas e preocupações de outros com quem compartilhamos um sentimento de comunidade. Conota identidade, pertencimento e como cada indivíduo desempenha seu papel na construção de uma sociedade democrática. Cidadania, portanto, é a maneira pela qual vivemos juntos e organizamos nossas vidas juntos apesar das nossas diferenças.

Quando se trata de teologia pública, devemos nos preocupar tanto com questões de cidadania local e regional quanto com as realidades políticas e sociais globais mais amplas que a sociedade enfrenta hoje. Tal engajamento está de acordo com a natureza da igreja, que é tanto local – "a igreja em Antioquia," por exemplo – e universal como a manifestação física do reino global de Deus. Como cidadãos de comunidades locais, os membros da igreja devem se envolver em iniciativas locais e, como membros do reino de Deus, também devem se envolver com preocupações ecológicas globais.

A Sociedade Civil e o Bem Comum

Quando falamos de democracia e sociedade, muitas vezes tendemos a pensar apenas em termos de governo e governados. Mas há outro elemento que precisamos considerar, que é toda a rede de organizações não governamentais e iniciativas comunitárias que constituem a sociedade civil. Em áreas onde o governo é fraco, a sociedade civil pode realmente ter mais poder para mudar situações do que qualquer autoridade externa. Exemplos dos tipos de organizações envolvidas na sociedade civil são escolas, hospitais e bibliotecas públicas, que se destinam a beneficiar todos os membros da sociedade, e não apenas grupos específicos dentro da sociedade. As organizações anticorrupção também têm um lugar na sociedade civil, pois também beneficiam toda a comunidade.

Para uma igreja se envolver na sociedade civil, seus membros devem estar preparados para trabalhar ao lado dos membros da comunidade que não são membros da igreja, e podem até representar diferentes afiliações religiosas, como a Religião Tradicional Africana ou o Islã. Ao reunir-se na sociedade civil, o objetivo não é debater as diferenças religiosas, mas trabalhar juntos para combater um mal como a corrupção, ou para realizar algo que promova o bem comum, ou seja, o bem-estar de toda a comunidade. Por exemplo, em partes da Nigéria, líderes cristãos e muçulmanos trabalharam juntos para acalmar a hostilidade gerada pela violência inter-religiosa e criar oportunidades para jovens cristãos e muçulmanos se encontrarem regularmente em termos amistosos, digamos, num clube esportivo. Igrejas cristãs criaram campos de refugiados que oferecem abrigo a famílias muçulmanas deslocadas pela violência religiosa. Na África do Sul, grupos com valores muito diferentes se uniram como co-beligerantes para combater o apartheid.

Tais actos são exemplos da igreja trabalhando na sociedade civil em tempos de crise. No entanto, é importante que a igreja também esteja envolvida em tais atividades no dia-a-dia, se quisermos demonstrar aos nossos concidadãos que estamos realmente preocupados com o bem-estar deles. Dado que o bem-estar público é prejudicado pela corrupção, a igreja tem fortes razões para se envolver em iniciativas ds anticorrupção e justiça social.

Fundamentos Teológicos para o Envolvimento na Sociedade Civil

Anteriormente, assinalou-se que a democracia não é alheia à África. É importante mencionar que também não é alheio às Escrituras e à teologia cristã, pois vários temas teológicos básicos apontam para a importância da cidadania democrática.

O primeiro tema é o entendimento cristão básico de que Deus é pessoal e relacional. Deus existe em comunidade, como evidenciado pelos relacionamentos dentro da Trindade,[4] e ele estende a mão para além de si mesmo para cuidar de toda a criação. Essa mesma atitude deve informar o senso de cidadania dos cristãos. Não devemos ser como Caim que negou a sua responsabilidade por seu irmão, mas devemos obedecer a Cristo e amar nosso

---

4. Ver capítulo 4, "A Trindade e a Teologia Pública."

próximo como a nós mesmos. Ao fazer isso, construiremos a comunidade humana (relacionamentos) e os veremos não como um extra opcional, mas como parte do que significa ser como Deus.

O segundo tema é que todos os seres humanos carregam a imagem de Deus e são dotados de direitos e responsabilidades na criação. Isso implica que a dignidade humana de todos deve ser respeitada. A democracia está em sintonia com esse tema, pois valoriza a contribuição de todos os membros da sociedade. Como cristãos, devemos reconhecer que Deus criou nossos concidadãos e devemos objetar fortemente quando alguém fala insultantemente de um ser humano ou se refere a ele como uma "barata" ou um "animal".

Em terceiro lugar, as Escrituras abordam explicitamente a questão de como tratamos aqueles que são diferentes de nós, que é uma questão fundamental quando se trata de democracia e cidadania. Em contraste com a aceitação da violência étnica e xenofobia em muitas partes da África, o Antigo Testamento ordena que o povo de Deus não "maltrate ou oprima um estrangeiro" (Êx 22:21), mas mostre amor a estranhos. Esse ponto é ainda mais enfatizado no conceito do Novo Testamento da comunidade verdadeiramente global da igreja, onde pessoas de diversas nações e culturas podem viver juntas em paz e encontrar sua unidade em Cristo, que transcende tudo. O reconhecimento de que devemos cuidar daqueles que são diferentes de nós implica que, mesmo onde os cristãos são maioria, eles devem mostrar consideração pelas minorias entre eles. Seguindo o exemplo de Cristo, os cristãos devem demonstrar cuidado pelos pobres, marginalizados e estrangeiros. Se uma sociedade é julgada pela forma como cuida de seus cidadãos mais fracos, então os cristãos devem estar na vanguarda daqueles que cuidam deles.

Quarto, o conceito de *shalom* do Antigo Testamento, a palavra hebraica para "paz," abrange noções de cura, integridade e unidade de relacionamentos. *Shalom* é ameaçado pelo pecado e pelo mal. Na África, essa ameaça muitas vezes vem na forma de corrupção que atua contra o bem comum de toda a sociedade. Como cristãos, proclamamos a vida, morte e ressurreição de Cristo, que torna possível a redenção e a harmonia restaurada, e devemos trabalhar para realizá-la.

Quinto, os cristãos são chamados a ser sal e luz em cada sociedade humana da qual fazem parte (Mt 5:13–14). Como tal, devem ser bons cidadãos, unindo-se aos que não são cristãos para trabalhar pela justiça, pela paz e pelo bem comum de todos. Como bons cidadãos, os cristãos viverão seus valores, expressando sua esperança futura do reino de Deus e, ao fazê-lo, também trabalharão de maneira a ajudá-los a cumprir a Grande Comissão.

As noções contemporâneas de democracia e cidadania são, portanto, claramente conciliáveis com o cristianismo, e os cristãos que vivem na África podem se beneficiar vivendo como cidadãos democráticos.

Vivendo como Cidadãos Democráticos

Viver como cidadão democrático envolve escutar. Éas também a virtude bíblica (Tg 1:19). Cidadãos democráticos se envolvem com os outros com base em ouvir antes de fazer julgamentos sobre questões específicas.[5] Eles reconhecem a necessidade de ouvirem o que as outras pessoas têm a dizer e estão preparados para fazer o trabalho necessário para desenvolver argumentos persuasivos a favor ou contra alguma acção. Eles procuram aplicar a sabedoria adquirida com a experiência e ser capazes de justificar as suas opiniões e crenças para si mesmos e para os outros. O pensamento cuidadoso, responsável e amoroso precede seus apelos à acção. Eles concordariam com Walzer que a democracia envolve a argumentação dos cidadãos para persuadir o maior número de seus concidadãos na tomada de decisões.[6]

Os cidadãos democráticos não infringem os direitos dos outros à liberdade de expressão e de ser. Em outras palavras, eles não coagem os outros a concordar com eles. Eles estão dispostos a trabalhar ao lado de outros sem ter que ser forçados a fazê-lo. E eles comunicam as suas crenças numa linguagem que é prontamente compreendida por outros membros da comunidade.

A Igreja e a Democracia

A Igreja em África tem um histórico misto no que diz respeito às suas responsabilidades democráticas. Tem feito grandes contribuições para a sociedade civil através da sua oferta de educação e cuidados de saúde. No entanto, há também muitos exemplos do seu fracasso em defender os valores democráticos. Por exemplo, na África do Sul do apartheid, algumas partes da igreja falharam na sua responsabilidade de ouvir a todos. Em vez disso, eles ouviram apenas uma voz, a voz do Estado, e ofereceram justificativas teológicas para o apartheid. Infelizmente, isso não era verdade para todas as igrejas sul-

---

5. Y. Waghid, "On the Relevance of a Theory of Democratic Citizenship Education for Africa," in *African Democratic Citizenship Education Revisited*, eds. Y. Waghid and N. David (London: Palgrave Macmillan, 2018), 1–12.

6. M. Walzer, *Spheres of Justice: A Defense of Pluralism and Equality* (New York: Basic Books, 1983), 304.

africanas. Mas mesmo aqueles que se juntaram ao Conselho de Igrejas Sul-Africano (SACC) que se opunham ao apartheid parecem ter perdido o rumo depois de o apartheid ter sido derrubado.

> Antes de 1994, o SACC era uma organização incrivelmente forte que ostentava clareza de visão e fundamentação teológica noseu trabalho. Tinha um forte senso de propósito e direção embutido numa autêntica voz profética dos oprimidos e sem voz. Forneceu um espaço para adoração e lar para os oprimidos. Foi visto como um instrumento e farol de esperança. Gozou do apoio das bases e muitas pessoas comuns queriam se envolver no trabalho da SACC de diferentes maneiras. Tinha um alto perfil internacional e era extremamente bem apoiado por doadores estrangeiros. Tinha uma força unificadora para as comunidades e as igrejas. Após o advento da democracia na África do Sul em 1994, a SACC parecia não ter uma visão clara e uma identidade corporativa. Sua lógica teológica forte e clara e sua visão ecumênica diminuíram. Faltou um plano pastoral para lidar com novos e emergentes desafios morais, sociais, políticos e econômicos.[7]

Este exemplo é um lembrete de que não podemos descansar sobre os louros quando se trata do nosso papel como cidadãos democráticos. Há uma necessidade constante de adaptação aos novos desafios em nossas sociedades e comunidades.

Por muito tempo, muitas igrejas na África se distanciaram da política, tratando-a como "mundana" e estranha à igreja. No entanto, cada vez mais líderes eclesiásticos vêm a política como um espaço para exercer seus direitos de cidadania e influenciar a sociedade, e ainda assim ser sal e luz da terra. Neste grupo estão incluidos os ugandeses como bispo Davide Zac Niringiye e quenianos como o bispo Okullu, que era um crítico aberto do governo queniano da sua época. Em seus sermões e publicações, o bispo Okullu pediu justiça e direitos humanos e um sistema multipartidário de governança.[8]

Ele atuou em muitos comitês nacionais e internacionais, fundou uma empresa financeira para fornecer empréstimos aos pobres e iniciou projetos

---

7. J. Pillay, "Faith and Reality: The Role and Contributions of the Ecumenical Church to the Realities and Development of South Africa since the Advent of Democracy in 1994," *HTS Teologiese Studies/Theological Studies* 73, no. 4 (2017): 2.

8. K. Omollo, "Bishop Okullu: A Man of God with a Heart for Justice," *Standard Media Digital* (13 Feb. 2014).

de desenvolvimento, incluindo instituições educacionais e programas agrícolas e de saúde.

O papel dos líderes cristãos também não se limita as críticas de fora do governo. Em 2007, um líder proeminente do Conselho Nacional de Igrejas do Quênia (NCCK) renunciou ao cargo na igreja e ganhou a eleição para um assento parlamentar.

Outros exemplos de cristãos quenianos exercendo seus direitos democráticos incluem as igrejas pentecostais pedindo a seus membros que exerçam seu direito cívico de rejeitar práticas que minam a dignidade humana e a exclusão, rejeitando a proposta Constituicional de Bomas que previa o aborto e os tribunais islâmicos Kadhi. Em 2009, um comitê de especialistas redigiu novamente uma nova constituição para o Quênia, e o NCCK e a Igreja Católica novamente pediram a remoção das cláusulas que permitiam o aborto e os tribunais Kadhi e insistiram que todas as religiões fossem tratadas igualmente. As denominações cristãs formaram o Fórum Constitucional de Líderes Cristãos do Quênia (KCLFC) para realizar comícios para se opor à proposta constitucional.

Mas nem todo envolvimento cristão na política é louvável. Nas eleições gerais de 2007 no Quênia, muitas igrejas foram abertamente tendenciosas em relação à etnia linhas determinadas pelas origens étnicas dos seus líderes. Líderes proeminentes da igreja fizeram profecias conflitantes sobre quem sairia vitorioso nas eleições e até mesmo ungiram candidatos publicamente para significar que Deus os havia escolhido para a presidência. Esse tipo de envolvimento da igreja não serviu para ouvir as vozes dos outros. Tampouco contribuiu para a paz: em vez disso, contribuiu para a violência pós-eleitoral, assim como as queixas socioeconômicas e injustiças históricas não resolvidas.[9] Consequentemente muitas igrejas foram incendiadas e os esforços da igreja para agir e mediar o conflito foram em grande parte ineficazes, pois o público já não os considerava intermediários imparciais.

O próximo governo queniano tentou regular as práticas religiosas com o objectivo de monitorar as actividades de "pregadores que abusam da liberdade do culto prevista na constituição." Actualmente, todas as organizações religiosas no Quênia devem ser registradas e declarar suas fontes de renda[10]

É importante que a igreja não perca sua voz profética quando se envolve com questões de democracia e cidadania, como também aconteceu no

---

9. C. Kenga, "The Role of Religion in Politics and Governance in Kenya" (Thesis submitted to the University of Nairobi for an MA in International Studies, 2014), 6.

10. Kenga, "Role of Religion in Politics," 7.

Quênia, onde as igrejas tradicionais têm relutado em criticar a corrupção na governança. Parecia que as coisas estavam melhorando quando "o secretário-geral do Conselho Nacional de Igrejas do Quênia (NCCK) foi nomeado chefe do Comitê Diretor de Combate à Corrupção," mas na realidade sua posição tornou difícil para ele "indicar corrupção massiva no governo de forma independente."[11] Pode-se dizer que, neste caso, a voz da igreja foi cooptada pelo Estado.

Esses desenvolvimentos apontam para o facto de que as igrejas no Quênia e em outros lugares de África ganharam reconhecimento público e viram a necessidade de lutar contra a injustiça e as práticas corruptas na esfera pública. No entanto, eles também indicam que a igreja precisa buscar uma compreensão clara do seu papel quando se trata de envolvimento na governança democrática nacional. Ela precisa d uma sólida compreensão dos princípios da democracia e da cidadania para funcionar como sal e luz no mundo e não ser vista apenas como mais um grupo político que promove os interesses de seus próprios membros e não de toda a sociedade.

Promovendo uma Compreensão da Democracia

Parece que nossa preocupação no momento não deveria ser se a cidadania democrática é necessária na África (sem dúvida é), mas se é possível acelerar seu desenvolvimento no continente africano para que a linguagem distraída usada por líderes cristãos supostamente democráticos não a prejudique.

É simplista supor que falar de democracia seja suficiente para reformar a cultura autoritária e repressiva que se estabeleceu na África. Fazer essa suposição é desconsiderar o facto de que a única realidade política que muitos cristãos africanos conheceram é aquela em que não existe democracia multipartidária, mas, em vez disso, é governada por autocratas e eleições fraudulentas. Para muitos na África, o principal interesse duma eleição são os subornos e a comida grátis distribuídas por aqueles que estão a cortejar seus votos. A única maneira de realmente mudar os líderes ou acabar com a corrupção parece ser mais um golpe – mesmo que os novos líderes possam se mostrar tão corruptos quanto os antigos.

A emergência da cidadania democrática na África deve, portanto, estar ligada a aprender a pensar de forma diferente sobre políticas autoritárias e práticas opressivas. Os líderes da Igreja em toda a África precisam se manifestar contra as elites políticas que manipulam a religião e o senso de comunidade

---

11. Kenga, 6.

dos africanos (ubuntu), procurando sugerir que pessoas de outras religiões ou de outros grupos étnicos não têm voz na política local ou nacional. Precisamos refutar ativamente os entendimentos errados de pertencimento e, em vez disso, proclamar que a sociedade civil exige que todos na comunidade sejam aceitos como membros da comunidade e que todos tenham os mesmos direitos democráticos que todos os outros membros. Em outras palavras, precisamos ensinar o que a cidadania democrática implica.

Onde pode ser fornecida esta tão necessária educação para a cidadania? Eu diria que pode ser fornecido em nossas escolas, em nossas igrejas e em nossas comunidades.

Em nossas escolas

Um passo para promover uma maior compreensão da democracia como definida neste capítulo é olhar para suas aplicações fora da esfera política. Um lugar chave onde os jovens podem aprender sobre valores democráticos é no sistema educacional. Aqui os valores democráticos devem ser ensinados pelo exemplo. Os professores imbuídos de tais valores não procurariam exercer autoridade ditatorial, mas tratariam as crianças e seus pais com respeito. Em vez de esperar que os alunos não façam mais do que memorizar e repetir o que lhes é dito, eles procurariam inculcar habilidades de pensamento crítico para permitir que os futuros cidadãos ponderem as políticas públicas e os argumentos apresentados por vários grupos da sociedade.

Uma abordagem democrática da educação ensinaria os alunos a trabalharem juntos por objetivos comuns, ao mesmo tempo em que mostrariam respeito por aqueles cujos modos de vida são diferentes dos seus, preparando-os para trabalhar juntos na sociedade civil. Essa participação de todos os membros duma comunidade em igualdade de condições é um elemento essencial da democracia. Os alunos devem ser incentivados a ter um compromisso com a comunicação significativa com os outros e desenvolver interesse em aprender com todos aqueles que encontram. A democracia não pode operar nem se desenvolver se pessoas de grupos diferentes vivem em mundos separados e nunca interagem. Onde este é o caso, as pessoas ouvem apenas as opiniões daqueles que concordam com elas e permanecem ignorantes da sabedoria e das necessidades daqueles em outros grupos.

Dado que os alunos podem viver em comunidades onde não são expostos a uma grande diversidade, pode ser útil promover um currículo que exponha os alunos às histórias e culturas de vários grupos de pessoas, incluindo os principais grupos religiosos e culturais, bem como grupos étnicos marginalizados, minorias raciais, de gênero e sociais. Tal ensino pode contribuir para um sentimento de respeito pelos outros que são diferentes deles e ainda ocupam o mesmo espaço de cidadania que eles. Os alunos podem ser encorajados a usar sua imaginação para entender os sentimentos, experiências, desespero, sofrimento e opressão dos outros, e assim desenvolver a compaixão que pode levar à reconciliação cívica.

Uma abordagem democrática da educação também se esforçaria para garantir que os alunos aprendam sobre seus direitos e responsabilidades como cidadãos. A educação deve preparar os jovens para participar do debate público sobre questões como corrupção e formas de combatê-la. Eles também devem aprender sobre as principais instituições e sistemas políticos em seu país e desenvolver o respeito pela lei e pela justiça e o que significa buscar o bem comum de todos os cidadãos.

Esta educação em democracia deve continuar em todos os níveis, desde a escola primária até o ensino médio e até a universidade. Deve assegurar que todos os alunos do sistema educativo tenham um sentimento de pertença no que diz respeito à forma como aprendem, porque aprendem e o que aprendem. À medida que aprendem como podem trabalhar juntos, como cidadãos, para lidar com os males da sociedade em suas próprias comunidades, eles também desenvolverão uma consciência da sua potencial influência na região, na nação e no mundo.

Em nossas igrejas

Não se deve esquecer que a educação não ocorre apenas nas escolas e universidades. Também acontece no lar e nas nossas igrejas. Nós, pais e igrejas, também devemos ensinar os valores democráticos e cristãos do respeito pelos outros e da cooperação para o bem comum. Quem fala da luta contra a corrupção deve ser apoiado, pois ficar calado é fazer parte da sociedade que incentiva a corrupção.

Ao mesmo tempo, as igrejas não devem ser governadas como ditaduras, como infelizmente acontece com frequência. Uma igreja não pode ensinar democracia se o líder não estiver disposto a ouvir os outros. Assim, as igrejas precisam trabalhar para encorajar a comunicação e a cooperação entre seus líderes e seus membros, entre seus membros na igreja e entre os membros da igreja e outros membros da sociedade em busca do bem comum. As igrejas são lugares onde as pessoas podem aprender que o valor democrático do respeito significa que podemos trabalhar com pessoas com as quais não concordamos em tudo.

Embora seja verdade que o propósito da igreja é a transformação pessoal e social, precisamos notar que Deus não coage as pessoas a viverem da maneira que Ele quer que vivam. Em vez disso, Ele os alcança com amor, ouve seus gritos e procura persuadi-los a segui-Lo. Se quisermos ser como Deus, devemos fazer o mesmo. Devemos respeitar o direito dos outros de discordar de nós e não desumanizar aqueles que discordam de nós. Sua posição coincide com a de Dewey, que diz que a democracia requer "um tipo da educação que dê aos indivíduos um interesse pessoal nas relações sociais e controle, e os hábitos mentais que asseguram mudanças sociais sem introduzir desordem".[12]

Uma outra função que as igrejas podem cumprir num sistema democrático é buscar fornecer informações verdadeiras para neutralizar a propaganda divulgada pelos governos e as notícias falsas distribuídas tanto pelos governos quanto por seus oponentes. Os líderes da igreja têm redes de informação fora da mídia tradicional que são controladas por políticos, e eles podem usar as redes e a mídia da igreja para compartilhar detalhes sobre o estado real das coisas. No entanto, ao fazer isso, os líderes da igreja devem ter muito cuidado. Por um lado, eles devem manter a independência do governo e, por outro, não devem simplesmente se tornar vozes da oposição. Os líderes cristãos precisam ter grande discernimento e cautela ao distinguir os factos verdadeiros das notícias falsas que são tão amplamente divulgadas.[13]

Em nossas comunidades

A amizade é um elemento importante na promoção da cidadania democrática. Quando as pessoas estão ligadas por laços de amizade, elas interagirão mais livremente e estarão mais dispostas a comunicar suas próprias opiniões e ouvir as opiniões dos outros, mesmo que discordem delas. A amizade é, portanto, uma base importante para o diálogo.

Na sociedade civil, devemos, portanto, nos esforçar para criar espaços cívicos onde as semelhanças e não as diferenças sejam enfatizadas. Por exemplo, na Nigéria, alguns cristãos estabeleceram clubes desportivos para jovens. O amor compartilhado dos jovens pelo desporto os uniu, e as diferenças étnicas e religiosas deixaram de ser o foco. Ao criar esse tipo de espaço cívico, as diferenças de outros que podem ser considerados ameaçadores são relativizadas e são criadas oportunidades de diálogo. Os participantes aprendem a conviver em espaços cívicos, pré-requisito básico para a democracia.

---

12. J. Dewey, *Democracy and Education* (New York: Macmillan, 1916).
13. Para mais informações sobre notícias falsas, veja o capítulo 23, "The Media."

Observe que isso não é a mesma coisa que tentar forçar todos a assimilar e adotar a mesma identidade. Os participantes dessas interações mantêm suas próprias identidades e suas próprias culturas e religiões. Mas eles aprendem a trabalhar juntos para o bem comum.

Conclusão

Neste capítulo, a cidadania democrática foi discutida em termos de relações e associações, e não simplesmente como um método de contagem de votos e determinação de qual voto importa. O tipo de democracia que vai transformar a África valoriza as relações, a comunicação, a escuta, a parceria e o apoio e não dispensa quem é diferente de nós.

A democracia e a cidadania estão intimamente relacionadas com a cidadania activa na cultura africana plural e envolvem o respeito pela dignidade humana e pelo Estado de direito. Isso deve ser motivo de preocupação não apenas para teóricos políticos, mas também para teólogos, igrejas, profissionais da educação e cristãos comuns, pois todos têm um papel a desempenhar na gestão e na tomada de decisões em suas comunidades e na sociedade em geral.

A teologia pública com lentes democráticas pode ajudar a igreja a se engajar na deliberação sobre desigualdades sociais como pobreza e corrupção. Esse envolvimento se tornará uma cultura que incentiva a igualdade entre todas as pessoas, independentemente de sua cor, gênero, sexo e origem étnica.

Perguntas

1. Como a compreensão da democracia e da cidadania orienta os cristãos no envolvimento em preocupações públicas como a corrupção?
2. Como a democracia e a cidadania estão inseridas na Bíblia?
3. Identifique maneiras pelas quais a cidadania democrática pode combater os males da sociedade de que estás ciente.
4. Explique, dando exemplos, o que a tua igreja pode fazer para promover a democracia.

Leitura Adicional

de Gruchy, J. W. "Christianity and Democracy: Understanding Their Relationship." *Scriptura* 62 (1997): 323–333.

Kukah, Matthew Hassan. *Democracy and Civil Society in Nigeria*. Ibadan, Nigeria: Spectrum, 1999, 2003.

Magezi, V. "A Public Practical-Theological Response and Proposal to Decolonisation Discourse in South Africa: From #YourStatueMustFall and #MyStatueShouldBeErected to #BothOurStatuesShouldBeErected." *HTS Teologiese Studies/Theological Studies* 74, no. 1 (2018). https://hts.org.za/index.php/hts/article/view/5030.

Waghid, Y. "On the Relevance of a Theory of Democratic Citizenship Education for Africa." In *African Democratic Citizenship Education Revisited*, edited by Y. Waghid and N. Davids, 1–12. Switzerland: Palgrave Macmillan, 2018.

7

Trabalho

Sunday Bobai Agang

Este capítulo foi escrito para dois grupos de pessoas: Para aqueles que têm trabalho e para aqueles que não têm. O objectivo é de nos encorajar a pensar como cristãos sobre o que o trabalho é, por que trabalhamos e o que podemos fazer para ajudar as pessoas a encontrar trabalho.

O trabalho pode assumir muitas formas. Para algumas pessoas é trabalhar nos campos e fazer trabalhos manuais pesados; para outros, é trabalhar num escritório ou loja, cuidar duma casa, dirigir uma empresa ou preparar um sermão. Alguns trabalhos são físicos, outros são mentais, mas todas as formas de trabalho envolvem esforço e são cansativas.

Fazemos esse trabalho para atingir um propósito ou atender a alguma necessidade, como a necessidade de comer ou sustentar nossas famílias. Mas isso é tudo o que há para funcionar? Se ficasse rico de repente, você pararia de trabalhar? E se sim, o que faria com o seu tempo? Em outras palavras, o trabalho é algo que somos *forçados* a fazer para permanecer vivos, ou é algo que fazemos porque estamos vivos? O trabalho é uma maldição ou uma bênção? Como devemos, como cristãos, pensar sobre o trabalho, valorizar o trabalho e fazer o nosso trabalho?

Essas perguntas podem ser novas para tu considerares, porque para muitos cristãos africanos há uma desconexão entre fé e trabalho. Um é espiritual e o outro é muito sobre assuntos materiais. Ficaremos felizes em economizar em nosso trabalho diário para chegar às reuniões de oração, reuniões da igreja e ensaio do grupo coral que são nosso trabalho espiritual "real".

Mas, de facto, deve haver uma estreita relação entre A nossa fé e nosso trabalho diário. No livro de Romanos, Paulo explica como a salvação de Deus deve afetar nossa sabedoria, nossa honestidade, nossos relacionamentos, nosso julgamento, nossa capacidade de suportar dificuldades, nosso caráter, nossas atitudes e a nossa mentalidade – isto é, nosso raciocínio lógico e ético. Tudo isso é essencial para o nosso trabalho, e se a salvação os afecta, também afectará a maneira como realizamos nosso trabalho. Precisamos começar a ver o trabalho como uma atividade em que os humanos se engajam para o louvor da glória de Deus e para cumprir o propósito para o qual Deus nos criou.

A Bíblia e o Trabalho

Como cristãos, a fonte primária e a autoridade orientadora final para nossa teologia do trabalho é a Bíblia e a teologia que derivamos da Bíblia, que nos diz tanto o que Deus faz quanto como Deus o faz. Podemos, assim, explorar o significado do trabalho humano à luz de quatro grandes temas bíblicos: criação, queda, redenção e nova criação.

A Criação

O trabalho não é feito apenas por seres humanos. Deus trabalha. Vemos isso no relato da criação, que conclui com estas palavras:

> *Assim foram concluídos os céus e a terra, e tudo o que neles há. 2 No sétimo dia Deus já havia concluído a obra que realizara, e nesse dia descansou. 3 Abençoou Deus o sétimo dia e o santificou, porque nele descansou de toda a obra que realizara na criação.* (Gn 2:1–3)

A obra de Deus é diferente da nossa. Deus criou tudo o que existe, incluindo nós, do nada. Qualquer criação que fazemos depende de usar o que Deus já nos deu. No entanto, como seres humanos, parte do que significa ser feito à imagem de Deus (Gn 1:27) é que somos como Deus ao fazer o trabalho. Deus explicitamente atribuiu trabalho a Adão e Eva, dizendo-lhes: *"Sejam férteis e multipliquem-se! Encham e subjuguem a terra! Dominem sobre os peixes do mar, sobre as aves do céu e sobre todos os animais que se movem pela terra"* (Gn 1:28). Também nos é dito que Deus colocou Adão *"no Jardim do Éden para lavrá-lo e cuidar dele"* (Gn 2:15). O jardim não era um lugar onde Adão e Eva podiam relaxar sem fazer nada o dia todo. Havia trabalho a ser feito!

Reconhecer que o trabalho faz parte da criação original de Deus, que Ele declarou "boa", muda a forma como vemos o trabalho. Não é apenas um fardo. É a maneira pela qual exercemos nosso mandato dado por Deus de administração do meio ambiente e do ecossistema. Uma das razões pelas quais Deus nos dá cérebro e mãos é para que possamos usá-los para trabalhar.

Nem o trabalho é feito inteiramente por nossa própria iniciativa. Deus ainda está trabalhando, e Cristo ainda está empenhado em *"sustentar todas as coisas pela sua palavra poderosa"* (Hb 1:3). Somos chamados a fazer parceria com Deus na realização da sua missão neste planeta e, assim, cumprir os propósitos de Deus para a criação. É por isso que o trabalho pode nos dar uma profunda sensação de satisfação e uma enorme sensação de felicidade.

Dado o ritmo frenético da vida moderna, também devemos observar que o trabalho não deve consumir tudo. Deus descansou no sétimo dia e consagrou este dia de descanso como um princípio nos Dez Mandamentos:

> *Trabalharás seis dias e neles farás todos os teus trabalhos, mas o sétimo dia é o sábado dedicado ao SENHOR, o teu Deus. Nesse dia não farás trabalho algum, nem tu, nem teus filhos ou filhas, nem teus servos ou servas, nem teus animais, nem os estrangeiros que morarem em tuas cidades. Pois em seis dias o SENHOR fez os céus e a terra, o mar e tudo o que neles existe, mas no sétimo dia descansou. Portanto, o SENHOR abençoou o sétimo dia e o santificou* (Êxodo 20:9-11)

Deus deu aos humanos seis dias para não fazer nada além de trabalhar. O sétimo dia é para eles descansarem e desfrutarem da presença de Deus através da adoração e também para se refrescarem, rejuvenescerem e se revitalizarem em preparação para os próximos seis dias de trabalho.

A queda

A rebelião de Adão e Eva interrompeu nosso relacionamento com Deus, outras pessoas e o resto da criação, bem como nosso relacionamento com o trabalho. Foi dito a Adão: *"Maldita é a terra por tua causa; com trabalho penoso comerás dela todos os dias da tua vida"* (Gn 3:17). A queda não destruiu o valor intrínseco do trabalho, mas distorceu o mundo para que o trabalho parecesse difícil e sem sentido. Não encontramos mais realização em nosso trabalho e lutamos para associá-lo ao serviço a Deus. Mesmo aqueles que estão fazendo o bem, lutam para produzir bons resultados. Muitos labutam em empregos difíceis enquanto anseiam por um trabalho bom e criativo que lhes permita prosperar e não apenas sobreviver. Alguns rejeitam o trabalho e tentam fazer o mínimo possível, enquanto outros idolatram o trabalho e buscam seu significado pessoal no trabalho e não em Deus.

Redenção

Jesus encarnou e entrou no mundo, inclusive no mundo do trabalho, para redimi-lo e transformá-lo. Ele disse aos seus seguidores que amassem a Deus e os seus vizinhos. Ele também ordenou que eles dessem testemunho Dele e ensinassem aos outros as coisas que Ele havia ensinado (Mt 28:19-20).

Por meio de nosso trabalho e da maneira como o fazemos, os cristãos são testemunhas de Jesus Cristo como o caminho, a verdade e a vida. Fazer nosso trabalho abre portas para que nossas palavras sobre Cristo tenham credibilidade. As pessoas não darão ouvidos àqueles por quem não respeitam, e assim Paulo exortou os cristãos ensalonianos a *"cuidar de seus próprios negócios e trabalhar com suas mãos, como já lhe dissemos, para que sua vida cotidiana ganhe o respeito de forasteiros e para que tu não sejas dependente de ninguém"* (1 Tess 4:11-12). Ele exortou aos cristãos a viver duma maneira que traga glória a Deus, ou em outras palavras, que leve outros a louvar a Deus e a se voltar para Ele com fé. Isso explica o conselho de Paulo aos escravos, cujo trabalho muitas vezes é frustrante e sem remuneração: *"Tudo que vocês fizerem, façam-no de todo o coração, como para o Senhor, não para senhores humanos"* (Cl 3:23).

O trabalho não é feito apenas para ganhar respeito; é também como mostramos nosso amor pelos outros. Paulo lembrou a Timóteo que *"Quem não cuida dos seus parentes, e principalmente da própria casa, negou a fé e é pior do que um incrédulo"* (1 Tm 5:8). Ele implica que trabalhamos para poder fornecer os bens e serviços que queremos e que outras pessoas precisam.

Deus nos responsabiliza pelo nosso trabalho e recompensará o trabalho bem feito. O conselho de Paulo aos escravos terminava com as palavras: *"Vocês receberão uma herança do Senhor como recompensa. É ao Senhor Cristo que você está servindo"* (Cl 3:24). O escritor da carta aos Hebreus comenta: *"Deus não é injusto; ele não se esquecerá do seu trabalho e do amor que tu demonstraste a ele ao ajudar seu povo e continuar a ajudá-lo"* (Hb 6:10).

A nova criação

O evangelho de Cristo nos transforma e pode transformar todas as áreas da vida. Como aqueles que o seguem e são capacitados pelo Espírito Santo, somos chamados a ser parceiros ou cooperadores de Deus para corrigir as coisas em todas as esferas da vida. Somos chamados a nos engajar no trabalho criativo, redentor e curativo, bem como no trabalho que busca restringir e desafiar os aspectos malignos da cultura predominante. Devemos viver como sinais e agentes do alvorecer do reino de Deus. Isso incluirá trabalhar para transformar nossos locais de trabalho e aqueles com quem trabalhamos. É claro que não podemos esperar conseguir isso apenas por nossos próprios esforços. Somente o Deus que diz: *"Não por força nem por violência, mas pelo meu Espírito"* (Zc 4:6) pode efectuar a transformação.

Deus está a iniciar a sua vindoura nova criação no meio da presente ordem mundial, e Ele está a fazer isso em parte através do trabalho que fazemos para Ele dia após dia. Nosso trabalho atual ganha significado e esperança quando vislumbramos o futuro de Deus e sabemos que O nosso *"trabalho no Senhor não é vão"* (1 Cor 15,58). De acordo com a promessa de Deus, não esperamos uma existência desencarnada, mas a ressurreição em um *"novo céu e uma nova terra, onde habita a justiça"* (2 Pe 3:13) e onde todo trabalho frustrante e fútil será substituído por obra completa e glorificadora de Deus (Is 65:17–23). Antes que nossas lutas actuais com o trabalho sejam vencidas pelo reino de Jesus para que possamos experimentar os frutos produtivos do nosso trabalho. Não teremos mais que suportar a frustração e a injustiça que acompanham tanto do nosso trabalho no mundo atual.

Atitudes Tradicionais para o Trabalho

Na África tradicional, o trabalho era celebrado porque era visto como crucial para a dignidade duma comunidade e a sua identidade social, política e econômica. Em uma sociedade comunal, trabalhar era participar da vida da comunidade e dava a cada pessoa um sentimento de pertencimento e um caminho para o significado e o status. As celebrações da colheita deram às famílias a oportunidade de mostrar o quanto trabalharam duro. O mesmo aconteceu com a quantidade de grãos secando no telhado de cada pessoa. Na minha comunidade na Nigéria, a agricultura na estação chuvosa e a caça na estação seca foram formas pelas quais os homens adquiriram e exibiram as suas proezas políticas, sociais e econômicas. Infelizmente, porém, a busca pela maior colheita também contribuiu para a poligamia, pois quanto mais esposas e filhos se tivesse, mais terra se poderia cultivar. Assim, embora a atitude tradicional africana em relação ao trabalho seja boa, não é impecável.

Trabalho na África Contemporânea

Na África de hoje, precisamos ir além da ideia de que trabalhamos para ser bem-sucedidos e que o sucesso é a chave para a felicidade – independentemente de como esse sucesso é alcançado. Não podemos esperar ter a nova África prevista na Agenda 2063 a menos que mudemos as ideias populares sobre o trabalho e o reconheçamos como uma forma de propagar o desenvolvimento cultural, econômico, político, social e espiritual e transformar a sociedade.

Também é importante notar que trabalho e paz estão intrinsecamente relacionados. Para entender este ponto, precisamos lembrar que em África *"a idade média é de 19 anos e só deverá atingir cerca de 25 anos em 2046. Como tal, os jovens continuarão a constituir cerca de metade da população da maioria dos países do continente nas próximas três a cinco décadas." Consequentemente, a África tem muitos jovens que estão (a) desesperados por oportunidades que prometem uma vida melhor e, portanto, (b) vulneráveis ao recrutamento por indivíduos e grupos que prometem tais resultados. Juntamente com outras realidades sociais, populações jovens vulneráveis tornaram-se recrutas fáceis para o crime, milícias rebeldes, gangues políticas e redes extremistas."*[1]

A menos que esses jovens encontrem alguma maneira significativa de usar sua energia, eles perderão a esperança no futuro e recorrerão às drogas, gangues e violência. O resultado será o caos em nossas comunidades e nações. Empresas estrangeiras e empresários locais hesitarão em investir no continente, agravando a situação. Nós, como cristãos, não poderemos adorar a Deus em uma atmosfera pacífica. Essa realidade ressalta a necessidade de pensarmos seriamente nas questões relacionadas ao trabalho.

Redefinindo o Trabalho

Porque a África tem uma taxa de desemprego tão alta? É simplesmente por causa duma alta taxa de natalidade, ou da exploração do continente e da ganância dos ricos, ou essa situação também tem algo a ver com nossas atitudes em relação ao trabalho? Não podemos lidar com todas essas opções aqui, mas vamos nos concentrar na preocupação deste capítulo e argumentar que uma das razões para as altas taxas de desemprego da África é a maneira como definimos o trabalho. Vemos o trabalho como algo que o governo deveria fornecer. E assumimos que, para valer a pena, o trabalho prestado deve ser um trabalho de colarinho branco e fornecer um salário regular. Todo mundo quer ser um profissional; ninguém quer fazer trabalho manual. Para corrigir essa visão, são necessárias três alterações.

---

1. Andrews Atta-Asamoah, "Youth of Africa: Unemployment, Social Cohesion and Political Instability," UNICEF, Office of Research-Innocenti.

Redefinindo o que constitui o trabalho

O que conta como trabalho? Definimos o trabalho apenas como um emprego pelo qual recebemos um salário regular? Se for esse o caso, estamos deixando muitas categorias de trabalho fora do nosso pensamento. Por exemplo, a respeito do trabalho das mulheres no sentido de tarefas domésticas? As mulheres normalmente não são pagas para fazer esse trabalho e, portanto, seu trabalho é desprezado como sem importância. Mas isso é justo? O trabalho deles não faz parte da obra que Deus ordenou na criação, e tão digna de respeito? Ou aqueles que cuidam duma pessoa com deficiência ou dum pai idoso? E alguém tem um emprego se é empresário, ou um trabalhador autonomo ou simplesmente vende amendoim na beira da estrada? O "trabalho" é definido por estar formalmente empregado? Novamente, nossa resposta deve ser "não". O trabalho é a tarefa de cuidar do mundo em que Deus nos colocou – e esse mundo inclui pessoas que precisam de cuidados. O trabalho não é definido por um cheque de pagamento. Trabalho é qualquer atividade que envolva esforço mental ou físico feito para atingir um propósito ou resultado. Trabalho é o que os humanos fazem para produzir um resultado que beneficie a nós, nossas famílias, nossos semelhantes, nossa sociedade ou nosso meio ambiente e também traz o Criador, Deus, louvor, honra e glória. Toda obra legítima é obra de Deus.

Reconhecendo a dignidade de todo o trabalho

Todas as formas de trabalho devem ser respeitadas, não apenas o trabalho das profissões. Todos os tipos de trabalho devem ser igualmente respeitados, e nenhuma ocupação deve ser considerada superior a outra. Aplica-se também ao trabalho dos pastores e obreiros cristãos. Ninguém deveria sofrer discriminação por causa do seu trabalho. Na África de hoje, as pessoas adoram empregos profissionais e desprezam empregos que sujam suas mãos. No entanto, o conceito bíblico de trabalho é que nenhum tipo de trabalho é inferior a qualquer outro. Não devemos procurar apenas empregos seguros no governo ou no setor privado, mas devemos fazer o que pudermos e fazer isso é moralmente aceitável, pode nos ajudar a colocar comida na mesa e nos deixa com folga suficiente para ajudar os outros. Todos os trabalhos são igualmente honrosos aos olhos de Deus.

Adoptando uma mentalidade empreendedora

Foi dito que *"a doutrina bíblica do trabalho é a expressão graciosa da energia criativa do Senhor no serviço de outros para criar shalom."*[2] Observe a referência à *"energia criativa do Senhor"*. Uma das maneiras pelas quais somos como Deus é que somos criativos, e devemos aplicar essa criatividade à questão do trabalho. Não devemos esperar que o trabalho chegue até nós, mas devemos aplicar a nossa criatividade e engenhosidade empreendedora para criar empregos para nós mesmos. Devemos procurar maneiras de trabalhar com Deus na criação duma nova terra e estar ao lado dos nossos semelhantes para que isso aconteça. Nosso objectivo deve ser tornar-nos produtivos e buscar maneiras de auto-aperfeiçoamento, em vez de esperar que alguém nos dê um emprego. Deve haver muito mais trabalhadores autônomos e empresários na África. É quando trabalhamos duro e assumimos a responsabilidade de criar nossas próprias oportunidades de trabalho que nos encontramos em condições de ter os recursos para fornecer bens e serviços para nossas próprias famílias e outras pessoas.

Trabalho e corrupção

A corrupção e a impunidade generalizadas em nosso continente podem muito bem-estar ligadas a uma mentalidade que vê o trabalho como uma punição e não como uma bênção. Tendemos a supor que a única maneira de cobrir a nossa nudez social, política e econômica é acumular riqueza material, e assim dizemos a nós mesmos: *"Preciso de mais poder, mais posses, mais respeito, mais admiração"*. Mas queremos essas coisas sem ter que trabalhar duro para ganhá-las, então tomamos atalhos para obtê-las aceitando subornos, pagando mal nossos trabalhadores e roubando bens e tempo dos nossos empregadores. Queremos mais, mas não vamos trabalhar mais para obtê-lo.

Até mesmo alguns pregadores cristãos toleram essa actitude pregando um evangelho da prosperidade que incentiva o tipo de cristandade de *"semeadura e colheita instantânea"* e um *"diga o que quer e obtenha"*. As pessoas estão a ser ensinadas que seu sucesso material depende da intervenção divina e não do trabalho árduo. Há muitas pessoas que preferem orar por riqueza a trabalhar por ela. Eles também podem tomar atalhos para a riqueza se tiverem oportunidade.

Mas a Bíblia fala inequivocamente sobre a nossa necessidade de trabalhar. Paulo lembrou aos Tessalonianos, *"Quando ainda estávamos com vocês, nós*

---

2. Atribuído a Dorothy Sayers, mas sem proveniência clara.

lhes ordenamos isto: 'Se alguém não quiser trabalhar, também não coma.' Pois ouvimos que alguns de vocês estão ociosos; não trabalham, mas andam se intrometendo na vida alheia." (2 Tess 3:10-12). Mesmo quando Deus providenciou milagrosamente o maná para os Israelitas durante o êxodo do Egito, ele exigiu que eles saíssem e coletassem o maná todos os dias, e o suprimento de maná secou quando chegaram à terra prometida e puderam trabalhar para satisfazer suas próprias necessidades. necessidades (Êxodo 16). Deus não proveu comida para pessoas que não estavam dispostas a trabalhar.

A África do nosso sonho continuará a ser uma miragem se nossa ideologia de trabalho for construída sobre bases éticas e morais instáveis. Precisamos desenvolver uma consciência da sacralidade do trabalho porque é divinamente ordenado. É o que Deus ordenou para a raça humana quando nos criou para levar sua imagem e trabalhar para a glória de Deus, para nosso próprio benefício, para o benefício de outros seres humanos e para todo o ecossistema. É somente quando isso acontece que os humanos podem desfrutar de felicidade, satisfação e paz – e que melhor definição de sucesso poderia haver?

Mas o trabalho traz felicidade apenas quando traz glória a Deus e beneficia os outros tanto quanto a nós mesmos. Não traz alegria quando nossos motivos são corruptos e quando partimos para explorar os outros e acumular riquezas que não são nossas por direito. O trabalho traz alegria; a corrupção deixa um gosto amargo na boca de todos os afetados por ela.

Trabalho e Relações de Trabalho

Embora as relações entre trabalhadores sejam importantes, aqui nos concentraremos apenas nas relações entre empregadores e empregados e no papel dos sindicatos.

Relação dos empregadores com os empregados

Deus leva a sério o relacionamento entre patrões e empregados. Assim Moisés exortou os israelitas:

> *"Não se aproveitem do pobre e necessitado, seja ele um irmão israelita ou um estrangeiro que viva numa das suas cidades. Paguem-lhe o seu salário diariamente, antes do pôr-do-sol, pois ele é necessitado e depende disso. Se não, ele poderá clamar ao SENHOR contra você, e você será culpado de pecado." (Dt 24:14–15)*

No Novo Testamento, Tiago lembra seus leitores cristãos desses versículos quando escreve: *"Vejam, o salário dos trabalhadores que ceifaram os seus campos, e que vocês retiveram com fraude, está clamando contra vocês. O lamento dos ceifeiros chegou aos ouvidos do Senhor dos Exércitos."* (Tg 5:4).

Paulo também enfatizou a necessidade de relações justas entre empregadores e empregados quando escreveu estas palavras aos cristãos em Éfeso:

> *"Escravos, obedeçam a seus senhores terrenos com respeito e temor, com sinceridade de coração, como a Cristo. Obedeçam-lhes, não apenas para agradá-los quando eles os observam, mas como escravos de Cristo, fazendo de coração a vontade de Deus. Sirvam aos seus senhores de boa vontade, como servindo ao Senhor, e não aos homens, porque vocês sabem que o Senhor recompensará cada um pelo bem que praticar, seja escravo, seja livre.*
>
> *Vocês, senhores, tratem os seus escravos da mesma forma. Não os ameacem, uma vez que vocês sabem que o Senhor deles e de vocês está nos céus, e Ele não faz diferença entre as pessoas."* (Ef 6:5–9)

Se valorizarmos cada ser humano como tendo sido criado à imagem e semelhança de Deus, de modo algum maltrataremos nossos semelhantes que trabalham para nós. Mais do que isso, se somos cristãos, somos chamados a ser como Deus, que é amoroso e compassivo. A compaixão deve assim caracterizar todas as nossas relações, incluindo as nossas relações de trabalho. Embora fazer o trabalho seja importante, nunca deve se tornar mais importante do que reconhecer o valor e o valor humano.

Deus espera justiça e justiça de todos os tipos de empregadores – famílias que contratam babás ou empregadas domésticas e empregados domésticos, o setor privado, proprietários de pequenas empresas, organizações de segurança, ONGs, empresários, empresas, empresas (locais, regionais, nacionais ou multinacionais) e paraestatais governamentais, o serviço público, etc. Deus está profundamente preocupado com as relações entre empregadores e seus empregados.

Todos nós já ouvimos histórias, ou já passamos por situações em que alguém é tratado injustamente, ou pago muito mal, ou espera-se que trabalhe horas completamente irracionais. Como devemos nós, como cristãos, reagir em tais circunstâncias? Basta dizer que desaprovamos ou devemos buscar meios legais para proteger os funcionários da exploração e da retaliação se eles fizerem uma reclamação formal sobre a forma como estão a ser tratados?

Claro, também é possível que alguns funcionários tratem seus empregadores de forma injusta, roubando deles e não realizando o trabalho que lhes foi atribuído. isso também é inaceitável, e os empregadores podem ser justificados em trabalhadores do ringue que fazem essas coisas. Mas enquanto os pontos extremos no espectro das relações empregador- empregado estão claramente marcados, também há áreas cinzentas no meio. O que exactamente constitui um pagamento justo pelo trabalho? Como isso é determinado? E aqueles que têm deficiência e têm dificuldade em encontrar trabalho – o que os empregadores devem fazer para ajudar esses empregados? E quanto a impostos e regulamentações ambientais e regulamentações de segurança, bem como outras regulamentações governamentais sobre relações trabalhistas ou leis tarifárias? Precisamos de advogados cristãos e especialistas trabalhistas para nos ajudar a abordar esses assuntos sob uma perspectiva cristã.

Trabalho e sindicatos

Se o mundo fosse totalmente justo, não haveria necessidade de sindicatos. Mas em num mundo onde alguns têm grande poder para explorar outros, é necessário que os sindicatos protejam os direitos dos trabalhadores. No entanto, os cristãos estão divididos sobre os méritos dos sindicatos. Alguns se opõem a eles; outros os apoiam. O que a Bíblia tem a dizer que é relevante?

Primeiro, a Escritura é clara que vivemos, andamos e trabalhamos em um mundo caído. Em tal mundo, todo sistema humano terá pontos fortes e fracos, e isso inclui os sindicatos. Também inclui seus líderes, que como todos os seres humanos são capazes tanto de um tremendo bem quanto de um tremendo mal.

Em geral, as principais razões pelas quais os sindicatos foram formados foram boas. Eles surgiram para criar redes de segurança para os trabalhadores através da verificação do interesse próprio e da ganância dos empregadores, o que os levou a pagar salários baixos e não oferecer aumentos aos trabalhadores. Os sindicatos serviram assim como freios e contrapesos nos empregadores. Eles eram poderosos o suficiente para enfrentar o poder monopolista dos empregadores e buscar salários mais altos, melhores condições de trabalho e uma parcela mais justa dos lucros da empresa e do país para aqueles que faziam o trabalho.

Outro benefício dos sindicatos é que eles podem ajudar a estabelecer uma força de trabalho estável e bem treinada.[3] Alguns deles têm programas para treinar aprendizes e outros empregados, aliviando assim os empregadores do custo de treinamento de trabalhadores inexperientes. Funcionários bem

---

3. O material desta seção é derivado de Jim Woodruff, "Advantages and Disadvantages of Unions for Employers," bzifluent (20 October 2018).

treinados criam condições de trabalho melhores e mais seguras e resultam em menos dias perdidos devido a lesões ou doenças relacionadas ao trabalho. Os contratos de trabalho também permitem ao empregador prever os custos operacionais futuros, o que ajuda o empregador a saber quanto cobrar por um produto e a planejar o futuro.

Por outro lado, os sindicatos têm suas desvantagens e podem desencorajar investimentos e melhores práticas de trabalho. Eles podem até exacerbar o desemprego quando suas demandas fazem com que os empregadores evitem contratar pessoas e reduzam ou automatizem a produção. Os sindicatos também podem resistir a quaisquer reduções na força de trabalho, o que às vezes tem o efeito de forçar grandes organizações semi-estatais a serem tão exageradas que não podem lucrar e precisam ser subsidiadas com enormes despesas para os contribuintes[4] Além disso, sindicatos muito poderosos podem levar a problemas macroeconômicos, como inflação salarial e perda de produtividade devido à ação grevista. Embora os membros do sindicato possam se beneficiar obtendo salários mais altos, esses ganhos podem vir à custa dum desemprego mais alto para outros. Essas questões tornam-se uma preocupação especial quando as atividades dos sindicatos desencorajam as empresas a investir numa região e criar mais oportunidades de emprego. Se as empresas temerem greves freqüentes e um sindicato não cooperativo, eles podem preferir investir em outro país onde tenham perspectiva de melhores relações trabalhistas.

O Trabalho e o Papel Profético da Igreja

As injustiças econômicas e sociais generalizadas no nosso continente, apesar da alta proporção de africanos que afirmam ser cristãos, deixam claro que a igreja na África descarrilou do seu papel profético. Precisamos falar alto para dizer que não podemos ter a África que queremos e que Deus quer enquanto agimos injustamente em relação aos desempregados, subempregados e deficientes. Às vezes fechamos nossos olhos até mesmo para assuntos relativamente simples como o abuso de empregados domésticos por membros da igreja. Tampouco nos manifestamos quando empresas estrangeiras preferem trazer funcionários dos seus países de origem em vez de empregar nacionais. Tampouco desafiamos nossos compatriotas que acumulam riqueza para si mesmos enquanto pagam

---

4. Veja por exemplo Bloomberg, Business Tech, "Eskom's Massive Workforce Problem: Over-Staffed and Over-Paid" (3 April 2018), https://businesstech.co.za/news/business/235299/ eskoms-massive-workforce-problem-over-staffed-and-over-paid/.

mal aos seus funcionários. Por exemplo, na Nigéria, as empresas de segurança privada não pagam um salário mínimo aos seus trabalhadores e não lhes oferecem segurança no emprego nem benefícios de saúde ou pensão. E certamente nós, como cristãos, devemos ter algo a dizer quando os recursos da África são exportados para processamento em outros lugares, quando devem ser processados neste continente e o povo africano deve colher os benefícios. Por exemplo, não há razão para que o petróleo nigeriano deva ao resto do mundo enquanto os nigerianos sofrem com a escassez de combustível.

Nós, na igreja africana, precisamos nos envolver profundamente em compromissos proféticos que defendam os jovens e os trabalhadores explorados. Devemos ser motivados a fazer isso não apenas pelos repetidos apelos por justiça e salários justos nas Escrituras, mas também pelo desejo de ver a compaixão de Deus manifestada nas relações do trabalho. Jesus oferece uma boa ilustração do que isso significa na sua parábola dos trabalhadores da vinha (Mt 20:1-16). Achamos esta parábola intrigante porque aqueles que trabalharam o dia todo recebem o mesmo salário daqueles que foram contratados no final da tarde. parece injusto para os nossos padrões. Parecia injusto para os trabalhadores da parábola também, e eles reclamaram disso com seu empregador. O empregador respondeu: *"Mas ele respondeu a um deles: 'Amigo, não estou sendo injusto com você. Você não concordou em trabalhar por um denário? Receba o que é seu e vá. Eu quero dar ao que foi contratado por último o mesmo que lhe dei. Não tenho o direito de fazer o que quero com o meu dinheiro? Ou você está com inveja porque sou generoso?'"* (Mt 20:13-15).

Por um lado, esta parábola ilustra a grande generosidade de Deus, que é algo que precisamos lembrar ao decidir o salário que devemos pagar aos que trabalham para nós. Mas a parábola também pode ser útil para pensar sobre por que ainda havia trabalhadores a esperar por um emprego às três e cinco horas da tarde. Essas pessoas claramente queriam trabalhar. Nada sugere que esses personagens da parábola sejam irresponsáveis ou preguiçosos. Mais provavelmente, eles são indesejados.

> *Quem passa o dia inteiro a esperar ser contratado, mas não encontra sucesso até o final do dia? No tempo de Jesus, estes seriam os fracos, firmes e incapacitados. Talvez os idosos também. E outros alvos de discriminação, como criminosos ou qualquer pessoa com má reputação.*

> Um Deus que é "justo", então, está inclinado a mostrar uma generosidade especial para com os pobres e marginalizados. Não admira que as pessoas respeitáveis fiquem ansiosas.[5]

Em grande parte da África, as pessoas que estão prontas para trabalhar, mas que não tiveram oportunidade até o final do dia incluem graduados universitários, artesãos qualificados, fabricantes, refugiados, cidadãos apátridas, órfãos, viúvas e assim por diante. Precisamos nos preocupar em oferecer a todos esses grupos oportunidades de emprego e procurar maneiras de fazê-lo. Skinner afirma: *"Ao lidar generosamente com um grupo de pessoas que nenhum outro gerente da cidade considerou valer a pena contratar, o proprietário fez uma declaração clara sobre o seu valor."*[6]

As pessoas precisam de dignidade pessoal, que está associada à capacidade de cumprir as suas responsabilidades e prover as suas próprias necessidades e as de suas famílias. Aqueles que são excluídos do trabalho sentem-no como um atentado à sua dignidade e valor próprio. É válido independentemente de estarem desempregados por causa duma escassez geral de empregos ou por serem deficientes ou por causa de seu gênero. Cada um de nós precisa duma oportunidade para fazer alguma contribuição significativa para o crescimento da nossa comunidade, e fazê-lo ao lado de outros membros da nossa sociedade. Às vezes, os obstáculos à participação no trabalho são econômicos ou físicos e, às vezes, infelizmente, estão enraizados na religião, que muitas vezes é usada para marginalizar as mulheres.

A igreja deve estar na vanguarda daqueles que reconhecem a dignidade e o valor de cada ser humano. Não devemos deixar que os sindicatos falem pelos trabalhadores, e devemos também falar pelos trabalhadores que não são e nunca serão representados pelos sindicatos.

Um outro ponto emerge da parábola de Jesus: o dono dá a todos o mesmo salário pelo seu trabalho. Pode ser que seja hora da igreja questionar as enormes disparidades entre os salários dos executivos das empresas e os salários pagos aos trabalhadores comuns. Em alguns casos, os salários pagos aos que estão no topo são tão altos que é impossível gastar tanto dinheiro, enquanto os que estão na base recebem tão pouco que é impossível sobreviver com tão pouco dinheiro. É preciso dar mais atenção à distribuição da renda, bem como à fonte de renda.

---

5. Matthew L. Skinner, "Matthew 20:1–16: Justice Comes in the Evening," blog posted on 2 November 2011.

6. Skinner, "Matthew 20:1–16."

Conclusão

Muitos africanos trabalham muito. Muitos outros passam longas horas procurando trabalho. Todos eles esperam que o seu trabalho seja uma fonte de satisfação, alegria e esperança, mas muitos deles estão desapontados e encontram pouca realização no seu trabalho. Tudo o que parece conseguir é trazer dinheiro que é desesperadamente necessário para se manter vivo e sustentar suas famílias.

O desejo de encontrar satisfação em nosso trabalho é válido, nascido do facto de que fomos feitos à imagem de Deus com o desejo de ser criativos e fazer um trabalho que faça a diferença no mundo. Mas às vezes a nossa insatisfação é menor porque o trabalho não é satisfatório e mais porque deixamos de ver como nosso trabalho se alinha com os propósitos criacionais e criativos de Deus. Precisamos reconhecer que "nosso trabalho" não é apenas nosso trabalho; é parte integrante do grande plano de Deus para permitir que os seres humanos e a criação cresçam. Trabalhar é uma forma concreta de cumprir a intenção de Deus ao nos criar para sermos como Ele ao amar, cuidar e proteger toda a criação. Trabalhar é uma maneira pela qual podemos demonstrar concretamente nosso amor por Deus, nossos semelhantes e o resto da criação.

A igreja precisa reconhecer que nem todo trabalho é pago, mas que todo trabalho deve ser honrado e que todos devem ter a oportunidade de fazer algo pelos outros. A criação de tais oportunidades exigirá que aqueles que têm trabalho reconheçam que *"o dinheiro que recebemos do nosso trabalho não deve ser usado de qualquer maneira. Deus nos criou e nos deu um meio de ganhar a vida; portanto, o que ganhamos com o trabalho pertence a Deus"* e deve ser usado não apenas para colocar comida em nossas mesas, mas também nas mesas dos outros.[7]

Finalmente, a maior necessidade em África em termos do trabalho é uma mudança de atitude não só em relação ao trabalho, mas também em relação a quem somos como seres humanos. Nossa atitude em relação ao trabalho não pode mudar até que nossa atitude para com nossos semelhantes mude, redescobrindo e reconhecendo a humanidade de todos. Nós precisamos reconhecer o valor e a dignidade inerentes a cada ser humano. A dignidade humana emana do facto de que todos somos criados à imagem de Deus e todos somos honrados pelo facto de Cristo ter se encarnado como ser humano. Estas ideias revolucionárias sobre a dignidade humana ajudaram muitas gerações a criar um futuro diferente e melhor para si e para os outros.

---

7. *Africa Study Bible* (Carol Stream, IL: Oasis, 2016), 144.

Perguntas

1. Que tipos de trabalho são feitos na sua comunidade? Que trabalhos são admirados e quais são desprezados, e por que motivos? Uma compreensão cristã do trabalho deveria mudar sua perspectiva?
2. Como podemos ver todos os trabalhos como um meio de demonstrar a criatividade de Deus e uma oportunidade de servir aos outros e ajudar a sociedade e o meio ambiente a prosperar?
3. Como tu podes usar a Bíblia para infundir uma nova consciência sobre o trabalho em África?
4. O que tu como igreja ou cristão individual pode fazer para ajudar as pessoas a encontrar trabalho e criar condições de trabalho justas para todos?

Leitura Adicional

Botha, Johan, ed. *Work as Calling and Worship: Challenging Thoughts for Our Day*. Arochukwu, Nigeria: Hugh Goldie Publishing; Cape Town: Lux Verbi, 2001.

Johnson, Brett. *Transforming Society: A Framework for Fixing a Broken World*. San Francisco: Indaba Publishing, 2017.

Keller, Timothy, with Katherine Leary Alsdorf. *Every Good Endeavour: Connecting Your Work to God's Work*. New York: Penguin Random House, 2012.

Volf, Miroslav. *Work in the Spirit: Toward a Theology of Work*. Eugene, OR: Wipf & Stock, 2001.

8

Economia

Piet Naudé

A teologia, entendida como *theos* (Deus) + logos (palavra, conhecimento), refere-se ao "conhecimento de Deus". Uma teologia que é pública pensa em como o conhecimento de Deus, revelado principalmente nas Escrituras, impacta em assuntos de interesse público num momento específico e num contexto específico. Essa reflexão teológica é feita e comunicada duma forma que é publicamente compreendida e tem o potencial de afetar a vida pública.

A economia, entendida como *oikos* (casa) + *nomos* (lei) ou *oikonomia*, refere –se ao "estudo da lei ou das regras um lar". Este "lar" pode ser uma família, um país ou o mundo; assim, os estudos de economia podem ser o orçamento duma família, a economia dum país ou o sistema financeiro global. A economia no seu sentido moderno é uma ciência social que estuda a produção, consumo e distribuição de bens e serviços.

Os sistemas econômicos nacionais podem ser classificados em um continuum. Num extremo estão aqueles que são controlados centralmente pelo Estado (socialismo) e aqueles onde todos os meios de produção são da propriedade do Estado (comunismo). No outro extremo estão os sistemas que dependem amplamente do livre mercado para orientar a economia e onde os meios de produção e o capital são mantidos em mãos privadas (capitalismo).

Depois de experimentar o socialismo africano logo após o fim da era colonial, a maioria dos países da África agora tem uma economia "mista" com uma inclinação para o controle central. Isso significa que alguns setores da economia (educação, geração de eletricidade, abastecimento de água) são controlados pelo estado, enquanto outros (mineração, bancos, comércio de bens de consumo) estão abertos à livre concorrência do mercado ou são mantidos em conjunto pelo estado (público). e empresários (privados) (por exemplo, telecomunicações, transportes).

Para a teologia, questões de interesse público certamente incluem questões sobre questões econômicas, por exemplo, (des)emprego, dívida nacional, criação de riqueza, inovação tecnológica, pobreza e desigualdade. Essas questões podem ser alojadas sob o guarda-chuva da "economia" e tornar a ligação entre teologia pública e economia natural e muito importante.

Porque a Teologia deve Interagir com a Economia

Uma das principais razões pelas quais os teólogos precisam saber algo sobre economia é que a economia fornece a eles conhecimento técnico e dados empíricos sobre "assuntos domésticos." Por exemplo, os teólogos estão preocupados com os "pobres", mas sem economia, os teólogos não saberiam quantas pessoas num país vivem com menos de, digamos, US$ 2 por dia e, portanto, podem ser classificadas como "pobres", e quanto essa proporção muda ao longo do tempo para mostrar progresso ou regressão. Para dar outro exemplo, os teólogos estão certos em fazer apelos proféticos contra a desigualdade. A economia nos ajuda a distinguir entre desigualdade de renda e de capital e é capaz de medir a desigualdade numa determinada sociedade, expressa no coeficiente de Gini. Esta medição vai de zero (igualdade completa) a um (desigualdade completa). e quanto maior o valor como proporção de 1, maior a desigualdade num determinado país. Exemplos de países africanos que são muito desiguais são a África do Sul, Botsuana e Namíbia, enquanto Argélia, Egito e Etiópia são mais iguais.

Alguns cristãos argumentam que pagar aos trabalhadores um salário mínimo alto é uma coisa boa. Os economistas podem fornecer dados para ajudar a determinar o nível ótimo dum salário mínimo, levando em consideração os valores pagos pelas subvenções sociais do Estado e a capacidade dum setor empresarial específico de absorver um aumento do salário mínimo sem um efeito abertamente negativo em seus rendimentos. liquidez ou capacidade de expandir o emprego para outros.

Por outro lado, os economistas também precisam de teólogos que possam expor e questionar os pressupostos morais dos sistemas econômicos. Por exemplo, a ideia de que os seres humanos são agentes racionais que se esforçam para maximizar seu interesse próprio é uma compreensão aceitável da pessoa humana? Ou um mercado livre realmente se move "livremente" quando as evidências demonstram que as decisões coletivas e as emoções dos investidores realmente impulsionam os preços? Ou o comunismo é o melhor sistema para permitir aos indivíduos a liberdade de melhorar seu bem-estar por meio do empreendedorismo?

A teologia com a sua visão normativa (ética) da sociedade também pode examinar criticamente as políticas económicas e os seus resultados. Por exemplo, é bom e justo que as empresas usem os recursos naturais, mas não paguem por eles e deixem a sociedade arcar com os custos? As mineradoras podem poluir as águas subterrâneas, afectando poços e rios, mas muitas vezes quando os danos surgem, as empresas já não operam naquela área ou deixaram de existir. Ou as companhias petrolíferas podem poluir os recursos hídricos e destruir o potencial agrícola das terras das quais as comunidades locais dependem para se alimentar. Os contribuintes então têm que pagar para limpar sua poluição. Ou é justo que todos os bens estejam sujeitos ao imposto sobre valor agregado ou imposto sobre vendas, ou deveria haver isenções para alimentos e outros produtos que as pessoas mais pobres normalmente compram?

Finalmente, a teologia lembra à economia que as suas promessas de felicidade e propósito por meio do aumento da riqueza pessoal ou coletiva excluem a importante dimensão espiritual da natureza humana. Nem o sonho capitalista de se tornar uma pessoa rica que se fez por si mesmo nem o sonho comunista duma sociedade igualitária governada pelo proletariado reflectem realidades últimas. O propósito da vida humana não é acumular riqueza por si mesma (sempre desviando dos limites e indo para "mais" consumo), mas amar os outros como Deus nos ama e usar a riqueza para abençoar outros.

Desafios e Oportunidades Económicos de África

A África é um continente enorme e diversificado com quatro países onde vivem 1,2 bilhão de pessoas. Cada um desses países tem os seus próprios desafios e oportunidades. Então, o que é dito abaixo é inevitavelmente algo duma generalização.

Desafios econômicos

- *Muitos países africanos dependem para sua renda de apenas um produto.* Se, por exemplo, a venda de petróleo representa 90% da receita do Estado e o preço do petróleo cai de US$ 120 por barril para US$ 40 (como aconteceu recentemente), o país logo descobrirá que não pode equilibrar suas contas porque seus gastos excedem em muito suas receitas. Ele terá que pedir emprestado para compensar o déficit. É assim que os países caem na armadilha da dívida, o que reduz sua capacidade de diversificar suas economias e criar outras formas de renda.

- *A África tem uma infra-estrutura fraca.* O crescimento econômico não pode acontecer sem infraestrutura que permita o fácil transporte de bens e pessoas. Os países precisam duma rede rodoviária adequada, uma boa distribuição de linhas ferroviárias e aeroportos e portos estrategicamente posicionados. Outras formas importantes de infra-estrutura incluem fornecimento de eletricidade relativamente acessível e confiável – mas apenas 24% dos africanos subsaarianos têm acesso à eletricidade. A infra-estrutura também inclui um sistema da comunicação que funcione bem, incluindo serviços móveis e de Internet; um sistema legal que proteja os contratos e seja transparente e justo; e um sistema nanceiro que pode processar pagamentos e movimentar dinheiro facilmente dentro e fora do país, sujeito a controles cambiais.

- *Muitos países africanos são politicamente instáveis.* Existem regiões na África com conflitos e guerras perpétuas. Existem governantes autocráticos que enriquecem e permanecem no poder por toda a vida ou até serem desafiados ou derrubados por uma violenta derrubada do governo (veja os trinta e cinco golpes militares entre 1991 e 1996). Esses países instáveis ou partes de países são a fonte de migrantes políticos e econômicos que fogem para espaços mais seguros, com o resultado de que o desenvolvimento econômico da África está muito aquém do seu potencial real. A Agência da ONU para Refugiados afirma que a África Subsaariana abriga cerca de 26% da população mundial de refugiados, somando mais de 18 milhões de pessoas em regiões como Sudão, República Centro-Africana e partes da Nigéria.[1] O que precisamos trabalhar este continente é *"uma África de boa governação, democracia, respeito pelos direitos humanos, justiça e estado de direito."*[2]

- *A corrupção desenfreada resulta na perda de bilhões de dólares que poderiam ter sido gastos em serviços básicos como educação, habitação ou saúde.* O Índice de Percepção da Corrupção anual, compilado pela Transparência Internacional, define corrupção como o uso indevido do poder público para ganho privado. Em 2017, um total de doze países africanos estava

---

1. "Africa," The UN Refuge Agency (n.d.), https://www.unhcr.org/africa.html.
2. *Agenda 2063: The Africa We Want*, aspiration 3, African Union (2015), https://www.un.org/en/africa/osaa/pdf/au/agenda2063.pdf.

na lista dos vinte e cinco países mais corruptos do mundo.[3] A corrupção aumenta o custo dos bens e serviços e leva a um sistema em que as empresas que operam honestamente não conseguem negócios. Alguns poucos indivíduos conectados saem com lucros antiéticos e inflados, e as pessoas comuns sofrem. Além disso, todas as economias africanas precisam de investimento estrangeiro para crescer. Mas os investidores só se comprometerão com os projetos se tiverem certeza de que haverá um ambiente de negócios seguro e estável com parceiros de negócios confiáveis e que poderão repatriar os lucros após o pagamento dos seus impostos. O décimo princípio do Pacto Global da ONU, um amplo acordo para, negócios, diz: *"As empresas devem trabalhar contra a corrupção em todas as suas formas, incluindo extorsão e suborno."*.[4]

- *Os principais parceiros comerciais de África situam-se fora do continente na China, na UE e nos EUA.* Os acordos comerciais que são justos e podem até permitir aos países africanos tratamento preferencial são bons para a economia. Mas há muito pouco comércio dentro da África por causa da infraestrutura pobre em toda a África (veja acima). Em outras palavras, os países africanos não comercializam o suficiente com outros países africanos próximos e, portanto, perdem os benefícios das economias de escala. Não há sindicatos econômicos suficientes ou blocos comerciais fortes em toda a África para permitir que o continente fale a uma só voz no comércio internacional. Isso significa que a África é facilmente marginalizada e não otimiza seu potencial econômico.

- *A África é muito vulnerável aos efeitos das mudanças climáticas.* Embora o continente use menos de 5 por cento do combustível fóssil do mundo (uma das principais causas do aquecimento global), as mudanças nos padrões de chuva e clima afectam muito o continente por causa das emissões de carbono de países já desenvolvidos como EUA, Reino Unido e Alemanha e agora também da China e da Índia. A razão para este impacto é dupla: 1) Milhões das pessoas dependem para a sua alimentação na agricultura de subsistência, e as estações mais secas ou cheias têm um impacto direto na produção de alimentos. 2) A África está mal preparada para lidar com desastres naturais por causa de ligações de transporte inadequadas e rápida urbanização que leva à superlotação em municípios e assentamentos

---

3. "Most Corrupt Countries 2019," World Population Review (4 October 2019), http://worldpopulationreview.com/countries/most-corrupt-countries/.

4. "The Ten Principles of the UN Global Compact," United Nations Global Compact (n.d.), https://www.unglobalcompact.org/what-is-gc/mission/principles.

informais que carecem de infra-estrutura das ruas, drenagem de águas pluviais e sistemas de esgoto. As inundações resultantes dos ciclones que afectam Moçambique, Zimbabué e Malawi tornaram-se muito mais fortes e frequentes devido às águas superficiais mais quentes do Oceano Índico. E as secas na África Ocidental e na África Austral tornaram-se mais longas com temperaturas mais altas e menor acesso às águas subterrâneas.

Oportunidades econômicas

Não devemos considerar apenas os aspectos negativos ao olhar para a África, pois também é um continente com enormes oportunidades econômicas. Os economistas analisam os seguintes potenciais contribuintes positivos para o desenvolvimento socioeconômico.

- *A África não precisa seguir o longo caminho para o desenvolvimento de tecnologia.* Tem a capacidade de se beneficiar dos avanços tecnológicos sem a fase de pré-desenvolvimento. Por exemplo, os telefones celulares são agora amplamente usados para comunicação na África, o que eliminou a necessidade de estabelecer uma infra-estrutura de telefonia fixa. Os telefones celulares também são amplamente utilizados na indústria de táxis e para serviços bancários, saúde, agricultura e educação. Não há razão para que a África não possa se beneficiar muito da chamada Quarta Revolução Industrial e contribuir para ela com inovações na economia virtual.

- *A África tem a população mais jovem de todos os continentes.* A idade média da África estava um pouco abaixo de 20 anos em 2010, e está projectada para ser de cerca de 22,7 anos até 2030, em comparação com os números de 2010 para o Japão (45), Alemanha (44) e Reino Unido (40). Isto significa que metade da população de África terá menos de 23 anos de idade em 2030. Os economistas falam sobre o "dividendo Demográfico" que reside no futuro, quando a proporção de pessoas da faixa ectária for de 15–60 (idade de trabalho) for a maioria e os que tiverem menos de 15 anos de idade perfazerem menos de 30 por cento e os que tiverem acima dos 60 anos constituirem menos de 15 por cento da população total de África. A África tem a juventude do seu lado, o que cria o potencial de inovação, uma força de trabalho disponível localmente (na condição de que a educação funcione bem) e uma carga relativamente baixa duma população envelhecida para carregar na economia.

- *A África tem potencial para contribuir significativamente para uma economia de baixo carbono.* O continente tem sol, vento e rios abundantes para gerar energia verde na forma de energia solar, eólica e hidrelétrica. A tecnologia já trouxe o preço da produção "verde" para a faixa de energia de base fóssil. A África será capaz de mitigar a atual baixa proporção de pessoas com eletricidade e, ao mesmo tempo, reduzir o preço unitário e aumentar a estabilidade do abastecimento às famílias e empresas.

- *A África tem alto potencial de crescimento para criar e expandir uma nova classe média.* Ao contrário das economias maduras com uma classe média estagnada, o dividendo da juventude significa que mais pessoas entrarão na classe média, que é definida como pessoas com capacidade de gastar entre US$ 10 e US$ 100 por dia. Essas são as pessoas que compram bens de consumo (eletrodomésticos, televisores, carros) e investem mais na educação dos filhos. Eles desenvolvem negócios, aumentam o emprego e geralmente contribuem para uma economia vibrante.
- *A riqueza de commodities da África (por exemplo, minerais) de que o mundo precisa cria um enorme potencial de benefício (enriquecimento).* Por exemplo, em vez de o Botswana simplesmente extrair diamantes e enviar as pedras brutas para serem classificadas, cortadas e polidas em Bruxelas, este trabalho de acabamento poderia ser feito em Gaborone. O valor econômico dos diamantes brutos é muito inferior ao dos diamantes lapidados, e o país pode ganhar a muito necessária moeda estrangeira aumentando o valor do produto bruto. A mesma coisa está a começar a acontecer na agricultura, por exemplo, na produção e embalagem de café e chá, e para outros produtos de mineração como minério de ferro, alumínio e ouro.
- *São poucos os continentes com um potencial turístico tão elevado e único.* Países do Norte (Egito, Marrocos) ao Leste (Quênia, Tanzânia, Uganda) ao Oeste (Gana), África Central (Ruanda) e do Sul (Namíbia, Botsuana, África do Sul), bem como ilhas como Maurício tornaram-se destinos turísticos de eleição. Economistas nos dizem que o turismo é o criador de empregos mais eficaz, com até sete empregos locais criados para cada turista estrangeiro que chega.

Com líderes sábios, trabalho árduo e boa execução de políticas, a África é um continente que pode prosperar no século XXI.

Confissões Cristãs e Economia

Embora os credos de Nicéia e dos Apóstolos não se refiram diretamente a questões econômicas, eles podem ser interpretados duma forma que nos ajuda a entender a vontade de Deus para a economia. Se, por exemplo, confessarmos que Deus é o *"Criador do céu e da terra, de tudo o que é visível e invisível"* (Nicéia) e assumirmos nossa tarefa de governar a terra (Gn 1:28), temos uma responsabilidade de cuidar da integridade da criação. Se confessarmos que cremos em Jesus Cristo, então somos chamados a imitá-Lo, não promovendo apenas nossos próprios interesses, mas também os interesses dos outros (Fp 2:1–4). Se nós, com os credos de Nicéia e dos Apóstolos, confessarmos que a igreja é "católica" (que significa universal), aceitamos a solidariedade global uns com os outros. Se confessarmos que a igreja é "santa", reconhecemos que devemos nos esforçar por meio da santificação para ser como Deus (Lv 11:44; 1 Pe 1:15). E porque Deus é amor, devemos viver uma vida econômica que incorpore o amor ao próximo e aos nossos inimigos (1 João 4:7–21).[5] A palavras aparentemente "antiga" das confissões são de facto revolucionárias se traduzidas em termos de vida econômica.[6]

Documentos confessionais mais recentes decorrentes da tradição reformada são muito mais explícitos sobre questões econômicas porque passamos a entender o enorme impacto que sistemas, políticas e práticas econômicas têm sobre as pessoas, a sociedade mais ampla e o meio ambiente. Os mais proeminentes desses documentos mais recentes são a Confissão de Belhar (1986) e a Confissão de Acra (2004).

Na Confissão de Belhar, a Igreja é chamada à unidade e à reconciliação com vista ao estabelecimento da justiça. Num mundo cheio da injustiça e inimizade, *"acreditamos que Deus é de maneira especial o Deus dos destituídos, dos pobres e dos injustiçados"*. A igreja como possessão de Deus *"deve estar onde o Senhor está, ou seja, contra a injustiça e com os injustiçados"*.[7]

A Confissão de Accra chama a atenção para os efeitos devastadores do sistema econômico global (tanto socialista quanto capitalista) sobre o meio ambiente e para a crescente desigualdade dentro e entre países. De acordo com a confissão, foi criado um novo império que se opõe à vontade de Deus e deve

---

5. Nicene Creed, https://www.sacred-texts.com/chr/nicene.htm; Apostles' Creed, https:// www.crcna.org/welcome/beliefs/creeds/apostles-creed.

6. Para mais, ver World Council of Churches, *Confessing the One Faith: An Ecumenical Explication of the Apostolic Faith as It Is Confessed in the Nicene-Constantinopolitan Creed* (Geneva: WCC, 1991).

7. The Belhar Confession (September 1986), https://www.pcusa.org/site_media/media/ uploads/theologyandworship/pdfs/belhar.pdf.

ser resistido. *"Acreditamos que a economia existe para servir a dignidade e o bem-estar das pessoas na comunidade, dentro dos limites da sustentabilidade da criação."* Continua a rejeitar *"a acumulação desregulada de riqueza e crescimento ilimitado que já custou a vida de milhões e destruiu grande parte da criação de Deus".*[8]

A evolução da doutrina social Católica desempenhou e ainda desempenha um grande papel em trazer questões econômicas e trabalhistas para o pensamento teológico cristão. O texto-chave a este respeito é o *Compêndio da Doutrina Social da Igreja*,[9] que inclui referências a declarações pioneiras como *Rerum Novarum, Gaudium et Spes* e muitas outras encíclicas católicas.[10] No capítulo 4, o Compêndio apresenta os sete princípios sobre os quais a doutrina social se firma. O *Compêndio* contém subdivisões sobre trabalho humano (capítulo 6) e vida econômica (capítulo 7) duma perspectiva cristã.

Critérios Cristãos para a Vida Econômica

As fontes dos nossos critérios para uma boa economia são primeiro a Bíblia e depois nossa tradição confessional. Vejamos cinco desses critérios e como eles – em conjunto – promovem o crescimento humano globalmente e na África.

Integridade da criação – mordomia

> *No princípio, Deus criou os céus e a terra. (Gn 1:1)*
>
> *Do SENHOR é a terra e tudo o que nela existe, o mundo e os que nele vivem; (Sal 24:1)*
>
> *No princípio era aquele que é a Palavraa. . . . Todas as coisas foram feitas por intermédio dele; sem ele, nada do que existe teria sido feito. (João 1:1, 3)*
>
> *O Senhor Deus tomou o homem e o colocou no jardim do Éden para trabalhá-lo e cuidar dele. (Gn 2:15)*

---

8. A Confissão de Acra, *World Communion of Reformed Churches*, http://wcrc.ch/accra/the-accra-confession.

9. *Compêndio da Doutrina Social da Igreja*, Pontifício Conselho Justiça e Paz, http://www.vatican.va/roman_curia/pontifical_councils/justpeace/documents/rc_pc_justpeace_doc_20060526_compendio-dott-soc_en.html.

10. Ver Papa Leão XII, "Rerum Novarum – Encyclical Letter of Pope Leo XIII on the Conditions of Labor," (1891), Providence College Digital Commons.

Os humanos receberam a tarefa de trabalhar na ordem criada. Por muito tempo, porém, os economistas entenderam esse "trabalho" como subjugação e exploração da terra para satisfazer nossas insaciáveis necessidades humanas. Em vez de sermos bons mordomos, fomos muito gananciosos e agora chegamos a um ponto em que os seres humanos se tornaram um perigo para toda a terra. Os geólogos confirmam que vivemos na era do *Antropoceno*, um nome que implica que nosso impacto no meio ambiente se tornou tão penetrante que é registrado como parte do registro geológico da terra, que antes era restrito a grandes eventos naturais como terremotos ou vulcões.

A teologia pública deve ser uma teologia verde (ecológica), apoiando acordos internacionais sobre mudanças climáticas e lembrando a espécie humana da sua sagrada responsabilidade de governar a terra como bons administradores que sabem que não somos donos da terra, mas a trabalhamos em nome do seu verdadeiro dono, Deus Todo-Poderoso.

As corporações empresariais não devem apenas cumprir a legislação ambiental mínima, mas devem tomar todas as medidas possíveis para mitigar a sua pegada de carbono. Existem muitas estratégias práticas diferentes para conseguir isso, incluindo mudar para fontes alternativas de energia (solar, eólica), reciclar resíduos, limitar o consumo de água e usar a tecnologia para realizar reuniões em vez de percorrer longas distâncias.

Os Princípios 7–9 do Pacto Global da ONU exortam as empresas a *"apoiar uma abordagem preventiva aos desafios ambientais; empreender iniciativas para promover maior responsabilidade ambiental"* e para *"incentivar o desenvolvimento e a difusão de tecnologias ecologicamente corretas."*[11]

Dignidade humana - imago Dei

A ideia de que os seres humanos são criados à imagem de Deus (Gn 1:26) e merecem ser tratados com dignidade está profundamente enraizada nas Escrituras e na tradição cristã. Uma poderosa expressão secular da dignidade humana está contida na Declaração Universal dos Direitos Humanos, originalmente adotada em 1948 e agora atuando como uma referência global para a política e para os negócios.

Aqui estão algumas sugestões de como podemos honrar e promover a dignidade humana num ambiente de trabalho: Proporcionar condições de trabalho seguras aos funcionários e acesso a cuidados básicos de saúde; evitar o trabalho infantil; pagar aos trabalhadores um salário justo de acordo com

---

11. "The Ten Principles."

os padrões da indústria e do país; estabelecer um horário do trabalho justo, não superior a oito horas por dia e seis dias por semana; criar um ambiente de trabalho acolhedor, sem discriminação de raça, cultura, religião ou gênero; capacitar e requalificar os colaboradores para otimizar seu potencial humano.

O Pacto Global da ONU começa com dois princípios relacionados aos direitos humanos, um positivo e outro negativo: *"Princípio 1: As empresas devem apoiar e respeitar a proteção dos direitos humanos proclamados internacionalmente e Princípio 2: devem certificar-se de que não são cúmplices de abusos dos direitos humanos."*[12]

Esforçando-se por uma sociedade igualitária (igual)

Muitas passagens do Antigo Testamento apontam para a estruturação duma economia para maior igualdade. Por exemplo, a idéia do ano do Jubileu aponta nessa direção: Após sete ciclos de anos sabáticos (7 x 7 = 49), o quinquagésimo ano é o ano do Jubileu (Lv 25:10–11). Este ano era um ano sabático em que até mesmo os anciãos deveriam descansar. A implicação econômica desse "ano de lançamento" foi a libertação de escravos, a quitação de dívidas e a devolução da terra aos proprietários originais que a haviam perdido nos últimos anos.

Os livros de Sabedoria do Antigo Testamento entendem que alguns ficarão ricos por causa do trabalho árduo e outros que são tolos e preguiçosos se tornarão pobres.

Os que enterram seus talentos – segundo a parábola do Novo Testamento – perderão até o que lhes foi dado, enquanto aqueles que usam os seus talentos. Assim são recompensados ainda mais. O trabalhador vale seu salário. Assim a recompensa pelo que podemos chamar de atividades empreendedoras é aceita como uma realidade na Bíblia. Uma sociedade de perfeita igualdade onde todos tenham a mesma renda e capital é simplesmente impossível (Dt 15:11), e as riquezas são vistas como presentes que devem ser usados como uma bênção para os outros e para aliviar sua situação (Dt 15:4- 8).

No entanto, uma sociedade altamente desigual onde os proprietários de terras (proprietários de capital) aumentam sua riqueza à custa de outros não é eticamente aceitável. Portanto, as Escrituras esboçam o ideal de que o equilíbrio entre ricos e pobres seja restabelecido com intervenções periódicas no sistema econômico, como as ações exigidas no ano Jubilar.

Em nossa economia moderna, as medidas para manter as desigualdades dentro de limites moralmente aceitáveis têm duas vertentes: 1) capacitar

---

12. "The Ten Principles."

aqueles que estão fora ou na base do sistema social, ajudando-os a adquirir as habilidades para participar de forma significativa na economia (a educação é uma saída fundamental para pobreza) e 2) estabelecer um sistema tributário eficiente e progressivo que redistribua a renda dos mais abastados para o tesouro nacional, permitindo assim que o Estado assista os pobres com uma rede de seguridade social e serviços básicos como moradia, assistência médica, água e eletricidade. Este último remédio pressupõe a existência dum regime fiscal credível e transparente aliado a um Estado não corrupto e competente. Não é de admirar que as desigualdades na África sejam às vezes tão gritantes!

Onde não existe um sistema social público formal ou funcional, os africanos têm uma longa e orgulhosa tradição *ubuntu* que coloca os interesses da comunidade acima do ganho privado. Se alguém é capaz de produzir mais alimentos do que o necessário na família, o excedente é compartilhado. Se eu obtiver sucesso nos negócios, o *ubuntu* impõe uma obrigação moral de compartilhar minha riqueza porque meu sucesso é baseado no facto que faço parte da comunidade. Muito antes de serem instituídas as estruturas estatais formais no sentido moderno da palavra, os africanos entenderam a obrigação de compartilhar bens e espaços. A modernidade infelizmente levou a uma distorção do *ubuntu* que resultou em um maior grau de individualismo, com retenção do que é ganho apenas para uso privado, e uma definição de *ubuntu* em termos étnicos, excluindo aqueles que não são da minha família extensa ou grupo étnico.

Cuidado especial para os fracos e marginalizados

O Antigo Testamento faz provisão clara para o tratamento especial de estrangeiros, viúvas e pobres nos livros da Lei (Dt 24), na literatura sapiencial (Sl 146; Pv 22) e nos Profetas (Is 1:17; 61: 1; Jr 5:28). A ideia também recebe forte apoio no ensino de Jesus (Lucas 4:18) e dos apóstolos (Tg 1:27; 1 João 3:17-18).

Dados os milhões de migrantes e pessoas deslocadas na África, nós na África temos uma responsabilidade especial de tratar essas pessoas de acordo com a filosofia do *ubuntu*: se somos pessoas por meio das outras pessoas, seu sofrimento é, como 1 Coríntios 12:12-26 diz tão claramente, também nosso sofrimento, e somos chamados não apenas para proteger nossos próprios interesses, mas também para promover deles (Fp 2:1-4).

Às vezes se diz que a civilidade duma sociedade pode ser medida pela forma como trata as pessoas "loucas" que vivem entre nós. Esta é uma maneira de dizer que uma sociedade é medida não pelos números do crescimento económico mas pela forma como trata daqueles que são colocados à margem da sociedade. As Escrituras apóiam essa preocupação. As políticas econômicas devem incluir um sistema social que atenda aos órfãos, aos doentes e aos idosos. A maneira como tratamos os estrangeiros também deve reflectir nossa fé cristã. A xenofobia e o tribalismo enviam uma mensagem oposta à proclamada na palavra de Deus.

Assistência em crise

Todos nós sabemos que é sábio economizar para um dia chuvoso. O que isso significa é que, num nível pessoal, devemos gastar menos do que ganhamos e devemos economizar uma determinada proporção de nossa renda para que o dinheiro esteja disponível para um evento inesperado ou crise. O mesmo vale para um país. Se um país tem que pedir dinheiro emprestado para pagar sua dívida, então está numa posição muito vulnerável quando as crises chegam.

Mas não devemos depender apenas dos nossos próprios recursos; devemos também poder contar com a ajuda dos nossos vizinhos. Jesus contou a parábola do bom Samaritano em resposta à pergunta: quem é o meu próximo? Em outras palavras, de quem devo cuidar e ajudar? A parábola envolve um homem em crise. Ele é dominado por ladrões e dado como morto ao longo da estrada. As pessoas que o encontram nessa crise reagem de maneiras muito diferentes. Aqueles que deveriam ajudar (as pessoas religiosas que vão ao templo todas as semanas) passam com "boas" desculpas. O único que oferece ajuda é um Samaritano, um homem que não é judeu, que presta assistência emergencial e paga para que o ferido fique numa pousada e seja assistido.

Uma crise em escala regional e nacional pode surgir dum desastre natural como uma seca ou enchente, guerras e revoltas e doenças altamente contagiosas e muitas vezes fatais como Ebola, HIV/AIDS e cólera. Não importa quem seja afetado, a Bíblia exige que ajudemos numa crise e façamos o que pudermos para aliviar o fardo daquela nação ou região.

Em resumo, uma boa economia duma perspectiva bíblica é aquela em que –

- os recursos naturais são usados de forma sustentável de acordo com nosso chamado como mordomos da criação de Deus.
- a dignidade e os direitos dos indivíduos e grupos das pessoas (trabalhadores, empregados) são avançados no local de trabalho e além.

- as desigualdades estão dentro de limites justos com intervenções estruturais, quando necessário, para garantir que o fosso entre ricos e pobres não aumente cada vez mais.
- são tomadas medidas especiais para proteger os mais fracos da sociedade.
- assistência de emergência está disponível para quem precisa.

A Igreja e as Questões Econômicas

Passemos agora ao papel da igreja na vida econômica. Quando falamos sobre "a igreja", nos referimos as três níveis da igreja institucional: a congregação local e seus membros; a igreja regional em diferentes estruturas denominacionais; e a igreja ecumênica como o povo global de Deus. Vejamos o papel de cada um.

A congregação local

A congregação local está mais próxima das realidades econômicas dos seus membros e das comunidades do entorno. Sua primeira tarefa é viver a lei do amor e do cuidado entre seus próprios membros. A primeira igreja em Jerusalém não era admirada por pessoas de fora por seus prédios elegantes ou pastores com qualificação acadêmica! Eles foram um exemplo incrível duma comunidade de partilha – mostrando amor entre uma enorme diversidade de línguas e culturas, olhando umas para as outras com um cuidado especial pelas viúvas estrangeiras, partindo o pão nas casas umas das outras e louvando a Deus por todo o caminho (Actos 2: 42–47)!

Em termos modernos, a igreja local deve administrar as suas próprias finanças de maneira responsável e transparente. A prática dos pastores enriquecerem com contribuições das congregações pobres deve ser interrompida, e a corrupção nunca deve ser associada ao corpo local de Cristo.

A igreja local também deve ser uma bênção para as comunidades vizinhas: deve levar o evangelho de Jesus Cristo e fornecer cuidados pastorais e físicos na medida do possível. A igreja deve tornar-se conhecida como um lugar de amor com um coração especial para os mais fracos da sociedade, e não, como nos últimos tempos, como um lugar onde crianças e mulheres são abusadas sexualmente. Sempre que possível, as igrejas devem se conectar com organizações não governamentais e de ajuda locais – não importa se são baseadas na fé ou não – pois isso fortalece sua capacidade coletiva de servir às comunidades.¹³ E lá onde houver autoridade tribal local ou estaduais/municipal, a igreja deve usar todas as oportunidades para cooperar e apoiar tal autoridade em assuntos que sejam com justiça e de forma justa para beneficiar as pessoas da área.

A igreja regional

A igreja regional dentro da rica diversidade de denominações cristãs deve se concentrar em ajudar umas às outras conforme as necessidades surgirem. O livro de Atos nos diz que quando a igreja de Jerusalém estava com problemas devido à fome e à seca, as igrejas regionais foram chamadas a enviar assistência de acordo com a sua capacidade. O poder duma igreja regional reside na sua capacidade de estruturar o cuidado socioeconômico numa base institucional mais firme do que é possível por uma congregação local. Quando igrejas individuais contribuem com recursos financeiros e humanos para a igreja regional, os meios disponíveis são muito maiores. Exemplos de ações regionais da igreja são escolas da igreja, clínicas, hospitais, orfanatos, assistentes sociais e habilidades de assistência de emergência.

O poder da ação conjunta é uma razão pela qual até mesmo as igrejas locais sem uma afiliação denominacional específica devem abrir suas portas e recursos para cooperar com outras igrejas cristãs. O corpo de Cristo agindo em unidade é um testemunho poderoso do amor de Deus e uma demonstração prática desse amor. A ideia duma igreja "agindo sozinha" não está de acordo com a imagem da igreja como o corpo único de Cristo.

A igreja global

A igreja global no sentido ecumênico mais amplo da palavra tem pelo menos dois chamados com relação à economia. O primeiro é participar na formulação de políticas econômicas, fornecendo aconselhamento especializado duma perspectiva cristã a organismos internacionais como as Nações Unidas, a Organização Mundial do Comércio, o Banco Mundial e o Fundo Monetário Internacional. As igrejas são as mais disseminadas de todas as instituições e compreendem as condições regionais e locais. Elas podem, portanto,

---

13. Exemplos de intervenções locais pequenas, mas eficazes, para combater a pobreza e o subdesenvolvimento em áreas como educação e saúde surgem do trabalho dos vencedores do Prêmio Nobel de Economia de 2019, Drs Kremer, Duflo e Banerjee. As igrejas poderiam imitar os seus experimentos em pequena escala e fazer uma diferença notável a nível local.

fornecer informações sobre a melhor forma de ajudar as economias africanas e em desenvolvimento, bem como fornecer uma alternativa para permitir que o avanço dos interesses financeiros globais sejam o único critério para intervenções.

O segundo chamado é ser uma voz profética informada e responsável sobre assuntos econômicos globais. Como foi dito acima, a economia precisa dos constantes lembretes éticos fornecidos pela teologia, que extrai suas diretrizes para uma boa economia das Escrituras. Exemplos recentes disso são as igrejas protestantes na posição da Alemanha sobre os refugiados e a crise bancária de 2008, bem como a voz Católica sobre as mudanças climáticas em *Laudato si* pelo Papa Francisco.[14]

Conclusão

O horizonte da obra da igreja e a sua inspiração é a vinda do reino de Deus. A resiliência da igreja na sua determinação de cuidar e, apesar de todas as probabilidades, tomar uma posição contra os poderes econômicos exploradores não deriva de nosso próprio compromisso, mas da nossa confiança na promessa de Deus de que seu reino está chegando e que a nova terra será um presente para nós. Haverá um tempo em que todas as lágrimas serão enxugadas e o leão e o cordeiro jazerão juntos no pacífico reino de Deus. Esta visão de futuro não é uma maneira de escapar das realidades econômicas, mas nos encoraja a enfrentar essas realidades no poder do Espírito transformador de Deus.

Perguntas

1. Por que a relação entre teologia e economia é importante para o testemunho público da igreja?
2. Em que a economia contribui para a tarefa da teologia pública?
3. Que consideras serem os desafios econômicos mais urgentes na tua área e que potencial de crescimento econômico existe na tua área?
4. Quais são os requisitos bíblicos básicos para uma vida econômica justa e boa, e o que tu podes fazer para incentivá-los na tuaa comunidade?
5. O que sua igreja local está a fazer para testemunhar o amor de Deus em termos econômicos? O que mais poderia estar fazendo?

---

14. Papa Francisco, *Laudato si* (2015), http://w2.vatican.va/content/francesco/en/encyclicals/documents/papa-francesco_20150524_enciclica-laudato-si.html.

Leitura Adicional

Banerjee, A., e E. Duflo. *Poor Economics: A Radical Rethinking of the Way to Fight Global Poverty.* New York: PublicAffairs, 2001.

Boesak, Allan, e Len Hansen, eds. *Globalisation: The Politics of Empire, Justice and the Life of Faith.* Stellenbosch: SUN, 2009.

———. *Globalisation II: Global Crisis, Global Challenge, Global Faith. An Ongoing Response to the Accra Confession.* Stellenbosch: SUN, 2010.

Koopman, Nico. "Theology and the Fulfilment of Social and Economic Rights: Some Theoretical Considerations." Em *Theories of Social and Economic Justice*, editado pela A. J. van der Walt, 128–140. Stellenbosch: SUN, 2005.

Naudé, Piet J. *Neither Calendar nor Clock: Perspectives on the Belhar Confession.* Grand Rapids: Eerdmans, 2010.

Toryough, Godwin. "The Biblical Ethics of Work: A Model for African Nations." *Verbum et Ecclesia* 30, no. 1 (2010): 1–8.

World Alliance of Reformed Churches. *Choose Life, Act in Hope: African Churches Living Out the Accra Confession.* Geneva: WARC, 2009.

9

Pobreza

Collium Banda

A Teologia Pública tem uma profunda preocupação com o estado das coisas na vida socio-económica e política. Razão pela qual deve se preocupa com a pobreza e procura encontrar formas viaveis e aborda-la. Isto é especialmente verdade em África, onde a pobreza é bastante endémica de maneira tal que África e pobreza são às vezes consideradas sinônimos. Às vezes podemos supor que é assim que as coisas são, mas a pobreza não é uma coisa aleatória. Ela é causada por fatores socioeconômicos e políticos específicos, e só podemos abordá-la se entendermos esses fatores e como combatê-los. Mas primeiro precisamos ter uma boa compreensão do que exatamente é a pobreza. Em outras palavras, como definimos a pobreza?

Definindo a Pobreza

Há um sentido em que a pobreza está nos olhos de quem vê, pois, nossas definições de pobreza são influenciadas por nossa visão de mundo, experiências econômicas e conhecimento de questões socioeconômicas e políticas. Assim uma pessoa pode se considerar pobre enquanto vive em circunstâncias que outros invejariam. Portanto, é importante evitar definições simplistas da pobreza. De facto, *"não existe uma definição única, precisa, padronizada ou utilizável de pobreza."*[1]

Tradicionalmente, a pobreza tem sido definida em termos de privação de bens básicos, ou uma baixa renda que limita o acesso das pessoas a bens básicos. Esta definição de pobreza se reflecte nas estatísticas compiladas por organismos

---

1. A. E. Orobator, *From Crisis to Kairos: The Mission of the Church in the Time of HIV/AIDS, Refugees, and Poverty* (Nairobi: Paulines Publications Africa, 2005), 181.

internacionais como o Banco Mundial, que falam de quantas pessoas em uma região vivem com menos do que, digamos, US$ 2,00 por pessoa por dia. Por esse padrão, há pobreza em massa em toda a África Subsaariana. Mas o problema com esta forma de medir a pobreza é que ela ignora as diferenças regionais e as diferenças entre as famílias. Por exemplo, algumas pessoas com rendimentos muito baixos podem cultivar as suas próprias quintas e hortas. As colheitas que colhem fornecem os alimentos de que precisam e podem valer mais de US$ 2,00 por dia; no entanto, como essa colheita não envolve uma transação monetária, ela não aparece nos registros do Banco Mundial. Portanto, embora a escala de US$ 2,00 por dia não seja irrelevante, ela deve ser empregada com cautela ao tentar identificar quem é realmente pobre.[2]

A consciência de que a pobreza envolve muitos factores levou as Nações Unidas a definir pobreza não tanto como falta de necessidades de bem-estar material ou falta de renda, mas como uma realidade multidimensional que impossibilita a capacidade de prosperar. Por esta definição, a pobreza inclui a negação das oportunidades e escolhas mais básicas para o desenvolvimento humano, incluindo a negação da oportunidade de levar uma vida longa, saudável e criativa; ter um padrão da vida decente; e usufruir da dignidade e auto-estima, respeito dos outros e das coisas que as pessoas valorisam na vida. Esta definição da pobresa humana reconhece que *"Renda não é a total soma das vidas humanas [portanto] a falta dela não pode ser a soma total da privação das vidas humana."*[3]

Essas definições nos lembram que, ao lidar com a pobreza, não basta focalizar a questão da privação; a pobreza também afeta a maneira como as pessoas vivenciam a própria vida. Determina a qualidade da sua vida socioeconômica e política e envolve todas as estructuras sociais, políticas e espirituais que auxiliam ou dificultam o crescimento humano.[4]

Se aplicarmos as definições acima de pobreza à vida na África, somos forçados a reconhecer quão deploravelmente pobre é a qualidade da vida em grande parte da África. Muitos Africanos têm acesso limitado a alimentos, nutrição precária, moradia precária, saneamento precário, acesso precário a cuidados de saúde e educação e acesso precário a uma participação econômica viável. Pode-se mesmo dizer que uma *"maioria da população africana não é*

---

2. R. C. Tangonyire e L. K. Achal, *Economic Behaviour as If Others Too Had Interests* (Bamenda: Langaa RPCIG, 2012), 173.

3. Programa de Desenvolvimento das Nações Unidas, *Human Development Report 1998* (New York: Oxford University Press, 1998), 25.

4. B. L. Myers, *Walking with the Poor: Principles and Practices of Transformational Development* (Maryknoll, NY: Orbis, 1999), 81.

simplesmente pobre; eles são destituídos – com quase nenhum meio de subsistência adequado."⁵ Kunhiyop cita um relatório de desenvolvimento humano nigeriano que diz que em muitos países africanos, a pobreza se manifesta na *"prostituição, exposição a riscos, corrupção, roubo, vida nas ruas, aumento do desemprego, vida na miséria, barracos, casas de lata, alta mortalidade infantil, desnutrição aguda, baixa expectativa de vida, degradação humana, viver em casas superlotadas e muitas vezes mal ventiladas."*⁶ A pobreza é uma realidade existencial.

Pobreza e Teologia

A pobreza aparece com destaque na missão de Deus na Bíblia. Vemos isso claramente no relato do êxodo, onde Deus agiu para libertar os israelitas da opressão espiritual, política (Êx 6:8), opressão econômica (Êx 1:11) e opressão social (Êx 1:15-16). Podemos assim dizer que *"no êxodo Deus respondeu a todas as dimensões da necessidade de Israel"*.⁷ Deus não salvou Israel apenas espiritualmente; ele agiu de forma holística. O mesmo é verdade no que toca a Cristo que salva as pessoas de forma abrangente e não apenas espiritual (Lucas 4:18-21). A igreja é assim chamada a levar a pobreza a sério porque dentro da estrutura escatológica de salvação de Deus, Deus salva a pessoa inteira, incluindo o componente material que será transformado num componente glorioso e imperecível na volta de Cristo. Ignorar a pobreza é deixar de cumprir a missão de Cristo de levar as pessoas a uma vida abundante (João 10:10).

Outra razão pela qual a pobreza representa um desafio teológico é que muitas vezes é resultado da injustiça social e da desigualdade. Myers coloca desta forma: *"A pobreza é resultado dos relacionamentos que não funcionam; que não são justos, que não são para a vida, que não são harmoniosos ou agradáveis."*⁸ Em essência, pobreza *"é a ausência de shalom em todos os seus significados."*⁹ Exemplos do que acontece quando shalom está ausente são evidentes em toda a Bíblia, inclusive na opressão de Israel pelos egípcios, no estado de ilegalidade e caos social no livro de Juízes, e no abuso dos pobres, das viúvas e dos órfãos condenados nos vários livros proféticos. Na ausência de shalom, os pobres são

---

5. M. Theuri, "Poverty in Africa," em *Theology of Reconstruction: Exploratory Essays*, eds. M. N. Getui e E. A. Obeng (Nairobi: Acton/EATWOT, 1999), 233.

6. S. W. Kunhiyop, "Poverty: Good News for Africa," *Africa Journal of Evangelical Theology* 20, no. 1 (2001): 4.

7. C. J. H. Wright, *The Mission of God: Unlocking the Bible's Grand Narrative* (Nottingham: Inter-Varsity Press, 2006), 271.

8. Myers, *Walking with the Poor*, 86.

9. Myers, 86.

vulneráveis à mercantilização dos ricos, que pisoteiam sua dignidade humana e os tratam como descartáveis para sua autogratificação. é assim que as elites dominantes na África tratam os pobres. A teologia pública precisa afirmar que ninguém é um mero objecto de satisfação dos desejos de outra pessoa. Precisamos estar com os pobres e defender sua dignidade humana.

Finalmente, a pobreza é um desafio para a teologia porque destrói a auto- estima das pessoas. Isso é vividamente capturado no lamento de uma mulher: *"Pobreza é dor. Parece uma doença. Ele ataca uma pessoa não apenas materialmente, mas também moralmente. Ela corrói a dignidade da pessoa e a leva ao desespero total."*[10] A perda de autoestima induzida pela pobreza resulta numa visão distorcida do eu: *"Quando as pessoas acreditam que são menos que humanos, sem cérebro, força e personalidade para contribuir para o seu próprio bem-estar ou o dos outros, sua compreensão de quem eles são é prejudicada"*.[11] Essa autocompreensão prejudicada induz ao desespero que leva muitas pessoas pobres a adotar métodos de sobrevivência que levam a uma maior autodestruição. Por exemplo, na África, a pobreza é um dos principais impulsionadores de crimes violentos, trabalho sexual comercial e actividade sexual precoce entre adolescentes e jovens e é uma das principais causas da alta prevalência de HIV e AIDS. A pobreza leva à atitude ilustrada por profissionais do sexo comerciais que retrucaram: *"Existe alguma coisa que não mate?"* quando questionado sobre os perigos do HIV e AIDS.[12]

Pelas três razões acima, responder à pobreza deve ser uma prioridade para a igreja em todos os momentos, particularmente na África onde a pobreza é galopante e crescente.

As Causas da Pobreza em África

A pobreza é uma realidade complexa com muitas causas subjacentes que precisamos entender se quisermos enfrentá-la.

O legado colonial

À luz da história da África, não se pode falar de pobreza sem fazer referência à escravidão e ao colonialismo. Grande parte do terreno socioeconômico e

---

10. S. Hunter, *Black Death: AIDS in Africa* (New York: St. Martin's Press, 2015).
11. Myers, *Walking with the Poor*, 87–88.
12. V. Magezi, *HIV/AIDS, Poverty and Pastoral Care and Counselling* (Stellenbosch: African Sun Media, 2007), 51.

político moderno da África é resultado direto da sua história de subjugação colonial, exploração e marginalização por nações poderosas que escravizaram os povos indígenas e expropriaram suas terras férteis e minerais. Qualquer estratégia destinada a desalojar a pobreza em África deve equipar os africanos para se empenhar com esta história colonial que continua a moldar a capacidade económica de África e a economia do mundo em geral.

Alguns argumentam que os dias do colonialismo e da ocupação estrangeira já passaram há muito tempo, mas *"os africanos parecem estar empenhados em transmitir uma mentalidade de vítima de uma geração para outra em vez de andar de cabeça erguida"*.[13] Mas o que pode justificadamente ser visto como uma mentalidade de vítima é também um sinal da profundidade das feridas paralisantes causadas pelo colonialismo.

Não há dúvida de que o colonialismo teve alguns aspectos positivos na medida em que trouxe tecnologia, agricultura melhorada, habitação durável e redes de transporte mecanizadas eficientes para a África. No entanto, muitos desses desenvolvimentos beneficiaram mais os colonos do que os africanos locais. Além disso, na África Austral, a política de desenvolvimento separado (apartheid) objectificou e desumanizou os negros.[14] Consequentemente, o desenvolvimento africano sempre ficou atrás do desenvolvimento branco. Usando o exemplo do Zimbábue, Maundeni diz que o sistema colonial tornou os africanos utilizáveis, mas não independentemente responsáveis. Não os incorporou às estruturas do Estado colonial, nem permitiu que se qualificassem como quadros qualificados na gestão duma economia capitalista moderna.[15] Em outras palavras, a economia colonial reduzia os africanos a meras crianças sem responsabilidade.

Embora os africanos tenham quebrado o poder político dos seus antigos opressores coloniais, eles ainda precisam assumir o controle total e a responsabilidade por suas economias. Em alguns países africanos, o poder econômico ainda permanece nas mãos dos estrangeiros que continuam a controlar directa e indirectamente as economias africanas. Sanções incapacitantes são impostas aos governos africanos que não seguem a linha. As vastas empresas de mineração e petróleo que operam no continente têm suas sedes em outros lugares. Dado que grande parte da economia da África

---

13. M. T. Speckman, *A Biblical Vision for Africa's Development?* (Pietermaritzburg, South Africa: Cluster, 2007), xx.

14. M. O. West, *The Rise of an African Middle Class: Colonial Zimbabwe, 1898–1965* (Bloomington: Indiana University Press, 2002), 28.

15. Z. Maundeni, "Why the African Renaissance Is Likely to Fail: The Case of Zimbabwe," *Journal of Contemporary African Studies* 22, no. 2 (2004): 199–202.

depende de investimento estrangeiro direto, os efeitos em cascata de qualquer desavença com governos estrangeiros são sérios. Além disso, muitas economias africanas estão fortemente endividadas com o Fundo Monetário Internacional (FMI) e o Banco Mundial (BM). A evidência das parcerias desiguais entre essas instituições e as economias africanas é mais bem vista nos desastros programas de ajustamento estructural económico que afectaram fortemente os países africanos. A liderança económica e política de África não conseguiu abordar de forma significativa os efeitos do colonialismo e engajar criticamente as tendências neocoloniais das superpotências mundiais que querem controlar e explorar os recursos minerais das nações menores.

Geografia, clima e epidemias

A pobreza na África também está relacionada à geografia, clima e doenças. Alguns desses fatores estão sob controle humano; outros não.

A localização geográfica e o clima desempenham um papel significativo na riqueza e pobreza das comunidades rurais, que muitas vezes dependem da agricultura para sobreviver. Chuvas fracas e inundações têm um efeito sério na produção e disponibilidade de alimentos.

A África continua a lutar contra doenças epidêmicas que são financeira e humanamente caras. Uma má resposta a essas epidemias significa que elas afetam a economia de um país. HIV e AIDS, cólera, ebola, tuberculose e outras doenças esgotam os orçamentos nacionais, esgotam a tão necessária força de trabalho qualificada, matam pais e deixam lares chefiados por crianças, nos quais as crianças mais velhas podem abandonar a escola para cuidar das mais novas. Essas crianças são facilmente forçadas a casamentos infantis, perpetuando assim o ciclo vicioso da pobreza. Os pobres são mais vulneráveis a essas doenças por causa das suas condições de vida e, geralmente, de saúde e educação mais precárias. As epidemias prosperam na pobreza.

Liderança incompetente e corrupta

Tem sido dito que a *"principal razão pela qual o povo da África é pobre é porque os líderes fizeram esta escolha."*[16] Esta afirmação pode parecer dura e injusta dada a história de colonialismo da África e o facto de que os padrões climáticos estão além do controle humano. No entanto, continua a ser verdade que os

---

16. Greg Mills, quoted in P. Verster, *New Hope for the Poor: A Perspective on the Church in Informal Settlements in Africa* (Bloemfontein: Sun Media, 2012), 16.

líderes Africanos fizeram más escolhas económicas e não conseguiram lidar com os desafios. Speckman apela aos países africanos para que realizem o seu potencial e se afirmem economicamente. Ele diz: *"os Africanos . . . estão entre as nações mais desfavorecidas do mundo, aparentemente porque minam constante e intencionalmente seu próprio potencial. Eles tendem a se definir em termos de 'outros', e sem os 'outros' eles vêem pouco valor em si mesmos."*[17]

Claramente declarado, os líderes Africanos falharam em liderar suas nações. Uma liderança fraca, sem imaginação e sem visão não conseguiu liderar a recuperação económica em muitos estados Africanos. Pode-se até dizer que, num nível fundamental, a pobreza em muitos países africanos se correlaciona com o nível de democracia. Além disso, embora algumas causas geográficas e climáticas da pobreza estejam além do controle humano, a gravidade dos seus efeitos na vida das pessoas pode ser atribuída a líderes pobres e sem imaginação que não buscaram soluções agrícolas inovadoras em áreas propensas a secas.

Chitando lamenta o paradoxo africano de um continente rico em minerais devastado pela pobreza e conclui que esse paradoxo aponta para uma "espetacular falha de imaginação dos líderes e cidadãos africanos pós-coloniais"[18] Em alguns países africanos, a liderança nacional tende a ser tribal ou regionalmente tendenciosa em vez de ser nacionalmente inclusivo, resultando em guerras civis e agitação civil. Tais líderes distribuem recursos nacionais apenas para os grupos com os quais estão alinhados, deixando outras tribos e regiões na pobreza. Afirmando a fraca capacidade dos governos africanos para fazer avançar o continente, Speckman diz,

> *Os africanos deveriam estar a se perguntar o que, se é que fizeram alguma coisa, os países africanos fizeram com seus recursos naturais desde que os europeus começaram a abrir mão do poder político nos países africanos na década de 1960? Em quanta actividade de mineração e agricultura os africanos se envolveram? Que outras iniciativas de desenvolvimento eles empreenderam com sucesso? Qual é a estratégia para o futuro?*[19]

Um sério desafio enfrentado pela teologia pública na África é abordar o vácuo da liderança socioeconômica e política visionária. A África precisa de líderes que possam formular políticas econômicas viáveis e sustentáveis. Pode

---

17. Speckman, *A Biblical Vision*, xvii.

18. E. Chitando, "Equipped and Ready to Serve? Transforming Theology and Religious Studies in Africa," *Missionalia* 38, no. 2 (2010): 198.

19. Speckman, *A Biblical Vision*, xxi.

ser que devêssemos desencorajar algumas das melhores e mais brilhantes mentes de assumir cargos na igreja e, em vez disso, incentivá-las a estudar negócios e economia. Se não conseguirmos encontrar tais líderes, os investimentos em mineração e processamento, conservação natural e tecnologia continuarão a ser iniciados, liderados, possuídos e controlados por pessoas de fora do continente, em vez de serem liderados, controlados e financiados localmente. A menos que a questão da liderança seja abordada efectivamente, os solos ricos de África continuarão a aumentar a pobreza em vez de riqueza para o seu povo.[20]

No entanto, na África o problema não é apenas liderança fraca, mas também líderes nacionais corruptos e gananciosos que mercantilizaram os recursos econômicos nacionais. Muitos líderes africanos roubaram e continuam a roubar grandes quantias do dinheiro das suas nações, escondendo-o em bancos estrangeiros e privando seus países do dinheiro necessário para o desenvolvimento nacional. Eles empobrecem ainda mais assuas nações incorrendo em enormes dívidas financeiras com credores no exterior, usando o dinheiro emprestado para a sua própria satisfação e deixando de pagar os empréstimos. O resultado é que as gerações vindouras da África estão sobrecarregadas com enormes dívidas antes mesmo de nascerem.

Kunhiyop aponta que embora a exploração externa da África pelas nações mais ricas não pode ser ignorada, devemos notar que há também a exploração interna pelos ricos. . . . Os funcionários do governo estão mais interessados em enriquecer as suas famílias e as suas próprias comunidades tribais. Da mesma forma, seus próprios cidadãos esperam privilégios especiais dos seus próprios filhos e filhas. Na maioria dos países Africanos, o que cria uma imensa barreira no combate à pobreza com sucesso é o facto de que o fator étnico e tribal tem precedência sobre o compromisso nacional.[21]

A corrupção sinaliza a podridão moral dos líderes, e muitas vezes coexiste com ditadores que mantêm o poder de forma antidemocrática. Mas a corrupção também é um sinal da incapacidade dos governos de aplicar a justiça e cumprir a lei. Existem também elementos gananciosos e belicistas que perturbam a paz em muitas regiões Africanas, causando uma grave falta de desenvolvimento mesmo em países ricos em minerais, como a República Democrática do Congo. Os líderes nacionais demonstraram uma liderança fraca por não conseguirem conter e lidar eficazmente com esses grupos.

A liderança nacional pobre e corrupta desencadeia a migração em massa à medida que as pessoas buscam refúgio em países estáveis. A migração separa as

---

20. Chitando, "Equipped and Ready to Serve?," 199.
21. Kunhiyop, *Poverty*, 18.

famílias e pode promover a pobreza intergeracional à medida que as crianças crescem e se desenvolvem sem o cuidado e a supervisão dos pais, o que pode afetar negativamente seu progresso social e acadêmico e, em última análise, matar seu poder econômico. Além de promover a pobreza ao promover a mão de obra barata, a migração cria sérias tensões nos países de acolhimento entre migrantes e habitantes locais, como evidenciado pelos surtos xenófobos na África do Sul. A liderança nacional pobre e corrupta tem consequências econômicas de longo alcance.

Pobreza e desequilíbrio de gênero

A pobreza é uma questão de gênero em que os mais afectados são mulheres e crianças. é resultado das relações de poder desiguais entre homens e mulheres na sociedade africana contemporânea. Além disso, *"mulheres pobres e marginalizadas são severamente discriminadas nas políticas macrossociais e econômicas, resultando em que este grupo continue a suportar o peso da pobreza."*[22] Instituições sociais como a família, religião, cultura e educação são de natureza patriarcal e discriminatórias. contra as mulheres. Embora muitos países Africanos tenham promulgado leis que promovem a igualdade de gênero, a aplicação dessas leis é muitas vezes fraca, e muitas mulheres desconhecem as leis ou não têm capacidade financeira e apoio social para fazer valer legalmente seus direitos.

A tendência tradicional é que, quando os recursos são limitados, as meninas são deixadas de lado enquanto os meninos são enviados à escola. Assim meninas são mais propensas a abandonar a escola e casar-se precocemente com homens mais velhos. O modo padrão das sociedades patriarcais também é favorecer os homens, o que significa que os homens têm mais chances de serem empregados do que as mulheres. A teologia pública, portanto, precisa desafiar os desequilíbrios de gênero para desalojar a pobreza.

Cosmovisões religiosas sobre questões econômicas

As idéias teológicas têm uma influência poderosa na abordagem das pessoas à vida econômica, pois essas idéias determinam *"os relacionamentos e as atitudes*

---

22. B. Haddad, "Theologising Development: A Gendered Analysis of Poverty, Survival and Faith," *Journal of Theology for Southern Africa* 10 (2001): 6.

das pessoas em relação às coisas materiais e como elas devem ser usadas."[23] A religião desempenha um papel importante na construção do sentido econômico. Esse papel pode ser positivo quando a religião cria oportunidades econômicas, mas também pode ser negativo, pois a religião pode ser a causa da pobreza, ou pelo menos pode prejudicar o engajamento significativo das pessoas com questões econômicas. Por exemplo, nas religiões tradicionais africanas, a riqueza às vezes é vista como um produto da religiosidade, boa sorte e magia poderosa, em vez de trabalho árduo.

Portanto, a pobreza ou a falta de sucesso económico lança as suas culpas sobre a bruxaría, má sorte ou aos ancestrais zangados e não a qualidade do seu trabalho diligência, ou a natureza do seu investimento. Consequentemente, algumas pessoas são menos diligentes e cuidadosas com suas atividades econômicas, mas são mais diligentes com rituais religiosos e atividades que, acredita-se, aumentam suas fortunas. Além disso, algumas pessoas desistem de perseguir seus sonhos económicos por medo de que parentes e vizinhos ciumentos os enfeitiçam. É comum ouvir histórias de pessoas culpando a bruxaria, maldições familiares e, ancestrais zangados por sua pobreza e fracassos econômicos.

A proliferação de praticantes religiosos tanto no cristianismo quanto nas religiões tradicionais africanas, prometendo soluções milagrosas para a pobreza das pessoas, mostra que essa visão de mundo fundamental não mudou e continua afectando a vida econômica.

Ironicamente, apesar do seu papel de liderança na educação e na formação profissional, o cristianismo também é responsável pela pobreza na África. Este efeito vem das duas principais visões d mundo cristão sobre a riqueza na África. A visão cristã tradicional considera as riquezas com desconfiança, como coisas deste mundo a serem evitadas no presente porque serão desfrutadas no futuro no céu. Essa tendência de separar as coisas espirituais das materiais pode acabar por ver a pobreza como algo bom, ou pelo menos como algo a ser tolerado. Em contraste, a visão do mundo neopentecostal considera a pobreza como uma maldição e a riqueza como um sinal de que alguém é abençoado ou aprovado por Deus. Pobreza e riqueza são vistas como reflexo da condição espiritual duma pessoa, o que resulta em pessoas preocupadas em alcançar uma condição espiritual que trará sucesso material. Além disso, quando as riquezas são vistas como um sinal da fé e espiritualidade, a compaixão pelos

---

23. A. Moyo, "Material Things in African Society: Implication for Christian Ethics," in *Moral and Ethical Issues in African Christianity: A Challenge for African Christianity*, eds. Jesse N. K. Mugambi and A. Nasimiyu-Wasike (Nairobi: Acton, 1999), 50.

pobres é facilmente substituída por desprezá-los como pessoas sem fé que, portanto, merecem sua pobreza. Esta ligação neopentecostal entre fé e riqueza é semelhante ao africano visão tradicional dos pobres como amaldiçoados ou sem boa sorte.

A teologia pública deve se engajar criticamente com as crenças teológicas que promovem a pobreza no cristianismo tradicional e as crenças teológicas que minam o valor do trabalho no neopentecostalismo. A teologia pública deve prestar séria atenção às visões religiosas do mundo sobre a realidade econômica porque *"a pobreza prospera em convicções inúteis, percepções distorcidas e justificativas ideológicas (teológicas)."*[24]

Uma cultura de consumo

A cultura do consumo é uma causa séria da pobreza na África moderna. Muitas pessoas gastam mais do que ganham e estão muito endividadas. Na África do Sul, por exemplo, os meios da comunicação de massa estão repletos de anúncios de novas tecnologias, veículos, móveis e roupas com pagamentos mensais aparentemente acessíveis, o que torna atraente contrair dívidas. Também há muitas empresas que oferecem crédito fácil. Os retornos da poupança e dos investimentos não são tão atraentes quanto a atração do dinheiro fácil. Por exemplo, obter um empréstimo de R 2.000 com requisitos mínimos é muito mais empolgante do que colocar dinheiro numa conta poupança que renderá apenas 3% de juros ao ano. O mundo moderno de orientação materialista encoraja as pessoas a consumir mais do que investem na criação de riqueza.

Pecado

Não devemos desconsiderar a relação entre pobreza e pecado ou a condição espiritual de alguém. Embora existam muitos cristãos que são pobres e não-cristãos que são ricos, em alguns casos há uma correlação entre a salvação espiritual e a pobreza material, portanto, abordar a pobreza material deve começar pela condição espiritual da pessoa. Por exemplo, as pessoas que estão empobrecidas pelo vício ou por uma visão do mundo supersticiosa podem precisar experimentar alívio espiritual e obter uma nova perspectiva que as liberte para buscar uma vida economicamente viável.

---

24. K. Nürnberger, "The Task of the Church Concerning the Economy in a Post-Apartheid South Africa," *Missionalia* 22, no. 2 (1994): 131.

A libertação do poder do pecado ou do poder do medo pode aumentar o bem-estar econômico de uma pessoa. Um relacionamento com Deus que torna uma pessoa pobre consciente de que ela foi criada à imagem de Deus e é amada e valorizada por Deus pode levar essa pessoa a evitar a embriaguez, a gula e a preguiça (Pv 23:21) e a viver uma vida produtiva que expressa a plena extensão da sua identidade com Cristo e sendo habitado pelo Espírito Santo.

Uma visão correta de Deus e um relacionamento correto com Deus podem levar as visões corretas sobre si mesmo, outras pessoas e coisas materiais de forma a capacitar as pessoas pobres a se envolverem significativamente em sua pobreza material. Portanto, na teologia cristã, a pobreza humana é tanto uma questão espiritual quanto material, o que significa que a pobreza humana não pode ser tratada adequadamente sem abordar as questões espirituais concomitantes.

Desalojar a Pobreza em África

Como a teologia pública pode desempenhar um papel no desalojamento da pobreza na África?

- *Exercendo um papel profético crítico que promove a vida.* A teologia pública precisa ser um olhar profético e uma voz na sociedade que promova a vida de Deus afirmando shalom. Deve estar alerta e falar contra as injustiças socioeconômicas que impedem os pobres e incapazes de experimentar a vida abundante de Deus. Deve fazê-lo na plena consciência de que a religião pode ser utilizada para promover a pobreza ou para trabalhar pela sua erradicação. A África viu muitos usos da religião, incluindo o cristianismo, para suprimir, enfraquecer e empobrecer os pobres. A teologia pública cristã pode evitar ser uma ferramenta da morte mantendo uma voz profética crítica estimulada pelo ódio de Deus à injustiça, sua preferência pelos pobres e marginalizados e o seu desejo de dar vida abundante ao seu povo. Para falar com autoridade e utilidade, os teólogos públicos devem ter um conhecimento sólido da palavra de Deus e também da realidade socioeconômica e política. Isso implica que o treinamento teológico também deve ter o objectivo de promover uma compreensão sólida das questões socioeconômicas e políticas.

- *Definindo pobreza duma maneira que permita que a igreja a envolva.* A teologia pública deve definir a pobreza duma forma que permita à igreja engajá-la construtivamente. A pobreza não deve ser definida de forma abstrata, tornando difícil entender claramente o que é a pobreza e quem são os pobres. As definições simplistas e abstratas devem ser substituídas por definições claras e práticas. Se a pobreza é definida como a falta de capacidade de participar da vida econômica, uma resposta primária à pobreza deve incluir a liberação, o empoderamento e a capacitação dos pobres para serem participantes da vida econômica. Há necessidade de reconhecer que os pobres são seres humanos que carregam a imagem plena de Deus que precisam ser desafiados, equipados e capacitados para viver seu ser à imagem de Deus.

- *Adoptando uma abordagem holística e multidisciplinar.* Relacionado ao ponto acima, a teologia pública deve adoptar uma abordagem holística e multidisciplinar para o desenvolvimento. Ele precisa deixar claro que não é apenas a fome ou a falta de moradia das pessoas que precisam ser tratadas, mas todos os aspectos nos quais a pobreza prospera, incluindo o pecado, a falta dum relacionamento espiritual com Deus, os relacionamentos temerosos com outras pessoas, questões de gênero, falta de conhecimento de economia, falta de habilidades e educação, questões ecológicas e falta de conhecimento sobre doenças e investimentos e poupança. Uma abordagem multidisciplinar significa que a tarefa de abordar a pobreza não pode ser deixada apenas aos pastores e teólogos porque eles não possuem todos os conhecimentos e habilidades necessários. Uma abordagem multidisciplinar é um esforço colaborativo e consultivo que só pode prosperar se a igreja trabalha. Especialistas técnicos devem ser incorporados, e o sacerdócio de todos os crentes deve ser honrado na abordagem da pobreza.

- *Informando-se duma sólida esperança escatológica.* Em última análise, a teologia pública deve envolver a pobreza deuma perspectiva escatologicamente informada. A pobreza deve ser engajada à luz da promessa de Deus de um glorioso futuro no céu. Como afirma Moltmann, a esperança do reino de Deus "chama as pessoas da sua apatia e pessimismo para uma participação activa nos movimentos de libertação."[25] O envolvimento com a pobreza que é informado por uma escatologia sólida não buscará uma utopia neste mundo atual e evitará promover o materialismo. Também perceberá que, embora a bondade e a justiça devam ser buscadas, neste mundo caído elas podem não ser alcançadas. Mas tudo o que não for alcançado neste mundo, Deus aperfeiçoará em seu reino glorioso vindouro.

---

25. J. Moltmann, *Ethics of Hope* (Minneapolis: Fortress, 2012), 36.

Conclusão

Este capítulo delineou uma compreensão teológica pública da pobreza que pode levar a encontrar abordagens multidisciplinares para se envolver com a pobreza na África. Como teólogos públicos, somos desafiados a desempenhar um papel profético, definindo a pobreza duma maneira que permita que a igreja se engaje com ela, adotando uma abordagem multidisciplinar holística e engajando-se com a pobreza à luz da esperança escatológica prometida por Deus. A teologia pública deve desafiar o status quo para permitir a redenção dos pobres da pobreza.

Perguntas

1. Qual é a base teológica e bíblica para combater a pobreza?
2. Como a teologia pode distinguir entre realidades e mitos sobre as causas profundas da pobreza em África de uma forma que leve a soluções significativas?
3. O que a teologia pública deve fazer para abordar o problema dos pobres e liderança econômica nacional corrupta?
4. Como a formação teológica e pastoral pode permitir a alfabetização socioeconômica e política que leva a respostas significativas à pobreza na África?
5. Dado que os governos e outros financiadores estão a combater a pobreza nvestindo mais em ciência, tecnologia, engenharia e matemática (STEM) do que em humanidades, que papel a teologia pode desempenhar?

Leitura Adicional

Bedford-Strohm, H. "Poverty and Public Theology: Advocacy of the Church in Pluralistic Society." *International Journal of Public Theology* 2, no. 2 (2008): 144–162.

Kakwata, F. N. "Strategies for Dealing with Sin in Relation to Poverty." *Stellenbosch Theological Journal* 2, no. 2 (2016): 273–294, http://www.scielo.org.za/scielo.php?script=sci_arttext&pid=S2413-94672016000200015.

Myers, B. L. *Walking with the Poor: Principles and Practices of Transformational Development*. Maryknoll, NY: Orbis, 1999.

Speckman, M. T. *A Biblical Vision for Africa's Development?* Pietermaritzburg, South Africa: Cluster, 2007.

Speelman, W. M. "The Franciscan *Usus Pauper*: Using Poverty to Put Life in the Perspective of Plenitude." *Palgrave Communications* 4, no. 1 (2018), https://www.nature.com/articles/s41599-018-0134-4.

Tangonyire, R. C., and L. K. Achal. *Economic Behaviour as If Others Too Had Interests*. Bamenda: Langaa RPCIG, 2012.

10

Desenvolvimento Comunitário Rural

Olo Ndukwe

A urbanização está a avançar rapidamente em África, mas não devemos esquecer os muitos africanos que ainda vivem em contextos rurais. Para lhe dar uma idéia dassuas circunstâncias, deixe-me descrever uma aldeia não atípica na Nigéria. Tem uma população de menos de mil adultos que cultivam e pescam. Não há estrada de acesso, nem instalações de saúde, nem eletricidade, nem acesso a água potável e apenas uma escola primária. Os habitantes desta aldeia estão entre os mais pobres dos pobres.

Sua pobreza não é apenas uma questão de falta de bens materiais ou mesmo de saúde física, embora muitos deles estejam desnutridos e com doenças crônicas. Uma pobreza ideológica arraigada molda toda a sua visão de mundo, ou seja, a forma como pensam, agem e entendem o mundo. Eles têm acesso limitado a informações, serviços, organizações trabalhistas e líderes de opinião e formuladores de políticas, e se vêem como fracos, isolados, impotentes, sem voz e oprimidos, sem esperança de melhorar as suas circunstâncias. e eles têm muito baixa auto-estima.

Sem esperança de educação, as mulheres jovens dão à luz dois ou mais filhos antes de saírem da adolescência. Algumas delas são solteiras e vivem com seus pais, enquanto outras foram forçadas a se casar com homens com idade suficiente para serem seus pais. Enquanto isso, as ambições dos jovens analfabetos e desempregados geralmente se concentram em obter suprimentos regulares de maconha ou outras drogas e no número de filhos que podem gerar. Agricultores camponeses celebram a aquisição de várias esposas e concubinas analfabetas e dependentes como sinal de progresso na vida. Em tal clima, há pouco respeito pela dignidade humana e imoralidade de todos os tipos floresce. os que procuram emprego ou uma educação significativa enfrentam desafios assustadores.

Essas comunidades existem nas proximidades de muitas das nossas faculdades teológicas rurais, e é dessas aldeias que muitos dos nossos alunos vêm. Sei disso por experiência, pois sirvo na Hugh Goldie Lay/Eological Training Institution Arochukwu (HGLTTIA) no estado de Abia, no sudeste da Nigéria. A HGLTTIA é a principal instituição de treinamento teológico da Igreja Presbiteriana da Nigéria (PCN) e treina ministros, evangelistas e leigos para a PCN e outras igrejas. Nossos alunos vêm de diferentes denominações, dos vários grupos étnicos e das várias camadas sociais da Nigéria. Eles estão convictos de que o Senhor os chamou para o ministério, mas muitos deles são oriundos dos mais pobres dos pobres e dependem de outros para ajudá-los a realizar seus sonhos.

Dado esse contexto dentro e fora da instituição, não é de surpreender que a HGLTTIA esteja muito preocupada e comprometida com o envolvimento prático na teologia pública e no desenvolvimento comunitário como aspectos indispensáveis dos seus empreendimentos teológicos visionários.[1] Está a fazer de tudo que pode, lutando pela excelência acadêmica e enviar os alunos para a sociedade mais ampla, onde eles possam usar as suas habilidades de pensamento e criatividade superiores para servir a igreja, suas comunidades, seu país e o reino de Deus.

Ensinar Teologia Pública num Contexto de Pobreza

Os métodos tradicionais doensino de teologia tendem a ser unidimensionais, pois se concentram em transmitir informações e desenvolver habilidades de raciocínio analítico. supõe-se que os estudantes da teologia gastem seu tempo estudando textos sobre Deus, a igreja e assim por diante. Mas agora há um desvio do tipo de teologia que simplesmente analisa o que a igreja acredita para uma abordagem que enfatiza que a teologia é algo a ser feito, não apenas algo a ser aprendido. Nessa abordagem, Deus é visto como um Deus missionário e como o criador e redentor da terra, aquele que chama seu povo para participar

---

1. "About Hugh Goldie," Hugh Goldie Lay/Theological Training Institution Arochukwu (HGLTTIA), https://www.hughgoldie.edu.ng/. Accessed September 2019.

do que Ele está a fazer. Esta mudança tem "um efeito profundo na visão da igreja sobre a sua própria missão e, como tal, sobre o desenvolvimento."[2]

Na HGLTTIA nos ficamos convencidos de que devíamos encarar nosso papel não apenas como ensinar teologia, mas como praticar teologia se quiséssemos participar da missão de Deus que vive e trabalha em comunidade, que ama tudo o que criou e que nos deu uma responsabilidade de cuidar da sua criação e de todos os que a habitam. Não podíamos mais ver nosso papel limitado a preparar pessoas para servir na igreja. Em vez disso, começamos a ver a igreja como a comunidade que existe para os outros . . . [e] deve compartilhar os problemas seculares da vida humana comum, não dominando, mas ajudando e servindo. O ministério inclui tanto a proclamação do evangelho pela igreja quanto os esforços da igreja para promover a reconciliação nas sociedades . . . estimulando a acção profética em nome da justiça e da liberdade, e sustentando os crentes na sua solidariedade com os pobres e sua luta contra os poderes do mal e da injustiça.[3]

Assim, nós propusemos a desenvolver uma abordagem da teologia pública que constitua um testemunho cristão transformacional-desenvolvimentista cujo objetivo é o *shalom* (paz e prosperidade holística) da sociedade. Nosso objetivo é produzir líderes eclesiásticos e uma igreja que possa ser descrita como um parceiro confiável em andamento com o governo, ONGs e sociedade civil, bem como um facilitad e catalisador da construção de nação/comunidade, transformação social e desenvolvimento para aliviar a dor dos pobres e outras vítimas da sociedade que sofrem por causa de estereótipos ou cuja dignidade humana não é respeitada. Essa abordagem tem quatro características principais, a saber, advocacia, conscientização, um processo de confissão e convocação à ação e desenvolvimento comunitário.

Advocacia

Advocacia é um processo político no qual um indivíduo ou grupo tenta influenciar as políticas públicas e as decisões de alocação de recursos num contexto particular. A advocacia pode ser motivada por princípios morais, éticos ou baseados na fé, ou simplesmente pelo desejo de proteger um bem

---

2. Jurgens Hendriks, "A Change of Heart: Missional Theology and Social Development," in *Religion and Social Development in Post-Apartheid South Africa*, eds. Ignatius Swart, Hermann Rocher, Sulina Green and Johannes Erasmus (Stellenbosch: Sun Media, 2010), 278–279.

3. Daniel L. Migliore, *Faith Seeking Understanding: An Introduction to Christian Theology* (Grand Rapids: Eerdmans, 2004), 259.

ou interesse. Entre aqueles que seguem a Jesus, a advocacia nunca deve servir a si mesma ou promover a si mesma. A vida, morte, ressurreição e ascensão auto-esvaziante de Cristo deve nos lembrar constantemente que não devemos buscar o nosso próprio bem, mas o bem dos outros, e que devemos fazê-lo no contexto duma comunidade de fé. Devemos estar ajudando a igreja a ser uma voz para os sem voz.

A advocacia deve ser uma tarefa central dos empreendimentos teológicos cristãos na África rural, onde as pessoas carecem duma compreensão clara sobre os seus direitos como cidadãos. Os poucos que conhecem seus direitos acham difícil defendê-los. A pobreza muitas vezes os torna sem voz e impotentes. Em tais contextos, a igreja deve ter um testemunho profético e deve procurar ser uma voz para os sem voz, advogando em seu favor e, ao mesmo tempo, ajudando-os a assumir mais responsabilidade e exercer mais controle sobre as decisões que afetam suas vidas. A defesa das pessoas também pode envolver ajudá-las a adquirir as habilidades necessárias para acessar as informações disponíveis. Mais cedo, eles podem precisar de orientação sobre como usar a mídia apropriada para influenciar outras pessoas, especialmente funcionários do governo e o público em geral, a fim de afetar decisões políticas específicas.

Conscientização

A conscientização envolve despertar a consciência das pessoas sobre as estruturas de poder dentro dum determinado ambiente e de como essas estruturas estão aquém do que Deus deseja para os seres humanos e para sua criação. *"Conscientização refere-se a um tipo de aprendizagem que está focada em perceber e expor contradições sociais e políticas . . . [e] agir contra elementos opressores em sua vida como parte desse aprendizado."*[4]

O objectivo é ajudar a acabar com a cultura do silêncio em que os socialmente despossuídos internalizam imagens negativas de si mesmos, imagens que são projectadas neles por aqueles que estão no poder. No entanto, a conscientização não é apenas para os pobres; também é necessária para os ricos e poderosos que precisam aprender a olhar a realidade da perspectiva dos pobres.

Todo o processo de conscientização exige renovação espiritual e conversão que confronta e identifica as expressões externas da corrupção interior e do

---

4. Medhat Fam, "Paulo Freire's Approach to Education," https://www.academia.edu/37432024/Paulo_Freires_approach_to_Education.

egocentrismo e insiste que os poderes da corrupção, da desintegração moral e do mal indisfarçável devem ser superados se nossas sociedades quiserem florescer.

A conscientização deve ter impacto na opinião pública, ou seja, no padrão de pensamento de toda a sociedade que rege as actitudes e o comportamento das pessoas. A mudança na opinião pública deve, por sua vez, levar à reforma.

Um processo de confissão e intimação à ação

O aumento da conscientização gerado pela conscientização e o impulso para a ação que faz parte da advocacia se unem num processo de confissão e intimação à ação (também conhecido como *processus confessionis*). Este processo envolve um chamado para que indivíduos e igrejas se engajem num processo comprometido de reconhecimento, educação e confissão em relação as coisas como injustiça econômica e destruição ecológica.

Tendemos a associar o termo "confissão" à confissão do nosso próprio pecado, mas isso é apenas parte do significado. Aqui o termo é usado para se referir a algo mais como *"uma confissão de fé,"* isto é, uma declaração geral de algum ponto do ensino cristão sobre o qual os cristãos estão de acordo. No contexto da teologia pública, estamos falando de um acordo de que um certo estado das coisas fica aquém do que Deus quer e que, como cristãos, estamos comprometidos em consertar as coisas.

Ao falar disso como um "processo", estamos reconhecendo que tal acordo não acontece da noite para o dia. Envolve um longo processo de conscientização e educação formal e informal dos crentes até que todos cheguem a um acordo sobre o que está errado – mesmo que possam discordar sobre quais medidas devem ser tomadas para acertar as coisas.

Este tipo de reflexão e confissão pública é indispensável para o testemunho cristão, pois soa um chamado de alerta para a igreja viver de acordo com a sua identidade e missão, lidando significativamente com questões profundamente enraizadas de imoralidade, delinquência juvenil, insegurança, consumismo e pobreza ideológica nas comunidades rurais. Quando os cristãos assumem esse tipo de posição contra a degradação humana, estão oferecendo uma demonstração prática da sua preocupação com o bem-estar de seus vizinhos.

Desenvolvimento da comunidade

Como aqueles que seguem a Cristo e embarcaram num processo de confissão, devemos reconhecer que as comunidades aprisionadas na pobreza não é apenas uma afronta ao amor de Deus por todos, mas também representa um problema espiritual para aqueles na comunidade. Cristo promete vida abundante para aqueles que o seguem. Estamos errados em supor que essa promessa se aplica apenas à vida espiritual abundante e não tem relevância para a vida cotidiana dos cristãos atingidos pela pobreza. Se a igreja não atender à sua necessidade desesperada, eles questionarão o significado da "vida abundante" que a igreja prega e perderão seus restos de auto-respeito. Eles se sentirão fracassados mesmo como cristãos.

Segue-se que quando fazemos e ensinamos teologia pública neste tipo de contexto, devemos também nos engajar no desenvolvimento comunitário, um processo que envolve assumir as condições e fatores que influenciam uma comunidade e trabalhar para mudar a qualidade da vida e o compromisso dos seus membros para melhor. No desenvolvimento comunitário, trabalhamos para capacitar os pobres, celebrar sua dignidade humana e ajudar a criar oportunidades para que eles participem de forma significativa na libertação das suas comunidades da armadilha da privação em que se encontram. não se trata de entrar para entregar ajuda; deve envolver um processo "de baixo para cima" no qual as próprias pessoas são atraídas para que participem do processo e se tornem empoderadas.

Em 1948, as Nações Unidas definiram o desenvolvimento comunitário como *"um processo destinado a criar condições de progresso econômico e social para toda a comunidade com sua participação ativa e total confiança na iniciativa da comunidade."*[5] Também pode ser descrito como *"uma forma de fortalecer a sociedade civil priorizando a atuação das comunidades e suas perspectivas no desenvolvimento das políticas sociais, econômicas e ambientais. Busca o empoderamento das comunidades locais"*[6] à medida que se comprometem com o desenvolvimento auto-iniciado das suas sociedades.

Em algumas comunidades assoladas pela pobreza ideológica, a comunidade pode não estar pronta para mostrar iniciativa e participar ativamente do desenvolvimento e precisará de incentivo e modelo de comportamento. Mas é vitalmente *"importante ajudar as pessoas a entender que elas têm o poder dentro de si para resolver seus próprios problemas, que as experiências pelas*

---

5. https://canadianglobalresponse.ca/portfolio/community-development/.

6. https://www.unisa.ac.za/static/corporate_web/Content/About/Service%20departments/DCCD/Documents/career_community_socialwork_unisa_2018.pdf.

quais passaram e os processos que aprenderam são ferramentas para resolver qualquer problema que possa enfrentar."[7]

Quando fazemos e ensinamos teologia pública em tais contextos, não devemos perder de vista essa necessidade de facilitação e capacitação para que os cristãos e a igreja possam servir como catalisadores no desenvolvimento das comunidades rurais. Não devemos focar apenas na mobilização de recursos comunitários e organizações comunitárias para envolvê-los em projectos pré-planejados. É mais importante que nos concentremos em questões de impotência, tomada de decisão e empoderamento, abrindo caminho para a discussão do que a comunidade realmente precisa para encontrar alívio e libertação da armadilha da privação. Aqueles que trabalham no desenvolvimento da comunidade irão debater questões como centralização versus descentralização, esmiuçando o papel da burocracia e das ONGs, e enfatizando o empreendimento social, empoderamento e propriedade em termos de controle sobre os recursos comunitários e desenvolvimento sustentável.[8]

Fazer Teologia Pública em Contexto Rural

Não basta ensinar teologia pública; também devemos fazê-lo. Isto ficou albergado em nós muito fortemente ao olharmos para a pobreza rural ao nosso redor e para a pobreza material e ideológica dos nossos alunos. Nosso testemunho e educação cristã exigem que agíssemos.

> *Os cristãos acreditam num Deus que ama cada pessoa e quer que busquemos justiça para todos os próximos e distantes. Assim, o amor e a misericórdia de Deus são universais, presentes e acessíveis a todas as pessoas em todas as culturas. Os cristãos acreditam que nós, humanos, podemos ver o amor universal de Deus na criação, experimentá-lo na graça sustentadora da providência, conhecê-lo em Jesus Cristo e esperar seu cumprimento no Reino vindouro, onde*

---

7. Burkey (1993) quoted in epigraph to Francis Theron and Ntuthuko Mchunu, "The Development Change Agent: Contextualizing the Agency-Beneficiary Partnership," in *Development, Change and the Change Agent: Facilitation at Grassroots*, eds. Francois Theron and Ntuthuko Mchunu, 2nd ed. (Pretoria: Van Schaik, 2016), 1.

8. Hennie Swanepoel and Frik de Beer, *Community Development: Breaking the Cycle of Poverty*, 5th ed. (Cape Town, South Africa: Juta Academic, 2012), 36–40.

todos os povos podem trazer suas dádivas e encontrar cicatrização final.[9]

Os cristãos anseiam por ver a vinda do reino de Deus no mundo público da história, e fazer teologia pública é um testemunho vivo da bondade e boa vontade amorosa do Senhor vivo que se tornou carne por nós e para nossa salvação. Na HGLTTIA, começamos a fazer teologia pública em termos dos parâmetros discutidos acima. Descreverei nossas ações não tanto para fornecer um modelo para os outros, mas para estimular os outros a pensarem criativamente sobre o que pode ser feito nos seus contextos.

Fazendo advocacia

A advocacia era claramente necessária em nossa área rural da Nigéria, onde os políticos só apareciam durante as campanhas eleitorais. A população local está bem ciente deste padrão, e durante uma recente eleição alguns deles expulsaram os políticos, chamando-os de mentirosos e ladrões que vêm apenas para pleitear votos, mas abandonam o povo quando chega ao poder. São necessários defensores para pressionar os representantes do governo local e estadual a prestar atenção real à situação da população rural, que atualmente vive com medo e incerteza sobre como os políticos os tratarão. Os cristãos precisam liderar esse processo.

Mas não é suficiente que pessoas de fora advoguem em nome das pessoas; as pessoas também precisam aprender a se defender. Eles precisam ser ajudados, como foi dito acima, *"para entender que eles têm o poder dentro de si mesmos para resolver seus próprios problemas, que as experiências pelas quais passaram e os processos que aprenderam são ferramentas para resolver qualquer problema que possa enfrenta-los*[10]

No entanto, a pobreza ideológica dessas comunidades as torna impotentes para fazê-lo e, portanto, o conselho de administração da HGLTTIA apelou à Tearfund para fazer parceria conosco num processo da mobilização da igreja e da comunidade (CCM), que é descrito em detalhes mais adiante neste capítulo.

Uma pobreza ideológica semelhante atingiu os estudantes de teologia que vinham dessas comunidades. Eles se viam como dependentes de outros para suprir tudo o que precisavam na faculdade. Um corolário disso era que eles tinham pouco conceito de gestão financeira e gastavam o dinheiro que recebiam.

---

9. Max L. Stackhouse, "Reflections on How and Why We Go Public," *International Journal of Public Theology* 1 (2007): 426.

10. Theron and Mchunu, "The Development Change Agent," 1.

Eles tendiam a ver aqueles que patrocinavam seus estudos na HGLTTIA como equivalentes a máquinas de fazer dinheiro, e aceitavam dinheiro de familiares, amigos, membros da igreja e outros e o gastavam sem levar em conta aqueles que se sacrificaram em seu nome. Atraídos pelo consumismo, eles se sentiram livres para se entregar aos bens de consumo.

A direcção da faculdade achava que o consumismo desordenado dos alunos era ímpio, pois era um abuso da graça de Deus e da bondade dos seres humanos tementes a Deus. Eles também reconheceram o consumismo desordenado e a pobreza ideológica como sendo como duas parteiras que entregam, nutrem e sustentam a corrupção na igreja e na sociedade em geral.

Sabendo da importância da advocacia e dada a nossa definição dela como um processo político em que um indivíduo ou grupo tenta influenciar as políticas públicas e as decisões de alocação de recursos num determinado contexto, a liderança se dispôs a influenciar as decisões de alocação dos recursos no contexto da comunidade universitária. Eles queriam defender que os destinatários da graça de Deus deveriam acabar com a cultura de desperdiçar os dons, tempo, vida e outros recursos de Deus.

Revendo as ferramentas de advocacia à sua disposição, os líderes decidiram que a melhor abordagem seria ensinar sobre o problema do consumismo nas aulas de teologia pública e pregar contra o consumismo nos sermões.

Eles ilustrariam tanto palestras quanto sermões com histórias que mostravam os males do consumismo desordenado e sua ligação com a pobreza ideológica. Os alunos seriam instados a usar os recursos de que dispunham de forma produtiva.

Esta campanha de advocacia sustentada foi muito eficaz. Os alunos começaram a pensar com mais cuidado sobre como usavam seus recursos, e muitos se tornaram empreendedores em vez de consumidores. Eles aprenderam que poderiam agir para atender às suas próprias necessidades, e alguns deles agora podem se sustentar e até ajudar amigos, familiares e suas igrejas.

Um efeito colateral dessa campanha de advocacia foi um declínio acentuado nas reclamações dos alunos de que eles têm acesso limitado a informações, serviços, organizações trabalhistas, líderes de opinião e formuladores de políticas. Eles aprenderam como adquirir e manter os seus próprios dispositivos de comunicação e estão a começar a sentir-se capacitados para defender as suas comunidades.

Fazendo conscientização

As faculdades de teologia têm a responsabilidade de ajudar seus alunos, que são futuros líderes, a assumirem seu lugar como sal da terra e luz do mundo. nós Assim, HGLLTIA não apenas modelou a formação e reforma da opinião pública em nossa defesa contra o consumismo, mas também buscamos conscientizar sobre outros problemas que eram simplesmente considerados como certos.

Descobrimos que as opiniões dos nossos alunos eram moldadas menos por suas crenças cristãs do que por suas situações imediatas, fatores sociais e ambientais gerais e os seus conhecimentos, atitudes e valores preexistentes, que muitas vezes eram profundamente afetados por sua pobreza ideológica. Muitos deles só tomaram consciência de que seus valores eram menos do que cristãos quando os seus cursos públicos de teologia trouxeram esses padrões à consciência, e os alunos começaram a repensar as suas atitudes e valores. Uma situação semelhante se aplicava nas comunidades rurais ao nosso redor.

Por exemplo, alguns dos nossos alunos e muitos membros da comunidade não viam nada de errado em meninas adolescentes serem forçadas a se casarem com homens com idade suficiente para serem seus pais. Eles viam esses casamentos como a única alternativa para as meninas se tornarem mães solteiras de dois ou mais filhos ainda na adolescência. Eles não achavam que as meninas deveriam ter mais escolaridade. As meninas também viam pouco sentido na escolaridade e (muitas vezes tacitamento), preferiam estar com os camponeses e motociclistas comerciais que julgavam o seu próprio progresso na vida pelo número das esposas ou concubinas e seus filhos. Em outras palavras, o pensamento da maioria das pessoas da aldeia, e mesmo daqueles que foram da aldeia para o seminário, não foi moldado pelos valores bíblicos.

Para abordar essa questão na faculdade e na comunidade e conscientizar as pessoas sobre os problemas de abuso sexual, a faculdade e a Tearfund incentivaram a formação de grupos de acção comunitária (GACs). *"Os GACs são formados por grupos de 10–15 pessoas que se reúnem para ajudar sobreviventes. Os membros podem incluir líderes comunitários, profissionais de saúde, líderes religiosos, professores de escolas e policiais de confiança. A Tearfund e seus parceiros podem treinar esses membros sobre formas de apoiar sobreviventes e serviços locais disponíveis."*[11] O trabalho desses grupos do GACs trouxe conscientização sobre o assunto e foi um alerta para a faculdade e a igreja, preparando o caminho para uma confissão mais geral do que certos comportamentos são antibíblicos e levando a comunidade a agir contra eles.

---

11. "Community Action Groups," Tearfund learn (n.d.), https://learn.tearfund.org/en/resources/publications/footsteps/footsteps_101-110/footsteps_106/community_action_groups/.

No que se refere ao consumismo, o curso de teologia pública estimulou os alunos a refletirem sobre as suas próprias atitudes em relação aos recursos e ao consumo e os conscientizou sobre como a cultura do entorno promove atitudes semelhantes. Sua crescente compreensão ajudou a transformá-los de consumistas desordenados em criadores da riqueza e criadores dos empregos. Como resultado dessa conscientização, os rancores e animosidades que consumistas ou dependentes desordenados mantêm contra suas *"máquinas de fazer dinheiro"* estão se tornando história. Também sinaliza crescimento espiritual dentro da comunidade. As congregações pastoreadas por graduados conscientizados (e até estudantes) atestam a diferença que as suas novas actitudes fazem para toda a economia das suas congregações.

Embarcando num processo de confissão e intimação à ação

A liderança da faculdade fez questão de embarcar num processo de reconhecer o que há de errado no consumismo e na pobreza ideológica para si (conscientização) e de educar os alunos e outros para levá-los a reconhecê-los como males (advocacia e conscientização). O objetivo era levar toda a comunidade universitária ao ponto de todos concordarem que o consumismo é fundamentalmente incompatível com a fé cristã (confissão) e tomar as medidas apropriadas para combatê-lo (desenvolvimento comunitário). Tal processo pode ser seguido em faculdades e igrejas em relação a qualquer parte do trabalho da igreja contra a degradação humana. Estas actividades são uma demonstração da preocupação cristã pelo bem-estar dos nossos vizinhos.

Este processo de confissão e intimação à acção provou ser indispensável nos esforços da HGLTTIA para lidar de forma significativa com questões profundamente enraizadas na comunidade. Por exemplo, revelou que o testemunho cristão nas formas da educação formal e informal contra a degradação humana é uma demonstração prática da preocupação dos cristãos com o bem-estar do próximo e uma resposta àqueles que questionam o significado do ensino da teologia cristã e o propósito da igreja.

Fazendo desenvolvimento comunitário

Fazer teologia pública no contexto duma comunidade rural atingida pela pobreza envolve o compromisso de apoiar a vida democrática ativa, construindo, incentivando e promovendo a autoconfiança das pessoas desfavorecidas e vulneráveis e permitindo que as suas vozes sejam ouvidas. Essas atividades não devem ser vistas como alternativas à espiritualidade, reflexão e prática piedosas, mas como manifestações da espiritualidade piedosa. Assim, nossos alunos são incentivados a ajudar as comunidades das suas igrejas a "tornar públicas" suas preocupações e garantir que os membros da igreja estão activamente comprometidos em servir ao Senhor e, ao mesmo tempo, procuram governar suas áreas de esforços diários com ética piedosa, para o Senhor e para sua glória e excelência (2 Pe 1:4) por meio de grupos, organizações e redes comunitárias centradas em Cristo; e proporcionando oportunidades para todas as pessoas, independentemente dos seus credos, desenvolverem seu potencial máximo por meio da educação, treinamento e motivação, ao mesmo tempo em que criam o ambiente propício para que todos se tornem tementes a Deus no seu desenvolvimento comunitário.[12]

Para ajudar os alunos a incentivar o desenvolvimento comunitário em suas próprias congregações após a formatura, a HGLTTIA modelou como pode ser esse desenvolvimento. Sua abordagem surgiu a partir do reconhecimento de que a maioria dos estudantes dependia do sacrifício de seus familiares e amigos para o pagamento das propinas e a sua manutenção na instituição. Eles eram recipientes passivos da caridade.

Quase não se falava sobre como investir o dinheiro em empreendimentos geradores de fundos, nem sobre como fazer uso dos abundantes recursos naturais no ambiente da faculdade. Qualquer dinheiro que os alunos conseguissem era simplesmente gasto. Seu foco estava no consumismo e na aquisição de bens, não na geração de renda. Essa atitude refletia sua pobreza ideológica, o sistema de valores que haviam internalizado e as expectativas das suas comunidades e da faculdade. Não os ajudou muito quando se formaram e abraçaram os desafios do ministério rural. Foi também uma atitude que os administradores da faculdade acharam preocupante, pois estava em desacordo com os objetivos e ideais da instituição, pois procurava ajudar os seus graduados, alunos e funcionários a abraçar e engajar uma visão do mundo integrada normativa como espiritualidade significativa.

O conselho de administração, portanto, se propôs a demonstrar a todos que a teologia pública não é redutível a uma disciplina ou a mera conversa, mas também envolve ação. Os membros da equipe foram desafiados a se tornarem facilitadores e catalisadores do desenvolvimento comunitário, encontrando algo que pudessem fazer ou encorajar os alunos a fazer usando os recursos disponíveis.

---

12. Olo Ndukwe, "Doing Theology in a Knowledge Society Today: A Nigerian Christian Public Theological Reflection," *Science Journal of Sociology and Anthropology* (14 April 2017).

Esta abordagem substantiva para o desenvolvimento comunitário, influenciada pelo CCM da Tearfund, provou ser muito bem-sucedida. Os alunos aprenderam praticamente como podem gerar fundos e contribuir significativamente para o crescimento da economia das suas congregações e comunidades quando saem da faculdade. O fruto que nasceu e ainda está nascendo constitui significado motivos de celebração.

Como fizemos isso? Para começar, o conselho da administração do HGLTTIA decidiu não apenas ministrar cursos de teologia, mas também oferecer cursos de tecnologia da informação (TI) e ensinar habilidades como fotografia, panificação e agricultura para funcionários e alunos. Eles também trabalharam para garantir uma doação que permitiu que funcionários e alunos adquirissem laptops a preços muito subsidiados. Eles incentivaram as pessoas a usar esses laptops não apenas para os seus trabalhos acadêmicos, mas também para geração de renda, usando sua própria criatividade e os conhecimentos e habilidades que adquiriram no HGLTTIA para servir a igreja, suas comunidades e, em última instância, o reino de Deus.

Numa tentativa de demonstrar o uso sábio dos fundos como um aspecto da teologia pública como uma realidade histórica vivida, viva e vivível, o conselho da administração usou parte dos fundos gerados com a venda dos laptops para comprar computadores de mesa para HGLTTIA e estabelecer o fundações para um edifício de TI, que foi concluído em 2014 após recebermos uma bolsa para concluir o edifício e equipar o centro.

Hoje, a HGLTTIA pode se orgulhar dos membros da equipe, graduados e estudantes que estão a ganhar a vida com ministérios prósperos através do fortalecimento intelectual e material da visão teológica pública da instituição. Por exemplo, alguns funcionários e alunos criaram centros comerciais que datilografam e encadernam as teses dos alunos, trabalhos de conclusão de curso e afins. Além disso, o Governo da União dos Estudantes (SUG) tem agora um centro de negócios comercial funcional, que também está gerando dinheiro para a União. Não há mais escassez de fotógrafos ou cinegrafistas no campus ou entre nossos graduados. Um álbum de vídeo caseiro cristão e um álbum de vídeo musical cristão estão agora a servir ao público nigeriano, cortesia do "Goldie Theatre" e dos "Goldie Kids".

Outros alunos e funcionários começaram a trabalhar na agricultura, e hoje os produtos agrícolas, como o Goldie Bee Honey, estão a ser vendidos para a comunidade escolar e para a comunidade em geral. Outros se voltaram para o merchandising. Hoje, eles se orgulham muito da Livraria Goldie, que importa e distribui bons livros, bem como obras produzidas sob direitos autorais que a instituição obtém das editoras estrangeiras. A SUG se propôs a incentivar uma iniciativa para produzir bolsas femininas da boa qualidade, bem como chinelos senhoras e senhores. Todos esses projectos, como dito anteriormente, beneficiaram os alunos, capacitando-os para que eles não se vejam mais como indigentes, dependentes das esmolas e possam até doar para os outros.

A diretoria do HGLTTIA também reconhece a sua responsabilidade em fazer teologia pública nas comunidades carentes do entorno. Assim, decidiu trabalhar com a Tearfund para usar sua abordagem damobilização da igreja e da comunidade (CCM) em nosso contexto rural do sudeste da Nigéria. O conselho da administração também concordou recentemente em fazer parceria com o Presbitério Arochukwu para nomear um pastor treinado pela HGLTTIA numa igreja na comunidade rural. O objetivo é ajudar a comunidade a crescer em autoconfiança, auto-respeito e autoestima; fazer uso sábio dos seus recursos dados por Deus; e se engajar no autodesenvolvimento sem rejeitar a colaboração externa útil. Durante o processo do CCM, os aldeões também começarão a aprender com seus líderes corruptos responsáveis por suas más práticas.

Aproxima-se bem da compreensão da teologia pública como algo que se esforça por tirar de um ethos piedoso para fortalecer a capacidade dos seres humanos com vistas a transformá-los em cidadãos que estão concretamente comprometidos com qualquer esforço centrado em Deus para aumentar o conhecimento humano e melhorar as habilidades humanas e a produtividade. Os projectos também mostram como a teologia pública busca estimular a inovação, criatividade e desenvoltura daqueles com ética piedosa para transformar as suas comunidades em lugares que reflictam mais de perto a vontade revelada de Deus e promovam o seu Reino.

Mobilização da Igreja e Comunidade (MIC)

A abordagem da mobilização da igreja e da comunidade desenvolvida pela Tearfund não oferece uma "solução rápida" para comunidades pobres. Em vez disso, envolve um processo de cinco etapas que pode levar mais tempo do que algumas outras abordagens, mas produz uma mudança muito mais profunda.[13]

- *O despertar da igreja* envolve motivar a igreja a entender seu papel e relacionamento com a comunidade imediata. O estudo da Bíblia em

---

13. Para informações mais detalhadas, consulte "Church and Community Mobilisation in Africa," Tearfund, https://learn.tearfund.org/~/media/files/tilz/churches/ccm/2017-tearfund-ccm-inafrica-en.pdf; e "Mobilizing Churches and Communities," Tearfund learn, https://learn.tearfund.org/en/themes/church_and_community/mobilising_churches_and_communities/.

pequenos grupos ajuda a estimular a igreja a começar a se envolver com a comunidade e a orientá-la para ações que a ajudarão a lidar de forma significativa com sua pobreza. A igreja passa assim a influenciar a vida da comunidade atuando como sal e luz na comunidade.

- A *descrição da igreja e da comunidade* ajuda a igreja e a comunidade a embarcar num processo de autodescoberta em relação à sua vida espiritual, física, econômica e social e a começar a determinar as estratégias necessárias para efetuar a transformação.

- A *colecta de informações* é um processo que permite que a igreja e a comunidade coletem informações detalhadas sobre os problemas que enfrentam e as oportunidades disponíveis para abordá-los.

- A *análise de informações* ajuda a igreja e a comunidade a obter uma visão verdadeira e completa dos seus problemas, a fim de inspirá-los a agir a partir duma posição informada.

- A *tomada de decisão* é o estado em que a igreja e a comunidade determinam as melhores opções de mudança, projetam as ações mais apropriadas e tomam as acções necessárias para avançar em direção ao futuro melhor que imaginaram.

Conclusão

Neste capítulo, tenho falado sobre a prática da teologia pública num contexto rural. No entanto, os princípios aqui expostos podem ser usados em qualquer contexto local. A teologia pública apresenta uma abordagem visionária e foco no desenvolvimento e sustento comunitário centrado em Cristo, que incorpora um conjunto de valores teológicos centrais e princípios sociais, incluindo o respeito pela dignidade humana, direitos humanos, inclusão social e respeito à diversidade, além de habilidades específicas e uma base de conhecimento enraizada na reflexão e busca da piedade. Em suma, a teologia pública consiste em comprometer-se com ações que ajudem as pessoas a reconhecer e desenvolver sua capacidade e potencial com vistas a se organizar para responder a problemas e necessidades de interesse comum com um ethos concreto cristocêntrico.

Deixe-me concluir citando a descrição de Daniel L. Migliore do Modelo diaconal da igreja:

> *A igreja é uma comunidade de servos que é chamada para ministrar em nome de Deus em favor da plenitude da vida para todas as criaturas de Deus.*
>
> *De acordo com esse modelo, a igreja serve a Deus servindo ao mundo em sua luta pela emancipação, justiça e paz. Dietrich Bonhoeffer definiu a igreja como a comunidade que existe para os outros. "A igreja," escreveu ele, "deve partilhar dos problemas seculares da vida ordinária humana, não dominando, mas servindo e ajudando." Este modelo duma igreja para os outros, uma igreja que é mais serva do que a dona do mundo . . . desempenha um papel importante tanto na ênfase na missão de reconciliação da igreja em meio ao conflito quanto no chamado à igreja para participar da luta pela libertação dos oprimidos.*[14]

Perguntas

1. Quais são as questões obviamente erradas e antibíblicas na tua comunidade que nunca são mencionados ou falados?
2. Como tu vais ser um defensor e aumentar a consciência sobre essas questões específicas?
3. Que passos específicos tu podes tomar para desenvolver a comunidade na qual tu serves?
4. Que significado terá o processo de confissão e intimação à acção na tua comunidade hoje?
5. Se aceitarmos o argumento de que a pobreza está enraizada em relacionamentos rompidos com Deus, contigo mesmo, com os outros e com a criação, o que os líderes devem fazer para possibilitar o crescimento humano no continente africano?

Leitura Adicional

Hendriks, H. J. *Studying Congregations in Africa*. Wellington: Lux Verbi, 2004.
Myers, Bryant L. *Walking with the Poor: Principles and Practices of Transformational Development*. Maryknoll, NY: Orbis, 2011.
Ndukwe, Olo. "Consumerism: The Backbone of Ideological Poverty in Nigeria." *Science Journal of Economics* (21 January 2013). https://www.sjpub.org/sje/sje-164.pdf.

---

14. Migliore, *Faith Seeking Understanding*, 259.

Njoroge, Francis, Tulo Raistrick, Bill Crooks, and Jackie Mouradian. *Umoja: Facilitator's Guide*. Teddington, UK: Tearfund, 2009. https://learn.tearfund.org/~/media/files/tilz/churches/umoja/umoja_facilitators_guide_-_jan2012.pdf?la=en.

Swanepoel, Hennie, and Frik De Beer. *Community Development: Breaking the Cycle of Poverty*, 6th ed. Cape Town, South Africa: Juta, 2016.

Tearfund. *Mobilising Churches and Communities*, n.d. https://learn.tearfund.org/en/themes/church_and_community/mobilising_churches_and_communities/.

11

Educação

Samuel Peni Ango e Ester Rutoro

Nelson Mandela disse que *"Educação é a arma mais poderosa que podes usar para mudar o mundo."*[1] Isto é universalmente verdade, mas em especial em África que tem a maior taxa de natalidade com o resultado de que mais de 60 por cento da população tem menos de 25 anos de idade. A demanda por escolaridade é elevada, e a maioria dos pais Africanos dizem valorizar a educação e querem que seus filhos recebam uma boa educação. Mas as realidades no terreno são terríveis. Portanto, antes de podermos olhar para o que a teologia pública tem a dizer sobre educação, precisamos entender quais são os problemas e por que os níveis de educação da África são tão baixos.

O Estado da Educação em África

Muitos países da África Subsaariana não estão conseguindo fornecer aos alunos uma educação de alta qualidade que possa equipá-los para atender às demandas do ambiente global, social, econômico e tecnológico em constante mudança. Sem essa educação, será difícil para África cumprir os objectivos da Agenda 2063. Vários factores contribuem para esta situação.

Muitas crianças não estão na escola

A visão das crianças caminhando para a escola de manhã é familiar em toda a África, mas há muitas crianças que não participam dessa caminhada. África como um continente tem a maior taxa mundial de crianças fora da escola, ou

---

1. Nelson Mandela em um discurso proferido na Madison Park High School em Boston, 23 de junho de 1990.

seja, não matriculadas na escola. A UNESCO oferece as seguintes estatísticas para a África:

> Mais de uma quinta das crianças com idades compreendidas entre os 6 e os 11 anos estão fora da escola, seguidas por um terço dos jovens com idades compreendidas entre os 12 e os 14 anos. De acordo com dados da UIS, quase 60% dos jovens entre. 15 e 17 anos não estão na escola.
>
> Sem uma ação urgente, a situação provavelmente piorará, pois a região enfrenta uma demanda crescente por educação devido a uma população em idade escolar ainda crescente.[2]

Muitas crianças que estão na escola estão a receber uma educação precária

A UNESCO relata que *"na África Sub-saariana, menos de 7% dos alunos no final do ensino fundamental são proficientes em leitura,"* enquanto apenas 14% são proficientes em matemática. Esses resultados têm implicações terríveis para suas perspectivas futuras de emprego.[3]

Os dados a seguir destacam essas descobertas:

1. Existem doze países em África – nomeadamente Malawi, Zâmbia, Costa do Marfim, Gana, Benin, Nigéria, Chade, Etiópia, Congo, África do Sul, Namíbia e as Ilhas Comores – em que 30 por cento ou mais das crianças não cumprem um padrão mínimo de aprendizagem até a quarta ou quinta série.

2. Em países como a Etiópia, Nigéria e Zâmbia, mais da metade dos alunos que frequentam a escola não estão a aprender habilidades básicas até o final da escola primária.

3. Um relatório de competitividade global divulgado pelo Fórum Econômico Mundial classifica a África do Sul em último entre 140 países na qualidade da educação oferecida.

4. O facto de que apenas 53% dos alunos do 12º ano que fizeram exames de matemática em 2014 alcançaram mais de 30%, e apenas

---

2. "Education in Africa," UNESCO (n.d.), http://uis.unesco.org/en/topic/education-africa.

3. Mariama Sow, "Figures of the Week: Africa, Education, and the 2018 World Development Report," Brookings: Africa in Focus (6 October 2017).

35% chegou acima de 40 por cento . . . 25 por cento das escolas sul-africanas nemsequer oferecem matemática nas 10ª a 12ª classes,[4]

A infraestrutura escolar é muitas vezes inadequada

Os motivos pelos quais os alunos aprendem tão pouco na escola estão muitas vezes relacionados às más condições físicas da maioria das escolas e aos baixos níveis de investimento em educação. Os líderes não veem essas questões como prioridade porque seus filhos podem frequentar escolas particulares de elite, onde as condições são muito melhores. Nas escolas mais pobres, as turmas podem ser muito grandes e as salas de aula inadequadas, e muitas vezes há uma escassez aguda de materiais adequados de ensino e aprendizagem. Estas condições são por vezes exacerbadas pela instabilidade económica e política, corrupção e desastres ambientais que afectam tanto os aspectos materiais das escolas como a saúde mental dos alunos. É difícil saber quando se está com fome, ou com medo de ser sequestrado, ou passou a noite escondido no mato para evitar ataques. Distúrbios políticos em ambientes politicamente voláteis significam que a escolaridade pode ser interrompida por longos períodos de tempo, e muitos alunos nunca retornam após uma ausência prolongada.

A maioria dos professores está desmotivada

Existem muitos professores bons e comprometidos na África. Mas há outros que ficaram desmoralizados pelas más condições em que trabalham, e outros que veem o ensino apenas como uma fonte de renda e não têm nenhum compromisso com os seus alunos, podendo de facto abusar deles. Os desafios econômicos significam que a maioria dos professores teve que lutar para obter uma boa educação, e sua formação de professores os deixou mal preparados para adotar novas abordagens para o ensino eficaz ou para usar novas tecnologias educacionais, supondo que elas estejam disponíveis em suas escolas.[5] Pesquisadores africanos identificaram uma falta de professores cristãos formados espiritualmente, formação deficiente de professores, precário

---

4. Jagriti Misra, "10 Facts about Africa's Education Crisis," The Borgen Project (8 July 2017).

5. G. Bethell, *Mathematics Education in Sub-Saharan Africa: Status, Challenges and Opportunities* (Washington: World Bank, 2016).

bem-estar para professores, greves frequentes, cultismo (violência de gangues) e corrupção como os motivos que levam à queda dos padrões de educação.[6]

A Necessidade de Novas Perspectivas

O desenvolvimento irresponsável e a liderança fraca resultaram na África enfrentando crises em todas as frentes – social, cultural, econômica, ambiental e política. Agora temos que lidar não apenas com as condições políticas e econômicas regionais, mas também com os efeitos globais das mudanças climáticas, poluição e degradação ambiental. Enquanto isso, as mudanças culturais resultaram no aumento do abuso de drogas, violência e destruição das sociedades.

As rápidas mudanças sociais, políticas e econômicas que transformaram a estrutura de nossas sociedades têm profundas implicações para nossos sistemas educacionais. Essas implicações vão nos dois sentidos, pois a relação entre educação e sociedade é bidirecional. Por um lado, as mudanças sociais afetam inevitavelmente nossos sistemas educacionais; por outro lado, nossos sistemas educacionais inevitavelmente afetam nossa sociedade. A educação molda os alunos que moldam o mundo além da sala de aula.[7] Se quisermos obter o tipo de reposicionamento e transformação que a África precisa para alcançar os objetivos da Agenda 2063, precisamos de um tipo de educação que se concentre na construção do carácter e na resolução de problemas.

Por muito tempo, a África e outros países em desenvolvimento confiaram no que Paulo Freire chama de "sistema bancário de educação", onde as mentes dos alunos são vistas como recipientes vazios nos quais os instrutores despejam conhecimento.[8] Os alunos são simplesmente receptores passivos das ideias de outras pessoas. O que é necessário é um sistema de resolução de problemas de

---

6. Ver Y. Adebisi and I. Ononye, "Untold Stories of Suffering in Government Boarding Schools," *Saturday Independent* (20 October 2018): 18–19; F. W. Nguru, "Development of Christian Higher Education in Kenya: An Overview," in *Christian Higher Education: A Global Reconnaissance*, eds. J. Carpenter, P. L. Glanzer, and N. S. Lantinga (Grand Rapids: Eerdmans, 2014); and A. Babalola, "The Dwindling Standards of Education in Nigeria: The Way Forward," First distinguished lecture series, Lead City University, Ibadan, Nigeria, 2006.

7. H. A. Giroux and P. McLaren, "Teacher Education and the Politics of Engagement: The Case for Democratic Schooling," in *Breaking Free: The Transformative Power of Critical Pedagogy*, eds. P. Leistyna, A. Woodrum, and S. A. Sherbton, 301–331 (Cambridge: Harvard Educational Review, 1996).

8. Paulo Freire, *Education for Critical Consciousness* (1967; New York: Bloomsbury Academic, 2013), 126.

educação em que os alunos assumam um papel ativo e os professores facilitem a aprendizagem em vez de serem a fonte de toda a aprendizagem.

As Nações Unidas reconheceram que não podemos continuar a educar da maneira que fizemos no passado, portanto, o objectivo 4 de sua Agenda 2030 para o Desenvolvimento Sustentável é *"garantir uma educação de qualidade inclusiva e equitativa e promover oportunidades de aprendizagem ao longo da vida para todos"*.[9] Esta declaração do objetivo é seguido por uma lista de sub-objetivos, incluindo os seguintes:

> 4.1 Até 2030, garantir que todas as meninas e meninos concluam a educação primária e secundária gratuita, equitativa e de qualidade, levando a resultados de aprendizagem relevantes e eficazes. . . .
>
> 4.4 Até 2030, aumentar substancialmente o número de jovens e adultos que possuem competências relevantes, incluindo competências técnicas e vocacionais, para emprego, trabalho decente e empreendedorismo. . . .
>
> 4.7 Até 2030, garantir que todos os alunos adquiram o conhecimento e as habilidades necessárias para promover o desenvolvimento sustentável, incluindo, entre outros, por meio da educação para o desenvolvimento sustentável e estilos de vida sustentáveis, direitos humanos, igualdade de gênero, promoção duma cultura de paz e não violência, cidadania global e valorização da diversidade cultural e da contribuição da cultura para o desenvolvimento sustentável.[10]

Ao ler esses objectivos, é importante lembrar que a educação não é apenas transmitir conhecimento de certos factos ou habilidades em alfabetização básica e numeramento. A educação também afeta a composição social, atitudinal, emocional e psicológica dos alunos e molda a sua visão de mundo. É fundamental na construção do carácter e no treinamento da conduta que leva a vidas bem-sucedidas. Vidas bem-sucedidas são ainda mais prováveis se o aprendizado envolver mais do que apenas fazer o que o professor diz e envolver os alunos em pensar por si mesmos e descobrir como encontrar maneiras inovadoras de resolver problemas.

Para nós, um dos principais objectivos de qualquer sistema educacional deve ser nutrir habilidades de pensamento para ajudar os indivíduos a realizar

---

9. Nações Unidas, "Transforming Our World: The 2030 Agenda for Sustainable Development," Sustainable Development Goals Knowledge Platform, 21.

10. Nações Unidas, "Transforming Our World," 21.

seu pleno potencial.[11] Os alunos que desenvolvem essas habilidades serão capazes de adotar uma atitude analítica e avaliativa em relação ao próprio desempenho e ao da sociedade ao seu redor.[12] Portanto, é imperativo que os educadores adotem métodos de ensino projectados para estimular as habilidades de pensamento crítico dos alunos, incluindo suas habilidades de resolução de problemas, habilidades de pesquisa, habilidades de criatividade e inovação e habilidades de questionamento e raciocínio.

Precisamos oferecer aos nossos alunos uma educação cuidadosamente planejada e implementada de forma a servir os objetivos econômicos e sociais da África e promover o bem comum – que é um princípio chave da teologia pública.

Como cristãos, também diríamos que o objectivo final da educação é nutrir as mentes e os corações dos alunos para um serviço significativo a toda a criação de Deus.[13] Deus deu a esses alunos habilidades, e não devemos permitir que sejam desperdiçados!

Dada a importância da fé em África, uma perspectiva baseada na fé deve orientar o desenvolvimento dum sistema educacional africano. Tal sistema de educação valorizará não apenas o desenvolvimento sustentável e o desenvolvimento de habilidades críticas, mas também nutrirá a honestidade, a integridade e um espírito temente a Deus. Tudo isso é importante se quisermos proteger a criação de Deus para as gerações presentes e futuras e alcançar os objetivos da Agenda 2063.

Uma Advertência

Devemos ter cuidado para não cultuar a educação ou presumir que, se colocarmos mais esforço na educação, ela produzirá automaticamente resultados positivos. Isso fica muito claro se examinarmos alguns sistemas educacionais africanos que parecem bons no papel, mas que por várias razões não resultaram na transformação socioeconômica e moral prevista. Tomemos o caso do Zimbábue, um país que fez grandes avanços na obtenção de altos níveis de alfabetização. Aquando da independência em 1980, o governo do Zimbabué

---

11. M. Karakoc, "The Significance of Critical Thinking Ability in Terms of Education," *International Journal of Humanities and Social Sciences* 6, no. 7 (July 2016): 81–84.

12. L. Silva Almeida e A. H. Rodrigues Franco, "Critical Thinking: Its Relevance for Education in a Shifting Society," *Revista de Psicologia* 29, no. 1 (2011): 178–195.

13. E. Gabriel, C. Woolford-Hunt, and E. M. Hooley, "Creating a Christ-Centred Climate for Educational Excellence: Philosophical, Instructional, Relational, Assessment and Counselling Dimensions," *Catalyst* 23, no. 2 (2016).

foi um dos mais proactivos em África ao colocar a educação no centro da sua agenda nacional. Pretendia abolir todas as barreiras de cor e gênero na oferta de educação por a) estabelecer um sistema de educação primário e secundário gratuito e obrigatório; b) abolir a discriminação sexual no sistema educativo; e c) identificar a educação como um direito humano básico e empenhar-se para que toda criança tenha a oportunidade de desenvolver suas faculdades mentais, físicas e emocionais.[14]

Como resultado dessas políticas, o Zimbábue alcançou um dos níveis mais altos de alfabetização do continente africano, com uma taxa de alfabetização superior a 92%.[15] No entanto, o foco na educação não produziu o crescimento e a transformação social e econômica previstos. A corrupção e o efeito da política na economia fizeram com que, apesar de seus altos níveis de alfabetização, o Zimbábue esteja a passar por um de seus piores períodos econômicos. Aqueles que se graduaram do sistema de educação muitas vezes carecem das habilidades necessárias na economia do Zimbábue, e há uma escassez de profissionais porque muitos graduados universitários deixaram o Zimbábue à medida que a economia declinou.[16] A qualidade da educação oferecida no Zimbábue também foi afectada pelo elevado racio Professores-alunos, falta de recursos relevantes, falta dos manuais e salas de aula e metodologias de ensino e avaliação que não incutem competências nos alunos.

Consequentemente, as pessoas recorreram a todos os tipos de formas de ganhar a vida. O comércio extensivo de moeda estrangeira num mercado paralelo devastou a economia do Zimbábue e resultou em escassez de dinheiro, baixos níveis de renda, inflação descontrolada e preços de bens básicos fora do alcance de muitas pessoas. A história do Zimbábue mostra que um governo pode atingir altos níveis de alfabetização, mas não alcançar o benefício esperado dum cidadão educado. As condições socio-econômicas resultaram em cidadãos educados recorrendo ao uso das suas habilidades de maneira antiética. Tudo isso deixa claro que a educação por si só não é suficiente para resolver os problemas da África, mas sem educação não haverá progresso algum.

---

14. R. Zvobgo, *The Post-Colonial State and Educational Reform in Zimbabwe, Zambia and Botswana* (Harare: Zimbabwe Publishing, 1996).

15. Comunidade para o Desenvolvimento da África Austral (SADC), Relatório do País do Zimbabué, Secretariado SDC, 2018, 410.

16. SADC, Relatório do País do Zimbabué, 416.

Perspectiva Bíblica sobre Educação

O reconhecimento da importância da educação remonta aos tempos pré-históricos, embora naturalmente a educação oferecida tenha assumido formas diferentes em diferentes contextos e períodos. A Bíblia tem muito a dizer sobre educação, começando com a instrução aos pais israelitas para que ensinem a seus filhos o que Deus lhes ensinou (Dt 11:18-19).

O livro de Provérbios é particularmente rico em referências à educação e ao aprendizado porque pretende ser um guia de vida, que se apega ao princípio: *"Instrua a criança segundo os objetivos que você tem para ela, e mesmo com o passar dos anosb não se desviará deles"* (Pv 22:6). Em outras palavras, a educação deve começar quando as crianças são pequenas e deve incutir os valores corretos enquanto estão em estágios formativos de desenvolvimento. Provérbios também exorta as pessoas a valorizar mais a educação do que a riqueza:

> *Prefiram a minha instrução à prata, e o conhecimento ao ouro puro, pois a sabedoria é mais preciosa do que rubis; nada do que vocês possam desejar compara-se a ela.* (Pv 8:10-11).

Aqueles que fizerem essa escolha descobrirão que a educação, quando usada com sabedoria, produz um bom julgamento que leva à prosperidade, honra e uma rica herança (Pv 8:17-21) – todas as coisas que são desesperadamente necessárias na África.

O escritor do livro de Eclesiastes também era um homem que valorizava a educação, pois ele diz: *"Dediquei-me a investigar e a usar a sabedoria para explorar tudo o que é feito debaixo do céu.* (Ec 1:13). Embora muito do que ele viu o desiludiu, ele ainda acreditava que uma mente educada e sabedoria são mais importantes e mais duradouras do que a riqueza: *"A sabedoria oferece proteção, como o faz o dinheiro, mas a vantagem do conhecimento é esta: a sabedoria preserva a vida de quem a possui."* (Ec 7:12 NASB).

Ao explorar *"tudo o que se faz debaixo dos céus,"* o escritor de Eclesiastes também teria pesquisado a ciência de seus dias. A matemática, a ciência e a tecnologia são áreas frequentemente negligenciadas nas escolas africanas. Mas eles são parte da criação de Deus que os alunos precisam aprender, e os cristãos precisam urgentemente desenvolver perícia nessas áreas.[17]

---

17. Para saber mais sobre este tópico, veja o capítulo sobre ciência, bem como os capítulos sobre economia, estudos de mídia e meio ambiente. Os cristãos não devem apenas falar sobre essas disciplinas; alguns devem se tornar praticantes.

Finalmente, não devemos esquecer que os professores carregam uma pesada responsabilidade. Tiago estava a falar à igreja quando escreveu: *"Meus irmãos, não sejam muitos de vocês mestres, pois vocês sabem que nós, os que ensinamos, seremos julgados com maior rigor"* (Tg 3:1), mas suas palavras também servem como advertência aos cristãos que ingressam na profissão de ensino. Como professores, eles são modelos para os seus alunos e apontam o caminho para o conhecimento. Eles são responsáveis por dar a todos os seus alunos o tipo certo de educação da maneira correta.

Métodos de Ensino

O tipo de ensino que transformará a África inclui inspirar os alunos a viver para propósitos maiores, combinando a mentalidade acadêmica e comunitária e envolvendo o intelecto e o espírito dos alunos. Além disso, os professores devem atender às necessidades gerais dos alunos – mentais, espirituais e vocacionais – e se concentrar mais no aprendizado do que apenas na transmissão das informações. Professores eficazes sabem como usar os estilos de aprendizagem preferidos dos alunos, ajudá-los a aprender dando instruções claras e adoptando uma variedade de métodos, e usar perguntas para envolver os alunos.[18] Mas que tipo de métodos eles devem usar para atingir esse objetivo? Alguns métodos são especialmente adequados para educadores cristãos?

Métodos contemporâneos

A Bíblia não ensina explicitamente nenhuma teoria ou metodologia educacional. Isso significa que os professores cristãos são livres para estudar e usar a diversidade dosmétodos de ensino e aprendizagem desenvolvidos por educadores seculares. Toda abordagem educacional útil deve ser engajada e adaptada criativamente à sala de aula de cada professor. Se os professores se recusarem a fazê-lo, continuarão a oferecer o tipo de educação que falhou em África e não estarão a preparar os seus alunos para a vida em África no século XXI, com os seus novos desafios tecnológicos e sociais.

---

18. George Janvier, *A Vision for Teaching* (Bukuru: Africa Christian Textbooks, 2018), 175–177.

Métodos africanos

Os professores em África não precisam usar exactamente os mesmos métodos que os seus colegas nos países ocidentais. A África tem suas próprias tradições educacionais, e os professores precisam pensar criativamente sobre como podem fazer uso delas nas escolas contemporâneas. Existem elementos do modelo educacional seguido nas escolas de iniciação que poderiam ser transformados e usados em salas de aula contemporâneas? Os ritos de passagem e festivais tradicionais podem ser utilizados na busca doss métodos de ensino? E quanto aos professores que usam o drama, a música e a dança africanos, como o Gule Wamkulu do Malawi ou a Saga Ozidi do Ijaw da Nigéria, para integrar a expressão artística africana no ensino e aprendizagem cristãos? No nível do ensino fundamental, os alunos poderiam aprender melhor suas tabuadas se fossem ensinados usando cantos toyi toyi e passos de dança? Como o folclore africano, como provérbios, contos populares, enigmas e piadas, pode ser usado para enriquecer o ensino e a aprendizagem? Precisamos de professores africanos que aproveitem a riqueza da sua herança e sua criatividade dada por Deus na sala de aula, e precisamos de diretores e administradores de escolas africanas que não fechem a criatividade dos seus professores sem uma consideração cuidadosa das razões pelas quais um professor quer adotar uma abordagem diferente.

Os métodos de Cristo

Ao considerar tanto as novas quanto as antigas abordagens de ensino, os professores também fariam bem em considerar o estilo do ensino de Jesus Cristo, que foi um dos maiores mestres já conhecidos, como evidenciado pelo impacto que Ele teve durante o seu tempo na terra o e ao longo dos séculos.[19] Samuel Ango sugeriu que *"os educadores cristãos devem envolver os alunos no diálogo, na reflexão, no pensamento crítico e na acção . . . passos essenciais que Jesus deu com Nicodemos um intelectual, discípulos de Jesus que eram pastores ignorantes, ou a mulher samaritana."*[20] Jesus respondeu as suas perguntas, fez-

---

19. T. Mumuni, "Critical Pedagogy in the Eyes of Jesus Christ's Teachings: A Historical Study," *International Journal of Development and Sustainability* 7, no. 1 (2018): 340–354. See also L. Fønnebø, "A Grounded-Theory Study of the Teaching Methods of Jesus: An Emergent Instructional Mode" (PhD Dissertation 369, 2011), Digital Commons @ Andrews University Dissertations.

20. Samuel P. Ango, "Educating for Justice and Righteousness in Nigerian Society: Applying Freire's Pedagogy of the Oppressed," *International Journal of Christianity and Education* 22, no. 2 (2018): 108.

lhes perguntas e os engajou num diálogo crítico que muitas vezes levou a uma acção crítica.

Questionar

Os professores africanos tendem a responder directamente às perguntas dos alunos ou a ridicularizar um aluno que pergunta o que o professor erroneamente define como "uma pergunta estúpida". Jesus raramente respondeu assim. Em vez disso, quando as pessoas faziam perguntas, Ele não dava respostas diretas, mas jogava a pergunta de volta para o questionador, encorajando-os a descobrir a resposta por si mesmos. Vemos isso na forma como Ele respondeu a uma pergunta de um especialista em direito:

> *"Certa ocasião, um perito na lei levantou-se para pôr Jesus à prova e lhe perguntou: 'Mestre, o que preciso fazer para herdar a vida eterna?' 'O que está escrito na Lei?' respondeu Jesus. 'Como você lê?' Ele respondeu: 'Ame o Senhor, o seu Deus, de todo o seu coração, de toda a sua alma, de todas as suas forças e de todo o seu entendimento' e 'Ame o seu próximo como a si mesmo.' Disse Jesus: Você respondeu corretamente. Faça isso, e viverá."* (Lucas 10:25–28)

O aluno não ficou totalmente satisfeito com esta resposta, que confirmou o que ele já sabia. Então ele fez outra pergunta: *"E quem é o meu próximo?"* (Lucas 10:29). Mais uma vez, Jesus não respondeu à pergunta directamente. Em vez disso, Ele contou a parábola do bom samaritano, e então pediu ao seu interlocutor que respondesse ao que ouvira: *"Qual destes três acha que foi o próximo do homem que caiu nas mãos dos ladrões?"* (Lucas 10:36).

Jesus estava a usar uma técnica de questionamento para fazer aqueles ao seu redor pensarem por eles mesmos. Quando o homem respondeu à pergunta de Jesus dizendo *"Aquele que teve misericórdia dele,"* ele também estava a responder à sua própria pergunta. Tudo o que Jesus tinha a acrescentar era: *"Vá e faça o mesmo"* (Lucas 10:37).

QuestionaR é a pedra angular do treinamento do pensamento crítico porque exige que o aluno vá além da memorização de factos fornecidos pelo professor. Ao fazer perguntas, o aluno é desafiado a analisar o que realmente está a acontecer sob a superfície e desenvolve a capacidade de avaliar situações de forma independente.[21]

---

21. Karakoc, "The Significance of Critical Thinking."

Solução de problemas

O uso d perguntas leva naturalmente ao uso de métodos de resolução dos problemas, pois os alunos são desafiados a encontrar as suas próprias soluções para problemas específicos. Esse desafio não é estabelecido meramente dizendo a um aluno que *"resolva você mesmo."* Em vez disso, o professor deve fazer as perguntas certas e fornecer os exemplos certos para que os alunos aprendam gradualmente a pensar por si mesmos e tornem-se capazes de fazer as perguntas certas, identificar problemas, definir os problemas e projetar intervenções apropriadas para resolver os problemas por si mesmos.

Jesus usava a solução de problemas ao ensinar os seus discípulos e outras pessoas que o seguiam. Por exemplo, quando Ele viu uma grande multidão se aproximando, Ele se virou para um discípulo e perguntou: *"Onde vamos comprar pão para este povo comer?"* (João 6:5). Da mesma forma, quando os fariseus arrastaram uma mulher apanhada em adultério diante dele, Jesus começou a fazer os fariseus refletirem criticamente sobre a sua própria prática e resolver o problema que eles mesmos haviam colocado para ele. Então, em vez de responder à pergunta deles sobre o que deveria ser feito com ela, tudo o que ele disse foi: *"Qualquer um de vocês que estiver sem pecado seja o primeiro a atirar uma pedra nela"* (João 8:7).

Jesus colocou os seus questionadores numa situação em que eles tiveram que usar as suas próprias habilidades de pensamento para decidir qual era o curso de ação correto para cada um deles como indivíduos. é o tipo de situação que evoca a aprendizagem baseada em problemas. Esse aprendizado pode ser usado em todas as áreas do currículo e se caracteriza por fazer perguntas instigantes que estimulam o pensamento crítico. Ele equipa os alunos com a capacidade de encontrar formas inovadoras de lidar com os desafios diários e questões mais complexas.

Aprendizagem baseada em pesquisa

À medida que os problemas que os alunos são solicitados a resolver se tornam mais difíceis, eles serão forçados a começar a se envolver em pesquisas, que podem ser feitas por indivíduos ou por grupos dos alunos trabalhando juntos. Idealmente, o aprendizado baseado em pesquisa ajudará os alunos a desenvolver curiosidade e persistência intelectual, bem como habilidades no trabalho em equipe.[22]

Pode perguntar que evidência de aprendizado baseado em pesquisa existe na Bíblia? Em resposta, podemos apontar para a descrição do Messias como aquele que *"Não julgará pela aparência, nem decidirá com base no que ouviu."* (Is 11:3). Isso implica que o Messias olha além das questões superficiais e investiga mais profundamente antes de fazer um julgamento – que é exatamente o que os pesquisadores são chamados a fazer.

Da mesma forma, quando Jesus perguntou a seus discípulos*: "Quem as pessoas dizem que eu sou?"* (Marcos 8:27), Ele estava realizando uma pesquisa de opinião para fazer os discípulos refletirem sobre qual opinião estava mais próxima da verdade. É como a aprendizagem baseada em pesquisa ajuda a desenvolver habilidades do pensamento crítico.

Incentivar os alunos a explorar o seu ambiente, identificar problemas, investigar os problemas, encontrar soluções possíveis e implementar as soluções leva a altos níveis de envolvimento dos alunos no processo de educação e os equipa com habilidades que podem usar para o resto das suas vidaspara o seu próprio benefício e o benefício das suas comunidades. Nesta abordagem, os alunos não são recipientes passivos do conhecimento transmitido de cima para baixo, mas estão ativamente e colaborativamente envolvidos na construção e comunicação do conhecimento.

O Estudo de Liderança Cristã Africana fornece um bom exemplo de aprendizagem baseada em pesquisa na África. Estudantes de teologia em três países da África foram envolvidos na pesquisa de quem as pessoas identificaram como líderes fortes e positivos e foram solicitados a realizar entrevistas estruturadas com esses líderes identificar os ingredientes-chave para uma liderança cristã bem-sucedida na África. Os resultados deste projeto de pesquisa foram publicados e amplamente distribuídos.[23]

Conclusão

A educação oferecida no continente africano deve ser capaz de transmitir habilidades ao longo da vida que capacitam os cidadãos a serem criadores

---

22. H. Dekker and S. W. Wolff, "Re-Inventing Research-based Teaching and Learning." Paper presented at the European Forum for Enhanced Collaboration in Teaching, Brussels, 5 December 2016.

23. Robert J. Priest and Kirimi Barine, eds., *African Christian Leadership: Realities, Opportunities, and Impact* (Carlisle: Langham Global Library, 2019). Para obter mais informações sobre o estudo, acesse https://www.africaleadershipstudy.org.

de riqueza que podem criar sociedades sustentáveis. Eles não devem mais simplesmente depender de outros para lhes oferecer emprego, mas devem ser empreendedores, criando empregos para outros. Ao mesmo tempo, a sua educação deve inculcar os princípios morais, integridade e respeito pelos direitos humanos que os capacitarão a enfrentar a corrupção e os abusos e construir a África prevista na *Agenda 2063*.

Perguntas

1. Pesquise quais das razões para o fracasso da educação em África existem na sua comunidade. Que ações sua igreja ou você como indivíduo ou como professor pode tomar para abordar um ou mais desses problemas?
2. Ouça a educação que está sendo dada na sua igreja ou escola em sua comunidade. Consegue identificar exemplos do uso de questionamento, resolução de problemas e aprendizado baseado em pesquisa? Pode sugerir maneiras pelas quais essas técnicas podem ser usadas para promover um melhor aprendizado na sua comunidade?
3. O sistema educacional e a igreja podem trabalhar juntos para fornecer educação continuada às pessoas na sua comunidade que saíram do sistema escolar? Essa educação é necessária?
4. Quais são os modelos africanos de educação existentes na sua comunidade que podem ser adaptados para uso em escolas e igrejas?

Leitura Adicional

Ango, Samuel Peni. "Educating for Justice and Righteousness in Nigerian Society: Applying Freire's Pedagogy of the Oppressed," *International Journal of Christianity and Education* 22, no. 2 (2018): 99–111.

"Education in Africa." UNESCO Sustainable Development Goals. http://uis.unesco.org/en/topic/education-africa.

Freire, Paulo. *Teachers as Cultural Workers*. Boulder, CO: Westview, 2005.

Karakoc, M. "The Significance of Critical Thinking Ability in Term of Education." *International Journal of Humanities and Social Sciences* 6, no. 7 (July 2016): 81–84.

Laal, M. "Lifelong Learning: What Does It Mean?" *Procedia: Social and Behavioural Sciences* 28 (2011): 470–474. https://core.ac.uk/download/pdf/82367162.pdf.

Mumuni, T. "Critical Pedagogy in the Eyes of Jesus Christ's Teachings: A Historical Study." *International Journal of Development and Sustainability* 7, no. 1 (2018): 340–354. https://isdsnet.com/ijds-v7n1-23.pdf.

United Nations. "Transforming Our World: The 2030 Agenda for Sustainable Development." Sustainable Development Goals Knowledge Platform. https://sustainabledevelopment.un.org/post2015/transformingourworld/publication.

12

O Meio Ambiente

Ernst Conradie

Ao redor de todo o continente africano, as preocupações ambientais ameaçam a subsistência das comunidades rurais e das populações urbanas, além de ter um grande impacto na vida vegetal e animal. Tais questões são amplamente cobertas nos noticiários e intuitivamente reconhecidas em todos os lugares. Uma lista de dez dessas questões incluiria perda de biodiversidade, mudanças climáticas, desmatamento, desertificação, pesca excessiva, poluição do abastecimento de água (devido à mineração, petróleo, etc.), rápido crescimento populacional, erosão do solo, gestão de resíduos municipais e crescente escassez de água. Cada uma dessas questões precisa ser entendida em termos da história do colonialismo, globalização, industrialização e urbanização.[1] Os leitores podem querer adicionar a esta lista ou dar prioridade a alguns mais do que outros, devido a contextos locais específicos.

Tais problemas ambientais exigem claramente uma reflexão profética e pastoral dentro das comunidades cristãs. Eles influenciam a vida das pessoas diariamente, pois afetam as condições em que as pessoas vivem e trabalham, os alimentos que comem, a água que bebem, o ar que respiram. Eles moldam nossa relação com a terra, uns com os outros, com os animais, com o que é visível e o que é invisível. Os problemas ambientais moldam os conflitos entre as pessoas por terra, água e recursos escassos e os movimentos das pessoas. As questões ambientais, portanto, requerem atenção na esfera pública e, portanto, estão na agenda da teologia pública.

Isto muito deve estar bem claro. No entanto, quando reflectimos sobre "teologia pública e meio ambiente," devemos pensar cuidadosamente sobre

---

1. Para discussão dessas questões no contexto sul-africano, ver Klaus Nürnberger, *Prosperity, Poverty and Pollution: Managing the Approaching Crisis* (Pietermaritzburg: Cluster, 1999).

o que queremos dizer com cada uma dessas palavras. Cada uma delas está aberta a mal-entendidos. Então, vamos investigar esses conceitos mais de perto.

Meio Ambiente

A palavra "ambiente" significa literalmente o arredor, o que se encontra ao seu redor. O meio ambiente inclui plantas e animais, solo, água, montanhas, rios e nuvens e outras pessoas, além de prédios, móveis, carros, celulares, papel, propagandas, plásticos e resíduos. Portanto, é útil distinguir entre o ambiente biofísico, o ambiente social, o ambiente econômico (recursos) e o ambiente político. Essas dimensões estão inter- relacionadas de várias maneiras. A terra (ambiente biofísico) é considerada um recurso para o cultivo dos alimentos (ambiente econômico) que sustenta as comunidades (ambiente social), mas o cultivo de alimentos também pode degradar o solo (ambiente biofísico). O conflito por terra e água requer mediação (ambiente político) e influencia as famílias (ambiente social). O conflito pode levar a uma maior destruição da terra (ambiente biofísico).

A palavra "ambiente" é frequentemente usada como um sinônimo aproximado de ecologia, terra, mundo, natureza ou criação. É compreensível, mas pode ser útil distinguir estes termos:

- *Como indicado acima, o "ambiente" refere-se ao arredor.* É útil trazer as questões para perto de onde se vive e trabalha. No entanto, a palavra pode tornar-se bastante egocêntrica, de modo que a tensão pode surgir entre o meu ambiente e o seu ambiente. Posso não querer algo no meu quintal, mas posso não estar muito preocupado com o seu ambiente ou com questões globais que parecem distantes. Meio ambiente também é um termo antropocêntrico – centrado no ser humano e em suas necessidades – para que os animais sejam tratados apenas como parte de nosso meio ambiente e não como co-criaturas que também são feitas por Deus.

- *"Ecologia" é melhor usado com referência ao funcionamento dos ecossistemas* e as múltiplas maneiras pelas quais os organismos interagem uns com os outros e com elementos inorgânicos (água, minerais do ar, energia). De uma perspectiva ecológica, nós, seres humanos, dependemos fortemente de outras formas de vida. Não podemos passar sem eles, mas eles podem passar sem nós e podem até fazer muito melhor sem nós.

- *"Natureza" é um conceito escorregadio porque pode se referir ao ambiente biofísico*, mas muitas vezes exclui os seres humanos – ignorando o facto óbvio de que os seres humanos fazem parte da natureza. Somos uma forma da vida ao lado de muitas outras. Somos mamíferos para ser mais preciso, mesmo que sejamos muito especiais.

- *"Terra" pode ser usada de forma antropocêntrica para se referir à "minha" terra ou à terra de um povo.* No entanto, o conhecimento indígena africano sustenta que pertencemos à terra mais do que ela nos pertence. Herdamos a terra dos nossos ancestrais e a emprestamos das gerações futuras. Na verdade, a terra pertence a Deus, não a nós em primeiro lugar.
- *"Criação" é um termo religioso que confessa que toda a terra pertence a Deus como seu criador.* A criação indica que o mundo não é uma entidade autônoma, mas que sua origem, vida e destino estão nas mãos do seu Criador.

A palavra "meio ambiente" é frequentemente usada de duas maneiras contrastantes, referidas como "agenda verde" e "agenda marrom.".A agenda verde está associada à conservação da natureza e aborda temas como a preservação de áreas silvestres, espécies ameaçadas de extinção, caça furtiva, crueldade contra animais, espécies invasoras e, em geral, o impacto da mineração e da indústria, da agricultura industrializada e da expansão urbana na habitats de plantas e animais. A agenda castanha está associada ao impacto da degradação ecológica nas pessoas. Exemplos incluem a situação dos trabalhadores em fazendas, minas e fábricas e as condições de vida das pessoas em assentamentos informais (campos de posseiros) nas cidades. De facto, muitos dos problemas vivenciados pelos pobres urbanos, como saneamento, acesso à água potável, condições de moradia, poluição do ar, problemas de saúde, escassez de reflorestamento, superlotação e assim por diante, são questões ambientais, mesmo que não enquadradas dessa forma. A agenda castanha astá tipicamente focada em questões de justiça e dominação com base em raça, classe, gênero e idade. Em geral, os pobres, mulheres, crianças, idosos e deficientes são vítimas das injustiças ambientais.

As pessoas que apoiam a agenda verde são frequentemente acusadas de estarem mais preocupadas com plantas e animais do que com seus semelhantes. As pessoas que defendem a agenda marrom são muitas vezes acusadas de serem antropocêntricas, ou seja, de pensar que o mundo inteiro existe para servir o ser humano e as uas necessidades. Houve tentativas de integrar a agenda verde e a agenda marrom porque elas claramente não podem ser completamente separadas. O teólogo sul- africano Steve de Gruchy propôs uma "agenda oliva" para mostrar como as preocupações sobre a terra e seu povo estão interligados.[2] No entanto, a distinção é útil para entender percepções conflitantes sobre questões ambientais.

Outra maneira de enquadrar o debate diz respeito se os problemas são causados pela superpopulação ou pelo consumo excessivo. As pessoas nos países altamente industrializados do Norte global estão frequentemente preocupadas com o crescimento populacional e questões ambientais associadas, como desmatamento, espécies ameaçadas, erosão do solo e miséria. Eles apontam o dedo para a Índia, Brasil e África. Em contraste, muitos no Sul global sugerem que o consumo excessivo é o principal problema. Eles apontam o dedo para os estilos de vida luxuosos da maioria no Norte global e minorias importantes no Sul global e os problemas ambientais associados, como poluição industrial, despejo de lixo tóxico e especialmente as mudanças climáticas. Embora tanto a superpopulação quanto o consumo excessivo contribuam claramente para a destruição ambiental, seu peso relativo permanece controverso. As comunidades cristãs na África podem estar certas em criticar o impacto ambiental duma influência, mas devem ser cautelosas ao tentar copiar tais estilos da vida de forma tácita ou explícita.

Um comentário final sobre o meio ambiente é importante aqui. Pode ser verdade que os problemas ambientais não estejam necessariamente no topo das agendas políticas, sociais ou eclesiásticas. Muitos diriam que o crescimento económico para combater a pobreza e a desigualdade, a criação de empregos para combater o desemprego, a educação e formação para combater a desigualdade, os cuidados de saúde para combater doenças como o HIV/SIDA e a malária, a segurança para combater o crime e a corrupção ou a paz para combater os conflitos violentos deve receber prioridade máxima. No entanto, cada um desses problemas tem uma dimensão ambiental. Tomemos como exemplo a migração das pessoas. A migração pode ser causada por conflito político, mas esse conflito é muitas vezes sobre recursos escassos, incluindo terra, água e petróleo. Além disso, as mudanças climáticas já têm um impacto na segurança alimentar que se tornará pior nas próximas décadas. É melhor considerar o ambiente biofísico como "transversal", isto é, como sendo a dimensão de tudo, da mesma forma que religião, cultura, língua, gênero, saúde, política e economia são uma dimensão de tudo o mais. Pode-se dizer que, embora tudo seja político, a política não é tudo.

---

2. Steve de Gruchy, *Keeping Body and Soul Together: Reflections by Steve de Gruchy on Theology and Development*, ed. Beverley Haddad (Pietermaritzburg: Cluster, 2015).

Público

O meio ambiente é de interesse público. Não é meramente um assunto privado, como se o que eu faço com o ambiente ao meu redor não tivesse impacto nos outros. Na teologia pública, geralmente é feita uma distinção entre três públicos, a saber, a igreja como o público primário do qual a teologia cristã emerge e ao qual ela é responsável (por exemplo, em termos de treinamento ministerial); a academia onde as reivindicações teológicas da verdade devem ser discutidas em relação a outras disciplinas; e então a sociedade como o lugar onde o impacto e o significado do cristianismo se tornam evidentes – para melhor, esperançosamente, mas muitas vezes também para pior, dado o histórico do cristianismo e seus laços contestados com o colonialismo.

A Igreja

As questões ambientais estão sendo abordadas na igreja de várias maneiras. Há um movimento generalizado em torno das eco-congregações que reconhecem que as congregações estão situadas num ambiente particular e têm um impacto nesse ambiente. Considere o papel dos edifícios, terrenos, cemitérios das igrejas, uso da eletricidade e outras formas de energia, papel, transporte e assim por diante. Há uma necessidade óbvia de administração responsável aqui.

A liturgia pode ser considerada como uma forma de ver o mundo ao nosso redor a partir da perspectiva de Deus. Não surpreendentemente, as dimensões ambientais de cada aspecto da liturgia foram exploradas. Um movimento iniciado pelo Patriarca Ecumênico de Constantinopla e apoiado pelo papa e pelo Conselho Mundial das Igrejas busca introduzir um Tempo da Criação como parte do ano litúrgico.

O cuidado pastoral também tem uma dimensão ambiental. Não adianta se preocupar com a saúde médica, psicológica e espiritual duma pessoa se ela vive num ambiente tóxico. Tais situações exigem testemunho profético. De facto, existem aspectos pastorais (sacerdotais), proféticos e reais (mordomia) da responsabilidade ambiental das igrejas.

A Academia

O discurso sobre ecoteologia tem prosperado na academia desde a década de 1970 em todos os principais contextos geográficos ao redor do mundo, geralmente de maneiras diferentes, dependendo das preocupações particulares. Um número crescente de teses e publicações africanas se concentram no meio ambiente. Todas as subdisciplinas tradicionais da teologia cristã se envolveram, incluindo exegese bíblica, história, doutrina, ética, teologia prática e suas muitas disciplinas subsidiárias e missiologia.

Na academia, as expressões da ecoteologia entram em diálogo com muitas outras disciplinas que vão além dos tradicionais parceiros de conversa, como as línguas bíblicas, a história, a filosofia, a sociologia e a psicologia. Há agora também a necessidade de se envolver com as chamadas ciências naturais, e ciências da gestão, ciências da saúde e assim por diante.

Sociedade

A sociedade pode ser subdividida nas diferentes esferas da política, administração do estado, negócios e indústria, direito, educação (da qual a academia faz parte), mídia, desporto e sociedade civil (da qual as igrejas fazem parte). As preocupações ambientais precisam ser exploradas em todas essas esferas da sociedade. No entanto, o papel do cristianismo na esfera pública é altamente contestado. De facto, o próprio cristianismo é publicamente acusado de ser uma das causas da crise ambiental. Esta acusação foi primeiramente feita num famoso ensaio pelo historiador americano Lyn White intitulado "The Historical Roots of our Ecologic Crisis" (As Raízes Históricas da Nossa Crise Ecológica) publicado em 1967.[3] White argumentou que *"o cristianismo é a religião mais antropocêntrica que o mundo já viu"* e que *"carrega um enorme fardo de culpa"* pela degradação ambiental.

Essa crítica tem sido repetida muitas vezes no discurso secular. Há muitos que aceitam intuitivamente a validade do argumento, especialmente porque os países ocidentais onde o cristianismo tem sido tradicionalmente dominante são os países tipicamente acusados de causar degradação ambiental. Não é necessário discutir aqui a validade desta tese. Não se aplica ao continente africano da mesma forma, mas não pode ser evitado por causa dos laços entre a missão cristã e o colonialismo. O impacto do cristianismo na destruição ambiental é amplamente discutido em todas as formas de teologia cristã, incluindo teologias pós-coloniais/decoloniais.

"E"?

"Teologia pública e meio ambiente" soa como um par definido como igreja e sociedade, teologia e religião, texto e contexto, evangelho e cultura,

---

3. Lynn White, "The Historical Roots of our Ecologic Crisis," *Science* 155 (1967): 1203–1207.

criação e salvação ou Deus e mundo. Mas esses pares obscurecem dois problemas relacionados.

A primeira é que se tentarmos representar o par com círculos ou blocos, o "e" parece sugerir que são duas entidades separadas que estão em relação (ou tensão?) uma com a outra. Mas a realidade é que um deles também pode ser incluído no outro, ou vice-versa. Por exemplo, não é melhor falar da Igreja como uma organização da sociedade civil, ao lado de outras, que busca contribuir para o bem-estar da sociedade? Mas isso não reduziria a igreja a menos do que é, ou seja, um sinal do reino vindouro de Deus? Domesticar a igreja dessa maneira pode levar ao problema inverso, a saber, que a sociedade se insere na igreja para que a igreja aceite o apartheid, as identidades étnicas ou uma cultura consumista. Da mesma forma, pode-se argumentar, como alguns fazem, que Deus não está separado do mundo, mas que o mundo vive, se move e tem seu ser dentro de Deus. Ou a mensagem cristã é melhor compreendida de que Deus em Jesus Cristo veio habitar entre nós e através do Espírito vive em nós, então a morada de Deus é a terra, como é no céu?

Seguindo essa linha de pensamento, pode-se sugerir que a teologia pública não existe ao lado do ambiente biofísico, mas está inserida nele. Se os humanos como criaturas de Deus fazem parte da natureza, então tudo o que os humanos fazem, incluindo a sua cultura e sua teologia (pública), também faz parte da natureza. É precisamente quando começamos a pensar na teologia como algo separado do meio ambiente que ela pode se tornar ecologicamente destrutiva.

As coisas podem ser diferentes em relação a alguns outros temas éticos abordados na teologia pública, como pobreza, HIV/AIDS, gênero ou conflito violento. Mas mesmo aqui pode ser melhor dizer que "a igreja tem AIDS" do que falar de "a igreja e AIDS", como se a AIDS estivesse de alguma forma separada da igreja. Da mesma forma, pode-se falar da "igreja dos pobres" em vez da igreja e da pobreza. Se esta linguagem é teologicamente apropriada permanece em aberto para discussão.

Um conjunto relacionado de problemas é melhor compreendido com referência ao discurso ecumênico sobre o que é chamado de "eclesiologia e ética". O movimento ecumênico inicial concentrou-se em seis temas principais, a saber, unidade da igreja, missão, "fé e ordem", "vida e obra", adoração e educação teológica. Essas correntes convergiram no estabelecimento do Conselho Mundial de Igrejas, mas mantiveram sua própria identidade. "Eclesiologia e ética" é uma abreviação para as tensões que surgiram entre o discurso sobre "fé e ordem" e sobre "vida e trabalho." O primeiro se concentrou em questões de doutrina e ordem eclesiástica que dividem igrejas em todo o mundo. Este último centrou-se no testemunho dos cristãos na sociedade onde quer que vivam e trabalhem.

Eclesiologia e ética estão obviamente relacionadas uma com a outra. O que a igreja é não pode ser separado do que a igreja faz. No entanto, é bem possível enfatizar um mais do que o outro. Se a "eclesiologia" é enfatizada, então a igreja se torna centrada em si mesma, em sua autenticidade, doutrinas, liderança, rituais, finances e assim por diante, e pode facilmente se tornar irrelevante para o mundo ao seu redor. Se a "ética" for enfatizada, a igreja procura ser relevante para a sociedade, abordando todos os problemas da sociedade, incluindo os problemas ambientais. No entanto, a igreja pode ser facilmente reduzida a apenas mais uma organização da sociedade civil.

Na África, sem dúvida, a Igreja desempenha um papel muito significativo na sociedade civil. É muito grande, tem milhões de seguidores que se reúnem regularmente e tem uma liderança forte que geralmente é confiável pela população local e um código de conduta moldado pelos textos sagrados da igreja. O perigo é que a igreja pode perder sua distinção se começar a fazer o que todas as outras organizações fazem, tentando copiá-las. O evangelho é então diluído por causa da influência social. Eclesiologia e ética, então, estão em tensão uma com a outra. e "e" esconde tais tensões. Pode-se dizer que em nível local, questões de "eclesiologia" são frequentemente dominantes, enquanto questões de "ética" são enfatizadas em grandes reuniões ecumênicas dos líderes eclesiásticos.

Essas distinções são relevantes quando se fala de teologia pública "e" do meio ambiente. Ao abordar questões ambientais como desmatamento, justiça ambiental (por exemplo, relacionada à poluição tóxica) ou mudanças climáticas, as igrejas muitas vezes apenas repetem o que é dito no discurso secular. Talvez eles acrescentem algum favor religioso a isso, mas há pouco de distintivo sobre o papel das igrejas a esse respeito. Mas isso não significa que devemos descartar a contribuição da igreja. Às vezes é necessário defender a justiça e a paz ao lado de outros, incluindo pessoas das outras religiões vivas. Fazer isso já é uma forma de testemunho. No entanto, a questão permanece se a igreja pode contribuir com algo distinto para resolver tais problemas. Se as igrejas podem fazer algo que nenhuma outra organização pode fazer, mas deixa de fazê-lo, isso seria uma forma de preguiça. Muitas vezes, esse fracasso se resume a não levar a sério a sua própria mensagem, não acreditar que o evangelho possa fazer a diferença na cura das feridas do mundo, incluindo a destruição do meio ambiente. Desta forma, a obra da criação de Deus é separada da obra de salvação de Deus – o primeiro e o segundo artigos do credo Cristão – com o perigo de ambos se tornarem irrelevantes. Isto representa um grande desafio: problemas ambientais tal como mudança climática são tão assoberbantes e difíceis de abordar que parece arrogante sugerir que uma mensagem antiga, o evangelho da salvação em Jesus Cristo atravez do trabalho do Espírito Santo pode fazer a diferença.

Teologia: Cinco Abordagens Inadequadas

Não há uma abordagem única para a ecoteologia. Globalmente e no contexto africano, a ecoteologia é caracterizada por uma pluralidade conflitante de posições e abordagens. Pode não ser possível prescrever apenas uma abordagem legítima, mas é importante reconhecer algumas tendências teológicas inadequadas. Um livreto publicado pelo Conselho das Igrejas da África do Sul identifica tais tendências.[4] Cada uma contém um elemento de verdade, mas quando essa verdade se torna isolada de outros aspectos da fé cristã e desconectada do contexto do testemunho cristão, a forma resultante de cristianismo torna –se radicalmente distorcido.

- *Teologia do domínio*: A teologia é tipicamente baseada no comando divino em Gênesis 1:28 para "subjugar a terra" e "dominá-la". Também se baseia no Salmo 8, que retrata os seres humanos como a "coroa da criação" (v. 5). Assim, esta teologia sugere que Deus criou todo o universo para o bem dos seres humanos. Podemos, portanto, usar os recursos naturais para nosso benefício conforme julgarmos apropriado. Às vezes, essa teologia de domínio é transformada numa teologia de domínio ou mordomia para enfatizar nossa responsabilidade humana de usar esses recursos com sabedoria e economia. No entanto, imenso poder e autoridade ainda são atribuídos aos seres humanos. Há poucas dúvidas sobre a necessidade de exercer responsabilidade, especialmente devido ao impacto das mudanças climáticas induzidas pelo homem. No entanto, a forma como o lugar da humanidade na própria criação de Deus é entendida é arrogante, faz pouco sentido cosmológico e é facilmente abusado para endossar práticas insustentáveis.

- *Teologias escapistas:* Muitos cristãos resistem à redução da fé cristã à agenda social da igreja e enfatizam o espiritual mais do que o material, a alma mais do que o corpo, o céu mais do que a terra e a vida futura mais do que esta vida. Esse pensamento pode levar a uma forma de escapismo

---

4. Conselho Sul-Africano de Igrejas, Comitê de Mudança Climática, *Climate Change: A Challenge to the Churches in South Africa* (Marshalltown: SACC, 2009).

onde as realidades presentes não são abordadas. A mensagem cristã de redenção em Jesus Cristo é entendida como salvação da terra e não como esperança para a salvação de toda a terra. O Deus que nos redime pouco tem a ver com o Deus que criou o mundo. Porém a esperança cristã fornece inspiração para os cristãos trabalharem pela vinda do reino de Deus na terra como no céu.

- *Teologias de inculturação no contexto do consumismo:* Os cristãos não são chamados a evitar o que é mundano. Eles podem abraçar várias expressões da cultura. É especialmente o caso quando as culturas africanas são retratadas como inferiores. Nesse contexto, há a necessidade de afirmar a cultura. No entanto, os cristãos também precisam estar vigilantes e precaver-se contra qualquer identificação fácil do evangelho com uma cultura particular. Quando uma igreja se torna uma cópia carbono da sociedade de consumo em que vivemos, ela perde a vantagem crítica do evangelho no contexto das mudanças climáticas. É extremamente fácil adaptar o evangelho a uma sociedade voltada para atender as necessidades, desejos e vontades dos consumidores religiosos. Ao fazer isso, nós meramente nos conformamos com os padrões de pensamento desta era (Rm 12:2), uma era de egoísmo e ganância.

- *Culpar as teologias:* As noções cristãs de pecado e perdão dos pecados são algumas vezes criticadas por serem muito gerais. Alguns dizem que somos todos igualmente culpados e, portanto, o evangelho do perdão é proclamado a todos. Mas, ao dizer isso, eles falham em reconhecer ou mesmo compreender as maneiras pelas quais a dominação em nome do gênero, raça, classe, educação, orientação sexual e espécie está profundamente enraizada em nossas sociedades. Eles não vêem que as vítimas da sociedade tendem a se tornar psicologicamente entorpecidas por décadas de opressão e internalizar a ideia de que são cidadãos "inferiores". Em resposta, outros cristãos sugeriram uma distinção entre aqueles que são pecadores e aqueles que sofrem o pecado. Jesus de Nazaré chamou os pecadores ao arrependimento, mas mostrou misericórdia para com as vítimas da sociedade. No entanto, mesmo essa abordagem inclui uma tendência inútil de ver as vítimas como puramente inocentes e sempre atribuir problemas a forças externas que estão além do nosso controle – por exemplo, colonialismo, imperialismo, racismo e apartheid – e nunca aceitar a responsabilidade pelos males da sociedade. Além disso, muitas vezes as pessoas são vítimas e perpetradores, como no caso de gangsterismo e problemas no casamento. No contexto do consumismo, temos que estar cientes das maneiras pelas quais nossos desejos desenfreados alimentaram a economia e saíram do controle. Embora a classe consumidora tenha liderado nesse sentido, aqueles que pertencem à classe média baixa também desejam aquilo que não têm. Quando se trata de amor ao dinheiro, pode ser verdade que aqueles que têm menos o amam mais.

- *Teologias da prosperidade:* O evangelho da prosperidade floresce num elemento de verdade, mas também distorce sistematicamente essa verdade. O elemento da verdade é a gratidão pelas bênçãos de Deus – incluindo bênçãos materiais muito concretas como chuva na hora certa, pão na mesa, proteção nas estradas, sucesso nos estudos, libertação em tempos de crise e renda suficiente para viver. Às vezes, o dinheiro é de facto a maneira pela qual Deus abençoa as pessoas. Para aqueles presos na pobreza, abster-se de comportamentos como abuso de álcool e drogas, visitar prostitutas, pedir dinheiro emprestado e jogar e, ao mesmo tempo, dedicar-se a um trabalho honesto e árduo, gastar dinheiro frugalmente e se comprometer com as necessidades da sua família pode levar a aumentando a prosperidade material. Quem negaria que esse tipo de prosperidade é um sinal concreto das bênçãos de Deus? No entanto, o evangelho da prosperidade pode ser mal utilizado para legitimar um senso de mobilidade social ascendente e até mesmo para encorajar demonstrações abertas de influência. Em muitos casos, a suposição subjacente é que, se você der o seu melhor ao Senhor (através da congregação local), receberá ricas bênçãos de Deus. Portanto, tais bênçãos tornam-se sinais da autenticidade de sua fé (e da liderança do pastor). Se você não receber tais bênçãos, sua fé está errada. Em tais casos, a liderança carismática muitas vezes se torna abusiva. Isso é quando o evangelho da prosperidade facilmente dá uma bênção divina ao egoísmo e à ganância institucionalizados.

Teologia: Cinco Melhores Abordagens

Em resposta a essas tendências teológicas inadequadas, identifiquei em outros lugares melhores abordagens teológicas que são encontradas no contexto africano e além.[5]

---

5. Esta seção baseia-se amplamente em Ernst M. Conradie, "Christianity and the Environment in (South) Africa: Four Dominant Approaches," in *Christian in Public: Aims, Methodologies and Issues in Public Theology*, ed. Len Hansen (Stellenbosch: SUN Press, 2007), 227–250.

Mordomia responsável

A abordagem dominante entre os cristãos evangélicos enfatiz a necessidade duma mordomia responsável. Ele critica a teologia do domínio, mas mantém a ênfase na responsabilidade. Muitas vezes, essa abordagem está associada à conservação da natureza, mas a ênfase também pode ser em virtudes como cultivar o amor pela natureza, o uso frugal dos recursos ou a sabedoria na tomada de decisões econômicas.

O conceito de mordomia tem sido especialmente atraente entre cristãos reformados e evangélicos, enquanto noções de serviço sacerdotal também podem ser encontradas entre cristãos ortodoxos, católicos e anglicanos. Seres humanos são retratados como ocupando uma posição única dentro dos ecossistemas. Só eles são criados à imagem de Deus; eles são poderosos, mas às vezes administradores abusivos da terra e são chamados a exercer sua responsabilidade com sabedoria e moderação. Este apelo é apoiado por uma exegese de textos como Gênesis 1:27–28, Gênesis 2:15 e Salmo 8. A sabedoria ecológica incorporada na Bíblia e na fé cristã é assim enfatizada. O problema não é a natureza do mandamento divino, mas a falta de obediência humana a ele.

Essa abordagem tem pontos fortes consideráveis. Um dos elementos centrais da metáfora da mordomia é a sua ênfase na responsabilidade humana. Outra força está relacionada ao reconhecimento de que Deus muitas vezes age no mundo por meio da agência humana. No entanto, na ecoteologia cristã, a metáfora da mordomia tem sido objeto duma controvérsia contínua. Deve-se notar que esta abordagem assume uma forte forma de antropocentrismo, e que sua retórica é voltada para aqueles em posições de poder e autoridade relativos. Às vezes é difícil escapar da impressão de que esta abordagem continua a operar dentro dum paradigma colonial onde a ênfase está na gestão adequada com base na subjugação prévia. A abordagem pode, portanto, cair facilmente na armadilha da teologia do domínio, conforme esboçado acima.

Restaurando a terra

Uma segunda abordagem enfatiza a restauração da terra ancestral. O foco aqui é nas condições da vida das comunidades rurais empobrecidas em toda a África. São abordados os problemas relacionados com a desflorestação, sobrepastoreio, erosão do solo, desertificação e esgotamento dos recursos hídricos. A ênfase está em projectos de captação de água, agricultura sustentável e plantio de árvores – para lenha, material de construção e cercas, fornecimento de frutas, ração animal, fins medicinais, restauração do lençol freático e o valor simbólico do plantio de espécies lenhosas para as próximas gerações. Esse trabalho é feito por meio duma ampla gama de projetos de desenvolvimento comunitário sob liderança local, às vezes apoiados financeiramente por fontes externas.

Essa abordagem pode encontrar expressão num anseio um tanto romantizado pelos tempos pré-coloniais e pelas comunidades rurais intocadas pelas forças da ocidentalização, urbanização, industrialização e ganância consumista. A degradação das terras ancestrais é vista como resultado da conquista colonial, enquanto o impacto do crescimento populacional sustentado tende a ser subestimado.

Tal abordagem é tipicamente apoiada por meieo duma recuperação da sabedoria ecológica na cultura e religião africanas tradicionais. Em praticamente todos com tais contribuições, a relação harmoniosa entre humanidade e natureza nas culturas pré-industriais é elogiada e celebrada em canções e lendas. Há uma sensação de admiração pela fecundidade da vida, a terra e todas as criaturas que vivem dela, e os ciclos das estações. Há uma ênfase quase esmagadora nas noções de inter-relação, dependência mútua, reciprocidade, equilíbrio ecológico, totalidade, a teia integrada da vida e, especialmente, *comunidade*. O mundo existe como um intrincado equilíbrio de partes. Os seres humanos devem reconhecer e se esforçar para manter esse equilíbrio cósmico. Tudo, da caça à cura, é um reconhecimento e uma afirmação da sacralidade da vida. Onde o equilíbrio ecológico e o mundo ancestral são perturbados, as comunidades humanas e outras criaturas sofrem.[6]

Esta abordagem é sintetizada por uma série de projetos significativos de manutenção da terra. Aqui, a reflexão teológica normalmente decorre dum envolvimento na manutenção da terra (cristã). Tais projetos são tipicamente rurais, o que levanta a questão de por que esses projetos raramente foram replicados em contextos urbanos na África. Como esses projetos podem lidar com a influência generalizada das forças da globalização, urbanização e consumismo na África urbana? Como resistir a novas formas de colonialismo sem romantizar e ansiar por tempos pré-coloniais?

A força desta abordagem é claramente a sua capacidade de recorrer à sabedoria ecológica tradicional do contexto africano. Duma perspectiva teológica cristã, também é preciso abordar questões sobre a continuidade e descontinuidade entre a religião tradicional africana e a cultura e a mensagem

---

6. Ver especialmente Emmanuel Asante, "Ecology: Untapped Resource of Pan-vitalism in Africa," *AFER: African Ecclesial Review* 27 (1985): 289–293; Samson K. Gitau, *The Environmental Crisis: A Challenge for African Christians* (Nairobi: Acton, 2000); Gabriel Setiloane, "Towards a Biocentric Theology and Ethic – via Africa," *Journal of Black Theology* 9, no. 1 (1995): 52–66; e Harvey Sindima, "Community of Life," *Ecumenical Review* 41, no. 4 (1989): 537–551.

do cristianismo. Às vezes, há uma tendência de lidar extensivamente com a sabedoria ecológica tradicional e adicionar uma seção final sobre o cristianismo sem muita tentativa de explorar as diferenças entre os dois. No entanto, exemplos interessantes de reflexões africanas sobre formas de culto, liturgia e sacramentos surgiram dentro dessa abordagem.

Desenvolvimento sustentável

Uma terceira abordagem enfatiza a necessidade de desenvolvimento sustentável. Esta é a abordagem preferida de empresários, líderes da indústria e políticos que estão preocupados com a degradação ambiental. Eles argumentam que, dado o aumento da população humana, padrões de consumo mais elevados e a prevalência da pobreza em África, o único caminho a seguir é através do crescimento econômico, criação de emprego e desenvolvimento. O problema da escassez econômica precisa ser enfrentado por meio da extração mais eficiente de recursos.

Essa abordagem se baseia num longo legado do discurso de desenvolvimento capturado no provérbio de que é melhor ensinar as pessoas a pescar do que fornecê-las com pescado. O problema é a suposição de que o conhecimento indígena foi perdido e deve ser recuperado por meio daeducação e treinamento inovativo.

Além disso, são necessários recursos financeiros para obter uma vara de pescar e outros equipamentos, e garantir que estes cumpram as normas internacionais. Uma licença pode ser necessária para ter acesso às águas de pesca onde há outros jogadores poderosos. Uma vez que tudo isso está no lugar, pode-se ser confrontado com o problema da pesca excessiva: os peixes que são capturados tornam-se cada vez menores.

Os que adotam esta abordagem concordam que o impacto ambiental das atividades econômicas deve ser reconhecido e superado por meio de melhor educação e treinamento, sofisticação tecnológica, capital disponível e sistemas de gestão mais eficientes. Em outras palavras, o desenvolvimento precisa se tornar mais sustentável.

A ideia de desenvolvimento *sustentável* serve como um importante corretivo às noções expansionistas do+ crescimento econômico. No entanto, essa ideia às vezes pode ser pouco mais do que uma ênfase no crescimento econômico, qualificado por alguns cuidados ambientais. Pode ser simplesmente uma lavagem verde do capitalismo global, um eufemismo para "negócios como sempre". Quando confrontados com uma escolha entre o desenvolvimento e um ambiente sustentável, os interesses dos promotores e empresários – que muitas vezes podem proporcionar ganhos económicos a curto prazo em termos de emprego – parecem receber regularmente prioridade.

Alguns consideram o conceito de desenvolvimento sustentável como uma contradição em termos: desenvolvimento pressupõe crescimento económico (dependendo dum uso crescente de recursos naturais) e como o crescimento econômico infinito é impossível num planeta infinito, o desenvolvimento sustentável é, em última análise, impossível. Vários críticos cristãos também argumentaram que tal "desenvolvimento" falhou em preencher a lacuna entre o os ricos nos centros de poder econômico e os empobrecidos na periferia econômica.

Em resposta a tais críticas, pode ser possível redefinir a noção de desenvolvimento sustentável. No entanto, é difícil escapar do legado do discurso sobre a noção de "desenvolvimento". Enquanto houver confusão sobre os objetivos e métodos de desenvolvimento, apenas rotular algo como "sustentável" não resolve os problemas subjacentes.

Justiça ambiental

Uma quarta abordagem é mais profética por natureza e exige justiça ambiental. Esta abordagem é tipicamente alinhada com a teologia da libertação, teologia negra, teologia feminista e teologias pós-coloniais/decoloniais. É uma resposta ao impacto da degradação ambiental nas pessoas. Há preocupação com as condições de trabalho nas fábricas, minas, fazendas e escritórios. As condições da vida dos pobres urbanos são examinadas em termos dos riscos à saúde causados pela poluição do ar por indústrias próximas, veículos ou pela queima de carvão; resíduos tóxicos de indústrias próximas; água potável insegura; poluição sonora dos aeroportos e rodovias; superlotação, uma forma localizada de superpopulação; falta da infraestrutura básica, saneamento e higiene; alta incidência de doenças contagiosas; descarte inadequado de resíduos; a feiúra visual do lixo fedorento e podre em muitos bairros pobres; inundações regulares ou deslizamentos da terra; desmatamento após o corte de árvores para reflorestamento; e a luta pelo controle político sobre recursos cada vez mais escassos. O foco dessa abordagem está nas vítimas da degradação ambiental: pobres, mulheres, crianças, idosos, pessoas de cor e refugiados. A preocupação com as vítimas de injustiças ambientais no nível micro é frequentemente associada a uma crítica das raízes macroeconômicas da degradação ambiental. As causas profundas da degradação ambiental estão relacionadas ao capitalismo neoliberal, ao consumo explorador e esbanjador dos recursos naturais e aos excessos da cultura de consumo.

De modo geral, a luta pela justiça ambiental busca contestar o abuso de poder que resulta em pessoas pobres terem que sofrer os efeitos dos danos ambientais causados pela ganância alheia. "Racismo ambiental" refere-se às maneiras pelas quais as pessoas de cor geralmente sofrem mais sob o impacto da degradação ambiental do que outras. A degradação ambiental não é, portanto, uma preocupação separada da pobreza, privação e exploração econômica, mas muitas vezes uma manifestação desses males. É importante procurar compreender a interligação das diferentes manifestações violência seja política, militar, industrial, doméstica, de gênero, racial, étnica ou estrutural.

Os apelos por justiça ambiental geralmente se baseiam em temas cristãos centrais e procuram expressar convicções cristãs na esfera pública. Conceitos como libertação, cura, reconciliação e reconstrução podem ser usados e aplicados às comunidades humanas e à comunidade mais ampla da vida. Mas os temas dominantes são justiça econômica e restaurativa, direitos humanos, incluindo direitos ambientais para humanos, e a formação duma cultura de direitos humanos.

Os valores promovidos incluem integridade ecológica e inter-relação, justiça e reciprocidade.[7]

Ecofeminismo

Uma abordagem final, que talvez não seja tão proeminente quanto algumas das outras, é o ecofeminismo. Argumenta que a lógica da opressão patriarcal é semelhante e estruturalmente relacionada ao abuso dos ecossistemas para os interesses humanos. A dominação baseada no gênero foi expandida para incluir a dominação baseada nas espécies. As ecofeministas normalmente argumentam que tal dominação é legitimada por meio dum sistema do que é chamado de "dualismos interligados". Isso significa que os binários de feminino e masculino, natureza e cultura, animal e humano, cérebro e mente, corpo e alma, matéria e espírito, terra e céu e assim por diante estão ligados uns aos outros. Em cada caso, o último é considerado "mais alto" do que o primeiro. Os corpos das mulheres, especialmente os corpos das mulheres negras, tornam-se assim um local de luta onde essa dominação se desenvolve. O estupro de mulheres e o estupro da terra estão intimamente ligados.

---

7. Ver, por exemplo Diakonia Council of Churches, *The Oikos Journey: A Theological Reflection on the Economic Crisis in South Africa* (Durban: Diakonia Council of Churches, 2006); Ecumenical Foundation of Southern Africa, *The Land Is Crying for Justice: A Discussion Document on Christianity and Environmental Justice in South Africa* (Stellenbosch: EFSA, 2002); also SACC, *Climate Change*.

As ecofeministas resistem a esses binários e exploram a incorporação como chave para valorizar o que é natural, material, corporal e terreno. Eles usam símbolos, mitos e rituais ricos, principalmente em relação às danças tradicionais africanas de fazer chuva. As ecofeministas normalmente clamam por uma apreciação da relacionalidade que não seja baseada na dominação, mas no respeito mútuo, apoio mútuo e reciprocidade.[8]

Fermentação actual

A variedade de abordagens à reflexão teológica sobre o meio ambiente criou um clima de fermentação contínua. Organizações comunitárias, organizações não governamentais e organizações religiosas estão numa busca contínua por uma nova visão duma sociedade sustentável. Uma variedade de metáforas está sendo explorada, incluindo administração, sabedoria ecológica indígena, desenvolvimento sustentável, justiça ambiental e incorporação. No discurso ecumênico, há também uma ampla apreciação pela metáfora de toda a família de Deus. Aqui é pertinente notar a distinção entre casa e lar. Se o céu não é nosso verdadeiro lar, então a terra pode ser nossa casa dada por Deus. No entanto, dadas as muitas injustiças, esta casa ainda não é o nosso lar.

Na teologia das mulheres africanas, sugere-se uma distinção adicional entre uma casa, um lar e uma lareira onde a cozinha é feita em meio a muita conversa e risos. A metáfora da casa de Deus talvez seja mais bem compreendida como um verbo que se refere à construção e manutenção da casa. Essa metáfora pode ser uma maneira pela qual a teologia africana pode contribuir para um pensamento ecumênico mais amplo sobre o meio ambiente. Tais metáforas também podem quebrar a oposição binária entre o privado e o público que ainda existe na teologia pública. A domesticação das preocupações das mulheres precisa ser resistida. Em vez disso, o privado pode servir como uma lente para entender assuntos de interesse público.

---

8. Para formas africanas de ecofeminismo, ver Mary N. Getui and E. A. Obeng, eds, *Theology of Reconstruction: Exploratory Essays* (Nairobi: Acton, 1999); Musimbi R. Kanyoro and N. J. Njoroge, eds., *Groaning in Faith: African Women in the Household of God* (Nairobi: Acton, 1996).

Perguntas

1. Que evidências de degradação ambiental tu vês na tua comunidade ou em comunidades próximas? Quais são as opções para lidar com essa degradação?
2. As organizações ambientais estão a trabalhar na tua comunidade? Se sim, como a tua igreja pode fazer parceria com eles? Que elementos distintivos tu trarás para esta parceria?
3. Tu vês alguma evidência das ecoteologias inadequadas identificadas neste capítulo na tua comunidade? Em caso afirmativo, o que tu podes fazer para ajudar as pessoas a desenvolver uma ecoteologia mais adequada?

Leitura adicional

Ayre, Clive W., and Ernst M. Conradie, eds. *The Church in God's Household: Protestant Perspectives on Ecclesiology and Ecology*. Pietermaritzburg: Cluster, 2016.

Conradie, Ernst M. *Christianity and Earthkeeping: In Search of an Inspiring Vision*. Stellenbosch: SUN Press, 2011.

Conradie, Ernst M., David N. Field, et al. *A Rainbow over the Land: Equipping Christians to Be Earthkeepers*. Edited by Rachel Mash. Wellington: Bible Media, 2016.

Moyo, Fulata, and Martin Ott, eds. *Christianity and the Environment*. Blantyre: Christian Literature Association in Malawi, 2002.

Mugambi, Jesse N. K., and Mika Vähäkangas, eds. *Christian Theology and Environmental Responsibility*. Nairobi: Acton, 2001.

13

Ciência

Danie Veldsman[1]

Sabemos que toda a criação tem gemido como em dores de parto até o presente.

Romanos 8:22

Gemendo pela África – A Necessidade de Agir Agora

Nas nossas salas de conferências, câmaras governamentais, reuniões das igrejas, reuniões ao ar livre, acções de protesto e muitos outros espaços comunitários por toda a África, bem como em inúmeras publicações que vão desde documentos oficiais e trabalhos de pesquisa a folhetos e brochuras, ouvir e ler o grito urgente de que nós na África precisamos de ação agora. Esta mensagem é reforçada pela *Agenda 2063*, que afirma: "*As gerações presentes estão confiantes de que o destino de África está nas suas mãos e que devem agir agora para moldar o futuro que desejam.*[2] O documento termina com o slogan: "*A Agenda 2063 está a ganhar força. É hora de agir: Faça parte da transformação!*"[3]

Existem razões muito boas para a ênfase no *agora* e na *ação*. A maioria dos países africanos é desafiada por um vasto espectro de males sociais, econômicos e ecológicos decorrentes dos efeitos históricos da colonização e da má e corrupta governança, injustiças econômicas, a quase ilimitado

---

1. Meu entendimento de teologia pública é um pouco diferente daquele usado em outras partes deste livro, pois trabalho a partir da posição de que toda reflexão teológica deve ser pública, ou seja, nós, como cristãos e teólogos, precisamos interagir abertamente com o mundo e sermos capazes para explicar nosso raciocínio quando fazemos declarações sobre o que sabemos.

2. União Africana, *Agenda 2063: The Africa We Want* (2015), https://au.int/sites/default/files/documents/36204-doc-agenda2063_popular_version_en.pdf, 1.

3. *Agenda 2063*, 22.

poder das corporações transnacionais externas e a destruição ambiental por desmatamento, erosão do solo, desertificação, degradação de zonas úmidas, infestação de insetos e similares.

A necessidade de *agir agora* também é enfatizada no Relatório de *Desenvolvimento Sustentável da África* de 2018, que destaca seis temas: água limpa e saneamento, energia limpa e acessível, cidades e comunidades sustentáveis, consumo e produção sustentáveis, vida na terra e, finalmente, ciência, tecnologia e inovação (CTI).[4] Os autores argumentam que *"o desenvolvimento da ciência, tecnologia e inovação (CTI) é vital para o alcance dos ODS [objetivos de desenvolvimento sustentável] e da Agenda 2063. No entanto, um sistema de CTI robusto requer uma sólida infraestrutura e um sistema de inovação vibrante que conecta a comunidade científica e pesquisadores ao setor privado e ao governo."*[5] Assim, eles exortam os governos e ONGs africanos a *"fortalecer o ecossistema de ciência, tecnologia e inovação e alavancar investimentos em pesquisa e desenvolvimento através da construção das instituições que coordenar o governo, o setor privado e a comunidade científica."*[6]

A mesma ênfase no fortalecimento das ciências é encontrada no apelo à ação da *Agenda 2063*, que insta a *"catalisar a revolução da educação e das habilidades e promover ativamente a ciência, tecnologia, pesquisa e inovação, para construir conhecimento, capital humano, capacidades e habilidades para impulsionar inovações."*[7]

Nem são apenas fontes seculares enfatizando a necessidade urgente de ação agora. O mesmo faz o Papa Francisco na sua carta *Laudato si*, na qual exorta os cristãos a não oporem a fé e as ciências, mas a darem igual importância a ambas e a aprenderem com os conhecimentos científicos mais avançados, bem como com os mais antigas fontes espirituais de sabedoria na Bíblia e nas tradições da igreja.[8]

As Nações Unidas, a União Africana e o papa falaram no sentido de que uma ação urgente é necessária agora e não pode ser empreendida sem a ajuda da ciência e da tecnologia. Claramente é importante que nós, como cristãos africanos, prestemos atenção às suas palavras.

---

4. Nações Unidas, *Africa Sustainable Development Report: Towards a Transformed and Resilient Continent*, United Nations Economic Commission for Africa (2018).

5. Nações Unidas, *Africa Sustainable Development Report*, xvii.

6. Nações Unidas, xix.

7. Nações Unidas, *Agenda 2063*, 14.

8. Papa Francisco, *Carta Encíclica Laudato si do Santo Padre Francisco sobre o Cuidado da Nossa Casa Comum* (Vatican City: Vatican Press, 2015).

Neste capítulo, daremos atenção especial a como pensamos e sentimos sobre o lugar e o papel das ciências na formação do futuro que queremos para África.[9] A ciência é apenas um luxo eurocêntrico que podemos prescindir? Ou os problemas da África podem ser o resultado de nossa falta do envolvimento com as ciências? Ou as ciências estão realmente na raíz de muitos dos problemas da África, uma vez que afetaram o pensamento tradicional e as visões do mundo de maneiras que resultaram em deslocamento e ruptura da sociedade? Ou o problema está nas visões de mundo religiosas que alimentaram hostilidade em relação às ciências?

Estas questões têm de ser abordadas se quisermos chegar a um acordo com o lugar e o papel das ciências no trabalho para uma África em que queremos viver e o futuro que queremos para os nossos filhos. O envolvimento com as ciências pode contribuir para remediar nossa profunda convicção, enraizada na experiência, de que nem tudo está bem?

Gemendo com a África – A Necessidade de Discernimento

Antes de podermos abordar claramente o papel das ciências e da tecnologia em África, temos de considerar uma série de questões. Se os ignorarmos, eles serão usados como argumentos contra nós ou se tornarão pedras de tropeço que irão inviabilizar nossa motivação para a acção.

São as ciências puramente um produto racista do Ocidente?

Na África do Sul, os estudantes estão a exigir a "descolonização da ciência" usando o slogan "a ciência deve cair."[10] Eles argumentam que a ciência como um todo deve ser descartada e recomeçada duma forma que acomode

---

9. Observe que "as ciências" é uma abreviação para uma vasta gama de áreas de conhecimento com metodologias muito diferentes. As ciências naturais, por exemplo, podem ser divididas em ciências da vida (ou ciências biológicas) e ciências físicas. A ciência física é subdividida em ramos como física, química, astronomia e ciências da terra. Dentro de cada uma dessas disciplinas existem subdisciplinas com seus próprios métodos. O uso de "ciência" para cobrir todos esses campos é semelhante ao modo como usamos a palavra "teologia" para abranger diferentes religiões e diferentes tradições dentro de uma religião (por exemplo, teologia católica romana, protestante, carismática e pentecostal). Como os termos "teologia" e "ciência" são tão amplos em sua abrangência, precisamos ser claros sobre o contexto em que e a partir do qual os usamos. Todos nós falamos de algum lugar por algum motivo para alguém.

10. O slogan foi inspirado por estudantes da Universidade da Cidade do Cabo que usaram o slogan "Rhodes deve cair" em sua campanha contra o legado do imperialista Cecil Rhodes. Para saber mais sobre "a ciência deve cair", veja Rohan Deb Roy, "Science Must fall? Why It Still Needs to Be Decolonised," *The Citizen* (9 April 2018).

perspectivas e experiências não-ocidentais. Mas eles estão errados em supor que o conhecimento científico ensinado em nossas salas de aula e perseguido em nossos laboratórios é apenas um produto da modernidade ocidental. As raízes históricas de muitas realizações científicas em medicina, matemática, engenharia e astronomia não são europeias. A álgebra, por exemplo, foi desenvolvida no Oriente Médio, como seu nome árabe indica, e seus antigos inventores Ctesibius e Hero estavam baseados em Alexandria, no Egito.

No entanto, muito frequentemente aqueles que protestam contra a ciência como um artefacto ocidental estão, na verdade, a protestar não contra a ciência como tal, mas contra a arrogância equivocada daqueles cientistas que afirmam que a matéria é importante e que a civilização ocidental com sua abordagem científica do mundo é superior a todas as culturas que não compartilham dessa abordagem. Esses cientistas promovem o raciocínio ocidental e desprezam o raciocínio africano.

Um estudioso presbiteriano do Malawi observou os efeitos nocivos do imperialismo cultural do Ocidente, propagado por escolas e igrejas, ao introduzir novas formas de pensar e viver na África:

> *A natureza foi reduzida à matemática ou transformada em fenômenos físicos quantitativos que poderiam ser apreendidos pela racionalidade. A natureza era puramente outra e meramente material a ser subjugada e manipulada. Tinha apenas valor instrumental, determinado pela extensão em que as pessoas podiam usá-lo. Com esta visão da natureza no lugar, o palco estava montado para o surgimento da filosofia materialista e seu modo de vida concomitante. Este modo de vida cativou grande parte da civilização ocidental desde então e foi exportado para todos os lugares por onde esta civilização passou em sua busca de recursos materiais e para cumprir sua filosofia expansionista.*[11]

Sindima argumenta que o conceito africano pré-cristão original de "ligação, a interconexão, de todos os seres vivos" foi baseado numa visão de mundo holística na qual os reinos espiritual e material estavam intimamente relacionados, e ele insiste que é hora de retornar ao este modelo.

> *Há algum tempo o povo da África tem sido influenciado por uma cosmologia herdada do Ocidente: a perspectiva mecanicista*

---

11. Harvey Sindima, "Community of Life: Ecological Theology in African Perspective," in *Liberating Life: Contemporary Approaches in Ecological Theology*, eds. Charles Birch, William Eaken, and Jay B. McDaniel (Maryknoll, NY: Orbis, 1990), 137–138.

que vê todas as coisas como mercadorias sem vida a serem compreendidas cientificamente e usadas para fins humanos. No entanto, essas pessoas têm uma maneira alternativa de ver o mundo, uma cosmologia alternativa, que pode atender melhor às suas necessidades de desenvolvimento cultural e justiça social num contexto ecologicamente responsável. Esse caminho alternativo pode ser chamado de caminho centrado na vida, uma vez que enfatiza a ligação, a interconexão, de todos os seres vivos.[12]

Um exemplo relacionado do dano causado pelos modos de pensamento ocidentais está relacionado à ecologia e vem dum teólogo da África Ocidental que cresceu em Gana.

O vilarejo no norte de Gana onde cresci ficava perto duma floresta e dum rio. Na floresta desde os tempos antigos em diante os ancestrais viveram, portanto era sagrado. No rio vivia o espírito da água; portanto, era sagrado também. Depois as pessoas da minha aldeia tornaram-se cristãs. Agora não havia mais ancestrais na floresta e também não havia mais espíritos no rio. Os tabus estavama se desintegrar e a desaparecer. Em vez disso, as pessoas começaram a usar e explorar tanto a floresta quanto a água do rio para os seus próprios fins. Hoje junto a esta aldeia já não há floresta e o rio transformou-se numa fossa. Quem cometeu um grande erro aqui? E por que motivo?[13]

Ambos os exemplos mostram que a imposição dum modo de pensar "outro e estranho" num novo contexto pode destruir ou prejudicar a própria fibra duma sociedade e sua conexão com a natureza. Se as ciências devem ser levadas a sério, este não é certamente o caminho a seguir.

Quando defendermos as ciências na África, teremos que fazê-lo com olhos e corações abertos, vendo tanto o valor de se envolver com as ciências quanto as implicações problemáticas e perigos arraigados dos modelos ocidentais de ciência e racionalidade que fazem reivindicações infundadas de serem universalmente válido. Tais alegações se baseiam na objetificação e domesticação científica do ambiente natural – assim, tendem a levar na prática a ações que não respeitam o próprio contexto que desejam servir.

---

12. Sindima, "Community of Life," 137.
13. Citado em artigo inédito apresentado no seminário da UNISA em 2018 por Cornel du Toit.

Esta consciência é vital para nós como cristãos e como africanos cujos olhos e corações foram abertos para ver e sentir diferentes realidades e assim podemos compreender a ideia de diferentes formas de compreender a realidade. Esses diferentes entendimentos da realidade não são meras abstrações teóricas; eles estão profundamente entrelaçados com nossas vidas e experiências diárias, bem como com nossas emoções.

Está a ciência em conflito com a fé?

A relação entre a ciência e a teologia tem sido confusa em muitas partes do mundo. Por isso, é importante encontrarmos formas construtivas de engajamento. Comecemos reconhecendo que ambas as partes envolvidas – ciência e teologia – contribuíram enormemente para a atual confusão emocional entre os dois. Ambos têm muitas vezes, para usar uma metáfora do futebol, jogado de lado. Com isso quero dizer que eles fizeram declarações e reivindicações no passado que não podiam ser apoiadas ou que estavam fora de seu escopo. Deixe-me explicar.

A teologia já foi conhecida como "a rainha das ciências", e alguns teólogos presumiram que o status "real" de sua disciplina significava que as Escrituras revelam tudo o que há para saber sobre o mundo físico e sobre a biologia. Mas eles erraram ao tratar a Bíblia como um manual científico e ao supor que poderiam decidir o que poderia ser considerado como conhecimento (verdadeiro) sobre tudo e qualquer coisa.

A Bíblia não é um manual científico. É uma biblioteca de livros que abrange um longo período histórico e vários contextos. Contém livros de diversos gêneros literários – histórias históricas, ditos sapienciais, salmos, parábolas, fábulas – cada um dos quais deve ser respeitado e lido de acordo com seu gênero literário e dentro do seu contexto histórico. Não cabe a nós transformar os textos em algo que queremos que eles sejam para corresponder às nossas convicções.

Além disso, como crentes, nos foram confiados dois livros pelos quais podemos conhecer mais sobre Deus e sua criação. Esses dois livros são Escritura e natureza. Deus deu aos cientistas a habilidade de "ler páginas" do livro da natureza e nos contar sobre a profundidade, largura e altura da obra de Deus afinada e gloriosa. Como crentes, não temos o monopólio do conhecimento dos mundos físico e biológico. Devemos deixar para os cientistas. No entanto, não devemos deixá-los sozinhos! É nossa tarefa dizer ao mundo a partir das passagens bíblicas que nosso Deus é o criador e o redentor. Devemos compartilhar das Escrituras de maneira responsável e interpretativa como o propósito de tudo o que existe deve ser entendido, quais valores devem ser respeitados e perseguidos e como devemos tratar uns aos outros e ao mundo, que é criação de Deus.[14]

A tendência dos cristãos de interpretar nosso mundo como se a Bíblia fosse um manual científico e nós fôssemos os autoproclamados juízes da verdade contribuiu intensamente à confusão emocional que estamos vivenciando atualmente. No entanto, os cientistas também jogam de lado quando afirmam que as suas atividades científicas lhes permitem fazer afirmações sobre o propósito (ou falta de propósito) de tudo o que é, sobre valores (ou a inexistência de valores), ou mesmo fazer afirmações ousadas que Deus não existe. Quando os cientistas dizem tais coisas, eles estão sendo infiéis às suas próprias metodologias que são baseadas na observação e experimentação. As metodologias científicas dizem especificamente que os cientistas só podem fazer afirmações com base no que podem observar e podem repetir através da experimentação. Como então, podemos perguntar ao cientista, você pode fazer uma afirmação verdadeira sobre a existência ou não de Deus que você não pode observar ou controlar para experimentação?

Uma vez que ambas as partes foram culpadas de jogar de lado, a relação entre cientistas e teólogos foi profundamente prejudicada e carregada de acusações e alegações equivocadas. Precisamos que ambas as partes se engajem de forma construtiva, com cada lado respeitando o outro por sua contribuição específica para conhecer o mundo em que vivemos juntos, o material de que somos feitos e o propósito de tudo isso.

Também precisamos refutar as três perspectivas populares, mas equivocadas, sobre a natureza das atividades científicas e teológicas uma em relação à outra.[15]

- *Erro 1*: As ciências trabalham apenas com factos, enquanto a reflexão teológica trabalha apenas com sentimentos. A suposição de que a reflexão teológica não funciona com "factos" pode ser refutada apontando que a Bíblia é um documento histórico que narra a história religiosa de Israel. O cristianismo começa com a figura histórica de Jesus de Nazaré que viveu em Israel.

---

14. O paradigma mais celebrado que relaciona a reflexão científica com a teológica é provavelmente o apresentado pelo físico americano que se tornou teólogo Ian Barbour em *Religion in an Age of Science* (New York: Harper Collins, 1990), a saber, conflito, independência, diálogo e integração.

15. Para uma boa discussão das três perspectivas equivocadas, veja John Polkinghorne e Michael Welker, *The End of the World and the Ends of God: Science and Theology on Eschatology* (Harrisburg, PA: Trinity Press International, 2000), 1–16.

- *Erro 2*: As ciências são objetivas e a reflexão teológica é subjetiva. Essa suposição pode ser refutada ao apontar que muitos cientistas têm algum interesse pessoal no que escolhem estudar. Além disso, os cientistas têm que concordar (chegar a um consenso) sobre a maneira de estudar a coisa em que estão interessados (por exemplo, sob um microscópio) e os métodos a serem usados ao estudá-la. Preocupações subjetivas podem se infiltrar em todos esses pontos. Portanto, cientistas e teólogos, temos que reconhecer que um elemento de subjetividade é inevitável em seu trabalho.
- *Erro 3*: As ciências lidam com coisas que podem ser vistas, enquanto a teologia trata de coisas que não podem ser vistas. Esta suposição pode ser refutada por apontando para campos da ciência como a física quântica, onde os objetos estudados só podem ser vistos ao usar "óculos" teóricos.

Devemos conscientemente deixar essas perspectivas equivocadas para trás para superar as profundas divisões entre cientistas e teólogos. Caso contrário, nosso envolvimento um com o outro só contribuirá ainda mais para a confusão já existente e para todos os tipos de suspeitas equivocadas.

A tecnologia é neutra e usada apenas para o bem?

A face pública das ciências é a tecnologia – e é uma face muito poderosa! No entanto, apesar de seus amplos desenvolvimentos e aplicações, a tecnologia não é neutra ou simplesmente inocente. É por isso que o Papa Francisco incluiu o seguinte forte aviso na *Laudato si*:

> *Muitos problemas do mundo de hoje derivam da tendência, às vezes inconsciente, de fazer do método e dos objetivos da ciência e da tecnologia um paradigma epistemológico que molda a vida dos indivíduos e o funcionamento da sociedade. Os efeitos de impor esse modelo à realidade como um todo, humana e social, se refletem na deterioração do meio ambiente, mas isso é apenas um sinal de um reducionismo que afeta todos os aspectos da vida humana e social. Temos que aceitar que os produtos tecnológicos não são neutros, pois criam um quadro que acaba por condicionar os estilos de vida e moldar as possibilidades sociais segundo as linhas ditadas pelos interesses de determinados grupos poderosos. Decisões que podem*

parecer puramente instrumentais são, na realidade, decisões sobre o tipo de sociedade que queremos construir.[16]

Mais frequentemente, a tecnologia atende as interesses muito específicos de empresas e organizações transnacionais, ou daqueles em posições de poder. Em muitas sociedades, a tecnologia trouxe profundas divisões entre os que têm e os que não têm. Existem também os que nunca terão, que são excluídos dos desenvolvimentos tecnológicos e ficam cada vez mais para trás. Uma declaração como a seguinte declaração do Parlamento das Religiões Mundiais destaca o que está em jogo:

> *Hoje possuímos recursos econômicos, culturais e espirituais suficientes para introduzir uma ordem global melhor. Mas velhas e novas etnias, tensões nacionais, sociais, econômicas e religiosas ameaçam a construção pacífica de um mundo melhor. Temos experimentado um progresso tecnológico maior do que nunca, mas vemos que a pobreza mundial, a fome, a morte das crianças, o desemprego, a miséria e a destruição da natureza não diminuíram, mas sim aumentou. Muitos povos estão ameaçados pela ruína econômica, desordem social, marginalização política, catástrofe ecológica e colapso nacional.*[17]

De facto, vemos um progresso tecnológico maior do que nunca, mas ainda maior miséria, ruína econômica e catástrofes ecológicas. Ou como Jeffrey Shaw coloca de forma alarmante: *O massivo complexo da technologia, que alcança todos os aspectos da vida social hoje, implica uma enorme organização da qual ninguém realmente está no control e que dita suas próprias soluções, independentemente das necessidades humanas ou mesmo da razão."*[18]

A tecnologia alcança "todos os aspectos da vida social hoje"? Sim, e profundamente na fibra de todos os aspectos das nossas vidas! Em muitos países da África, os avanços e aplicativos tecnológicos têm sido muito frutíferos e construtivos – pense nos benefícios que a tecnologia de telefonia móvel trouxe para a África. Mas a tecnologia também tem sido disruptiva, principalmente nas barreiras que introduziu entre os jovens e os idosos. Em muitos países da África, a aplicação insensível, equivocada, míope e arrogante da tecnologia

---

16. Papa Francisco, *Laudato si*, parágrafo 107.
17. Hans Küng, "Declaration toward a Global Ethic," Parliament of the World's Religions (1993), https://www.global-ethic.org/declaration-toward-a-global-ethic/.
18. Jeffrey Shaw, "Illusions of Freedom: Thomas Merton e Jacques Ellul on Technology and the Human Condition," *Religion and Theology* 25, no. 1 (2018): 152.

também trouxe muita dor, sofrimento, deslocamento e destruição ecológica por aqueles que estão no poder que estão principalmente a buscar seus próprios interesses. Segue que *"a importância da tecnologia em nosso tempo dificilmente poderá ser sobrestimada. A technologia está em todo lado e todas as areas da vida são influenciadas por ela, tal processos de trabalho, mobilidade, relacionamentos (especialmente na área dac comunicação), actividades de lazer e saúde."*[19] Para que essas questões não se tornem obstáculos intransponíveis, teremos que agir com discernimento.

Gemendo Juntos – Agindo pela África

Tendo gemido pela África e gemido em discernimento, é hora de gemer juntos e agir para criar *"uma África integrada, próspera e pacífica, impulsionada por seus próprios cidadãos e representando uma força dinâmica na arena internacional".*[20] O nosso objetivo deve ser o da Agenda 2063, que é que até 2063, os países africanos estarão entre os de melhor desempenho em medidas globais de qualidade de vida. isso será alcançado por meio de estratégias de crescimento inclusivo, criação dos empregos, aumento da produção agrícola; investimentos em ciência, tecnologia, pesquisa e inovação; igualdade de gênero, empoderamento de jovens e prestação de serviços básicos, incluindo saúde, nutrição, educação, abrigo, água e saneamento. . . .

> *O capital humano de África será plenamente desenvolvido como o seu recurso mais precioso, através dos investimentos sustentados baseados no desenvolvimento universal da primeira infância e na educação básica, e investimentos sustentados no ensino superior, ciência, tecnologia, investigação e inovação, e a eliminação das disparidades de género a todos os níveis de Educação. O acesso à educação de pós-graduação será expandido e fortalecido para garantir infraestrutura de classe mundial para aprendizado e pesquisa e apoiar reformas científicas que sustentam a transformação do continente.*[21]

A forma como agirmos agora determinará o destino da África.

---

19. Björn Schwenger, "'Heresy' or 'Phase of Nature'?: Approaching Technology Theologically," *European Journal of Theology* 25, no. 1 (2016): 44.

20. União Africana, *Agenda 2063*, 1.

21. União Africana, *Agenda 2063*, 3.

Mas como devemos agir em relação ao lugar e ao papel das ciências? O que deveríamos fazer? Não é possível dar uma resposta fácil e rápida a esta pergunta. Se tal resposta for dada por alguém, desconfie imediatamente. É muito provavelmente um encobrimento superficial ou profundo para seus próprios interesses! No entanto, não podemos ignorar esta questão difícil; teremos que trabalhar com isso agora para o futuro da África.

O máximo que pode ser oferecido neste capítulo são algumas diretrizes importantes para nosso pensamento:

- *Devemos reconhecer a nossa responsabilidade de identificar e nomear as questões mais importantes que devem se tornar prioridades para nossa comunidade.* Por exemplo, são as questões mais importantes em nosso contexto água limpa e saneamento, desmatamento, assistência médica, injustiças econômicas, governança ou pobreza? Assumir a responsabilidade pelo que "não está bem" é em si um testemunho de que estamos aceitando nossa identidade como co-criadores com Deus.

- *Devemos reconhecer a nossa responsabilidade de estar bem informados sobre essas questões.* Estar bem informado envolve valorizar a contribuição que as ciências podem dar. Deve ficar claro desde o início que estamos dispostos a reunir e combinar nossas melhores convicções teológicas com os melhores insights científicos. Juntas, a ciência e a teologia podem mover-se e ser movidas em direções saudáveis! Devemos prestar atenção às palavras de Albert Einstein: *"Ciência sem religião é manca, religião sem ciência é cega."*[22] O teólogo sul-africano Klaus Nürnberger formulou este importante insight de forma diferente: *"A fé precisa da ciência para ser crível; a ciência precisa de fé para ser responsável."*[23]

- *Devemos criar ou fazer uso de plataformas e redes sociais nas quais as ações podem ser decididas, formuladas e lançadas.* Fazer isso pode envolver o trabalho com instituições como departamentos governamentais, igrejas e organizações; uso de tecnologias como televisão, telefones celulares e internet; e organizar a mobilização por meio de ações de protesto, campanhas de conscientização e afins. Também devemos buscar formas criativas de criar canais de comunicação que apoiem as vozes daqueles dentro das nossas comunidades que historicamente foram excluídos das

---

22. Físico teórico nascido na Alemanha (1879–1955) que desenvolveu a teoria da relatividade. A citação vem de seu ensaio "Science and Religion", em *Ideas and Opinions* (New York: Citadel Press, 1956), 26.

23. Klaus Nürnberger, *Regaining Sanity for the Earth* (Pietermaritzburg: Cluster, 2011), adapted from the cover text.

plataformas e redes. As suas vozes precisam ser ouvidas porque muitas vezes articulam as questões mais urgentes ou negligenciadas que devem ser tratadas.

- *Devemos agir com base em informações e dados, mas também com uma compreensão clara das implicações éticas das nossas ações.* Embora cientistas e teólogos nem sempre concordem sobre esses assuntos, devemos estar dispostos a colocar todas as nossas cartas na mesa de engajamento e diálogo abertos que se concentrem nos resultados e nas implicações éticas das nossas ações. Às vezes, as divergências podem estar relacionadas as cosmovisões. Quem tem orientação ocidental deve perguntar de onde estou "falando" sobre esse assunto? Os com uma orientação africana devem perguntar com quem somos nós como comunidade "falando" sobre esta questão? Quando essas "falas" se juntam, elas podem criar uma voz muito mais forte!

Digamos, por exemplo, que nosso problema seja com o abastecimento de água. Vamos simplesmente pedir à comunidade que reze por chuva ou vamos construir uma barragem? Ou estamos dispostos a orar por água e construir uma represa? Se decidirmos construir uma barragem, temos tempo para nos informar sobre como isso afetará o meio ambiente? É obviamente um exemplo supersimplificado. Existem muitos outros exemplos muito mais complicados envolvendo questões médicas, métodos agrícolas, relações interculturais, valores sociais, sexualidade, etc.

Por mais complicado que seja o assunto ou a questão, esta deve ser a nossa pergunta norteadora: Que tipo de sociedade estamos moldando por meio das nossas ações? Essa questão é crucial porque abre um espectro de valores. O resultado respeita a criação como um todo? Respeita a natureza como parceira? Como ela celebra e aprimora nossa conexão com tudo o que é, com a ligação? E enquanto discutem essas questões, tanto os cientistas quanto os teólogos deveriam estar se fazendo a mesma pergunta autocrítica: estamos jogando "fora de jogo" ao agir sobre as questões em questão?

Essas diretrizes básicas precisam ser parte integrante do nosso pensamento enquanto preparamos para ações que afetarão o destino da África. Observe, no entanto, que essas não são as diretrizes finais – precisamos trabalhar juntos para formular diretrizes mais claras e amplas para nossos próprios contextos.

Conclusão

A nossa jornada neste capítulo nos levou ao longo do caminho de gemer pela África, gemendo com discernimento e gemendo juntos. É da maior importância que esta jornada continue enquanto nós, como crentes, procuramos abordar os gemidos de que tudo não está bem na África. Teremos que trabalhar e cultivar relações construtivas e amistosas com as ciências, tomando muito cuidado para não servir simplesmente aos nossos próprios interesses, mas sim aos de nossas comunidades.

Trabalhando com cientistas, devemos procurar ajudá-los a direcionar seu trabalho em direções saudáveis, apesar da bagunça atual. Devemos fazê-lo com uma consciência aguda das implicações e resultados éticos de todas as nossas ações e tomando muito cuidado para não jogar de lado. Devemos agir por um futuro melhor na África, mas devemos agir com muito cuidado ao expressar o louvor da terra a Deus e, simultaneamente, as preocupações e necessidades daqueles que não têm voz em nossas sociedades.

À medida que agirmos, descobriremos e discerniremos juntos em nossas salas de conferência, salas de aula, câmaras governamentais, reuniões de igrejas, reuniões ao ar livre, ações de protesto e muitos outros espaços comunitários em toda a África como os gemidos e os gritos podem se transformar em cura e alegria, em determinação e sabedoria e no engajamento construtivo como testemunha da boa história de Deus na África.

Perguntas

1. Qual era sua opinião pessoal sobre o papel das ciências no seu contexto antes de ler este capítulo?
2. Concorda que a reflexão teológica precisa que as ciências sejam críveis e que as ciências precisam que a teologia seja responsável?
3. Consegue identificar a confusão atual da relação ciência-teologia no seu contexto específico?
4. O que acha da acusação de que tanto teólogos quanto cientistas às vezes "joga de lado"?
5. Você se identifica com a chamada para ação? O que vai fazer sobre isso?
6. Quais diretrizes de ação acha que deveriam ser adicionadas às poucas já listadas?

Leitura Adicional

Agbiji, Obaji M. "Religion and Ecological Justice in Africa: Engaging 'Value for Community' as Praxis for Ecological and Socio-Economic Justice." *HTS Teologiese Studies* 71, no. 2 (30 April 2015): 1–10. http://dx.doi.org/10.4102/HTS.V71I2.2663.

Clayton, Philip. "Theology and the Physical Sciences." In *The Modern Theologians*, editado por D. Ford, 342–356. Oxford: Blackwell, 2005.

Conradie, Ernst, and Cornel Du Toit. "Knowledge, Values, and Beliefs in the South African Context Since 1948: An Overview." *Zygon* 50, no. 2 (2015): 455–479.

Deane-Drummond, Celia. "Theology and the Biological Sciences." In *The Modern Theologians*, editado por D. Ford, 357–369. Oxford: Blackwell, 2005.

Ellis, George. "Why the Science and Religion Dialogue Matters." In *Why the Science and Religion Dialogue Matters: Voices from the International Society for Science and Religion*, edited by F. Watts and K. Dutton, 3–26. West Conshohocken, PA: Templeton Foundation Press, 2006.

Nürnberger, Klaus. *Informed by Science: Involved by Christ.* Pietermaritzburg: Cluster, 2013.

———. *Regaining Sanity for the Earth.* Pietermaritzburg: Cluster, 2011.

14

Saúde

Daniel Rikichi Kajang

A saúde é como a verdade, pois não tem cor, nem tribo, nem religião e afeta todas as classes sociais. As leis ou constituições da maioria das sociedades democráticas estabelecem que todos têm direito ao mais alto padrão possível de saúde física e mental e atribuem a responsabilidade pela provisão e manutenção dos serviços de saúde a vários ramos do serviço público. Infelizmente, apesar de todas as palavras corajosas em várias constituições africanas, a África está lutando com grandes desafios de saúde. Os cristãos precisam se levantar, tomar conhecimento e trabalhar para resolver essas questões.

Cuidados de Saúde em África

Enquanto a maioria das nações ocidentais se concentra tanto na assistência médica quanto na manutenção da saúde ou bem-estar, a maioria das nações africanas ainda está no nível de "cuidados de doenças" e luta para fornecer serviços de saúde muito básicos. De acordo com um Relatório do Banco Mundial de 2017–2019, o continente africano responde por menos de 2% do financiamento global da saúde, embora os africanos representem 16% da população global e carreguem 26% da carga global de doenças. Em 2050, os africanos podem representar mais de 50% do crescimento da população global. Esse crescimento representa uma grande oportunidade e uma bomba-relógio caso não consigamos ajustar nossos sistemas de saúde rapidamente.

Atualmente, os países africanos importam cerca de US$ 17,3 bilhões em medicamentos a cada ano. Imagine quantos empregos seriam criados se essas drogas pudessem ser fabricadas aqui! Mas a falta das instalações para produzir esses medicamentos não é o único efeito económico da fraca prestação de serviços de saúde em África.

A Organização de Saúde estabeleceu que existe uma forte ligação entre a saúde das pessoas e o produto interno bruto duma nação.[1] Estima-se que cerca de 630 milhões de anos de vida saudável foram perdidos em 2015 devido às doenças que afetam seus quarenta e sete estados membros na África, totalizando uma perda de mais de US$ 2,4 trilhões do PIB anual da região.

Embora esses números económicos sejam muito importantes para mostrar o alcance impressionante dos problemas de saúde da África, devemos ver esses números não apenas como estatísticas financeiras, mas como um instantâneo do sofrimento que milhões sofrem. Estudos demográficos revelam que, em algumas regiões, quase metade das crianças morre antes dos cinco anos devido à desnutrição, acidentes e doenças como malária, diarreia, pneumonia, tétano, coqueluche, sarampo, poliomielite e tuberculose. Grande parte desse sofrimento poderia ser aliviado por programas de saúde pública, mas os países africanos estão entre os que têm os menores gastos públicos em saúde do mundo.

O facto de que as pessoas estão sofrendo e morrendo de condições que podem ser prevenidas ou curadas exige que os teólogos e a Igreja trabalhem para aumentar a capacidade do setor de saúde em prol do bem-estar de todos os cidadãos da África. Precisamos fazer perguntas teológicas e práticas: O que a Bíblia diz sobre questões de saúde e as causas da doença? Qual tem sido o papel da igreja na prestação de cuidados de saúde e qual tem sido o seu impacto em África? O que a igreja e os cristãos individuais devem fazer hoje para promover melhores cuidados de saúde em suas regiões?

Embora a saúde não seja o significado ou propósito da vida humana, é a fonte de força para a vida. Não há dúvida de que os resultados de saúde em toda a África melhorariam se a igreja se envolvesse profundamente com as partes interessadas relevantes para promover programas de saúde e bem-estar e assim demonstrar o amor de Cristo de maneira prática.

Definindo Saúde

Assim como o conceito de pobreza, o conceito de saúde às vezes tem sido interpretado em termos simplistas. Na verdade, existem várias definições diferentes de saúde, e a definição que adotarmos afetará nossa atitude em

---

1. Organização Mundial da Saúde, *A Heavy Burden: The Indirect Cost of Illness in Africa* (Brazzaville: WHO Regional Office for Africa, 2019).

relação aos cuidados de saúde e nossa compreensão do que nós, como cristãos, podemos fazer para promover os cuidados de saúde. A definição mais simples de saúde é negativa: uma pessoa é saudável se não estiver doente. Neste caso, restaurar a saúde de alguém envolve simplesmente remover a doença num processo que começa com um diagnóstico correto seguido de um tratamento correto para essa doença. Esta abordagem aos cuidados de saúde é comum nos sistemas de saúde dos países africanos.

Por outro lado, um modelo positivo de saúde não se concentra apenas na ausência de doença, mas em viver duma forma que promova ativamente a saúde. Esta abordagem aos cuidados de saúde incentiva as pessoas a assumirem a responsabilidade pela sua própria saúde presente e futura e também aborda questões de estilo da vida e fatores ambientais que afetam a saúde. Usando essa definição, mesmo aqueles que têm doenças crônicas ou deficiências permanentes podem ser encorajados a lutar por metas de específicas de saúde como alvos atingíveis.[2] Esta segunda definição é baseada na definição da Organização Mundial de Saúde como "*um estado de completo bem- estar físico, mental e social e não apenas a ausência de doença ou infermidade.*"[3] Essa definição afirma explícitamente que ser saudável significa algo mais ou algo diferente do que apenas não estar doente. Um indivíduo saudável é alguém que gosta da vida e experimenta bem-estar.

Com essa compreensão de saúde, não podemos avaliar a saúde dum grupo ou da população em geral simplesmente coletando estatísticas sobre morbidade (doença) e mortalidade (morte). Tampouco podemos julgar a saúde duma nação simplesmente contando o número dos médicos e hospitais. Em vez disso, a saúde duma nação é determinada por uma ampla gama de políticas públicas não apenas em nível nacional, mas também em nível local e comunitário. Essas políticas podem ser políticas governamentais, ou podem ser políticas implementadas por corporações ou comunidades (e igrejas).

Os determinantes mais fundamentais da saúde das pessoas são a satisfação das suas necessidades básicas de alimentação, abrigo, água potável, um ambiente seguro e paz. A saúde também é afetada por questões ambientais mais amplas, como um ecossistema sustentável, por questões comunitárias, como boas redes sociais, e por questões individuais, como um senso de auto-estima e um sentimento de que se tem algum controle sobre as condições de vida.

---

2. Bridget Hathaway and Flavian Kishekwa, *Included and Valued: A Practical Theology of Disability* (Carlisle: Langham, 2019).

3. Organização Mundial da Saúde, *Constituição da Organização Mundial da Saúde: Documentos Básicos,* 45ª ed., Suplemento (Outubro de 2006).

As muitas sobreposições entre as preocupações com a saúde e a pobreza servem como lembretes de que existem profundas desigualdades quando se trata de acesso aos pré-requisitos para a saúde. Os pobres, desempregados e com baixa escolaridade muitas vezes não têm o poder de acessar os determinantes econômicos e sociais fundamentais da saúde. Portanto, qualquer estratégia para melhorar a saúde duma nação ou comunidade deve incluir um foco na melhoria da saúde dos membros menos saudáveis dessa sociedade.

Entendimentos Africanos Tradicionais de Saúde e Cuidados de Saúde

A África tem uma longa tradição de curandeiros que acumularam experiência no combate as doenças e problemas relacionados.[4] Eles têm experiência e conhecimento dos remédios das ervas e plantas medicinais, bem como uma visão da psique da sua comunidade e da sua cultura e crenças. Debates são intensos sobre o papel que esse conhecimento médico tradicional deve ter na prestação de cuidados de saúde modernos. Alguns argumentam que ele sobreviveu à sua utilidade e deve ser descartado, enquanto outros o consideram um recurso útil para a prestação dos cuidados de saúde. Certamente há muitos, incluindo muitos cristãos, que ainda optam por consultar curandeiros tradicionais.

Ao contrário da medicina ocidental, que tende a se concentrar nos aspectos físicos da vida humana e das doenças, os curandeiros tradicionais africanos não tratam as doenças isoladamente da pessoa. Eles estão cientes da necessidade de harmonia entre o espírito, a mente e o corpo, e por isso investigam as causas da doença, que podem ser físicas ou espirituais. Em caso de dúvida, recorrem à adivinhação para determinar a causa da doença e o tratamento correto a ser dado. Eles identificam as causas espirituais das doenças como influências cósmicas, feitiçaria e ataques dos espíritos malignos. Eles também reconhecem que uma doença pode ser o resultado de algum pecado por parte do sofredor, ou pode ser provocada pelas dores duma consciência culpada. Os tratamentos que eles prescrevem podem incluir a realização de certos rituais e o uso dos amuletos ou remédios das ervas.

A medicina ocidental está cada vez mais de acordo com a medicina tradicional de que algumas doenças podem estar relacionadas à condição mental e emocional duma pessoa. Se alguém está muito desanimado, muito medroso, muito zangado ou mentalmente perturbado de outras maneiras, seu estado mental pode reduzir sua resistência aos germes, de modo que fica

---

4. J. O. Mume, "The African Traditional Doctor's Concept of Public Health," em *Principles and Practice of Public Health in Africa*, vol. 1, 2nd ed. (Ibadan: University Press, 1996): 6–10.

fisicamente doente. Como o sofrimento mental é muitas vezes causado por um mau relacionamento com outra pessoa, os curandeiros tradicionais africanos não erraram ao investigar esse aspecto da doença ao fazer um diagnóstico.

Os cristãos que desejam consultar um curandeiro tradicional devem fazê-lo com plena consciência de que Deus proíbe o uso das feitiçarías, advinhação e a consulta dos mortos para obter respostas (Dt 18:10-12). Também não há necessidade de consultar um feiticeiro se suspeitar que está a sofrer por causa de algum feitiço ou maldição, pois tudo isso pode ser quebrado pelo poder de Jesus, que é mais poderoso que todas as forças do mal.

Antes de consultar curandeiros tradicionais, os cristãos deveriam consultar anciãos cristãos maduros na área sobre as crenças religiosas dos curandeiros e sua reputação. Onde eles aprenderam seu ofício? Foi de um herbalista confiável, ou eles acabaram de se estabelecer por conta própria sem treinamento? Seus remédios provaram ser seguros e eficazes no passado, ou tiveram sérios efeitos colaterais? A segurança dos medicamentos fornecidos por um dispensário do governo ou da igreja terá sido testada por cientistas. Esses medicamentos são geralmente seguros se forem tomados da maneira correta e nas quantidades corretas, conforme prescrito por um profissional de saúde qualificado. Há menos segurança ao tomar a medicina tradicional.

Compreensão Bíblica Geral da Saúde

É importante considerar o que a Bíblia tem a dizer sobre saúde no Antigo e no Novo Testamento e avaliar como a Bíblia concorda e discorda das visões tradicionais africanas e como os cristãos hoje respondem às questões de saúde. Em particular, devemos considerar como a perspectiva bíblica deve informar nossa resposta às questões de saúde como indivíduos e como igrejas.

Entendimentos do Antigo Testamento

Na criação, o corpo humano era perfeito e saudável, mas após a queda, a morte entrou no mundo e as doenças se multiplicaram. Então, num sentido geral, podemos dizer que a doença ocorre por causa do pecado de Adão e Eva. Nesse sentido, a doença é sempre resultado do pecado.

Mais tarde, Deus lembra aos Israelitas que *"se vocês ouvirem atentamente ao Senhor, seu Deus, e fizerem o que é certo aos seus olhos, se obedecerem aos seus mandamentos e guardarem todos os seus decretos, não trarei sobre vocês nenhuma das doenças que trouxe sobre os egípcios, porque eu sou o Senhor, que vos sara*" (Êx 15:26). Aqui também Deus está dizendo que a doença às vezes pode ser resultado do pecado.

Mas é importante notar que as Escrituras não dizem que toda doença é resultado direto dum pecado. Por exemplo, a doença física que Satanás trouxe à vida de Jó não estava relacionada a nenhum pecado específico que Jó tivesse cometido, pois o próprio Deus disse que Jó era irrepreensível (Jó 2:3, 7).

A história de Jó se encaixa bem com as crenças tradicionais africanas. Um médico ocidental teria atribuído a doença de pele de Jó a alguma infecção bacteriana ou viral, mas os leitores da Bíblia sabem que foi Satanás ou seus demônios que colocaram Jó em contato com os germes que causaram sua doença. Da mesma forma, o rei Saul teve sérios problemas de saúde mental que o tornaram violento, mas esses problemas foram causados por uma combinação de seu ciúme de Davi e da obra dum espírito maligno (1 Sm 18:10-11). Ambos os problemas emocionais e espirituais estavam em ação, e a cura não viria se ambos não fossem abordados.

Há também harmonia entre a medicina tradicional africana e a Bíblia no que diz respeito à relação entre a saúde do corpo e o estado do espírito duma pessoa. A Bíblia contém versículos como este: *"O espírito do homem o sustenta na doença, mas o espírito deprimido, quem o levantará?"* (Pv 18:14). Outro versículo diz: *"O coração em paz dá vida ao corpo,"* (Pv 14:30). Essa compreensão holística da saúde às vezes é ignorada na medicina ocidental moderna, com seu foco em germes, bactérias, vírus e pílulas.

Quando se trata das especificidades do que a Bíblia tem a dizer sobre saúde, pode ser instrutivo ler o Antigo Testamento e observar a atenção dada às questões de dieta e higiene. Embora alguns dos mandamentos alimentares tenham raízes religiosas e tenham sido deixados de lado no Novo Testamento (veja a visão de Pedro em Atos 10:9-16), está claro que Deus está preocupado com nossos hábitos alimentares. Ele quer que comamos bem, pois prometeu aos israelitas uma terra onde haveria comida em abundância, simbolizada pela descrição dela como *"uma terra que deve leite e mel"* (Lv 20:24). Mas ele condena o excesso de comida e a gula, alertando que *"o companheiro de glutões envergonha seu pai"* (Pv 28:7) e, *"Se você encontrar mel, coma apenas o suficiente – muito e você vomitará"* (Pv 25:16).

Quanto à higiene, os Israelitas foram instruídos a *"designar um lugar fora do acampamento onde você possa ir para se aliviar. Como parte de seu equipamento, tenha algo para cavar, e quando você se aliviar, cave um buraco e cubra seus excrementos"* (Dt 23:12-13). Hoje chamamos isso de "descarte sanitário", e seus benefícios são amplamente compreendidos, mas nem sempre praticados – especialmente em áreas pobres. A história está repleta de epidemias de tifo, cólera e disenteria que estão ligadas ao despejo descuidado de dejetos humanos nas ruas e rios, ou alimentar os animais com dejetos humanos que depois são comidos. Enterrar dejetos humanos quebra o ciclo de vida de muitos organismos parasitas que espalham doenças. Essa prática simples é muito mais eficaz e menos dispendiosa do que tratar a doença após ela irromper – e Deus colocou esse princípio na Bíblia milhares dos anos antes que a ciência compreendesse seu benefício!

Tatuagens e cortes na carne também eram proibidos na lei (Lv 19:28). Pode ter sido por razões religiosas, mas também poderiam evitar possíveis fontes de infecção. Hoje, nós sabemos que a menos que procedimentos de saúde rigorosos sejam seguidos, tatuagens e piercings podem transmitir doenças como hepatite B, hepatite C, sífilis e HIV/AIDS.

A Bíblia também inclui regras sobre quarentena. As pessoas que tocassem um animal ou pessoa morta ou doente – ou mesmo roupas ou secreções duma pessoa doente – deveriam tomar banho e lavar suas roupas e evitar o contato com outras pessoas (Lv 13-15; Nm 5:2). As roupas contaminadas deveriam ser lavadas ou queimadas – importantes princípios de higienização que ainda são seguidos hoje. As residências que apresentassem sinais de mofo ou que abrigassem pessoas doentes deveriam ser limpas, reparadas ou destruídas para evitar a propagação de doenças. Vasos porosos que entrassem em contato com animais impuros, répteis e insetos deveriam ser quebrados (Lv 11). Os israelitas não sabiam disso na época, mas esses navios podem abrigar bactérias nocivas. As pessoas que apresentassem sinais de algumas doenças deveriam ser isoladas – em *quarentena* – até serem examinadas por um sacerdote e declaradas curadas. Algumas das práticas ainda podem ser relevantes hoje em regiões onde doenças altamente infecciosas como o Ebola estão presentes.

E o ebola é apenas um dos vários patógenos assassinos recém-emergentes que estão ganhando terreno em todo o mundo. Outras doenças virais, como febre de Lassa e hantavírus, transmitidas por roedores, e febre do Vale do Rift, transmitidas pelo contato com sangue, fluidos corporais ou tecidos de animais infectados, também podem ser contidas por meio de medidas preventivas. A aplicação dos princípios de higiene e quarentena pode fazer muito para nos ajudar a combater doenças hoje.

Entendimentos do Novo Testamento

Satanás e os seus demônios atacaram Jó e Saulo no Antigo Testamento, e no Novo Testamento os Evangelhos incluem exemplos dos demônios atacando pessoas com problemas físicos e mentais. Para nós, não é irracional supor que os demônios procurarão atacar a saúde das pessoas para fins malignos. Mas isso não quer dizer que as atividades dos demônios possam ser controladas por bruxas, feiticeiros e sociedades secretas, como muitas vezes se afirma na África. É verdade que há alguns que tentam manipular demônios, mas os demônios são mais poderosos do que qualquer ser humano, e os únicos que podem controlá-los são Deus e os santos anjos. Durante o seu tempo na terra, Jesus demonstrou a sua autoridade pessoal sobre Satanás e os demônios. Precisamos lembrar que Jesus continua protegendo o seu povo hoje, então os cristãos não precisam viver com medo de feitiçaria e bruxaria.

Devemos também notar que nos Evangelhos nem toda doença é mencionada como tendo uma causa espiritual, então devemos ter cuidado para não culpar bruxas ou demônios por todas as doenças. É provável que a maioria das nossas doenças seja simplesmente o resultado de entrarmos em contato com os germes, muitas vezes bebendo água imprópria ou comendo alimentos contaminados. Esta contaminação pode vir das nossas próprias mãos que tocam muitas coisas que podem transmitir germes, incluindo dinheiro, alças e mãos das outras pessoas. É por isso que é importante lavar as mãos antes de comer. As doenças também são transmitidas quando respiramos germes que se espalham pela tosse ou espirro.

Nem devemos presumir que toda deficiência ou doença é resultado do pecado. Jesus disse explicitamente que este não era o caso do cego de nascença (João 9:1-3). E Paulo não faz menção ao pecado quando fala da grave doença do seu ajudante Epafrodito (Fp 2:25-30). No entanto, algumas doenças surgem do pecado pessoal, como Jesus sugeriu quando curou o homem que estava doente por trinta e oito anos e o advertiu: *"Veja, você está bem novamente. Pare de pecar ou algo pior pode acontecer com você"* (João 5:5-14). Tiago sugere algo semelhante quando, depois de dizer que os cristãos doentes deveriam chamar os presbíteros da igreja local para orar por eles, acrescenta: *"Se pecarem, serão perdoados"* (Tg 5:15). Mas note que "se" – mais um lembrete de que não toda doença é resultado do pecado.

Os exemplos mais óbvios hoje de doenças que estão diretamente relacionadas ao pecado são as doenças associadas à imoralidade sexual, como HIV/AIDS e sífilis. No entanto, não devemos esquecer que uma pessoa inocente pode ser infectada com essas doenças por um cônjuge pecador, e que o HIV também pode ser adquirido por meio das transfusões de sangue e outros mecanismos que não envolvem pecado. Não devemos tirar conclusões precipitadas assim que ouvimos falar dum diagnóstico. Tampouco devemos usar o vínculo com o pecado como desculpa para evitar aqueles que têm essas doenças. Jesus associou-se com todos os tipos de pessoas, incluindo aqueles que foram evitados como "pecadores" (Lucas 5:30), e Ele lembrou aqueles que julgavam os outros como pecadores com base nas suas circunstâncias que eles também precisavam se arrepender (Lucas 13:1 -5).

Independentemente do motivo da doença, Deus é misericordioso e, na maioria das situações, concede a cura em resposta à oração e ao uso de medicamentos apropriados. Em alguns casos, Ele concede a cura sem o uso de qualquer medicamento, mas não devemos supor que será o caso. Um cristão que está doente deve procurar a melhor ajuda médica disponível.

O que devemos fazer com a própria saúde de Jesus? Não sabemos se Ele já pegou um resfriado ou sofreu de enxaqueca. Sabemos, no entanto, que Ele experimentou sofrimento e fraqueza humana, que chorou com a notícia da morte do seu amigo Lázaro e que em sua angústia no Getsêmani *"seu suor era como gotas de sangue caindo no chão"* (Lucas 22:44). Alguns argumentam que a disposição de Jesus de suportar o sofrimento indica que o sofrimento pode ser redentor e não deve ser evitado. Mas essa crença é algo que só podemos aplicar ao nosso próprio sofrimento; não devemos usá-lo como desculpa para evitar aliviar o sofrimento dos outros. Os Evangelhos muitas vezes falam do ministério de cura de Jesus e sua compaixão pelos cegos, enfermos e coxos (Lucas7:22). A sua parábola das ovelhas e dos cabritos deixa claro que Ele espera que os seus seguidores demonstrem a mesma preocupação pelos outros (Mt 25:31–46).

O Novo Testamento também deixa claro que seguidores fiéis de Jesus podem sofrer problemas de saúde. Já mencionamos a doença de Efafrodito (Fp 2:25–30), e Paulo pode ter sofrido de condições crônicas de saúde. Em suas cartas, ele fala de seu "espinho na carne" e de doenças e possivelmente problemas de visão (2 Coríntios 12:7–10; Gl 4:13–15). Surpreendentemente, Paulo diz que orou para que o "espinho" fosse removido, mas seu pedido foi negado. Sua experiência refuta os argumentos daqueles que afirmam que as pessoas não são curadas porque não têm fé. Não devemos tomar a promessa de que "o Senhor os levantará" em Tiago 5:13–15 como implicando que essa "ressurreição" sempre envolverá a restauração da saúde física completa.

Alguns dos discípulos de Jesus realmente receberam o poder de curar (Lucas 10:9), e em Atos 3:1–10, um homem coxo foi curado "em nome de Jesus Cristo de Nazaré". Paulo menciona explicitamente que Cristo dá o dom de cura para alguns, mas não para todos na sua igreja (1 Coríntios 12:9, 28, 30). Tiago mostra como esse ministério pode ter sido exercido quando instrui os enfermos a chamar os líderes da igreja para orar por eles e *"ungi-los com óleo em nome do Senhor"* (Tg 5:14).

Categorias Teológicas de Saúde e Cura

Ao falar sobre cura, é importante começar com a suposição de que toda cura é, em última análise, cura divina e reconhecer que Deus pode escolher usar uma variedade de métodos para curar as nossas doenças. Não devemos ousar dizer a Deus o que fazer insistindo que aceitaremos apenas a cura milagrosa.

Também precisamos reconhecer que é possível que algumas curas sejam falsificadas. Por exemplo, se poderes demoníacos causarem alguma doença, a doença pode ser curada pelo uso de feitiçaria por um curandeiro tradicional. Satanás pode ferir uma pessoa com uma doença e remover essa doença para enganar as pessoas e persuadi-las a acreditar no poder da adivinhação e da feitiçaria em vez de confiar em Deus para a cura verdadeira e perfeita por meio de Cristo.

Aqui estão algumas das possíveis maneiros pelas quais Deus pode abençoar e curar:

- *Através de drogas brutas, cirurgia, substâncias naturais ou outras intervenções.* A ideia de que o uso dos medicamentos e a cirurgia revelam falta de fé não tem respaldo na Bíblia. Lucas, que viajou com o apóstolo Paulo e foi o autor do Evangelho de Lucas, era um médico profissional que teria prescrito remédios (Cl 4:14). Paulo sugere que o seu amigo Timóteo tome um remédio comumente usado para problemas estomacais (1 Tm 5:23). Cura através de meios médicos faz parte da dádiva de Deus para nós, pois é Deus quem dá aos médicos e cientistas a visão de que precisam para desenvolver medicamentos e técnicas cirúrgicas. Um cristão que está doente deve procurar a melhor ajuda médica disponível.

- *Através de oração e libertação.* Deus tem o poder de curar os enfermos em resposta à oração. Vemos isso nos relatos bíblicos da cura de Ezequias e Dorcas (2 Rs 20:1-7; Atos 9:39-40). Jesus também realizou muitos milagres de cura, assim como os apóstolos (Atos 3:1-9; 5:16; 14:8-10). Mas tais curas não parecem ter sido comuns em todas as épocas da história bíblica. Longos trechos das Escrituras contêm poucos registros de curas, mesmo por homens piedosos como os profetas do Antigo Testamento. Ao orar por cura, os cristãos devem ser encorajados a examinar a si mesmos para se certificar de que não há pecado aberto ou oculto que possa estar trazendo o julgamento de Deus sobre eles (Sl 19:12-14). Estes podem ser pecados do coração, como ressentimento, amargura, ciúme ou ódio. Relacionamentos rompidos podem esmagar o espírito humano e, portanto, os relacionamentos precisam ser restaurados para que uma pessoa seja verdadeiramente saudável. Devemos lembrar que

Jesus disse aos seus seguidores que se eles querem que Deus responda as suas orações, incluindo as suas orações para cura de doenças, eles devem perdoar qualquer um com quem estejam zangados antes de orar a Deus (Marcos 11:25; ver também 1 Pe 3: 7). Aqueles cujos corações estão cheios de atitudes erradas podem permanecer doentes apesar de tomarem os remédios prescritos. Foi dito, devemos nos lembrar do caso de Jó e não acusar aqueles que não são curados através da oração de abrigar pecados não arrependidos.

- *Através de concessão de saúde.* Deus dá a algumas pessoas o dom da saúde para que não suportem muitas doenças. Às vezes, esse dom é dado as pessoas que assumem a responsabilidade por sua própria saúde, exercitando-se e evitando más escolhas alimentares e vícios. Mas essas pessoas também devem reconhecer que Deus em sua graça os poupou da exposição a ambientes perigosos e condições sociais e econômicas adversas que prejudicaria sua saúde, por mais responsáveis que tentassem ser. Aqueles que desfrutam da bênção da boa saúde devem usá-la para promover a obra de Deus.
- *Através da vida divina.* Todos os que vivem na terra acabarão por morrer. Se eles não morrerem num acidente, alguma doença acabará por tirar sua vida. Mas na nova Jerusalém, os crentes em Cristo desfrutarão de saúde perfeita, *pois "não haverá mais morte, nem pranto, nem pranto, nem dor"* (Ap 21:4).

Saúde e a Comunidade da Igreja

As igrejas devem ser conhecidas como locais de saúde positiva, não apenas para a cura de doenças. Se a igreja deve glorificar a Deus, então os cristãos devem começar a mostrar evidências das dádivas de Deus de cura espiritual, física, mental, emocional e social. Devemos responsabilizar uns aos outros por escolhas que afetarão negativamente a nossa própria saúde ou a *saúde* de alguém e nos impedirão de participar plenamente do serviço a Deus e à sociedade.

A nossa compreensão da saúde também deve refletir o amor de Deus e motivar-nos a estar presentes uns aos outros na saúde, na doença e no sofrimento. Quando os cristãos adoecem e precisam de cuidados, a comunidade da igreja deve reconhecer a doença para que o doente possa recuperar a saúde. No entanto, o que é ainda mais importante é que a comunidade deve ajudar o doente a permanecer na comunidade da igreja, mesmo que a sua saúde não seja restaurada. Um cristão saudável não é aquele que não está doente; antes, um cristão saudável é alguém que vive confiando em Cristo e na sua comunidade – a igreja – mesmo enfrentando as realidades da doença e da morte. É esta fidelidade a Cristo que torna o sofrimento cristão diferente. Assim, aqueles que sofrem, não devem ser vistos como amaldiçoados por Deus; alguns deles podem estar mais próximos de Deus do que nós que somos saudáveis!

Os cristãos devem ser ensinados a procurar cuidados médicos e a orar em todos os casos de doença. Se a doença for grave ou se não houver remédio disponível, eles devem chamar os presbíteros da igreja local e se unir a eles em oração por aquele que está doente (Tg 5:14–16).

A igreja é uma comunidade que pode nos sustentar e nos ajudar a cuidar dos nossos corpos. Tal comunidade é essencial, pois uma vida vivida isolada pode ser sem sentido e cheia de solidão existencial. Mas à medida que compartilhamos o sofrimento dos outros, quando nos abrimos às suas necessidades, percebemos o quanto temos e o pouco que realmente precisamos (Dt 15:10–11).

Saúde e a Comunidade Local

Nos tempos coloniais, os serviços de saúde eram direcionados principalmente para proteger a saúde dos funcionários públicos coloniais e dos funcionários de grandes corporações. Mas também havia médicos e enfermeiros missionários trabalhando em áreas remotas da África. Eles foram os primeiros a começar a treinar seu pessoal africano em medicina ocidental e iniciaram programas de reabilitação para doentes crônicos e deficientes, especialmente aqueles que sofrem da lepra, poliomielite e doenças oculares.

Quando os países africanos conquistaram sua independência na década de 1960, muitas vezes assumiram os hospitais missionários, bem como os hospitais governamentais. Mas os sistemas de saúde que herdaram eram fragmentados e não totalmente adaptados às necessidades de cada país. A maioria dos países africanos não tinha escolas de medicina para treinar médicos e dentistas. Os serviços de saúde estavam disponíveis principalmente para moradores urbanos razoavelmente abastados, funcionários públicos ou empregados regulares, e mesmo nas grandes cidades as taxas de imunização de crianças em idade pré-escolar eram geralmente muito baixas.

A capacidade dos novos governos de administrar o sistema de saúde foi severamente restringida por fatores como baixa base de receita e má governança. Essas condições continuaram e há muito espaço para a igreja intervir e desempenhar um papel em questões relacionadas à saúde para o benefício da sociedade – como devemos fazer se quisermos obedecer ao mandamento de Cristo de amar o nosso próximo.

O envolvimento da Igreja nos cuidados de saúde comunitários seria bem-vindo por muitos, pois o fracasso dos sistemas de saúde pública afetou a qualidade da vida, e as epidemias de doenças evitáveis ainda levam à perda das vidas, especialmente nas comunidades rurais. Milhões ainda sofrem da desnutrição ou morrem das doenças como malária, meningite e cólera. Todos os dias na África, mulheres morrem no parto e crianças morrem porque os seus pais não podem ter acesso aos cuidados de saúde. Hipertensão, diabetes e doença cardíaca coronária estão aumentando a taxas astronômicas, enquanto a medicação é escassa.

A teologia pública não pode resolver todos esses problemas. Mas o que podemos fazer, em obediência aos ensinamentos de Cristo, é trabalhar para ajudar as igrejas a desenvolver uma agenda abrangente para promover a saúde, a segurança e o bem-estar das comunidades em que operam. Eles descobrirão que os cuidados com a saúde geralmente são fundamentais para espalhar o evangelho da esperança que apresenta Cristo como o curador final.

Estratégias para Melhorar os Cuidados de Saúde Comunitários

Dado que o foco da medicina africana ainda é amplamente curativo (uma definição negativa de saúde), há muito espaço para a igreja promover a saúde positiva apoiando medidas preventivas básicas e, particularmente, medidas de saúde ambiental. Doenças devastadoras como febre tifóide, disenteria, cólera, malária e tuberculose florescem em comunidades que carecem da água potável e têm saneamento precário, habitação precária e alimentação precária. Os governos africanos precisam ser encorajados a se concentrar na medicina preventiva e especialmente na saúde ambiental, e alocar dinheiro para esses serviços. Mas os governos africanos não podem fazer tudo isso por conta própria. A igreja precisa fazer o possível para ser parte da solução.

Existem algumas estratégias-chave que podem ser usadas à medida que trabalhamos para melhorar a saúde para todos, como desenvolver um processo, definir políticas públicas e incentivar a participação da comunidade. Idealmente, os líderes cristãos no campo da saúde devem ser os líderes aqui, mas a contribuição local é crucial e, onde não há profissionais médicos cristãos, as igrejas podem assumir a liderança.

- *Desenvolvimento dum processo.* Muitas vezes, as igrejas simplesmente adotam alguma questão aleatória relacionada à saúde e lidam com isso.

Embora esses esforços possam ser úteis, também é importante desenvolver algum processo contínuo para garantir que o estado da saúde da comunidade continue sendo uma preocupação constante e para garantir que toda a comunidade esteja totalmente envolvida na definição dos seus problemas de saúde e no desenvolvimento das soluções para eles. Os responsáveis pelo processo devem contar de forte apoio da comunidade e ser pessoas íntegras que tenham a confiança de toda a comunidade. Dado que as comunidades africanas podem ser divididas em linhas religiosas e culturais, pode ser bom ter representantes de diferentes grupos reunidos para elaborar o processo a ser seguido. Esses representantes devem descobrir quais questões são importante para comunidade e a seqüência em que eles devem ser abordados.

- *Definir uma política.* Uma vez que um processo de contribuição para a saúde da comunidade tenha sido identificado e problemas e soluções específicos tenham sido acordados pela comunidade, é hora de começar a trabalhar em políticas específicas para fornecer os serviços necessários. Idealmente, qualquer política acordada deve envolver uma combinação das iniciativas governamentais e iniciativas comunitárias e deve envolver diferentes grupos da comunidade, de professores a mulheres de negócios e líderes da igreja. A política deve ser aquela que irá unir e não fragmentar a comunidade. Exemplos de tais políticas incluem, digamos, uma tentativa conjunta de todos os grupos dos líderes para incentivar a vacinação ou promover a limpeza de fontes de água poluída ou arrecadar fundos para adquirir mosquiteiros para distribuir a todos.

- *Envolver toda a comunidade.* Porque a verdadeira cura ocorre apenas na comunidade, sem a comunidade a cura é incompleta. Assim, os representantes dos vários grupos que desenvolveram o processo e concordaram com a política, devem trabalhar duro para envolver os membros das suas comunidades na prestação de cuidados da saúde e na manutenção duma saúde positiva. O objetivo deve ser ajudar as pessoas a obter um controle cada vez maior sobre a doença e melhorar a sua saúde.

Recursos Humanos e Cuidados de Saúde

Muitos cristãos ingressam na área da saúde com ideais elevados, mas seu moral é muitas vezes enfraquecido pela baixa remuneração do seu trabalho, a má motivação de alguns dos seus colegas de trabalho e a corrupção generalizada que se manifesta na venda ilegal de drogas e outros materiais hospitalares, até ao nível dos lençóis e toalhas destinados aos doentes. Essas questões afetam os profissionais de saúde em toda a África e resultam em uma constante fuga de cérebros, pois os profissionais de saúde qualificados deixam a África para buscar empregos lucrativos em outros lugares.

Como os teólogos podem responder a essa questão? Por um lado, precisamos nos manifestar contra a crescente profissionalização da saúde e a tendência de vê-la como um trabalho e não como uma vocação. Há uma necessidade real das pessoas que entendam que o valor do cuidado vai além do conhecimento técnico. Os crentes que trabalham na área da saúde devem ser encorajados a sacrificar o conforto da vida no Ocidente ou nas áreas urbanas para cuidar da África e da África rural. Este sacrifício é semelhante ao esperado dos primeiros missionários e é o que o próprio Cristo fez em sua encarnação.

No entanto, não podemos pedir que as pessoas façam grandes sacrifícios se não abordarmos ao mesmo tempo os problemas de má gestão e corrupção que fazem com que aqueles que começam com um compromisso idealista desistam e saiam. Precisamos encorajar os cristãos e as comunidades a encontrar maneiras de promover a boa governança e prestação de contas para garantir que não haja corrupção no uso de fundos alocados para o setor de saúde e para eliminar o desperdício.

Conclusão

Líderes, formuladores de políticas, políticos, líderes das igrejas e igrejas locais precisam começar a falar sobre o que estão fazendo para tornar os cuidados de saúde disponíveis para todos os cidadãos. Alcançar a *Agenda* 2063 dependerá de sistemas de saúde fortes que não apenas promovam a saúde e previnam doenças, mas também fortaleçam a capacidade dos setores público e privado de fornecer serviços de saúde sustentáveis para todos. O envolvimento da igreja neste processo é bíblico e imperativo. Uma África mais saudável será uma África mais feliz, e uma África mais feliz será uma África produtiva para o evangelho da salvação por meio de Cristo.

O papel dos teólogos públicos na promoção da saúde pública deve ser o de encorajar os cristãos a pensar a saúde em termos de bem-estar físico, mental e social e não simplesmente em termos da doença. Eles também devem encorajar as igrejas a usar a sua própria iniciativa para definir e promover uma vida saudável em suas comunidades.

Para resumir: as igrejas não devem pensar que a única maneira de contribuir para a saúde duma nação é implantando equipes médicas ou construindo hospitais e clínicas. As igrejas também podem contribuir engajando-se em atividades que promovam a saúde, ensinando maneiras de prevenir doenças e oferecendo reabilitação a todos que precisam.

Perguntas

1. Quais são as principais preocupações de saúde e bem-estar em sua comunidade? Como eles estão relacionados às condições sociais e ambientais, e quais recursos tem para abordá-los?
2. Tente formular um programa personalizado de saúde e bem-estar para sua igreja. Que critérios usará para julgar se está atingindo os seus objetivos e metas de saúde?
3. Como podemos formular e comunicar melhor as políticas de saúde para os principais interessados?
4. Como você, como igreja, pode trabalhar com pessoas de outras tradições, incluindo curandeiros tradicionais e curandeiros muçulmanos, para melhorar a saúde da sua comunidade?
5. Se houver atividade de mineração na sua região, isso tem implicações para a saúde que precisam de mais atenção?

Leitura Adicional

Gwatkin, Davidson R., Adam Wagstaff, e Abdo S. Yazbeck, eds. *Reaching the Poor with Health, Nutrition, and Population Services: What Works, What Doesn't and Why*. Washington, DC: The World Bank, 2005. http://siteresources.worldbank.org/INTPAH/Resources/Reaching-the-Poor/complete.pdf.

Hathaway, Bridget, e Flavian Kishekwa. *Included and Valued: A Practical Theology of Disability*. Carlisle: Langham Global Library, 2019.

Sofoluwe, G. O., R. Schram, e D. A. Ogunmekan, eds. *Principles and Practice of Public Health in Africa*, vol. 1, 2nd ed. Ibadan: University Press, 1996.

15

Direitos Humanos

Kajit J. Bagu (John Paul)

A teologia pública em África deve abraçar a tarefa de ensinar sobre direitos e defendendo-os. Essa é uma tarefa para a qual a Igreja é chamada tanto por suas crenças teológicas quanto pela necessidade de enfrentar os danos causados pela negligência dos direitos humanos. Da escravidão aos horrores do colonialismo e do racismo, a perseguição dos estrangeiros em ataques xenófobos, o abuso de mulheres e crianças vulneráveis e o assassinato de pessoas de diferentes religiões ou identidades étnicas, a África sofreu e ainda sangra pelo abuso de dignidade e direitos humanos.

Teologia e Direitos Humanos

A teologia e os direitos humanos estão intimamente ligados, uma vez que a teologia é o estudo de como Deus está operando neste mundo. O primeiro exemplo de Deus trabalhando neste mundo é encontrado em Gênesis 1, que conta como Deus criou o mundo. O relato culmina na criação dos seres humanos à imagem de Deus e em conceder-lhes domínio sobre a criação com o mandato de se multiplicar. Assim, Deus concede a todos os seres humanos direitos e dignidade (Gn 1:27-28; veja também Tg 3:9). Toda discussão sobre direitos humanos e teologia pública deve tomar como ponto de partida o facto de que todos os seres humanos são feitos à imagem de Deus.

É porque os seres humanos são feitos à imagem de Deus, embora amedrontados após a queda, que Deus agiu para se revelar a eles. Um dos momentos-chave dessa revelação foi seu dom dos Dez Mandamentos, escrito em duas tábuas de pedra (Êx 20:1-17). Nestes mandamentos, Deus estabelece as nossas obrigações humanas para com Deus e para com o próximo, ou seja, para com os outros seres humanos. Devemos agir de maneira a defender os direitos humanos e a dignidade humana e não somos livres para abusar outras pessoas emocionalmente, fisicamente ou materialmente.

Jesus resumiu os mandamentos como *"Ame o Senhor seu Deus de todo o seu coração, de toda a sua alma e de todo o seu entendimento"* e *"Ame o seu próximo como a si mesmo"* (Mt 22:37-40). Seu segundo comando repete o que ele havia dito anteriormente no Sermão da Montanha, quando propôs o que é conhecido como a regra de ouro: *"Em tudo, faça aos outros o que tu gostarias que te fizessem a ti"* (Mt 7:12). Esta regra implica que se tu e eu desejamos ter todos os nossos direitos humanos e sermos tratados com plena dignidade humana, devemos conceder esses mesmos direitos e dignidade a todos os outros. Não podemos reservar alguns direitos para nós mesmos e excluí-los para outros. O que isso significa para nós na igreja é que, quando ensinamos sobre direitos humanos, devemos fazê-los em termos abrangentes, em vez de cair na armadilha histórica de ensinar direitos humanos duma forma repleta de inconsistências e exclusões.

Quando um jovem perguntou a Jesus: *"Mestre, que coisa boa devo fazer para obter a vida eterna?"* A resposta de Jesus apontou-o para suas obrigações para com a humanidade: *"Não matarás, não cometerás adultério, não roubarás, não darás falso testemunho, honrará teu pai e tua mãe, e 'ama teu próximo como a ti mesmo'"* (Mt 19:16, 18-19). Estas palavras, com sua referência aos Dez Mandamentos, são um lembrete de que aqueles que querem ser salvos devem defender os direitos humanos e a dignidade dos outros. Os cristãos precisam estar convencidos de que toda pessoa humana é igualmente humana aos olhos do Criador e que todos os cristãos devem desaprovar qualquer coisa que seja segregada, discriminatória e desumanizante.

Os direitos humanos na África devem ser vistos como pertencentes aos africanos como seres humanos criados por Deus, e não como uma construção ocidental que está sendo gradualmente importada para a África. Os teólogos públicos na África devem fazer dos direitos humanos uma ferramenta para a busca da África que Deus deseja.

Direitos Humanos em África

Grande parte da discussão contemporânea sobre direitos ocorreu no Ocidente, mas não devemos esquecer que as ideias de dignidade e direitos humanos são encontradas em todas as culturas e lugares, incluindo a África. Como diz o estudioso ugandês Mahmood Mamdani, *"é difícil aceitar que os direitos humanos fossem uma noção teórica criada há apenas três séculos por filósofos na Europa.*"[1]

Em diferentes culturas, esses direitos podem ter sido expressos de forma diferente, mas todas as culturas reconhecem a necessidade de evitar que seres humanos abusem de outros seres humanos. é o facto por si só testemunha da onipotência e onisciência universal de Deus Todo-Poderoso que imbuiu cada comunidade humana com sua imagem e semelhança e com o conceito de dignidade e direitos humanos.

Quando se trata de diferenças entre abordagens dos direitos humanos no Ocidente e na África, provavelmente é seguro dizer que as abordagens ocidentais tendem a ser individualistas e cada vez mais seculares, enquanto as abordagens africanas tendem a ser mais comunitárias e religiosas. Em grande parte da África, o conceito de ubuntu, *"Eu sou porque nós somos"* expressa uma afirmação comunitária dos direitos humanos de cada membro da comunidade para existir e prosperar.

Direitos Humanos na História

Embora todas as culturas, tanto ocidentais quanto africanas, tenham alguma compreensão dos direitos humanos, também é verdade que todas as culturas têm um histórico terrível quando se trata de defender esses direitos. A reivindicação implícita do Ocidente de ser o guardião dos direitos humanos é corretamente recebida com algum ceticismo, dado que no passado a sua expressão desses direitos era muitas vezes discriminatória e excludente. Os ocidentais foram categorizados como superiores e todos os outros, incluindo africanos e grupos desfavorecidos como os irlandeses e os ciganos, foram categorizados como "inferiores" e, portanto, excluídos do gozo da plena dignidade e direitos humanos.

A ironia de reconhecer os direitos humanos e, ao mesmo tempo, justificar os seus abusos acompanhou os movimentos para estabelecer os direitos humanos ao longo da história. Vemos isso claramente quando olhamos para o progresso histórico dos direitos humanos nos séculos anteriores à emissão da Declaração Universal dos Direitos Humanos (DUDH) em 1948.[2]

---

1. Mahmood Mamdani, "The Social Basis of Constitutionalism in Africa," *Journal of Modern African Studies* (1990): 360.

2. A DUDH foi proclamada em 10 de dezembro de 1948 como um padrão universal de direitos humanos após as atrocidades da Segunda Guerra Mundial.

Direitos humanos antes de 1948

Uma das primeiras declarações políticas de direitos humanos foi a Magna Carta, assinada pelo rei João da Inglaterra em 1215. Este documento limitava o poder do rei inglês, mas os direitos humanos que ele estabeleceu aplicavam-se apenas aos nobres ingleses.[3] A Declaração de Independência Americana em 1776 e a Declaração Francesa dos Direitos do Homem e do Cidadão em 1789 estenderam os direitos humanos aos homens comuns – mas não às mulheres, nativos americanos, africanos ou outros povos não europeus.[4] A escravidão e outras formas de desumanização eram justificadas com base no facto de que os africanos eram meros selvagens, quase humanos e aptos apenas para serem animais de carga. Essa restrição de quem contava como "homem" quando se tratava de direitos humanos inspirou o slogan de protesto dos afro-americanos mais de um século depois: "Eu sou um homem."[5] Foi uma declaração de desafio expressando o desejo de ser reconhecido como alguém que conta como um ser humano cuja dignidade humana é plenamente reconhecida.

A exclusão dos não-europeus das noções ocidentais de direitos humanos e dignidade foi tão difundida que em 1537 o Papa Paulo III emitiu uma bula papal intitulada *Sublimus Deus* culpando Satanás, *"o inimigo da raça humana"*, por inspirar a crença *"que os índios do Oeste e do Sul, e outras pessoas de quem temos conhecimento recente devem ser tratados como brutos mudos criados para nosso serviço"* e afirmando fortemente que *"os ditos índios, e todas as outras pessoas que mais tarde possam ser descobertas pelos cristãos, de modo algum devem ser privados de sua liberdade ou da posse de seus bens, ainda que estejam fora da fé de Jesus Cristo."*[6] No entanto, as sociedades europeias ignoraram essa injunção e a escravidão floresceu até os séculos XVIII e XIX. E após a abolição formal da escravidão em todo o Império Britânico na década de 1830, o colonialismo se estabeleceu na África como o próximo estágio da desumanização.

---

3. Ver William Sharp McKechnie, *Magna Carta: A Commentary on the Great Charter of King John* (Glasgow: James MacLehose & Sons, 1914).

4. O conceito de "homem" nas declarações de direitos humanos americana e francesa era consistente com a escravidão e outras formas de desumanização, uma vez que os não-europeus eram tipicamente "mouros", "negros", "índios" etc., que eram categorizados como "bárbaros" ou "selvagens".

5. Essa referência a "homem" foi ecoada pelo Movimento dos Direitos Civis Americanos. Ver, por exemplo, Steve Estes, *I Am a Man!: Race, Manhood, and the Civil Rights Movement* (Chapel Hill: University of North Carolina Press, 2005).

6. Papa Paulo III, "*Sublimus Deus*: On the Enslavement and Evangelization of Indians" (1537), Papal Encyclicals Online, https://www.papalencyclicals.net/paul03/p3subli.htm.

Os olhos do Ocidente só se abriram totalmente para a natureza venenosa das suposições de superioridade racial quando viram seus frutos na Europa durante a Segunda Guerra Mundial, quando as ideologias nazistas e fascistas inspiraram a invasão de nações "inferiores" como Polônia, França e Rússia e as tentativas de escravizar os seus povos e exterminar todos os judeus. A morte de milhões chocou o mundo e resultou num forte movimento para reconhecer a dignidade e os direitos inatos de todos os seres humanos. O resultado foi a Declaração Universal dos Direitos Humanos (DUDH) assinada em 1948, três anos após o fim da guerra.

Direitos humanos pós-1948

Mesmo após a emissão da Declaração Universal dos Direitos Humanos, nem todos os direitos estavam disponíveis para todos, como pode ser visto nas várias declarações de direitos humanos que continuaram a ser emitidas. Por exemplo, em 1966, as Nações Unidas aceitaram o Pacto Internacional sobre Direitos Civis e Políticos (PIDCP). Os direitos mencionados naquele documento são conhecidos como direitos de primeira geração e são os tipos dos direitos individuais privilegiados pelas sociedades ocidentais. Ao mesmo tempo, as Nações Unidas aceitaram o Pacto Internacional sobre Direitos Econômicos, Sociais e Culturais (PIDESC) que consagra os chamados direitos de segunda geração. O relegar estes direitos para um estatus de segunda significou que havería menos chances de serem cumpridos.

A separação dos direitos civis e políticos dos direitos econômicos, sociais e culturais reflete o individualismo ocidental. Também favorece os interesses econômicos e políticos das sociedades ocidentais, ao mesmo tempo em que abre as sociedades não ocidentais às influências sociais, econômicas, culturais e políticas, à dominação e ao controle do Ocidente.[7] Embora os indivíduos possam insistir na sua liberdade de expressão, direito de propriedade privada e outros direitos sob o PIDCP, eles acham mais difícil exigir os direitos à moradia, educação e saúde consagrados no PIDESC. Vemos essa separação de direitos na maioria dos países africanos. Na Nigéria, por exemplo, o capítulo 4 da Constituição Federal de 1999 estabelece os direitos civis e políticos que são aplicáveis pelos tribunais superiores.[8] No entanto, os direitos econômicos, sociais e culturais são tratados como *"objetivos fundamentais e princípios*

---

7. Veja, por exemplo, as perspectivas expressas em David Beetham, "What Future for Economic and Social Rights?" *Political Studies* 43 (1995).

8. Estes estão contidos nas seções 33 a 45 da Constituição da Nigéria de 1999.

diretivos da política estatal" – em outras palavras, são aspiracionais, mas não exequíveis.⁹

Em 2007, as Nações Unidas adotaram a Declaração sobre os Direitos dos Povos Indígenas (DDPINU) que trata os direitos dos setores mais excluídos, oprimidos e desumanizados da humanidade. Aos povos indígenas foi negado o direito à língua, cultura, pátria ancestral, autodeterminação como povo indígena, identidade e conhecimento e memória indígena dos quais dependem os modos da vida de inúmeras comunidades e culturas. A negação desses direitos de terceira geração tem o efeito de despojá-los do direito de existir exceto como sujeitos coloniais. Eles têm que falar as línguas coloniais e ser educados das maneiras estrangeiras (em grande parte ocidentais ou árabe-islâmica). Eles são negados territórios ancestrais e, em vez disso, são consignados a localizações territoriais e políticas arbitrárias de acordo com métodos e mapeamentos coloniais estrangeiros.

Os estados ocidentais mais culpados de genocídio físico e cultural contra os povos indígenas foram os oponentes mais vociferantes da DDPINU, enquanto os povos indígenas da América do Sul, há muito oprimidos, estavam entre os defensores mais entusiásticos de sua aprovação. Na votação, quatro países votaram contra a DDPINU (EUA, Canadá, Nova Zelândia e Austrália), enquanto onze países se opuseram abstendo-se, entre eles três países africanos: Nigéria, Quênia e Burundi. No caso da Nigéria, o grupo Fulani, com poderes britânicos, afirma ser descendente do norte da África ou do Oriente Médio (Flora Shaw, escrevendo em 1905, os descreveu como *"uma raça parcialmente branca"*¹⁰). Os tutsis no Burundi também têm uma narrativa imigrante e de *"raças diferentes"*. Ambos os grupos tendem a se opor à ideia de direitos dos povos indígenas. No Quênia, os poderosos Kikuyu e outros grupos dominantes tendem a obscurecer a existência de mais de quarenta outras identidades. Não deve surpreender que esses países africanos também tenham indicadores de repressão contra os povos indígenas. Na Nigéria, por exemplo, o governo do APC do presidente Muhammadu Buhari criou um Comitê de "Verdadeiro Federalismo" que propunha eliminar o conceito indígena e o caráter federal da constituição da Nigéria.¹¹

---

9. Os objetivos fundamentais estão contidos nas seções 13 a 24 da Constituição da Nigéria de 1999, que também é a Parte II da Constituição.

10. Flora L. Shaw, *A Tropical Dependency: An Outline of the Ancient History of the Western Soudan, with an Account of the Modern Settlement of Northern Nigeria* (London: James Nisbet, 1905), 21–22.

11. Ver Ahmed Nasiru El-Rufai et al., *Report of the APC Committee on True Federalism* (Nigeria: APC Adhoc Committee, 2018).

Em última análise, os relatos históricos revelam que os direitos humanos ainda são imperfeitos e um trabalho em andamento. A multiplicidade de cartas de direitos atesta a realidade de que há algo profundamente preocupante na forma como os seres humanos tratam os outros. Mesmo a teologia dos direitos humanos ainda é um trabalho em andamento. Como cristãos, deveríamos estar perguntando o que Deus pretendia em relação à dignidade humana quando fez os seres humanos à sua imagem e semelhança? Ou, em outras palavras, Deus pretendia que os seres humanos tivessem direitos e dignidade?

Direitos Humanos como Ferramenta de Transformação

A África que Deus quer é uma África onde cada pessoa seja reconhecida, respeitada e conferida com todos os direitos que acompanham o facto de ser humana. Esses direitos não devem ser restringidos por idade ou sexo, mas devem aplicar-se a todos os seres humanos ao longo de toda a sua vida, desde a concepção até a morte natural. A noção de segregar direitos e tornar alguns deles agradáveis a membros selecionados da sociedade com exclusão de outros deve ser condenada como moralmente repreensível. Nenhum ser humano é menos humano do que outro aos olhos do Todo-Poderoso, e a teologia pública destinada a forjar uma África desejável deve vislumbrar uma ideia abrangente, inclusiva e transcendente dos direitos humanos. Este conceito é melhor expresso pelo Papa João Paulo II em sua encíclica de 1993 *Veritatis Splendor* (o Esplendor da Verdade):

> Mesmo que as intenções às vezes sejam boas, e as circunstâncias freqüentemente difíceis, as autoridades civis e indivíduos particulares nunca têm autoridade para violar os direitos fundamentais e inalienáveis da pessoa humana. Afinal, só uma moral que reconheça certas normas como válidas sempre e para todos, sem exceção, pode garantir o fundamento ético da convivência social, tanto em nível nacional como internacional.[12]

Se ensinar sobre os direitos humanos na África deve ser fiel ao que Deus pretende para a humanidade como um todo, e para a África em particular, deve trabalhar para apagar a ideia de primeira, segunda e terceira camadas de direitos humanos que levam à segregação de direitos. Em vez disso, deve

---

12. Papa João Paulo II, "*Veritatis Splendor*, The Splendour of Truth" (Rome: Vatican, 1993), 97.

ter como objetivo construir uma consciência abrangente, interdependente e inclusiva sobre a dignidade e os direitos humanos.

A inclinação para tratar a dignidade e os direitos humanos como abrangentes foi reforçada por vozes do continente africano e de outros lugares que falam da nossa "interdependência" em vez de direitos segregados. Por exemplo, a Carta Africana dos Direitos Humanos e dos Povos (CADHP) de 1986 afirma claramente que *"os direitos civis e políticos não podem ser dissociados dos direitos econômicos, sociais e culturais na sua concepção, bem como da universalidade e que a satisfação dos direitos econômicos, sociais e culturais direitos é uma garantia para o gozo dos direitos civis e políticos."*[13] A carta abrange os direitos civis, políticos, econômicos, sociais e culturais, bem como os direitos dos povos indígenas. Seu título abrange deliberadamente tanto os direitos humanos quanto os direitos dos povos em uma tentativa de eliminar a segregação escrita nos relatos ocidentais de direitos humanos.

Em 1993, a Conferência Mundial sobre Direitos Humanos também apoiou uma abordagem abrangente e interdependente dos direitos humanos:

> *Todos os direitos humanos são universais, indivisíveis, interdependentes e inter-relacionados. A comunidade internacional deve tratar os direitos humanos globalmente de maneira justa e igualitária, em pé de igualdade e com a mesma ênfase. . . . Democracia, desenvolvimento e respeito pelos direitos humanos e liberdades fundamentais são interdependentes e se reforçam mutuamente.*[14]

A mesma voz é ouvida na *Agenda 2063*[15] e na DDPINU 2007, que representa a tentativa final de quebrar a divisão destrutiva que busca perpetuamente desumanizar os povos de ascendência não-europeia dentro da estrutura de direitos. A luta para que a DDPINU fosse proclamada foi longa, acaloradamente contestada e cheia de intrigas indignas de seres humanos feitos à imagem e semelhança de Deus. A forte oposição à inclusão dos povos indígenas como titulares de direitos no próprio contexto indígena traz as marcas do mal. Tais esforços fazem parte da mesma escola de pensamento desumanizadora que os esforços mais antigos para desumanizar aqueles que são diferentes de alguma

---

13. Parágrafo 7 do preâmbulo da ACHPR, http://www.humanrights.se/wp-content/uploads/2012/01/African-Charter-on-Human-and-Peoples-Rights.pdf.

14. Conferência Mundial sobre Direitos Humanos, "Declaração e Programa de Ação de Viena", (Viena, 1993), artigos 5 e 8.

15. Nações Unidas, Agenda 2063. A Aspiração 3 da Agenda prevê "o respeito pelas direitos", o que deve ser visto à luz da Carta Africana.

forma. Eles estão enraizados em legados escravizadores, colonizadores e genocidas que contemplam e buscam a eliminação de várias comunidades e identidades em todo o mundo porque são indígenas de um lugar e portadores das suas próprias identidades e culturas distintas.

Os povos indígenas da África são comunidades cujas raízes ancestrais e existência estão ligadas ao continente africano. Eles incluem todas as identidades indígenas, bem como grupos como os San e os pigmeus que são marginalizados por grupos dominantes e sofrem *"discriminação e desprezo... desapropriação de suas terras e a destruição dos seus meios de subsistência, culturas e identidades."*[16] Os cristãos africanos precisam ouvir a mensagem tão fortemente afirmada no preâmbulo da DDPINU: *"Todas as doutrinas, políticas e práticas baseadas ou defendendo a superioridade de povos ou indivíduos com base na origem nacional ou diferenças raciais, religiosas, étnicas ou culturais são racistas, cientificamente falsas, legalmente inválidas, moralmente condenáveis e socialmente injustas."*[17]

Muitos dos conflitos e atrocidades em massa que afectam a África hoje, estão enraizados na prática de aplicar e perseguir uma noção segregada de dignidade e direitos humanos. Onde as políticas governamentais, instituições e estruturas básicas são criadas para aplicar a dignidade e os direitos humanos por meio duma abordagem discriminatória, é lógico que tácticas desumanizantes e discriminatórias também sejam empregadas, muitas vezes com consequências terríveis. Devemos estar cientes desses perigos enquanto elaboramos a nossa teologia pública.

Direitos Humanos e Identidade

A identidade é um aspecto do ser humano que pode facilitar a inclusão ou exclusão no que diz respeito à dignidade e aos direitos humanos. Mas o que é identidade? Na estrutura ocidental é concebido em termos individuais, mas na África e além tem um sentido mais comunitário. Nós, como africanos e como cristãos, precisamos lutar com esta questão.

Do ponto de vista teológico cristão, Deus criou a humanidade como homem e mulher, e cada pessoa, homem e mulher, é feita à imagem e

---

16. Ver Comissão Africana dos Direitos Humanos e dos Povos (CADHP) e Grupo de Trabalho Internacional para os Assuntos Indígenas (IWGIA), Povos Indígenas em África: e Povos Esquecidos? e Trabalho da Comissão Africana sobre os povos indígenas em África (Banjul: União Africana, 2006).

17. Departamento de Assuntos Econômicos e Sociais das Nações Unidas: Povos Indígenas (2007), Declaração sobre os Direitos dos Povos Indígenas (DDPI), 3.

semelhança de Deus. Cada pessoa é individualmente conhecida e reconhecida por Deus, de modo que cada indivíduo tem direito à plena dignidade e direitos humanos. No entanto, um senso de identidade comunal ou de grupo é muitas vezes crucial para a forma como um indivíduo é empoderado para desfrutar dos seus direitos individuais. É este contexto que torna a segunda e terceira geração de direitos tão fundamentais e essenciais para a dignidade humana no contexto africano.

Para dar um exemplo, o direito à liberdade de expressão pertence à primeira geração de direitos civis e políticos. No entanto, dado o passado colonial e neocolonial da África, como uma pessoa de identidade Ijaw da região do Delta do Níger na Nigéria pode exercer seu direito à liberdade de expressão como uma pessoa Ijaw se seu direito de usar sua língua indígena for negado? pela política linguística oficial do país? Eles são obrigados a falar inglês, ou usar um intérprete, ou ficar em silêncio! Os direitos de primeira geração não têm sentido, sem os outros direitos categorizados como direitos de segunda ou terceira geração.

Se Deus decretou uma pluralidade de linguagens e identidades no mundo e sustenta os portadores dessas identidades, é errado adotar políticas ou programas que direta ou indiretamente busquem silenciar, eliminar ou distorcer essas diversas linguagens e identidades. É lamentável que alguns no passado tenham usado o nome de cristianismo para perseguir políticas que buscam eliminar identidades particulares, por exemplo, fazendo com que as comunidades africanas abandonem suas identidades e línguas para professar a fé cristã.

Se Deus julgou necessário fazer com que cada visitante em Jerusalém ouvisse o apóstolo Pedro nasua própria língua (Actos 2:5-12) e não procurou obrigar os novos cristãos a abandonar as suas próprias identidades e línguas e adotar uma identidade judaica, deve ser contrário à vontade de Deus que os cristãos duma era diferente façam o oposto direto, trabalhando para eliminar a língua e a identidade nativas dum convertido! A desumanização não pode ser um caminho moralmente legítimo para a evangelização.

Ao projectar uma pedagogia interdependente e inclusiva dos direitos humanos na África, todo cristão como teólogo público deve enfatizar o facto de que qualquer segregação dos direitos humanos na África é má e equivale a negar a humanidade dos povos africanos como indivíduos, bem como as suas identidades comunitárias.

Direitos Humanos, Sexualidade e Teologia Pública

A evolução ocidental dos direitos humanos resultou no conceito atualmente incluindo elementos de ateísmo e rejeição de Deus, razão pela qual é necessária cautela, pois os direitos humanos podem ser sequestrados e usados para inviabilizar a teologia pública. Como teólogos, nunca devemos esquecer que os seres humanos são caídos, moralmente fracos e inclinados ao pecado, e assim podem perverter até o que é bom. Mesmo a linguagem dos direitos humanos, que é boa, pode ser subvertida de maneiras que contrariam diretamente a intenção divina para a humanidade e a dignidade humana. Para ser fiel ao seu chamado, a teologia pública deve apoiar os direitos humanos, mantendo uma consciência aguda dos limites impostos pelo nosso conhecimento da vontade revelada de Deus.

O exemplo mais retumbante dum choque entre os entendimentos seculares e cristãos dos direitos humanos envolve direitos homossexuais ou homossexuais e casamento entre pessoas do mesmo sexo. Aqui, há uma perspectiva secular sobre o alcance dos direitos humanos e da sexualidade com a qual o cristianismo não pode concordar. Deus criou os seres humanos como homem e mulher à sua imagem e semelhança, e em Levítico 18:22 ele proíbe expressamente relações entre pessoas do mesmo sexo: "Não se deite com um homem como quem se deita com uma mulher; é repugnante."

A linguagem dos direitos humanos não deve ser subvertida para mutilar a vontade de Deus em relação à sexualidade humana. A identidade individual inclui identidades sexuais definidas, e um casamento deve ser entre um homem e uma mulher. A identidade sexual está ligada à identidade individual e nunca pode ser mutilada dentro de um contexto teológico.

Mas isso significa que aqueles que são homossexuais ou lésbicas ou qualquer outro tipo de sexualidade perderam todos os seus direitos humanos? Como teólogos, podemos rotular seu comportamento como pecaminoso, ao mesmo tempo em que reconhecemos que Deus não rejeita os pecadores, mas os ama e os chama para si. Nós devemos também reconhecer que o pecado não priva um ser humano dos seus direitos humanos divinamente ordenados – se o fizesse, não haveria espaço para sequer falar de direitos humanos, pois todos nós pecamos. Como nós, gays e lésbicas têm direitos humanos. Eles também podem crescer à imagem e semelhança de Deus. Não devemos revogar todos os seus direitos humanos mais do que revogamos os de outros na congregação, que pecam.

Direitos Humanos e Justiça Cognitiva

É bem sabido que a África moderna ainda está algemada pelos Estados-nação que lhe foram impostos pela Conferência de Berlim de 1884/85. Embora alguns detalhes tenham mudado desde os tempos coloniais, muitas realidades são estruturalmente as mesmas do seu apogeu colonial, com resultados violentos, desumanizadores e desestabilizadores que afetam a África diariamente. Makua Matua insiste que, como a própria ideia dum estado-nação é um conceito ocidental, *"o estado pós-colonial, o sucessor acrítico do estado colonial, está condenado porque carece de legitimidade moral básica."*[18] Mutua não é o única a defender este ponto. É esta falta de legitimidade moral básica que impulsiona o desprezo dos Estados africanos pelos direitos humanos e pela dignidade humana. Até que esse problema seja resolvido, iniciativas como a *Agenda 2063* provavelmente não terão sucesso em sua tarefa transformadora. É por isso que a construção da paz da justiça cognitiva (PJC) e o constitucionalismo plurinacional (CP) são conceitos políticos, filosóficos e constitucionais importantes para a África lidar à medida que avançamos para 2063.

A proposta de justiça cognitiva defende a reconstrução da África com o objetivo de forjar construções sócio-políticas moralmente legítimas derivadas da expressão democrática livre e informada das numerosas identidades e comunidades indígenas da África. Esse objetivo se reflete melhor na ideia constitucional plurinacional. A ideia é devolver aos africanos, ou melhor, aos africanos retomar, a prerrogativa de escolha que foi roubada pelo projeto colonial e nunca mais voltou.

O plurinacionalismo da justiça cognitiva envolve uma mistura de filosofia política e teoria constitucional numa nova linha de pensamento que oferece um caminho para uma África melhor.[19] Toma a ideia geral de justiça cognitiva como discutida por acadêmicos e forja uma concepção política e filosófica de justiça projetado para inspirar a elaboração da constituição e a reformulação política da África e o Sul global. O objetivo é ter um mundo melhor em que a dignidade humana plena de todos seja reconhecida e todas as identidades sejam reconhecidas e tratadas como iguais. Ele procura ter esse reconhecimento incorporado nas constituições da África, que devem ser transformadas de estruturas de estado-nação em estruturas plurinacionais nas quais toda identidade digna como nação é reconhecida e protegida constitucionalmente.

---

18. Makau Mutua, "Why Redraw the Map of Africa: A Moral and Legal Inquiry," *Michigan Journal of International Law* 16 (1995): 1116.

19. Kajit J. Bagu, *Peacebuilding, Constitutionalism and the Global South: The Case for Cognitive Justice Plurinationalism* (Abingdon, UK: Routledge, 2019).

O que distingue esta abordagem de outras é a ênfase no elemento "cognitivo", ou seja, no modo de vida, culturas e visão do mundo através do qual pessoas de várias identidades dão sentido ao mundo em sua própria língua em suas terras ancestrais. Ela busca igual reconhecimento e tratamento das diversos sistemas de conhecimento e os seus portadores ou identidades para que um sistema de conhecimento e os seus portadores não sejam na prática inviabilizados ou reduzidos a um grupo morto por mera referência histórica e de dados. Uma maneira de fazer isso é adotar uma ordem constitucional plurinacional que torne todas as línguas indígenas vivas na África uma língua oficial na sua pátria ancestral, ao lado de outras línguas regionais ou estaduais de comunicação oficial intercultural. A aspiração à autodeterminação seria satisfeita se os Estados fossem concebidos como constituídos por muitas nações, cada uma reconhecida na constituição, com as estruturas necessárias, infra-estrutura de desenvolvimento e empoderamento caso a caso. Essas ideias dão uma dica do potencial inovador e reformador de ponta nessa abordagem.

Os teólogos precisam trabalhar duro para desfazer o dano causado pela classificação desumanizadora dos africanos como "inferiores" nos últimos 500 anos, e eles encontrarão no PJC-CP uma ferramenta conceitual e de reforma de ponta à medida que abordam esse legado mortal e buscam moldar uma África melhor, onde cada identidade seja conceitual e praticamente imbuída de plena dignidade humana. O PJC-CP os ajudará a explicar o significado da regra de ouro de Jesus – *"Em tudo, faça aos outros o que você gostaria que fizessem a você"* (Mt 7:12) – no contexto dos direitos humanos e da política. Ao fazer isso, eles terão que enfatizar quatro conceitos:

- *Dignidade humana*, ou seja, a conexão entre a dignidade humana de cada membro individual duma comunidade – a criança, a viúva, o estrangeiro, o preso, o vulnerável, etc. – e a dignidade de toda a comunidade.

- *Tradução intercultural*, o que significa que outras culturas não são rejeitadas, mas vistas como algo que se deve procurar compreender. Mais crucialmente, cada identidade deve aprender a ver aqueles com identidades diferentes através da mesma lente dignificante através da qual ela se vê.

- *Reconhecimento constitucional igual* de todas as identidades, línguas e culturas.

- *Abertura a uma pluralidade de abordagens* na resolução de problemas ou na organização estrutural da sociedade. Não existe uma maneira certa de fazer algo.

A nova perspectiva introduzida pelo PJC-CP resulta num chamado para amar e cooperar com os de outras identidades, em vez de suspeitar deles, odiá-los e se envolver numa competição doentia.

A construção da paz da justiça cognitiva é, portanto, *"o reconhecimento e tratamento igualitário de diferentes identidades na sociedade constitucional democrática, com o objetivo de promover a paz através da eliminação da desigualdade legal, política, institucional, estrutural, social e econômica de diferentes identidades, seja essa desigualdade seja direta ou indireta, expressa ou implícita, visível ou invisível, contemporânea ou histórica."*.[20]

A justiça cognitiva fornece um modelo conceitual, filosófico, institucional e estrutural adequado para a construção duma África desejável na qual a dignidade e os direitos humanos são concebidos e ensinados usando uma pedagogia interdependente e inclusiva. O velho odre do Estado-nação colonial tem um jeito de corromper cada vinho novo derramado nele. Que haja novos odres de ordens estatais plurinacionais para o vinho novo da dignidade e dos direitos humanos transcendentes e abrangentes através da justiça cognitiva.

Conclusão

Sunday Bobai Agang insiste com razão que devemos ir além de orar sobre o que identificamos como errado para tomar medidas relevantes para corrigi-lo: *"a teologia pública nos chama a aplicar nossas mentes aos problemas que enfrentam a África. Somos chamados a olhar atentamente para os problemas, indo além das questões superficiais para as causas subjacentes enraizadas nas estruturas sociais e visões edo mundo predominantes."*[21]

A busca da África que queremos será fortalecida quando compreendermos que os direitos humanos são interdependentes e inclusivos. O dever de promover e defender a dignidade humana é um princípio central da teologia. No entanto, a evolução dos direitos humanos na tradição ocidental resultou numa tendência de segregar os direitos humanos em categorias, o que sempre leva à desumanização e abuso dos excluídos. Vemos essa tendência em ação na África que temos hoje. No entanto, embora os direitos humanos constituam uma ferramenta valiosa para o avanço duma África desejável, o teólogo público

---

20. Kajit J. Bagu, "Plurality, Peacebuilding and Islam: Gülen Optimism and the Cognitive Justice Prism," in *The Hizmet Movement and Peacebuilding: Global Cases*, eds. Mohammed Abu-Nimer e Timothy Seidel (Lanham, MD: Lexington, 2018), 249.

21. Veja o capítulo 1, "The Need for Public Theology in Africa," 3.

deve ser cauteloso para não mutilar a teologia defendendo perspectivas dos direitos humanos que subvertem a vontade divina.

Embora os desenvolvimentos positivos em direção à interdependência no tratamento dos direitos humanos sejam vistos na Carta Africana, DDPINU e *Agenda 2063*, ainda há muito que precisa ser feito para dar à África a alavanca necessária para forjar o seu futuro de acordo com a sua vontade divina, para que a plena dignidade humana de cada identidade individual e comunitária seja respeitada. É com isso em mente que apresentei a proposta de justiça cognitiva que visa promover a construção da paz da justiça cognitiva para a reconstrução duma África moralmente legítima, justa, pacífica e sustentável.

Perguntas

1. A sua dignidade humana pessoal está suficientemente protegida pelas leis e práticas dos direitos humanos no teu país? Se não, que mudanças tu sugeres que precisam ser feitas e como tu podes advogar por essas mudanças?
2. Como o teu conceito da dignidade e direitos humanos se compara aos de pessoas pertencentes a comunidades ou identidades diferentes da tua dentro do teu país? Eles são tratados como teus iguais, inferiores ou superiores?
3. Depois de ler este capítulo, tente aplicar as lições bíblicas e históricas aprendidas ao seu contexto actual. Que direitos estão a ser garantidos ou negados, e a quem? Existem outros direitos que também devem ser considerados?
4. Podes identificar uma comunidade indígena africana e realizar um esforço para educá-los sobre a sua dignidade humana conforme desejado por Deus e sobre os seus direitos sob a DDPINU? Como tu vais fazer isso?
5. De que forma você proporia que a constituição do seu país fosse refeita de acordo com a construção da paz da justiça cognitiva e o constitucionalismo plurinacional para que toda identidade seja reconhecida como nação até 2063?

Leitura Adicional

African Commission on Human and Peoples Rights (ACHPR) and International Working Group for Indigenous Affairs (IWGIA). *Indigenous Peoples in Africa: The Forgotten Peoples? The African Commission's Work on Indigenous Peoples in Africa*. Banjul: African Union, 2006. https://www.iwgia.org/en/resources/

publications/305-books/2545-indigenous-peoples-in-africa-the-forgottenpeoples-the-african-commissions-work-on-indigenous-peoples-in-africa.

Anaya, S. James, and Siegfried Wiessner. "The UN Declaration on the Rights of Indigenous Peoples: Towards Re-Empowerment." *The Jurist* (3 October 2007). https://www.jurist.org/commentary/2007/10/un-declaration-on-rightsof-indigenous-2/.

Bagu, Kajit J. *Peacebuilding, Constitutionalism and the Global South: The Case for Cognitive Justice Plurinationalism*. Abingdon, UK: Routledge, 2020.

McCorquodale, Robert, ed. *Human Rights*. Abingdon, UK: Routledge, 2003; reissued 2018.

16

Gênero

Esther Mombo

Se a teologia em seu sentido mais básico é o estudo de Deus, então a teologia pública é o estudo de Deus no que se refere a questões na esfera pública. Se algo é uma questão pública, a teologia pública tem algo a dizer sobre isso – e, portanto, também tem algo a dizer sobre gênero, pois o gênero permeia todas as esferas da vida e afeta a todos, desde o nascimento até a morte. Esse ponto fica claro desde a primeira pergunta que fazemos quando ouvimos que uma criança nasceu: é menino ou menina? Como seres humanos, pensamos em termos dessas categorias e temos feito isso desde que Deus criou o primeiro homem e a primeira mulher.

Mas o que significa ser homem ou mulher? É aí que entra o conceito de gênero. Gênero está relacionado ao sexo biológico, mas principalmente tem a ver com as suposições da sociedade sobre homens e mulheres. Em muitas sociedades africanas, um menino é mais valorizado do que uma menina, e os homens têm um status mais elevado do que as mulheres.

Essas diferenças de status e valor estão intimamente ligadas aos papéis sociais atribuídos a homens e mulheres. Esses papéis culturalmente definidos afetam o acesso a recursos produtivos fora da casa e a autoridade de tomada de decisão. Embora existam diferenças nas especificidades desses papéis, na África os homens são geralmente considerados responsáveis pelas actividades produtivas fora da casa, enquanto se espera que as mulheres sejam responsáveis pelas atividades reprodutivas e produtivas dentro de casa. Essa perspectiva molda nossa compreensão de muitas questões e permeia todas as esferas da vida, incluindo nossa vida social, religiosa, política e econômica. Portanto, entender o gênero é importante para entender as nossas próprias comunidades.

A Importância das Questões de Gênero

As questões de gênero são cada vez mais proeminentes na sociedade mais ampla ao nosso redor. No entanto, alguns cristãos optam por descartar o tópico de gênero, sugerindo que é uma ideia moderna que está a ser importada para a África por potências estrangeiras (feministas). Mas negar a necessidade de pensar sobre gênero implica que as culturas africanas não têm falhas em relação às questões de gênero. No entanto, sabemos que nenhuma cultura é perfeita. Todas as culturas são boas na medida em que unem as comunidades e prejudiciais na medida em que nem sempre atendem igualmente às necessidades e interesses de todas as pessoas. As culturas podem oprimir aqueles que são definidos como "outros". se a opressão é amplamente reconhecida no racismo e no tribalismo – por que não deveria ser reconhecida também nas questões de gênero, que também envolvem grupos distintos de pessoas?

A pesquisa mostrou que a nossa compreensão de gênero tem raízes profundas em nossas culturas tradicionais e que alguns problemas de gênero na África são anteriores à chegada do islamismo e do cristianismo à África e à era colonial.[1] Há muitas situações em que homens e mulheres não foram tratados igualmente e onde a aplicação rígida de estereótipos significa que aqueles que não se enquadram nos papéis de gênero culturalmente atribuídos lutam para encontrar um lugar na comunidade. Precisamos aceitar que as discussões sobre gênero vieram para ficar e que são importantes porque trazem à tona desigualdades de gênero arraigadas.

Como cristãos, somos chamados a transformar o nosso pensamento, e isso inclui nosso pensamento cultural. Precisamos aprender a discernir o que precisa ser valorizado e o que precisa ser mudado nas nossas culturas. Também precisamos trabalhar pela transformação das nossas comunidades em lugares melhores para homens e mulheres, ambos feitos à imagem de Deus.

Há outros que reconhecem algumas questões de gênero na África, mas reclamam que as coisas foram levadas longe demais e que os homens estão agora em desvantagem. Por três anos seguidos, tive que ouvir coros de crianças cantando *"O Lamento de um Rapáz."* Aquí vão algumas linhas desta canção traduzidas do Kiswahili:

> *Em seu aniversário, uma menina pode comemorar com uma grande festa;*
> *Um menino tem uma festa menor.*

---

1. Mercy Amba Oduyoye, *Introducing African Women's Theology* (Sheffield: Sheffield Academic Press, 2001), 24.

Quando as aulas começam, as meninas vão às compras e têm uma mesada;
A mesada dum menino é reduzida porque lhe dizem que não precisa de muito dinheiro na escola.

Quando uma menina é punida, ela pode chorar;
Quando um menino é punido e chora, a punição aumenta porque os meninos não devem chorar[2]

Essa música implica que os meninos são negligenciados e discriminados, enquanto as meninas têm todas as oportunidades – elas têm mais dinheiro e mais oportunidades acadêmicas e sociais. Recorre a boatos e estereótipos, pois argumenta que essa discriminação deve parar e que meninas e meninos devem ser tratados igualmente.

Raciocínio semelhante também pode estar por trás do recente crescimento dos programas de treinamento da masculinidade para rapazes e rapazes. Esses programas são muitas vezes modelados nos tradicionais campos de iniciação, onde os meninos eram circuncidados e instruídos pelos mais velhos à medida que passavam para outra fase da vida. O objetivo é acolher os meninos no clube da masculinidade onde eles não são mais crianças e entender o que significa ser homem, e não mulher. Às vezes, esses programas são administrados por organizações ou ONGs baseadas em igrejas e recebem nomes como "Liberte o homem interior" e "Homem o suficiente." Alega-se que um curso de dez semanas permitirá que os jovens experimentem a masculinidade duma maneira diferente e assumam sua posição "de direito" na família, na igreja e na sociedade.

Usando a Bíblia, o treinamento fornece uma compreensão da masculinidade que se baseia no poder e na autoridade. O homem é definido como provedor, protetor e sacerdote de sua família. Sua liderança no lar se estende à sociedade ao seu redor. Embora haja muita coisa boa nesse treinamento, é perturbador que ele reforce os estereótipos e papéis de gênero.

Esses estereótipos também estão presentes em muitos sermões de casamento que enfatizam papéis de gênero rígidos e estruturas hierárquicas no casamento. Mais tempo é dedicado à autoridade do marido e à necessidade da esposa mostrar respeito e obedecê-lo do que ao amor e respeito mútuos. O lugar da mulher é percebido como na esfera privada enquanto o lugar do homem é na esfera pública. Há frequentemente uma desconexão marcante

---

2. O poema intitulado "The Lament of a Boy Child" foi cantada em Kiswahili pelos meninos de St Paul's Primary School em três cerimônias de formatura (2014, 2015, 2016).

entre a realidade da sociedade e os sermões e discursos proferidos durante o casamento. Tais sermões justificam a desigualdade de gênero e criam espaço para a violência dentro do casamento.

Dadas essas preocupações, é importante prestarmos atenção em como a Bíblia é usada e abusada quando falamos sobre questões de gênero.

A Bíblia e o Gênero

A Bíblia teve tal influência na África que é citada em todos os tipos de ocasiões – religiosas, econômicas, sociais, culturais e políticas. Por exemplo, nas eleições gerais de 2017 no Quênia, os líderes da oposição usaram a narrativa de Moisés e os israelitas cruzando o Mar Vermelho para a terra prometida. Quando não ganharam a eleição, argumentaram que, quando chegaram ao Mar Vermelho, descobriram que estava infestado de crocodilos. Embora não haja menção de crocodilos em Êxodo, a narrativa era aquela com a qual as pessoas se identificavam e foi usada para legitimar o partido e explicar sua derrota. Da mesma forma, as pessoas vão citar a Bíblia ao discutir questões de gênero sem muita preocupação com o que a Bíblia realmente diz no contexto. Eles simplesmente usam a Bíblia para legitimar os papéis de gênero culturalmente construídos. Eles ignoram o facto de que a Bíblia foi escrita numa cultura que era androcêntrica e patriarcal, e também ignoram o facto de que os princípios estabelecidos nas Escrituras minam essa visão de mundo.

Esse comentário sobre a Bíblia na última frase pode assustar alguns leitores, então deixe-me explicar o que quero dizer. Primeiro, não estou negando que a Bíblia foi inspirada por Deus. Mas mesmo aqueles que mantêm uma visão muito elevada das Escrituras reconhecem que Deus trabalhou por meio de agentes humanos e que as personalidades e interesses individuais dos escritores brilham através dos seus escritos. Também é verdade que os autores humanos da Bíblia provavelmente eram todos homens. Apenas dois dos trinta e nove livros do Antigo Testamento são nomeados como mulheres: Rute e Ester. Nenhum dos vinte e sete livros do Novo Testamento tem o nome de uma mulher.

A história da Bíblia também se concentra em grande parte na vida pública do povo que era dominado por figuras masculinas como reis, guerreiros, sacerdotes e profetas. Ouvimos pouco sobre o espaço privado que era ocupado por mulheres, e apenas algumas mulheres são mencionadas pelo nome. Para nós, o assunto da Bíblia é mais masculino do que feminino, refletindo o mundo centrado no homem da época.

No entanto, à medida que lemos o Antigo e o Novo Testamento, percebemos que as questões de gênero também surgem ali. Como este capítulo é curto, é impossível lidar com todas essas questões aqui, e terei que me concentrar apenas em algumas questões-chave relacionadas a gênero, criação e gênero no ministério de Jesus.

O relato da criação em Gênesis 1 enfatiza a igualdade entre homens e mulheres e não faz menção a qualquer hierarquia ou diferença. Tanto o homem quanto a mulher são feitos à imagem e semelhança de Deus, ambos são responsáveis por governar a terra, ambos são abençoados e ambos são responsáveis por serem frutíferos (Gn1:26–28). O homem e a mulher são totalmente iguais. No entanto, Gênesis 2 introduz uma diferença na forma como os seres humanos foram criados. Neste relato, tanto o homem quanto a mulher foram criados a partir dum único ser humano, mas o homem nomeia a mulher, o que indica que ele tem autoridade sobre ela (Gn 2:21–23). No entanto, ao mesmo tempo, em Gênesis 2:24 nos é dito que um homem deve deixar seu pai e sua mãe e se unir à sua esposa, o que não é o caso na maioria das culturas do mundo. Geralmente é a mulher que deixa os pais e se apega ao marido. Claramente precisamos pensar cuidadosamente sobre alguns aspectos de gênero à luz das nossas realidades actuais.

A encarnação, vida e ministério de Jesus nos dão outra lente para olhar as questões de gênero. A sociedade em que Jesus encarnou e viveu por trinta e três anos era patriarcal, na qual tanto mulheres quanto homens tinham papéis construídos pelo gênero. Os homens que encontramos nos Evangelhos são retratados como reis, líderes, sacerdotes, fariseus e saduceus. Eles são mostrados envolvidos em ocupações como pescar.

Enquanto os homens têm papéis na esfera pública, os papéis das mulheres estão na esfera privada. E, no entanto, não há um retrato de mulheres nos Evangelhos. Enquanto algumas mulheres são retratadas desempenhando papéis tipicamente determinados pelo gênero, como nutrir e cuidar, outras mulheres são retratadas com traços que normalmente não são considerados femininos. Vemos mulheres resilientes como a mulher com o fluxo de sangue e a mulher siro-fenícia. Uma mulher samaritana tem uma longa discussão teológica com Jesus. eis a mulher que ungiu Jesus, e Marta e Maria que albergaram Jesus e seus discípulos. Outras mulheres são ousadas e seguem Jesus até o local de sua morte e acordam cedo para visitar seu local de sepultamento.

Não há dúvida de que Jesus ensinou e realizou seus milagres num contexto patriarcal, mas também é claro que ele se esforçou para capacitar as mulheres. Por exemplo, Ee quebrou as normas sociais ao tocar uma mulher "impura" sangrando e uma menina morta (Marcos 5:21–43), nomeando homens e mulheres como seus seguidores (João 4:1-42) e enviando ambos homens e mulheres para espalhar a sua mensagem (Mt 28:1-10). Ele também desafiou os estereótipos de gênero que denunciavam a infidelidade sexual por parte das mulheres, mas não quando era feita por homens (João 8:1-11). Ao fazer isso, Ele se recusou a aderir a uma visão de mundo discriminatória de gênero e interpretação da lei. A maneira de Jesus lidar com as questões de gênero do seu tempo foi introduzir uma forma de pensar transformadora, trazendo para o centro aqueles que eram marginalizados e capacitando-os a ter voz.

A igreja primitiva manteve a postura radical e transformadora de Jesus em relação às mulheres por um tempo. A igreja foi fundada como uma comunidade onde as distinções de gênero, classe, raça e etnia não eram toleradas. Pedro citou o Antigo Testamento em apoio à sua abordagem:

> *Nos últimos dias, diz Deus, derramarei do meu Espírito sobre todos os povos. Os seus filhos e as suas filhas profetizarão, os jovens terão visões, os velhos terão sonhos. Sobre os meus servos e as minhas servas derramarei do meu Espírito naqueles dias, e eles profetizarão. (Actos 2:17-18)*

Nos Actos dos Apóstolos, a igreja é apresentada como uma comunidade que tentou acabar com todas as categorias sociais opressoras. Os membros da nova comunidade eram conhecidos como filhos de Deus, independentemente do seu papel de gênero. Este ponto emerge claramente na carta de Paulo aos Gálatas: *"Assim, em Cristo Jesus, todos vós sois filhos de Deus pela fé, porque todos vós que fostes batizados em Cristo vos revestistes de Cristo. Não há judeu nem gentio, nem escravo nem livre, nem homem e mulher, porque todos vós sois um em Cristo Jesus"* (Gl 3:26-28).

Em outra parte das cartas de Paulo, ele ensina que em Cristo alcançamos uma liberdade que não deve ser negada ou comprometida por nenhum sistema social. Ele reconhece o ministério de mulheres e homens, e até mesmo o ministério das mulheres na pregação do evangelho. Em sua carta à igreja em Roma, por exemplo, ele menciona dez mulheres – Febe, Priscila, Maria, Júnia, Trifena, Trifosa, Persis, mãe de Rufo, Júlia e irmã de Nereu (Rm 16:1-15). Paulo descreve essas mulheres de diferentes maneiras e fala de seus papéis como diáconos, cooperadores e apóstolas no ministério de pregação do evangelho. Em sua carta à igreja em Corinto, Paulo também mostra que reconhece a igualdade dos gêneros no casamento quando afirma que ambos os cônjuges têm direitos conjugais. A mulher tem autoridade sobre o corpo do homem, e o homem tem autoridade sobre o corpo da mulher (1 Co 7:4). Ele não considera o casamento uma obrigação para todos e insiste que homens e mulheres têm o direito de desistir do casamento para servir a Deus (1 Cor 7). Isto chocava com as normas do tempo de Paulo e da África onde ser solteiro é muitas vezes mal visto ou desprezado.

É verdade que há lugares onde Paulo parece contradizer parte do que foi dito acima sobre seus pontos de vista sobre a igualdade de gênero, como quando ele discute roupas femininas e sua liderança (1 Coríntios 11:1-16; 14:33-35). Mas quando olhamos para o contexto, é fácil ver por que Paulo reintroduz ideias de hierarquia e papéis tradicionais. Ele estava escrevendo dentro do império greco-romano, e os cristãos sabiam que enfrentariam perseguição se violassem muitas normas sociais. Na cultura circundante, havia um grande medo de "mulheres livres" e uma grande ênfase na hierarquia. Essas normas culturais afetaram a estrutura da igreja. Assim como fez com a questão da escravidão, a igreja primitiva optou por não desafiar o sistema de relacionamentos existente na época, embora isso não signifique que a igreja primitiva endossasse a escravidão ou a opressão das mulheres.

Teologia Pública e Questões Específicas de Gênero

Hoje ainda há medo do empoderamento das mulheres e da marginalização dos homens (veja os exemplos acima). Por isso, é importante que abordemos essas preocupações. O lugar para começar é reconhecer que a supremacia masculina está enraizada nos nossos sistemas sociais, políticos e econômicos e que os homens estão ansiosos para preservar o *status quo*. Uma razão para esta situação é a crença de que os homens são mais fortes do que as mulheres e, portanto, as mulheres devem depender dos homens para sobreviver. A liderança masculina é, portanto, vista como a única liderança legítima e pensada como protetora para as mulheres. Essas crenças podem ter algum fundamento numa época em que as mulheres estavam constantemente grávidas e os homens tinham que caçar para comer e defender novas mães e bebês do ataque dos animais selvagens, mas elas não se aplicam mais hoje. Em vez disso, essas crenças patriarcais muitas vezes se tornaram tóxicas e são a base da violência contra as mulheres e da exclusão das mulheres de papéis de liderança onde a mera força física não é um requisito.

Violência de gênero

Os jornais estão repletos das histórias de violência de gênero nas esferas doméstica e pública. As estatísticas mostram que uma em cada quatro mulheres em todo o mundo foi espancada, abusada ou coagida a fazer sexo durante sua vida. Homens e meninos também sofrem violência sexual, especialmente em países de conflito e em situações em que a sua identidade de gênero entra em conflito com as normas de gênero. Parece que a violência baseada em gênero agora está normalizada.

Recentemente, muitos movimentos foram formados para abordar a violência de gênero (por exemplo, Me Too; My Dress, My Choice; Time's Up; e Thursday in Black). Mas os teólogos e a igreja muitas vezes permaneceram em silêncio. Elas ficam felizes em falar sobre questões políticas, econômicas e culturais, mas deixam para as mulheres falar sobre violência de gênero. Isto está errado. A violência baseada em gênero deve ser discutida por homens e mulheres, e deve ser uma grande preocupação da teologia pública. A violência de gênero precisa ser algo que é abordado do púlpito.

Liderança baseada no gênero

Muitos ainda assumem que a liderança masculina é a única liderança legítima. se aplica na sociedade em geral, e também se aplica na igreja. Enquanto algumas mulheres estão sendo ordenadas agora, isso está acontecendo diante das barreiras que não se aplicam aos homens. Por exemplo, as mulheres podem ser excluídas de algumas formas de liderança porque são mães solteiras, viúvas ou solteiras. Homens solteiros, viúvos ou que tiveram filhos fora do casamento enfrentam muito menos obstáculos.

Na maior parte da África, as mulheres enfrentam o obstáculo adicional da etnia. Os líderes são muitas vezes escolhidos com base em critérios étnicos. Para um homem, não é um grande problema se sua esposa for de uma etnia diferente. Mas uma mulher que se casa com um homem duma etnia diferente perde sua identidade étnica original sem ser totalmente aceita no grupo étnico do seu marido. Isso constitui uma barreira à liderança porque ambos os grupos suspeitam da sua identidade étnica e a consideram uma estranha. É hora de perguntarmos como essa ligação de gênero e etnia se relaciona com o fato de que em Gênesis é o homem que é instruído a deixar seus pais e se unir a sua esposa.

Dada a ligação entre liderança e educação, não é surpresa que os homens superem as mulheres nas universidades africanas. No entanto, o desequilíbrio é ainda maior nas instituições teológicas, onde os homens superam amplamente as mulheres. O resultado é que em nossas igrejas as mulheres ocupam em grande parte os bancos e os homens os púlpitos. Se a igreja está realmente comprometida com a liderança inclusiva, ela precisa deliberadamente estender a mão e oferecer treinamento para mais mulheres.

Mas a liderança de gênero não se refere apenas a quem lidera, mas também a como eles lideram. Dentro da sociedade e dentro da igreja, muitas vezes vemos liderança masculina dominadora que permite pouco espaço para liderança feminina. A liderança masculina geralmente depende do uso do poder sobre as pessoas em vez do poder *com* as pessoas, que é o que as mulheres preferem. Modelos de liderança baseados na dominação e subjugação não estão de acordo com os ensinamentos de Jesus Cristo e não refletem a forma como Jesus se relacionava com os homens e mulheres da sua época.

O impacto das relações desiguais de poder dos homens sobre as mulheres tem sido o aumento da desigualdade. As mulheres ouvem a mensagem de que não são iguais aos homens e não são chamadas por Deus para usar os presentes que lhes foram dados por Deus. Eles são relegados a papéis e responsabilidades dentro da esfera privada do lar, onde suas contribuições são desvalorizadas e em grande parte não reconhecidas.

Identidade de gênero

Assumimos que toda criança que nasce é um menino ou uma menina. No entanto, às vezes acontece que uma criança nasce com características biológicas masculinas e femininas, ou com nenhuma. Pode ser difícil determinar se tal criança é do sexo masculino ou feminino. As culturas diferem na forma como respondem a essas crianças. Em algumas culturas indígenas, as crianças de sexo indeterminado eram consideradas como tendo dois espíritos e recebiam um status distinto ou separado. Em outras culturas, essa criança era morta ao nascer.

Hoje, há um debate considerável sobre como devemos responder àquela cuja fisiologia, cromossomos ou hormônios significam que eles não se enquadram nas categorias de masculino e feminino em termos da sua constituição biológica ou papéis de gênero. O debate é complexo, mas o único ponto em que os cristãos devem concordar é que essas pessoas são seres humanos e, como tal, também são feitas à imagem de Deus e são amadas por Deus. Devemos responder a eles com respeito, ouvir suas preocupações e tratá-los com bondade.

Conclusão

Nossa compreensão dos papéis de gênero é profundamente moldada e mantida por nossas culturas. isso é inevitável porque nossa cultura é uma estrutura principal de significado que orienta como nossos relacionamentos são formulados e vividos. Cultura é sobre nossa maneira de viver, amar, comer, brincar e adorar. A cultura é diferente para diferentes pessoas, grupos e épocas, mas está sempre presente. Nenhum ser humano pode existir sem uma cultura de algum tipo.

Às vezes esquecemos que a cultura não é estática. Ele muda com o tempo. Por exemplo, as mulheres agora estão mostrando que são capazes de desempenhar papéis que antes eram restritos aos homens e estão reivindicando esses papéis. Compreensivelmente, essa mudança é estressante. Para alguns, representa um passo para o desconhecido, enquanto para outros representa a perda de coisas a que se sentiam ser seu direito. Este stress explica porque algumas pessoas procuram formas de negar às mulheres o seu empoderamento, dizendo que vai contra a sua cultura.[3] Mas pia cultura não pode ser absolutizada. Precisamos reconhecer que, em alguns aspectos, nossa cultura tradicional pode ter prejudicado as mulheres (e, portanto, também os homens). Entendimentos rígidos de gênero não nos permitem exercitar os dons dados a cada um de nós por Deus.

Precisamos entender a verdade de que todos os seres humanos são criados à imagem e semelhança de Deus (Gn 1:26–28). Esta verdade se aplica a toda a comunidade humana. O grupo identificado como masculino não representa Deus por si só. Em vez disso, Deus é representado por ambos os gêneros existindo juntos em mutualidade ao invés de hierarquia.

Quando compreendermos essa verdade, também compreenderemos a necessidade de desafiar as rígidas normas de gênero embutidas em nossos entendimentos de masculinidade e feminilidade. Essas normas são em grande parte estereótipos e são muito injustas para ambos os sexos. Começaremos a lidar com as questões de gênero da mesma forma que Jesus lidou com elas em seus dias, transformando indivíduos marginalizados, reconhecendo-os e dando-lhes um lugar na sociedade.

Perguntas

1. Tendemos a nos concentrar em Deus como nosso pai. Mas há também maneiras pelas quais Deus é como uma mãe? Devemos falar dessas coisas também? Por quê?
2. Qual é a compreensão dos papéis de gênero em sua comunidade? Existem pessoas que não se enquadram nos papéis culturais esperados? Como eles

---

3. Musimbi Kanyoro, "Culture," in *Dictionary of Third World Theologies*, eds. V. Fabella e R. S. Sugirtharajah (Maryknoll, NY: Orbis, 2000), 62–63.

são vistos na comunidade? Como a resposta da sua igreja a eles se alinha com a maneira como Jesus respondeu a homens e mulheres?
3. Qual é a margem para que as mulheres exerçam liderança em diferentes áreas da sua igreja?
4. O que você pode fazer para lidar com a violência de gênero em sua comunidade?
5. Como podemos encorajar tanto as meninas quanto os meninos a usar as habilidades que Deus lhes deu sem serem presos por papéis de gênero?

Leitura Adicional

Dube, Musa W., ed. *Other Ways of Reading: African Women and the Bible*. Atlanta: SBL; Geneva: WCC, 2001.

Mouton, Elna, Gertrude Kapama, Len Hansen, and Thomas Togom. *Living with Dignity: African Perspectives on Gender Equality*. Stellenbosch: SUN, 2015. https://pdfs.semanticscholar.org/f106/9f46cd9bcc4d3d5d825cd0a6bc4a9c64399e.pdf.

Oduyoye, Mercy Amba. *Daughters of Anowa: African Women and Patriarchy*. Maryknoll, NY: Orbis, 1995.

Tearfund. *Silent No More: The Untapped Potential of the Worldwide Church in Addressing Sexual Violence*. Teddington, Middlesex: Tearfund, 2011. https://www.wewillspeakout.org/resources/silent/.

17

Migração e Tráfico de Seres Humano

Babatunde Adedibu

A migração não é um fenómeno novo. Ela tem sido parte da estória humana por mais de seiscentos mil anos, desde que os seres humanos saíram do Vale do Rift em África e se mudaram para o resto do mundo. Migração significa simplesmente mudar de um lugar para outro.

A migração também está profundamente enraizada na história bíblica, pois Abraão tornou-se um migrante quando ele deixou Ur, e seus descendentes tornaram-se imigrantes no Egito e mais tarde viveram naquele país como refugiados em busca duma terra prometida. Muitos séculos depois, eles experimentaram uma migração forçada e viveram como exilados na Assíria e na Babilônia. Eles passaram a experimentar as dificuldades dos retornados, conforme registrado nos livros de Esdras e Neemias. A migração também desempenhou um papel fundamental no crescimento da igreja do Novo Testamento, pois os cristãos dispersos pela perseguição se uniram à diáspora judaica em todo o mundo, levando o evangelho com eles. Claramente, a migração não é puramente negativa, embora os tempos sejam muitas vezes difíceis para os migrantes.

Hoje, os mesmos fatores que impulsionaram as migrações anteriores ainda estão em ação: guerra, conflitos étnicos, desastres naturais e oportunidades econômicas. No entanto, o século XX inaugurou uma nova dispensação na migração internacional com a ascensão dos estados-nação e a emissão dos passaportes e vistos para controlar o movimento de pessoas através das fronteiras. O resultado foi um maior foco em questões de identidade e pertencimento e maiores dificuldades para os migrantes. A politização da migração levou a reivindicações de que os países precisam "reprimir" a migração para manter sua soberania.

No entanto, a realidade é que a maioria das cidades e nações são agora caldeirões de etnias e diversidade cultural, mesmo que a igreja ainda não tenha reconhecido totalmente esta mudança. Neste capítulo, discutiremos por que as pessoas migram, os benefícios e sérios inconvenientes da migração e os crimes daqueles que exploram os migrantes. Concluímos com um desafio aos cristãos e à Igreja para repensar como eles se relacionam com os migrantes e ajudar todos os migrantes a alcançar seu pleno potencial.

Dinâmicas de Empurrar e Puxar na Migração Africana

Os migrantes deixam as suas casas em parte porque são expulsos e em parte porque são atraídos pelo que outros lugares têm a oferecer. Não há ilustração mais clara da força dessas dinâmicas de empurrar e puxar na migração africana do que as imagens angustiantes daqueles que se afogaram quando barcos insípidos viraram quando tentavam cruzar o Mar Mediterrâneo da África para a Europa. Esses homens e mulheres eram jovens e saudáveis. O que os levou a deixar suas casas, atravessar o vasto Saara e empreender uma jornada tão perigosa? Os fatores de pressão devem ter sido muito fortes.

Para os jovens africanos, esses fatores de pressão incluem a pobreza extrema, que é endêmica em algumas regiões. As pessoas que não veem esperança de escapar da pobreza podem partir na esperança de encontrar melhores circunstâncias em outro lugar, seja para seu próprio bem ou na esperança de poder enviar dinheiro para casa para aliviar o sofrimento das suas famílias. Sua pobreza é muitas vezes um resultado indireto da corrupção em todos os níveis de governo que os priva de serviços, educação e ajuda. Muitos que querem usar as suas habilidades são frustrados por exigências incessantes de subornos e pagamentos forçados a vários grupos. Há também o fracasso dos governos africanos em abordar questões como a degradação ambiental e as mudanças climáticas. Aqueles que não podem mais ganhar a vida com a terra da sua família devem ou migrar ou morrer de fome. O desemprego e a falta da esperança de mudança no futuro previsível são fortes fatores de pressão.

Outros migrantes podem vir de regiões onde poderiam sobreviver como agricultores ou donos de negócios, mas ver suas vidas totalmente perturbadas pela instabilidade política, guerras civis e crises étnicas e religiosas. Expulsos dos seus lares, ou vivendo com o conhecimento de que é apenas uma questão de tempo até que os seus lares e as suas próprias vidas sejam novamente ameaçadas, não é de surpreender que muitos deles procurem encontrar um lugar mais tranquilo onde possam crescer. Quando ouvem falar de lugares que oferecem oportunidades educacionais, melhores comodidades e infraestruturas sociais, segurança e mais oportunidades profissionais, o factor de atração se combina com o factor de empurrão e eles partem.

É importante distinguir os migrantes cujos motivos são puramente econômicos daqueles que são forçados a migrar por perseguição ou alguma crise étnico-religiosa. Este último grupo tem o direito de solicitar asilo e estatuto de refugiado sob a Convenção de Refugiados das Nações Unidas de 1951, que foi ratificada por 145 estados. Esta convenção estabeleceu os direitos dos migrantes e as obrigações legais das nações receptoras de salvaguardá-las. Os estados são obrigados a ter um sistema de compensação eficaz para migrantes nos vários portos de entrada, a fim de identificar quem se qualifica como refugiado e quem não. No entanto, muitos estados ainda carecem de sistemas adequados.[1]

Prós e Contras da Migração

Muitos hoje assumem que a maior parte da migração ocorre quando as pessoas do Sul global se mudam para o Norte global. Mas este não é o caso. A maioria dos migrantes no norte global vêm do norte global, e a maioria dos migrantes no Sul global vem do Sul global.[2] Assim, migração não é sinônimo de movimento de países em desenvolvimento para países desenvolvidos; acontece em todos os lugares e é um fenômeno universal. Na África, vemos a migração das áreas rurais para as cidades e das regiões em dificuldades para as regiões mais prósperas, tanto dentro dum país quanto através das fronteiras internacionais.

Quando aqueles que migram são trabalhadores profissionais qualificados, fala-se frequentemente duma "fuga de cérebros" que se diz contribuir para os problemas permanentes dos seus locais de origem. Os estudos mostraram que o Burundi perde muitos dos seus principais talentos para a migração, assim como a Argélia, a Mauritânia, o Chade e a Guiné.[3] No entanto, devemos ter cuidado com as respostas excessivamente simplistas à fuga de cérebros. Acadêmicos que se tornaram parte da diáspora Africana internacional, e seu

---

1. Para mais informações sobre questões relacionadas a refugiados, consulte o capítul18, "Refugiados e apátridas".

2. Departamento de Assuntos Econômicos e Sociais das Nações Unidas: Divisão de População. Relatório de Migração Internacional 2017 (ST/ESA/SER.A/403), 1.

3. Klaus Schwab, *Relatório de Competitividade Global 2014–2015 do Fórum Econômico Mundial das Nações Unidas* (Suíça: Fórum Econômico Mundial, 2014).

trabalho resultou no surgimento e sustentação da colaboração institucional com universidades nas suas antigas pátrias.[4]

Um Relatório do Banco Mundial também observou que o efeito positivo da diáspora africana nas exportações africanas é superior ao efeito médio da migração nas exportações a nível mundial.[5] Os migrantes da Disapora são capazes de superar os principais desafios do comércio africano, como fraqueza institucional, custos de informação e falta de integridade. Além disso, esses migrantes não apenas contribuem para os seus países de acolhimento; eles também contribuem para a economia do seu país de origem através do dinheiro que enviam para os seus entes queridos.

Os migrantes na diáspora africana estão desempenhando um papel importante nas igrejas em todo o mundo. Por exemplo, a Redeemed Christian Church of God (RCCG), que foi fundada na Nigéria, agora está presente em 198 países. Pode-se até dizer que os fiéis africanos estão trazendo nova vida às igrejas moribundas no Ocidente.

É, no entanto, importante notar que muitos migrantes não chegam ao seu destino. Muitas vezes precisam atravessar outros países para chegar lá, e alguns optam por permanecer nesses países ou são forçados a fazê-lo por circunstâncias como doença ou falta de dinheiro para continuar as suas viagens. Outros são detidos em campos de migrantes como os criados na Líbia, que são semelhantes a prisões.

Os migrantes nem sempre são bem recebidos nos países para onde vão. As diferenças culturais e linguísticas causam tensões, assim como a competição percebida por emprego entre os migrantes e os nacionais do país receptor. Os migrantes também são percebidos como sobrecarregando as instalações sociais, de saúde e de infraestrutura do país anfitrião. Essas percepções resultaram em ataques xenófobos e raciais contra migrantes em países africanos e ocidentais, resultando na destruição de seus bens e, em alguns casos, na perda das vidas.

Não devemos descartar essas preocupações de imediato, pois é verdade que a imigração muda a tapeçaria social, política, econômica e cultural de qualquer sociedade. Esse facto levou à politização da migração por parte de lideranças que alegam estar exercendo o seu direito soberano de determinar questões que afetam o seu país. A questão que nós, como cristãos, enfrentamos é como devemos responder a tais mudanças.

---

4. Jacky Kaba Ahmadu, "Africa's Migration Brain Drain: Factors Contributing to the Mass Emigration of Africa's Elite to the West," in *The New African Diaspora*, eds. Isidore Okpewho e Nkiru Nzegwu (Bloomington: Indiana University Press, 2009), 109.

5. Schwab, *Fórum Econômico Mundial das Nações Unidas*.

Um dos outros grandes problemas associados à migração é o surgimento do rastreamento humano. Este problema é tão vasto que vamos discuti-lo em um título separado.

Tráfico de Seres Humanos

O aumento da migração africana foi acompanhado por um aumento do rastreamento humano, particularmente na África Ocidental e Central. Esse rastreamento não é um fenômeno novo – ele está seguindo os passos daqueles que rastrearam escravos na África, razão pela qual o rastreamento humano e a escravidão moderna são frequentemente chamados de males gêmeos.

Para entender e combater o tráfico de seres humanos, primeiro temos que concordar sobre o que se trata. Isto explica a importância do acordo internacional conhecido como Protocolo de Palermo que foi assinado em Dezembro de 2000. Este documento da UNICEF define o rastreamento humano da seguinte forma:

> *Tráfico em pessoa significa o recrutamento, transporte, transferência, alojamento ou acolhimento das pessoas, por meio de ameaça ou uso da força ou outras formas de coação, de rapto, de fraude, de engano, de abuso de autoridade ou da posição de vulnerabilidade ou da entrega ou aceitação dos pagamentos para obter o consentimento duma pessoa que tenha autoridade sobre outra, para fins de exploração. A exploração deve incluir, no mínimo, a exploração de outros ou outras formas de exploração sexual, trabalho ou serviços forçados, escravidão ou práticas semelhantes à escravidão, servidão ou remoção de órgãos.*[6]

O amplo escopo da definição de rastreamento humano do Protocolo de Palermo reflete a grande variedade de formas que pode assumir. Não se limita necessariamente ao rastreamento através das fronteiras internacionais e também pode incluir coisas como forçar mulheres jovens ao comércio sexual ou à escravidão doméstica.

Os migrantes são particularmente vulneráveis ao rastreamento por causa dos fatores de pressão que criam sua necessidade de fugir, incluindo anarquia, estados falidos, crises étnicas ou religiosas, guerras civis, desastres naturais, instabilidade política, crises econômicas ou pobreza. As pessoas

---

6. UNICEF, "Trafficking in Human Beings, especially Women and Children," UNICEF Innocenti Resource Centre (2003), 3.

que estão lutando para lidar com novas circunstâncias sociais, econômicas, políticas ou geográficas são alvos fáceis para aqueles que desejam explorá-las. Muitos migrantes usam rastreadores humanos ou contrabandistas em pelo menos uma etapa da sua jornada até o destino desejado, particularmente em rotas propensas a conflitos ou que passam por zonas perigosas sob o controle de fundamentalistas religiosos. Os traficantes humanos também podem fornecer a inteligência local necessária para navegar pelos controles da fronteira, particularmente em regiões onde há restrições para cruzar fronteiras internacionais ou onde o status político, econômico ou religioso dos migrantes impossibilita que eles usem ou obtenham as viagens necessárias documentos. Em lugares como a Líbia, os contrabandistas viajam ao lado dos seus clientes. Seu conhecimento do Saara é essencial para emigrantes que procuram atravessar a sua grande expansão com recursos inadequados.

Os motivos dos contrabandistas podem ser mistos. Alguns podem realmente querer ajudar os migrantes a chegar ao seu destino, mas outros estão mais interessados no dinheiro que pode ser ganho com migrantes desesperados.

Migrantes e contrabandistas através de redes sociais e comunitárias e dependem principalmente das recomendações pessoais. A taxa para os serviços dos contrabandistas pode ser alta: pode custar até US$ 2.000 para viajar para Cartum no Sudão e depois para a Líbia.[7] Uma vez que o destino e a taxa são acordados, os contrabandistas usam uma rede de contatos para seus clientes de um ponto a outro em vários terrenos. Muitos migrantes perdem a vida em trânsito, morrendo no deserto ou se afogando no Mediterrâneo ao serem transportados para a Europa em barcos sobrecarregados que viram ou são inundados pelas ondas. Outros ainda são vítimas de gangues que os estupram e abusam deles.

Para os migrantes que chegam ao seu destino, a dependência dos seus rastreadores pode transformar seu sonho em pesadelo. Muitos migrantes vivem em condições de exploração e desumanização e sofrem intimidação e assédio por parte das autoridades e dos seus rastreadores. As mulheres podem ficar presas e forçadas a trabalhar como prostitutas para pagar o custo do seu rastreamento para a Europa. No entanto, por meio do Protocolo de Palermo e do trabalho dos vários governos e grupos de pressão, a legislação está agora em vigor em muitos países europeus para abordar a questão do rastreamento humano dentro das suas jurisdições. Mas muitos migrantes desconhecem as proteções legais disponíveis para eles, ou estão relutantes em arriscar entrar em

---

7. Heaven Crawley, Franck Duvell, Katharine Jones, Simon McMahon, e Nando Sigona, *Unravelling Europe's "Migration Crisis"* (Bristol: Policy Press, 2008), 91.

contato com as autoridades por causa da sua experiência anterior com o ofício e porque estão no país ilegalmente. Seu medo aumenta sua vulnerabilidade.

Desencorajando a Migração

A perda fenomenal das vidas que acompanha a migração irregular levou a pedidos de medidas fortes para desencorajar a migração. Muitos países lançaram campanhas da informação para dissuadir os migrantes irregulares de fazerem as suas viagens arriscadas. Antes de discutir essas campanhas, é importante notar que nenhuma campanha será verdadeiramente eficaz a menos que também compreendamos os motores da migração e os enfrentemos remediando os males que levam as pessoas a fazer escolhas desesperadas.

As campanhas oficiais de informação salientam os perigos da viagem, a probabilidade de morrer no caminho e a falta de acolhimento por parte dos países de acolhimento, mas eles se mostraram ineficazes. Potenciais migrantes não confiam na mensagem por causa do interesse daqueles que dirigem as campanhas. Além disso, a gravidade da perseguição política, crises religiosas e condições econômicas no país de origem podem significar que os benefícios percebidos duma migração bem-sucedida superam em muito os riscos envolvidos.[8]

Há uma necessidade urgente de maneiras credíveis para desencorajar os jovens de embarcar em jornadas que levam à morte em vez duma nova vida. O Alto Comissariado das Nações Unidas para os Refugiados (ACNUR) forneceu diretrizes práticas sobre como governos e organizações não governamentais podem fazer isso.[9] Essas diretrizes são resumidas da seguinte forma por Evie Browne:

- As campanhas da informação são mais eficazes quando visam toda a comunidade e não apenas os potenciais migrantes, uma vez que as decisões de deixar um país de origem são geralmente baseadas e apoiadas por uma família ou comunidade.
- As campanhas da informação não devem desencorajar os refugiados legítimos ou os requerentes de asilo. A sensibilização para as

---

8. Evie Browne, "Impact of Communication Campaigns to Deter Irregular Migration," Governance and Social Development Resource Centre Helpdesk Research Report 1248, University of Birmingham (2015), 2.

9. ACNUR, "Capítulo 10: Estratégia de Informação", em *Proteção de Refugiados e Migração Mista: O Plano de 10 Pontos em Ação* (Genebra, 2011).

oportunidades de migração legal, onde existam, pode aumentar a eficácia das campanhas de informação.
- Campanhas de mídia de massa, usando rádio ou televisão, podem atingir grandes audiências de diferentes perfis e origens.
- Sessões de discussão e produções teatrais podem atingir menos pessoas, mas oferecem uma oportunidade mais profunda para discutir, trocar ideias e persuadir as pessoas a mudar de ideia.
- "Mensagens de frases de efeito" são úteis para atrair a atenção do público e fornecer informações sobre assuntos complexos de maneira direta e memorável. A linguagem dessas mensagens também pode ser adaptada à cultura do público.
- Testemunhos da vida real podem tornar as informações mais acessíveis e inteligível.
- Usar celebridades ou indivíduos de alto perfil para transmitir mensagens pode ajudar a estabelecer confiança, atingir o público-alvo e levantar questões difíceis e às vezes controversas.[10]

Igrejas e grupos cristãos podem querer pensar em como algumas dessas recomendações podem ser adaptadas para uso em seus ambientes. Por exemplo, produzir uma campanha de mídia de massa é caro, mas as plataformas de mídia social podem ser mais eficazes e são muito mais baratas de configurar. Igrejas e ONGs também podem unir forças para encorajar os líderes políticos e econômicos a abordar os fatores que estimulam a migração e desenvolver políticas sobre como atender os migrantes.

Cuidados para com os Migrantes

O trabalho cristão não deve se limitar a desencorajar a migração. Também temos que trabalhar para ajudar aqueles que estão em processo de migração e aqueles que chegaram ao seu destino. Esses migrantes têm que lidar com grandes mudanças enquanto tentam se adaptar a uma nova cultura onde podem não conhecer as línguas locais. Eles podem ser rejeitados por alguns como intrusos ignorantes, mas nós, como cristãos, precisamos reconhecer a sua dignidade humana e oferecer-lhes bondade. Fazer isso não é opcional para nós, mas obrigatório, pois a Bíblia nos ordena a amar o nosso próximo e os nossos inimigos. Devemos apontar aqueles que negam que os migrantes são

---

10. Browne, "Impacto das Campanhas de Comunicação", 4.

os nossos próximos para a parábola de Cristo do bom samaritano em que ele estabelece que devemos ser próximos de quem precisa de ajuda.

Também precisamos lembrar que em Gênesis Deus ordenou a Abraão que deixasse a sua casa e se tornasse um migrante, um migrante por meio do qual todas as nações seriam abençoadas. Os migrantes contemporâneos também podem ser fontes de bênção e devem ser tratados com dignidade e respeito. Devemos também responder a eles com empatia, pois muitos enfrentaram situações de risco da vida que têm cicatrizes físicas e emocionais.

A lei de Moisés ordena que estranhos ou migrantes recebam amor, proteção e tratamento justo (Lv 19:33-34; Dt 24:17). O resultado prático desse cuidado é demonstrado no livro de Rute, onde um migrante moabita se torna parte da árvore genealógica do rei Davi e, portanto, um antepassado de Cristo. Jó menciona especificamente cuidar de estranhos como uma das boas coisas que ele fez (Jó 29:16). No Novo Testamento, Cristo recomenda cuidar dos estranhos como sendo equivalente a cuidar Dele, e Ele promete bênção para aqueles que cuidam daqueles que não podem cuidar de si mesmos (Mt 25:34-36; Lucas 14:12-14). Paulo ordenou aos cristãos romanos que praticassem a hospitalidade (Rm 12:13), como fez Pedro em 1 Pedro 4:9. O mesmo fez o escritor da carta aos Hebreus, que menciona especificamente o mostrar hospitalidade aos estrangeiros. (Hebr 13:2-3).

Uma declaração do Conselho Mundial de Igrejas deixa isso claro:

> *É-nos dito: "Não se esqueçam da hospitalidade; foi praticando-a que, sem o saber, alguns acolheram anjos" (Hb 13:2). As igrejas podem ser um lugar de refúgio para as comunidades migrantes; eles também podem ser pontos focais intencionais para o engajamento intercultural. As igrejas são chamadas a servir a missão de Deus além das fronteiras étnicas e culturais e devem criar ministério e missão multicultural como uma expressão concreta de testemunho comum na diversidade. Isto pode implicar advogar justiça em relação à políticas de imigração e resistência à xenofobia e ao racismo.*[11]

Embora a crescente onda do terrorismo religioso e xenofobia possa nos tornar cépticos ou temerosos de acolher estranhos de diferentes origens culturais e sociais, nosso reconhecimento da dignidade e humanidade dos migrantes exige que demonstremos amor prático aos deslocados, pobres e economicamente desfavorecidos.

---

11. Conselho Mundial de Igrejas, Jooseop Keum, ed., *Together towards Life: Mission and Evangelism in Changing Landscapes* (Geneva: WCC Publications, 2013), 26.

Perguntas

1. Quais são os fatores "push e pull" (empurre e puxe) que afectam a migração na tua região? Que medidas concretas tu podes tomar para reduzir o efeito dos factores de pressão (push)?
2. Que informações a sua comunidade tem sobre os perigos da migração informal?
3. O que tu poderías fazer para afirmar a dignidade humana dos migrantes na tua comunidade?
4. Existem maneiras pelas quais aqueles que migraram da tua comunidade e obtiveram sucesso podem ser encorajados a ajudar potenciais migrantes na comunidade, seja ajudando-os a evitar rastreadores humanos ou possibilitando que eles permaneçam na comunidade?
5. Existe alguma legislação no teu país que aborde os desafios do Tráfico de seres humano?

Leitura Adicional

Basumatary, Songram, ed. *Migration in Perspectives: Towards the Age of Migration from the Margins*. New Delhi: Gurukul, 2018.

Castles, Stephen, Haas de Hein, and Mark J. Miller. *The Age of Migration: International Population Movements in the Modern World*. New York: Guilford Press, 2013.

Crawley, Heaven, Franck Duvell, Katharine Jones, Simon McMahon, and Nando Sigona. *Unravelling Europe's "Migration Crisis."* Bristol: Policy Press, 2008.

IOM Staff. *Human Trafficking in Eastern Africa: Research Assessment and Baseline Information in Tanzania, Kenya, Uganda, and Burundi*. Nairobi: International Organization for Migration. 2008. https://publications.iom.int/books/humantrafficking-eastern-africa.

Padilla, Elaine, and Peter Phan. *Christianities in Migration: The Global Perspectives*. New York: Palgrave Macmillan, 2016.

Synder, Susanna. *Asylum Seeking, Migration and Church*. Farnham, UK: Ashgate, 2012.

18

Refugiados e Apátridas

Benaya Niyukuri

Sair do país e adquirir um cartão de cabás!" Esta foi a mensagem dada aos Burundeses a medida que o tiroteio os forçava a abandonar as sua casas. Confinados em campos de refugiados, eles não tinham acesso ao mundo exterior e tinham que comer alimentos que não teriam escolhido para si mesmos. Eles eram vulneráveis, sem-teto, sem emprego e apátridas. esta foi a minha experiência, e é a experiência de todos os refugiados. Afeta-nos socialmente, psicologicamente, fisicamente, emocionalmente, mentalmente, economicamente e até espiritualmente. No entanto, como estudante de teologia, encontrei significado em meio aos dilemas causados por minha própria falta de moradia, desemprego e apatridia. Neste capítulo, procuro integrar a minha história pessoal com a teologia pública para ajudar os cristãos a pensar sobre como devem se relacionar com os refugiados em seus países.

Conflitos Étnicos no Burundi

O Burundi alcançou a independência da Bélgica em 1962. O primeiro primeiro-ministro foi o príncipe Louis Rwagasore, o herói da independência, que era Tutsi, mas liderava um partido multiétnico. No entanto, ele foi assassinado poucas semanas depois de vencer a eleição. Burundi ficou mergulhado na violência étnica.

A primeira eleição pós-independência em 1964 foi vencida por Pierre Ngendandumwe, um Hutu, mas muitos Tutsis não aceitaram ser governados por um primeiro-ministro Hutu, e ele também foi assassinado em Janeiro de 1965. A resposta irada dos Hutus ao seu assassinato foi esmagada violentamente. No ano seguinte, o capitão Michel Micombero, chefe do exército Tutsi, lançou um golpe bem-sucedido e procedeu à abolição da monarquia e à proclamação da República do Burundi. Todos os partidos políticos, excepto o seu próprio, foram proibidos. Os protestos Hutus resultaram em mais mortes Hutus.[1] Micombero decidiu remover todos os Hutus do exército e do governo. Em 1972, ele lançou um "genocídio selectivo", concentrando-se especialmente nos hutus que tinham alguma educação. Cerca de 300.000 hutus morreram, e muitos mais fugiram para países vizinhos.[2] *"O conflicto produziu uma das situações de refugiados mais prolongadas da África, na qual mais de 200.000 refugiados burundineses viveram em três assentamentos designados no oeste da Tanzânia, conhecidos como Antigos Assentamentos, por 36 anos. Esta população de refugiados é distinta daqueles grupos de refugiados que chegaram mais tarde e foram alojados em campos de refugiados no noroeste da Tanzânia."*[3]

Em 1972, meu pai Hutu era director de escola e estava na lista dos que seriam mortos. Pela graça de Deus, ele conseguiu escapar e fugiu para o Zaire, a actual República Democrática do Congo. No entanto, quatro dos seus irmãos que eram professores em outras escolas foram mortos.

O capitão Michel Micombero continuou a governar o país com mão de ferro até 1976, quando foi deposto pelo coronel Jean-Baptiste Bagaza, outro Tutsi. Na tentativa de promover a reconciliação nacional, Bagaza proibiu qualquer referência à identidade étnica das pessoas. As suas políticas persuadiram alguns Hutus de que era seguro retornar do exílio. Mas em 1987, ele também foi derrubado por um golpe. Seu sucessor, o major Pierre Buyoya, deu continuidade aos planos de desenvolvimento do seu antecessor, mas levantou a proibição de se referir às identidades étnicas das pessoas. No ano seguinte, um conflicto étnico violento eclodiu em dois distritos do norte. A intervenção de Buyoya para separar as partes em conflito causou perda generalizada de vidas.

Em 1992, as Nações Unidas persuadiram o presidente Buyoya a introduzir a democracia multipartidária. As primeiras eleições democráticas em 1993 viram o presidente Melchior Ndadaye eleito como o primeiro presidente Hutu. Três meses depois, Ndadaye foi assassinado pelo exército que ainda era controlado pelos Tutsis. Irritados com a morte de Ndadaye, os Hutus pegaram em armas, e a guerra civil resultante levou a milhares de mortes e a muitas

---

1. Rene Lemarchand, *Burundi: Ethnic Conflict and Genocide* (Cambridge: Cambridge University Press, 1996), 69–70.

2. Bridget Johnson, "A History of Hutu-Tutsi Conflict," Thoughts.Co (7 May 2019).

3. Jessie Thomson, *Durable Solutions for Burundian Refugees in Tanzania* (2008), https://www.fmreview.org/sites/fmr/files/FMRdownloads/en/protracted/thomson.pdf.

pessoas se tornando refugiadas[4] A guerra só terminou depois que o Acordo de Paz de Arusha foi assinado em 28 de agosto de 2000.

Quando o presidente Ndadaye foi assassinado em 21 de Outubro de 1993, eu estava fora de casa num internato. Temendo o que viria a seguir, os meus amigos e eu decidimos fugir. Coloquei três pares de calças e vesti um grande par de jeans por cima deles. Eu também coloquei três camisas, e meus amigos fizeram o mesmo. No entanto, alguns de nossos colegas de escola viram o que estávamos a fazer e nos denunciaram. Os soldados vieram e nos reuniram no refeitório. Eles nos intimidaram, perguntando por que alguns de nós tinham colocado mais de um conjunto de roupas. Tiramos todas as nossas camadas extras por medo de ser revistados e torturados.

Bem cedo na manhã seguinte, saímos da escola e partimos numa longa jornada sem sequer saber que direcção tomar. Ao longo do caminho, encontramos algumas pessoas que nos aconselharam a não caminhar durante o dia. Eles nos esconderam numa casa e mataram uma cabra para nos alimentar. Por volta das quatro da tarde, partimos para caminhar até a Tanzânia. Chegamos ao rio que marcava a fronteira à meia-noite e se juntou ao grande grupo de refugiados reunidos do outro lado do rio.

Passamos algum tempo lá, só voltando para casa quando vimos alguma perspectiva de paz. Mas não pude voltar ao meu internato, pois houve ataques de granadas contra os alunos. Então decidi frequentar uma escola perto da minha casa. Mas a escolaridade não foi fácil por causa da luta contínua entre os grupos rebeldes e as forças do governo. Os homens se revezavam montando guarda ao redor da aldeia enquanto mulheres e crianças dormiam. Ao menor sinal de actividade suspeita, os vigias acordavam todos para fugir do local. Era muito difícil estudar depois de noites tão agitadas.

Em 2001, decidi que era hora de fugir para a distante Namíbia e pedir asilo. Mas descobri que a vida como requerente de asilo também não era fácil. Os suprimentos de comida eram limitados e eu estava desempregado e confinado a um campo de refugiados.

Todo esse histórico explica por que estou qualificado para falar sobre os problemas enfrentados pelos refugiados. Meu treinamento subsequente em teologia me ajudou a refletir sobre o que a Bíblia tem a dizer sobre esses problemas e sobre como a igreja pode ajudar os refugiados.

---

4. Lemarchand, *Burundi*, 119.

Refugiados e Requerentes de Asilo

Antes da Segunda Guerra Mundial, não havia uma definição clara e universalmente aceita de quem se qualificava como refugiado e nenhuma obrigação dos outros países aceitá-los. Desde 1951, no entanto, um refugiado é definido pelas Nações Unidas como alguém que

> *devido ao fundado temor de ser perseguido por motivos de raça, religião, nacionalidade, pertencimento a determinado grupo social ou opinião política, se encontra fora do país da sua nacionalidade e não pode, ou devido a tal temor, não disposto a valer-se da proteção desse país; ou que, não tendo nacionalidade e estando fora do país da sua anterior residência habitual em consequência dos tais acontecimentos, não possa ou, devido a esse receio, não queira regressar a ele.*[5]

Esta definição também foi expandida ao longo do tempo para incluir pessoas que fogem da violência generalizada em suas regiões.

Qualquer pessoa que afirme ser refugiado é submetida a um escrutínio cuidadoso para determinar se atende aos critérios estabelecidos pelo Alto Comissariado das Nações Unidas para os Refugiados (ACNUR), bem como aos critérios de elegibilidade internacionais ou regionais. Enquanto a decisão sobre o seu estatuto está a ser tomada, a pessoa é muitas vezes referida como um "requerente de asilo" em vez de um refugiado.[6]

O ACNUR permite que os países estabeleçam os seus próprios procedimentos para processar pedidos de refúgio, insistindo apenas que esses procedimentos devem ser justos, eficientes e não discriminatórios. Aqueles que tomam as decisões precisam estar plenamente conscientes de que "uma decisão errada pode custar a vida ou a liberdade da pessoa."[7] É por isso que os funcionários precisam ser treinados para que tenham habilidades especiais, consciência e experiência em questões relacionadas ao asilo. Essas habilidades incluem a capacidade de trabalhar com intérpretes qualificados e imparciais, familiaridade com técnicas de entrevista transculturais e conhecimento das técnicas especiais necessárias ao entrevistar mulheres, crianças e "sobreviventes

---

5. Alto Comissariado das Nações Unidas para os Refugiados (ACNUR), *Refugee Status Determination: Identifying Who Is a Refugee*, Self-study module 2 (Geneva, 2005), 5, https://www.refworld.org/pdfid/43141f5d4.pdf.

6. Alto Comissariado das Nações Unidas para os Refugiados (ACNUR), *UNHCR Protection Training Manual for European Border and Entry Officials: 3 Who Is a Refugee?* (Brussels: UNHCR Bureau for Europe, 2011), 4.

7. ACNUR, *Determinação do Status de Refugiado*, 112.

de abuso sexual, tortura ou outros eventos traumatizantes."[8] Os cristãos que desejam trabalhar com refugiados fariam bem em buscar desenvolver essas habilidades por conta própria.

Uma questão muito importante é a confidencialidade. Qualquer informação compartilhada por um requerente de asilo deve permanecer estritamente confidencial. *"Nenhuma informação deve ser compartilhada com as autoridades do país de origem do solicitante, nem deve ser divulgada a terceiros sem o consentimento expresso da pessoa em causa."*[9] A violação da confidencialidade pode colocar em risco a vida do requerente de asilo. Isso significa que os cristãos devem ter cautela mesmo ao pedir por oração ou qualquer outro apoio para refugiados específicos.

Os requerentes de asilo têm o direito de esperar serem informados por escrito sobre qualquer decisão sobre o seu estatuto de refugiado e serem informados do motivo se o seu pedido de refugiado for rejeitado. Aqueles cujas reivindicações foram rejeitadas não devem ser deportados imediatamente, mas devem ser autorizados a recorrer da decisão perante um órgão independente daquele que tomou a primeira decisão.[10]

O processo de solicitação do status de refugiado pode ser longo e estressante e, portanto, pode aumentar o sofrimento dos refugiados. O processo é especialmente doloroso quando o status de refugiado é negado.

Uma vez que uma pessoa seja aceita como refugiada, *"ela terá direito a uma série de importantes direitos e benefícios, bem como assistência e medidas de proteção que, em conjunto, constituem o que se conhece como 'proteção internacional de refugiados'. Os refugiados também têm certas obrigações para com o Estado de acolhimento, nomeadamente a de cumprir as leis do país de acolhimento."*[11]

Os desafios enfrentados pelos refugiados

Com ou sem o status de refugiado, refugiados e requerentes de asilo enfrentam desafios enquanto vivem nos países de asilo. Muitas vezes encontram-se

---

8. ACNUR, 114.
9. UNHCR, 118.
10. UNHCR, 118.
11. UNHCR, 4.

confinados em campos de refugiados e sofrem estigma, desemprego e pobreza, o que pode levar à frustração, depressão profunda e nostalgia do seu passado.[12]

Estigma

Os termos "asilo" e "requerente de asilo" agora têm "conotações extremamente negativas nas mentes dos formuladores de políticas, do público e da mídia, especialmente nas regiões mais prósperas do mundo."[13] Presume-se que os refugiados são passivos e dependentes da ajuda.[14] Como terapeuta pastoral, encontrei esse estigma quando me esforço para apoiar pessoas que precisam de minhas habilidades de aconselhamento. Colegas pastores desencorajaram as pessoas a usar os meus serviços, dizendo que, como refugiado, sou eu quem precisa de apoio.

Confinamento

Os países de acolhimento muitas vezes vêem os refugiados como uma ameaça à sua estrutura social existente e aos seus recursos e infraestruturas sociais. Eles também temem que os refugiados tomem empregos de nacionais e geralmente aumentem o custo de vida.[15] Assim, buscam minimizar os gastos com segurança, saúde, educação e serviços sociais para os refugiados[16] e confinar os refugiados em campos superlotados, muitas vezes localizados em locais isolados e com poucos recursos naturais. Lá os refugiados enfrentam escassez de alimentos, água e combustível e sofrem outros abusos.[17]

No entanto, os medos que levam ao confinamento de refugiados são muitas vezes injustificados. Os refugiados têm potencial para serem autossuficientes e produtivos, contribuindo assim significativamente para a economia dos países anfitriões, desde que tenham acesso à terra, ao mercado de trabalho e

---

12. Lisa E. Baranik, Carrie S. Hurst, and Lillian T. Eby, "The Stigma of Being a Refugee: A Mixed-Method Study of Refugees' Experiences of Vocational Stress," *Journal of Vocational Behavior* 105 (2018): 121.

13. Jeff Crisp, *Beyond the Nexus: UNHCR's Evolving Perspective on Refugee Protection and International Migration*, New Issues in Refugee Research, Paper No. 155 (UNHCR: Geneva, 2008), 2.

14. Baranik et al., "Stigma of Being a Refugee," 126.

15. Sarah Deardorff Miller, *Assessing the Impacts of Hosting Refugees*, World Refugee Council Research Paper No. 4 (2018), 1.

16. Miller, *Assessing the Impacts*, 1.

17. Baranik et al., "The Stigma of Being a Refugee," 121.

à liberdade de movimento.[18] Onde os refugiados foram incentivados a usar as suas habilidades, eles podem ser autônomos e podem criar empregos para os moradores locais, além de contribuir para a base tributária. Os esquemas empresariais e agrícolas também permitem que os refugiados sejam menos dependentes da ajuda. Isso tem sido evidente em países como Malawi, Moçambique e Zâmbia, onde os refugiados conseguiram viver em cidades com liberdade para fazer negócios. Os refugiados têm sido prósperos o suficiente para fazer contribuições significativas para a economia, ao mesmo tempo em que sustentam as suas famílias e empregam moradores locais.

Desemprego

Os refugiados enfrentam muitos desafios quando se trata de encontrar trabalho. Eles têm dificuldade em encontrar empregos porque os empregadores preferem contratar locais. Aqueles que trabalham são frequentemente explorados porque as pessoas esperam que eles trabalhem por menos do que os locais e a suportar piores condições de trabalho. Muitos refugiados estão sub-empregados no sentido de que trabalham menos horas do que gostariam ou em empregos que não correspondem às suas qualificações. A sua educação e experiência em seus países de origem é frequentemente subvalorizada ou desvalorizada. É por isso que ouvimos falar dos médicos trabalhando como motoristas de táxi. A falta de documentação adequada torna ainda mais grave o problema do desemprego. Os tipos dos documentos entregues aos refugiados não são aceitos na maioria dos setores nos países de asilo. Posso atestar isso com base em minha própria experiência, pois lutei para encontrar emprego apesar de ter alta qualificação educacional. Muitas ofertas de emprego vêm com a exigência de que "o candidato deve ser cidadão," indicando que um refugiado não é elegível para o cargo anunciado. Essa situação "causa pobreza, problemas financeiros e incapacidade de viver no país de asilo."[19]

Discriminação

A discriminação foi identificada como uma das principais causas de ansiedade, depressão e distúrbios do sono entre os refugiados.[20] A discriminação pode assumir a forma de abuso físico e assédio ou de ser tratado de forma diferente

---

18. Miller, *Assessing the Impacts*, 3–5.
19. Baranik et al., "The Stigma of Being a Refugee," 117.
20. Baranik et al., 126.

dos nacionais. Isso resulta em relações precárias entre refugiados e moradores locais, bem como oportunidades limitadas de networking, isolamento social e falta de apoio social[21]

As questões linguísticas são muitas vezes motivo de discriminação. Ter um nome estrangeiro, não saber falar uma língua local e ter um sotaque estrangeiro ao falar inglês ou francês são tratados como sinais de inferioridade. Por exemplo, algumas pessoas zombam de mim quando tento falar um idioma local na Namíbia. Outros respondem em inglês quando os cumprimento num idioma local. Meu sotaque me trai, e as pessoas se referem a mim como um *ombwela*, uma palavra de Oshiwambo que significa "estrangeiro, incapaz de falar a língua"."

A discriminação também resulta da falta de conhecimento dos refugiados sobre a cultura circundante, o que torna difícil para eles se misturar. Em vez de ajudá-los, os cidadãos da cultura anfitriã os desprezam enquanto lutam para lidar com questões legais, administrativas práticas econômicas e sociais.

Apatridia

Todas as pessoas no mundo têm direito à cidadania,[22] mas actualmente há mais de dez milhões de pessoas que "não são reconhecidas como nacionais de nenhum país."[23] Esta situação resulta do fosso entre as leis da nacionalidade dos Estados . . . a marginalização prolongada de grupos específicos dentro duma sociedade, ou de despojar indivíduos ou grupos de sua nacionalidade."[24] Assim, as pessoas muitas vezes acabam apátridas por causa da discriminação racial ou étnica. A discriminação de gênero aumenta a apatridia entre as mulheres porque às vezes elas "perdem sua cidadania ao se casarem com estrangeiros e são incapazes de transmitir sua cidadania aos seus filhos"[25]

A apatridia é um problema porque as pessoas que são apátridas não têm documentos de identidade e, portanto, enfrentam uma série de problemas. Por exemplo, eles não podem votar nas eleições, eles não podem obter documentos de viagem ou se qualificar para um emprego; e não podem se beneficiar dos

---

21. Baranik et al., 121.
22. Article 5 of the 1948 Universal Declaration of Human Rights.
23. Marilyn Achiron, *Nationality and Statelessness: Handbook for Parliamentarians* (2014), 3. UNHCR.
24. Achiron, *Nationality and Statelessness*, 5.
25. Indira Goris, Julia Harrington, and Sebastian Köhn, *Statelessness: What It Is and Why It Matters* (2009), 5.

muitos serviços governamentais em seus países de residência.[26] Esses serviços podem incluir educação e saúde.

Refugiados na Bíblia

A Bíblia está cheia de relatos de pessoas que tiveram que se mudar de casa para se estabelecer em outros lugares. Alguns deles estavam sendo enviados para o exílio; outros estavam fugindo de desastres naturais ou fome, ou fugindo de conflitos políticos, violência ou perseguição.

> Começou com Adão e Eva quando foram enviados do Jardim para vagar, para começar de novo num novo lugar. Noé e a sua família também foram chamados, como Adão e Eva, a deixar o pecado para trás e começar a sociedade de novas maneiras e num novo lugar. Alguns dos descendentes de Noé construíram cidades; e foi na cidade de Ur que Abraão nasceu, mas Deus enviou Abraão e Sara para ocupar uma nova terra.[27] O bisneto de Abraão, José, encontrou-se no Egito, onde teve que viver e se adaptar a uma nova cultura após ser vendido por seus irmãos. Mais tarde, o pai de José (Jacó) e os seus irmãos e as suas famílias se juntaram a ele no Egito como refugiados devido a uma fome que devastou sua terra.[28] Seus descendentes sofreram opressão no Egito até fugirem para a terra prometida. Séculos mais tarde, o povo de Israel e Judá foi levado ao exílio pelos Assírios e Babilônios. O próprio Jesus se tornou um refugiado quando seus pais fugiram com ele para o Egito enquanto ele ainda era um bebê para escapar da matança de bebês recém-nascidos pelo rei Herodes em Belém.[29]

A Bíblia lembra ao povo de Deus a experiência dos seus ancestrais de serem refugiados, pois os exorta a tratar os refugiados como eles mesmos gostariam de ser tratados. *"Quando um estrangeiro residir entre vocês na sua terra, não os maltrate. O estrangeiro residente entre vocês deve ser tratado como seu nativo. Ame-os como a si mesmo, pois vocês eram estrangeiros no Egito"* (Lv 19:33–34). Eles aprenderam uma lição que os impediria de tratar os outros como haviam

---

26. Goris et al., *Statelessness*, 5.
27. Christian Churches Together, *What Does the Bible Say about Refugees and Immigrants?* (2013), 1.
28. Christian Churches Together, *What Does the Bible Say*, 1.
29. Christian Churches Together, 1.

sido tratados quando eram estrangeiros.[30] Os estrangeiros não deveriam ser oprimidos ou ter a justiça negada, como acontecera com os Israelitas no Egito.

Esperava-se que os estrangeiros que desejavam participar de festivais judaicos, ou em outras palavras, adoptar a fé judaica, levassem a sério essa mudança de crença. Por exemplo, eles não podiam celebrar a Páscoa como um judeu a menos que eles e sua família fossem circuncidados para confirmar sua plena participação na nação (Êx 12:48). No entanto, esperava-se que todos os estrangeiros se juntassem ao resto da nação tendo um dia de descanso no sábado (Êx 20:10) e jejuando no Dia da Expiação (Lv 16:29); obedecer aos regulamentos sobre onde e como os sacrifícios deveriam ser oferecidos (Lv 17:8-9; 22:18-20); abster-se de comer sangue e carne de animais dilacerados por feras (Lv 17:10, 15); e abster-se da blasfêmia e obedecer às leis (Lv 24:16-22). Esses regulamentos estão de acordo com os requisitos modernos de que os refugiados devem obedecer às leis do seu país anfitrião.

Os israelitas também receberam a ordem de se certificarem de que os estrangeiros entre eles tivessem comida para comer: *"Quando fizerem a colheita da sua terra, não colham até as extremidades da sua lavoura, nem ajuntem as espigas caídas de sua colheita. 10 Não passem duas vezes pela sua vinha, nem apanhem as uvas que tiverem caído. Deixem-nas para o necessitado e para o estrangeiro.* (Lv 19:9-10). Esta instrução foi feita para lembrar os israelitas das pessoas pobres, imigrantes e refugiados vivendo entre aqueles que não possuíam terras e dependiam das sobras dos campos locais. Além de deixar essas sobras para os pobres, os Israelitas também foram instruídos a oferecer um dízimo especial das suas colheitas para sustentar estrangeiros, levitas, órfãos e viúvas:

> *"Quando tiverem separado o dízimo de tudo quanto produziram no terceiro ano, o ano do dízimo, entreguem-no ao levita, ao estrangeiro, ao órfão e à viúva, para que possam comer até saciar-se nas cidades de vocês. Depois digam ao SENHOR, o seu Deus: 'Retirei da minha casa a porção sagrada e dei-a ao levita, ao estrangeiro, ao órfão e à viúva, de acordo com tudo o que ordenaste. Não me afastei dos teus mandamentos nem esqueci nenhum deles."* (Dt 26:12-13)

A razão pela qual o Senhor exorta seu povo a amar os estrangeiros é que Ele os ama. Sabemos por João 3:16 que Deus ama o mundo inteiro, mas já há uma sugestão dessa verdade em Deuteronômio 10:18-19, onde os Israelitas são informados de que Deus *"defende a causa do órfão e da viúva, e ama o*

---

30. John Schultz, *Commentary to the Book of Leviticus* (Bible-Commentaries.com, 2002).

estrangeiro que mora entre vocês, dando-lhes comida e roupas. E vocês devem amar os estrangeiros, pois vocês mesmos foram estrangeiros no Egito." Somos chamados a sentir compaixão por aqueles que sofrem porque é assim que Deus reage ao seu sofrimento.

O mesmo cuidado com os estrangeiros que fazia parte da lei nos dias de Moisés continua no tempo dos profetas. O profeta Jeremias transmitiu esta mensagem aos governantes de Judá e ao povo ao seu redor: *"Assim diz o Senhor: Administrem a justiça e o direito. livrem o explorado das mãos do opressor. Não oprimam nem maltratem o estrangeiro, o órfão ou a viúva; nem derramem sangue inocente neste lugar"* (Jr 22:3). Escrevendo na mesma época, o profeta Ezequiel, que estava no exílio, teve uma visão do futuro quando Deus restauraria a nação de Israel. É impressionante que sua visão da nação curada não seja nacionalista. Estas são as instruções que ele transmite do Senhor:

> *"Distribuam essa terra entre vocês de acordo com as tribos de Israel. 22 Vocês a distribuirão como herança para vocês mesmos e para os estrangeiros residentes no meio de vocês e que tenham filhos. Vocês os considerarão como israelitas de nascimento; junto com vocês, a eles deverá ser designada uma herança entre as tribos de Israel. 23 Qualquer que seja a tribo na qual o estrangeiro se instale, ali vocês lhe darão a herança que lhe cabe". Palavra do Soberano, o SENHOR."* (Ez 47:21-23)

Se Deus proíbe a discriminação contra estrangeiros que vivem entre o seu povo, então com que direito as igrejas discriminam pessoas dos outros grupos étnicos? E nossos países não deveriam oferecer aos refugiados os mesmos direitos que os nativos, bem como a mesma justiça se eles infringirem a lei?

Jesus não discutiu especificamente as respostas dos seus seguidores a estranhos, mas falou do amor de Deus pelo mundo e enviou seus seguidores para alcançar o mundo. Eles devem se tornar estrangeiros em seu nome enquanto viajam para "todas as nações" (Mt 28:19). A perseguição resultou em alguns dos seus primeiros seguidores se tornarem refugiados, mas eles "pregavam a palavra por onde passavam" (Atos 8:1-4). As pessoas teriam perdido uma grande bênção se tivessem se recusado a receber esses refugiados ou os tivessem confinado em campos de refugiados. Isso é provavelmente parte do que o escritor da carta aos Hebreus tinha em mente quando disse: "Não se esqueçam da hospitalidade; foi praticando-a que, sem o saber, alguns acolheram anjos" (Hb 13: 2). De facto, sua hospitalidade pode ter sido estendida a alguém que é ainda mais elevado que os anjos. Ouça as palavras de Jesus na parábola das ovelhas e dos cabritos:

> "Então ele dirá aos que estiverem à sua esquerda: 'Malditos, apartem-se de mim para o fogo eterno, preparado para o Diabo e os seus anjos. Pois eu tive fome, e vocês não me deram de comer; tive sede, e nada me deram para beber; fui estrangeiro, e vocês não me acolheram; necessitei de roupas, e vocês não me vestiram; estive enfermo e preso, e vocês não me visitaram'. "Eles também responderão: 'Senhor, quando te vimos com fome ou com sede ou estrangeiro ou necessitado de roupas ou enfermo ou preso, e não te ajudamos?' "Ele responderá: 'Digo-lhes a verdade: O que vocês deixaram de fazer a alguns destes mais pequeninos, também a mim deixaram de fazê-lo.' E estes irão para o castigo eterno, mas os justos para a vida eterna" (Mt 25:41–46)

Nesta parábola, os justos incluem aqueles que oferecem hospitalidade aos refugiados.

Servindo Refugiados e Apátridas

Se admitirmos que a Bíblia nos exorta a não rejeitarmos estranhos, incluindo refugiados e apátridas, então a igreja deve responder a esse chamado. Mas como a igreja deve responder? Em primeiro lugar, devemos responder às necessidades imediatas das pessoas por comida e abrigo. Quando não podemos ajudá-los, seja porque estamos longe do local da crise dos refugiados ou porque não temos recursos para responder, devemos reunir nossos recursos com os das agências de ajuda que podem realizar a tarefa.

Mas não podemos deixar toda a resposta aos refugiados nas mãos de agências de ajuda. Se fizermos isso, corremos o risco de solidificar as barreiras entre "eles", os refugiados que precisam de cuidados, e "nós", a nação anfitriã, e tais distinções alimentam a xenophobia e a alienação. O resultado é que os refugiados são confinados em campos cheios com outros refugiados e têm seus direitos negados no país para o qual foram transferidos. Os campos podem ser lugares onde o sofrimento imediato dos refugiados é aliviado, mas não são lugares onde as suas necessidades de longo prazo podem ser atendidas e onde eles podem se recuperar dos traumas que sofreram.

É aqui que os cristãos, como indivíduos, têm que intensificar, fazer amizade e ajudar os refugiados, vendo-os como seres humanos. As igrejas também precisam alcançar os refugiados ao alcance das suas comunidades, acolhendo-os como pessoas que não tirarão da igreja e da comunidade, mas trarão bênçãos à igreja e à comunidade, usando as habilidades e equipamentos que Deus lhes deu. Algumas igrejas até mesmo deliberadamente se propõem a ter refugiados servindo ao lado dos membros da igreja local em vários comitês e na liderança, para que a igreja esteja ciente das necessidades reais dos refugiados em sua comunidade, em vez de fazer suposições sobre quais são essas necessidades. Os líderes da Igreja também precisam interagir com os líderes comunitários e funcionários do governo para garantir que diretrizes e leis justas e humanas estejam em vigor para os refugiados.

Ao tomar essas ações, podemos afirmar a dignidade humana dos refugiados, ajudar a suprir as suas necessidades de família, fazer caridade, mostrar solidariedade e oferecer serviço espiritual.[31] Deixe-me explicar o que isso significou na minha vida como refugiado.

Afirmando a dignidade humana

As pessoas que me expulsaram da minha casa me consideravam menos que humano, não digno de viver. Na estrada como refugiado, eu estava com fome, com medo e despojado da maioria dos meus pertences. Assim que cheguei à segurança dum campo de refugiados, descobri que estava reduzido a apenas "outro refugiado". Não havia lugar para mim na comunidade mais ampla porque fui estigmatizado, rejeitado e negado emprego e outros benefícios por causa do meu status de refugiado. É surpreendente que às vezes eu me sentisse inútil e que a vida não valesse a pena ser vivida?

O que restaurou a minha dignidade humana? Teologicamente, é o conhecimento de que sou um ser humano criado à imagem de Deus, independentemente do que opressores podem me chamar. É também o conhecimento de que sou um daqueles a quem Cristo ama e por quem morreu. Mas também precisei de mais garantias diárias da minha dignidade humana das outras pessoas. Recebi isso quando as pessoas se deram ao trabalho de saber meu nome, falar comigo e me ouvir, quando as minhas habilidades e educação foram reconhecidas e quando me deram responsabilidades em vez de esmolas.

Ser uma família

Refugiados e apátridas geralmente deixam as suas famílias em seus países de origem. Às vezes, membros da família são mortos na guerra ou refugiados são separados deles e não sabem mais onde estão. Eu me vi sozinho quando jovem,

---

31. Esta seção baseia-se fortemente em Sandie Cornish, "Welcoming Christ in Refugees & Displaced Persons: Discussion Guide to the Pastoral Guidelines," Social Spiritualty (2013), 2.

tendo deixado a minha família para trás, e sofri com a solidão e a perda da companhia e do apoio da família. Esse isolamento pode levar alguns refugiados a se juntar a gangues que oferecem um senso de comunidade. Mas a igreja deve se tornar uma família cristã para refugiados. No nível teológico, todos os crentes pertencem à família de Deus, mas no nível do dia-a-dia, as igrejas precisam ajudar criando oportunidades para que os refugiados interajam com pessoas de todas as idades e compartilhem refeições e celebrações com as famílias locais. Sou grato àqueles que me "adotaram" na sua família como filho ou irmão.

Oferecendo caridade

Ações de caridade são muito importantes porque refugiados e apátridas precisam desesperadamente de comida, abrigo e orientação enquanto navegam na teia das regulamentações governamentais e nos assuntos cotidianos da vida, como obter ajuda médica, levar as crianças à escola e até dominar o idioma. Uma vez que tenham encontrado abrigo, eles precisam ser ajudados a adquirir equipamentos básicos de cozinha para que possam cozinhar para si mesmos e roupas de cama para que possam dormir bem. Alguns podem precisar de roupas quentes se as noites estiverem frias. Este cuidado não deve ser restrito aos membros da família cristã. Na Nigéria, alguns grupos cristãos oferecem atendimento tanto a muçulmanos quanto a cristãos que sofreram com a violência em curso.

Mostrando solidariedade

Reconhecer minha dignidade humana é uma coisa. Estar em solidariedade comigo é outra. É uma declaração pública de que os seres humanos "todos formam uma família humana, apesar de nossas diferenças nacionais, étnicas e culturais, e que também dependem uns dos outros."[32] Solidariedade significa desafiar a xenofobia. Significa a disposição de apoiar os refugiados e os apátridas em seu sofrimento e impotência e advogar em seu nome. As pessoas mostram solidariedade quando falam em nome dos refugiados, mesmo que isso possa expô-los ao desprezo dos outros na comunidade. Eles assumem a vergonha do refugiado e assim estão agindo como Cristo, que na encarnação veio para se solidarizar com os seres humanos e libertá-los.

---

32. Cornish, "Welcoming Christ in Refugees," 2.

Satisfazer as necessidades espirituais

Embora refugiados e apátridas precisem de ajuda para suprir as suas necessidades materiais e sociais, a espiritualidade também é uma área muito importante das suas vidas que não deve ser negligenciada. Os refugiados devem ter a oportunidade de adorar com outros do seu próprio grupo e com a comunidade local. Eles precisam ouvir a palavra de Deus pregada, que é uma fonte de conforto; eles precisam de aconselhamento pastoral ao lidar com traumas; e eles precisam cantar sobre as suas tristezas, bem como sobre o Deus que os ouve. Em meu sofrimento como refugiado, eu estava ciente dum enorme buraco espiritual que precisava ser preenchido. Eu tinha tantas perguntas a fazer sobre a parte de Deus na minha situação. No entanto, meu sofrimento e questionamento me aproximaram de Deus enquanto eu lutava com Ele em oração, meditação e lamentação. Acabei escrevendo e recitando poemas relacionados ao sofrimento que sofremos como refugiados. Compartilhei esses poemas com os que me cercavam, cujas canções, como a minha, eram dominadas pelo lamento. As pessoas nos campos de refugiados passam muito tempo em oração, implorando a Deus para intervir em seu sofrimento. A igreja deve fornecer um lugar para eles orarem e também um lugar onde eles possam ministrar tanto para seus companheiros refugiados quanto para os não-refugiados ao seu redor. Então os refugiados poderão dizer com Paulo,

> *Bendito seja o Deus e Pai de nosso Senhor Jesus Cristo, Pai das misericórdias e Deus de toda consolação, que nos consola em todas as nossas tribulações, para que, com a consolação que recebemos de Deus, possamos consolar os que estão passando por tribulações. Pois assim como os sofrimentos de Cristo transbordam sobre nós, também por meio de Cristo transborda a nossa consolação.* (2 Coríntios 1:3–5)

Conclusão

Paulo escreveu as palavras acima num momento em que ele estava em circunstâncias semelhantes a muitos refugiados:

> *Estávamos sob grande pressão, muito além de nossa capacidade de suportar, de modo que nos desesperávamos da própria vida. De facto, sentíamos que tínhamos recebido a sentença de morte. Mas isso aconteceu para que não confiemos em nós mesmos, mas em Deus, que ressuscita os mortos. Ele nos livrou de um perigo tão mortal e nos livrará novamente. . . . Então muitos darão graças em*

nosso nome pelo gracioso favor que nos foi concedido em resposta às orações de muitos. (2 Coríntios 1:8–11)

Que a igreja na África seja ativa na oração por aqueles que são refugiados e apátridas; que seja levado a agir em seu nome e a ser solidário com eles; e que a igreja na África acabe louvando a Deus pelas bênçãos que os refugiados e os apátridas trazem para aqueles que estão dispostos a recebê-los. Esse regozijo será uma amostra da recompensa prometida àqueles que oferecem aos impotentes até mesmo um copo de água fria, mesmo que isso seja tudo o que eles têm para dar (Mt 10:42).

Perguntas

1. Existem refugiados na sua área? Se sim, o que sua igreja está fazendo para servi-los em todas as quatro dimensões descritas acima?
2. Qual é a atitude em relação aos refugiados entre as pessoas em sua área? O que a sua igreja pode fazer para mudar essas atitudes?
3. Existem regulamentos governamentais locais, regionais ou nacionais que tornam a vida desnecessariamente difícil para os refugiados? Em caso afirmativo, como você pode advogar por melhorias nesses regulamentos?

Leitura Adicional

Baranik, Lisa E., Carrie S. Hurst, and Lillian T. Eby. "The Stigma of Being a Refugee: A Mixed-Method Study of Refugees' Experiences of Vocational Stress." *Journal of Vocational Behavior* 105 (2018): 116–130.

Crisp, Jeff. *Beyond the Nexus: UNHCR's Evolving Perspective on Refugee Protection and International Migration.* New Issues in Refugee Research. Research Paper No. 155. Geneva: UNHCR, 2008. https://www.unhcr.org/research/working/4818749a2/ beyond-nexus-unhcrs-evolving-perspective-refugee-protection-international. html.

Miller, Sarah Deardorff. *Assessing the Impacts of Hosting Refugees.* World Refugee Council Research Paper No. 4, 2018. https://www.cigionline.org/sites/default/ files/documents/WRC%20Research%20Paper%20no.4.pdf.

Rupen, Das, and Brent Hamoud. *Strangers in the Kingdom: Ministering to Refugees, Migrants, and the Stateless.* Carlisle: Langham Global Library, 2017.

' # 19

Relações Inter-Religiosas

Johnson A. Mbillah[1]

O continente africano é conhecido por sua vasta paisagem religiosa, com Africanos sendo pessoas profundamente religiosas. O Cristianismo e o Islamismo juntaram-se às religiões primordiais africanas, comumente chamadas das religiões tradicionais africanas, produzindo assim a tríplice herança religiosa da África. Essa tríade de pilares religiosos foi então transformada no arco-íris de religiões da África com a adição ou crescimento dasoutras religiões, como o Judaísmo, o Hinduísmo, o Sikhismo, o Jainismo e a fé Bahá'í.

No passado recente, o arco-íris de religiões da África se estendeu ainda mais num mosaico de religiões, à medida que variantes das religiões acima se juntaram às "religiões pioneiras" na busca de atrair seguidores africanos. Hoje, novos movimentos religiosos desfilam por todo o continente. Diante desses desenvolvimentos, não há dúvida de que a religião desempenha um papel central na formação das ações e/ou inacção de muitos africanos.

A crescente pluralidade religiosa no continente africano significa que os africanos têm identidades múltiplas. No passado, por exemplo, as pessoas falavam principalmente sobre as suas identidades étnicas. Na situação atual, porém, alguém pode dizer: "Sou Queniano, Kikuyu e Cristão da denominação Presbiteriana". Outro pode dizer "sou Etíope, Oromo e Muçulmano", possivelmente acrescentando que pertence à fraternidade Sufi de Tijaniyya. Este labirinto de possibilidades para definir uma identidade Africana pode ser enriquecedor e recompensador se for bem aproveitado. Igualmente, no

---

1. Este capítulo é retirado de *African Theology on the Way: Current Conversations*, edited by D. B. Stinton (London: SPCK, 2010). Reproduzido com permissão da SPCK através PLSclear.

entanto, as múltiplas identidades podem ser problemáticas e destrutivas se não forem aproveitadas adequadamente.

Neste capítulo, refletimos sobre o que as igrejas na África devem fazer para garantir que o mosaico de religiões seja adequadamente aproveitado para trazer colaboração e cooperação no atendimento das necessidades e preocupações humanas. Também defendemos o que o Programa para as Relações Cristãos-Muçulmanas na África (PROCMURA) chama de engajamento construtivo com outros grupos religiosos para a paz e a coexistência pacífica para o desenvolvimento holístico da família humana. Isso implica buscar maneiras de celebrar nossa humanidade comum no espírito de nossos direitos e liberdades inalienáveis concedidos por Deus e ser responsável por nossas ações ou omissões. Não devemos nos esquivar de questões que podem ser vistas como controversas em compromissos inter-religiosos, mas sim destacá-las e levantar questões para posterior reflexão.

O capítulo aborda três questões principais, como segue:

- as igrejas e as relações inter-religiosas na África;
- a essência da colaboração e cooperação inter-religiosa;
- questões espinhosas nas relações inter-religiosas: o que devemos fazer?

As Igrejas e as Relações Inter-Religiosas em África

A diversidade religiosa tem existido ao longo dos tempos. Nossa compreensão cristã de Deus, tornada clara por sua auto-revelação em Jesus Cristo, confirma que a diversidade religiosa nunca surgiu sem o conhecimento de Deus. Não podemos dizer que Deus trouxe a nossa diversidade religiosa, mas certamente ela surgiu com seu conhecimento, na melhor das hipóteses com sua permissão e na pior contra sua vontade. Seja qual for o caso, a diversidade religiosa tem sido parte integrante de toda a família humana, incluindo a herança religiosa africana.

A teologia cristã afirma que Deus concede ao ser humano a liberdade de escolher o caminho religioso que deseja trilhar, mas ele é responsável pelas escolhas que faz. Com esse entendimento, as igrejas na África devem ser tolerantes com a variedade religiosa ao seu redor, pois essa diversidade deve continuar até o fim dos tempos. Uma pergunta credível para as igrejas fazerem, portanto, não é como erradicar a diversidade religiosa (pois isso pode significar tentar erradicar a liberdade dada por Deus aos seres humanos), mas como se relacionar construtivamente com os outros nessa diversidade religiosa.

As igrejas na África, como em outras partes do mundo, herdaram uma certa corrente de tradição cristã que desencorajava relacionamentos com pessoas de outras religiões. Em alguns casos, era praticamente um tabu fazê-lo. Muitos perguntaram: "O que a crença tem a ver com a incredulidade?" ou "O que o cristianismo tem a ver com o 'paganismo'?" A abordagem cristã tradicional e comum à variedade religiosa tem sido trazer aqueles que estão fora da família de Cristo a Cristo – convertê-los. Mais recentemente, uma tendência emergente aconselhou essencialmente: "Deixe-os em paz; relacionemos e não nos convertamos para não dar a impressão de que o cristianismo é verdadeiro e as outras religiões falsas." Essas duas abordagens, assim como outras tendências emergentes, criaram campos diferentes dentro do cristianismo no que diz respeito às relações inter-religiosas.

Os dois campos principais ("convertê-los por todos os meios" e "deixá-los em paz") precisam encarar a realidade existencial como ela é e não como eles imaginariam ou gostariam que fosse. Pois a verdade é que aqueles que vêem a conversão como o objetivo final ou único das relações inter-religiosas deve responder à pergunta crucial: o que acontece se esse objetivo não for alcançado? Em outras palavras, se você apresenta o evangelho a uma pessoa de uma fé diferente que decide permanecer em sua fé, o que você faz para continuar sendo amigos e bons vizinhos, conforme narrado na história do bom Samaritano (Lucas 10:25–37)?

Para aqueles que são anticonversão, a questão também permanece se a conversão é essencialmente uma atividade da pessoa humana ou do Espírito Santo. Se é do Espírito Santo, como demonstrado na história de Cornélio (Actos 10:1–48), por exemplo, quem são eles para limitar a atividade do Espírito Santo? De qualquer forma, a realidade do ambiente religioso africano mostra que um número significativo de pessoas se converte de uma fé para outra, assim como muitas pessoas optam por permanecer em sua fé original.

O que os defensores cristãos das relações inter-religiosas defendem é que falemos com, e não apenas sobre, pessoas de outras religiões. Fazemos isso por causa da nossa fé em Cristo, que nos desafia sobre o mérito que há se amarmos apenas aqueles que nos amam (Lucas 6:32). Em outras palavras, que mérito há se tomarmos como vizinhos apenas aqueles com quem compartilhamos uma religião?

Relações inter-religiosas à maneira Africana

Em muitas sociedades africanas, especialmente nos níveis de base, as famílias vivem juntas nos mesmos lares com diferenças inter-religiosas e intra-religiosas. Eles comem juntos, trabalham juntos, celebram juntos as diversas festas religiosas, compartilham as alegrias do nascimento e a tristeza da morte e trabalham juntos para o desenvolvimento da comunidade. Esse fenômeno, que pode ser descrito como teologia prática fabricada no pote africano, demonstra uma espiritualidade africana de longa data que se concentra em questões existenciais sobre dogmas. Para nós, o alicerce da religiosidade africana é "viver e deixar viver" com as diversidades religiosas em harmonia.

Portanto, engajar-se em relações inter-religiosas na África hoje não é uma questão de introduzir nada de novo. Em vez disso, uma preocupação central é como conter o crescente espírito religioso intolerante que sopra em todo o mundo, inclusive em partes da África, como Nigéria e Sudão, em maior medida, e em outros países, em menor grau. Dito de outra forma, precisamos revitalizar as nossas sociedades, que antes eram tolerantes à diversidade religiosa, e protegê-las da onda de intolerância religiosa que prefere nos ver viver pela lei da selva: "comer ou ser comido".

Para se envolver efectivamente com pessoas de outras religiões, as igrejas na África devem primeiro colocar as suas próprias casas em ordem em relação às relações intra-religiosas, ou relações entre as várias religiões cristãs. Só então eles podem concordar com o caminho a seguir nas relações inter-religiosas para a paz, harmonia e desenvolvimento humano. O que isso significa na prática é que todas as denominações eclesiásticas na África devem ser encorajadas a se envolver em relações inter-religiosas para construir pontes de entendimento para um relacionamento harmonioso.

Relações inter-religiosas a partir duma posição de fé

"Relações inter-religiosas" significa "fé encontrando fé," ou pessoas duma fé encontrando outras de outra fé. Na prática não é, nem deve ser, uma reunião destinada a comprometer ou diluir as crenças de qualquer fé com a esperança de encontrar um meio e concluir que todas as fés são iguais. Claro, se tudo crenças fossem as mesmas, não haveria necessidade de relações inter-religiosas.

Recentemente, algumas reuniões internacionais de relações inter-religiosas pareciam sugerir, aberta ou encobertamente, que os cristãos deveriam acabar com a ua crença cardinal na singularidade de Cristo, uma vez que isso pode ser ofensivo para os de outras religiões. Portanto, continua a acusação, os cristãos que mantêm essa crença podem impedir o sucesso da reunião inter-religiosa. Este desafio levanta a questão do contexto nas relações inter-religiosas. Os objectivos indiscutíveis das relações inter-religiosas, nomeadamente a paz, a harmonia, o desenvolvimento e a partilha da nossa humanidade comum (ubuntu na África do Sul), são nobres e devem ser perseguidos com vigor. No entanto, experiências históricas e diferenças culturais significam que as relações inter-religiosas dum continente, região ou país não podem ser exportadas por atacado para outro continente, região ou país. Eles podem ser compartilhados em outras áreas, para enriquecer ou informar, mas não devem ser transpostos como se fossem a norma em todos os lugares.

A situação actual, na qual alguns cristãos sugerem que a verdade bíblica deve ser diluída para melhorar as relações inter-religiosas, não é aceitável para muitos cristãos na África e em outros lugares. Será um desastre para as relações inter-religiosas se aqueles de qualquer fé tentarem explicar as suas doutrinas cardeais em prol da paz e da harmonia. A busca pela paz e harmonia entre as fés só é possível se formos capazes de reconhecer que existem grandes diferenças em nossos sistemas de crenças. Em vez de nos agonizarmos com elas, devemos aceitar nossas diferenças e buscar viver harmoniosamente apesar delas.

Talvez a melhor ilustração de como precisamos abordar as relações inter-religiosas na África seja a conversa entre o Dr. Nnamdi Azikiwe, o primeiro presidente da Nigéria, e Alhaji Ahmadu Bello, um primeiro-ministro e saurdauna de Sokoto em meados da década de 1960. Os dois líderes se reuniram para discutir as crescentes tensões entre os parceiros da coalizão no governo central (o Congresso Popular do Norte e o Conselho Nacional de Cidadãos Nigerianos). Essas tensões trouxeram à tona divergências entre o norte majoritariamente muçulmano e o sul majoritariamente cristão, que estavam degenerando em antagonismo etno-religioso. Na causa do diálogo para restaurar algum entendimento, o Dr. Azikiwe é citado como tendo dito a Ahmadu Bello: "Vamos esquecer nossas diferenças". Abmadu Bello respondeu: "Não, vamos entender as nossas diferenças. . . . Compreendendo nossas diferenças, podemos construir a unidade na Nigéria."[2]

Esta curta conversa entre os dois líderes indica os motivos reais para realizar relações inter-religiosas na África: aceitar as nossas diferenças em paz, não em pedaços.

Tendo estabelecido os princípios sob os quais as relações inter-religiosas devem ocorrer na África, vou agora voltar a minha atenção para áreas de colaboração e cooperação para melhorar a condição humana no continente.

---

2. Ibrahim Gambari, "The Role of Religion in National Life: Reflections on Recent Experiences in Nigeria," in *Religion and National Integration in Africa: Islam, Christianity, and Politics in the Sudan and Nigeria*, ed. John O. Hunwick (Evanston, IL: Northwestern University Press, 1992), 98.

A Essência da Colaboração e Cooperação Inter-Religiosa

É importante que os cristãos colaborem e cooperem com os de outras comunidades religiosas em África para abordar questões de interesse comum. No entanto, se quisermos arranhar onde a comichão é mais intensa, devemos colocar a interface entre o cristianismo e o islamismo no topo de nossa agenda. Essas duas religiões comandam o maior número de seguidores no continente. Eles também mostraram ao longo da história e no presente que são os melhores na construção da paz e da estabilidade no continente (e no mundo em geral). No entanto, eles podem ser igualmente os piores em criar ou incitar conflitos e contendas.

Como religiões missionárias que conseguiram ganhar adeptos em África, o Islão e o Cristianismo podem produzir maiores tensões por vir se os seus respectivos aderentes não forem proactivos na colaboração e cooperação para melhorar as condições humanas em todo o continente. Para este fim, gostaríamos de delinear brevemente as principais áreas que as igrejas na África precisam explorar cuidadosamente na busca de ações inter-religiosas colaborativas.

Paz e coexistência pacífica

Histórias de sucesso de cooperação inter-religiosa surgiram em Serra Leoa e na Libéria, onde líderes religiosos tomaram iniciativas inovadoras que contribuíram imensamente para restaurar a paz. O que não é adequadamente reconhecido é que, no caso da Libéria, houve tentativas de divulgar a guerra entre cristãos e muçulmanos. Felizmente, os líderes cristãos do país trabalharam arduamente para desarmar a tensão gerada. Eles se uniram a líderes muçulmanos para que juntos formassem um conselho inter-religioso para trabalhar pela paz na terra.

Este exemplo indica claramente que a colaboração inter-religiosa só é possível quando há coexistência pacífica entre as comunidades de fé. Os líderes religiosos só podem ser agentes de paz no continente quando estão em paz uns com os outros. As comunidades religiosas envolvidas em conflitos violentos não têm nenhum fundamento moral para mediar outros conflitos, como aqueles que são motivados por motivos étnicos ou políticos.

Na África, as pessoas de fé continuam a ouvir os seus líderes religiosos e, na maioria dos casos, recebem diretrizes deles. Portanto, os líderes religiosos de todas as fés devem capitalizar essa vantagem para colaborar para a paz em um continente que anseia pela paz.

Nossos programas para a paz devem buscar consolidar a paz em situações de paz e promover a construção da paz em situações de conflito. Os programas também devem ser contínuos, para evitar a situação das igrejas que só cooperam com outras comunidades de fé em tempos de tensão. Pelo contrário, a paz é um processo que deve ser trabalhado o tempo todo.

Direitos religiosos e paz

O aspecto mais difícil das relações inter-religiosas para a coexistência pacífica na África é o das liberdades e direitos religiosos. Os direitos religiosos exigidos por uns podem ser vistos por outros como violação dos seus direitos religiosos. Em nenhum lugar isso é mais evidente do que na Nigéria e no Sudão, onde a introdução da *shariah* (lei islâmica) em sua totalidade contribuiu em grande medida para conflitos violentos entre cristãos e muçulmanos.

A ironia de tais situações é que ambas as partes, cristãos e muçulmanos, argumentam em defesa dos seus direitos dados por Deus. Os muçulmanos argumentam que é seu direito dado por Deus introduzir a *sharia* em sua totalidade para governar a si mesmos, enquanto os cristãos argumentam que é o seu direito dado por Deus não viver sob a *sharia*. Da mesma forma, as comunidades religiosas no Quênia, Tanzânia e, em certa medida, em Uganda, têm que lidar com debates sobre a consolidação dos tribunais *khadi* (muçulmanos) na constituição dos seus respectivos países. Essas são questões que podem dividir e dividem as pessoas religiosas, especialmente cristãos e muçulmanos.

Na tentativa das igrejas de trabalhar pela paz com pessoas das outras religiões, questões como as mencionadas acima devem surgir de tempos em tempos e relações venenosas. Portanto, a questão crítica não é tanto como evitar que tais questões surjam, mas como lidar com elas quando elas surgirem.

Uma das áreas mais importantes do trabalho do PROCMURA é fomentar um espírito de compreensão entre cristãos e muçulmanos. O objetivo é garantir que, quando ocorrerem conflitos entre eles, eles sejam abordados de forma não violenta. As igrejas devem sempre olhar para Jesus Cristo, que é ele próprio o Príncipe da Paz (Is 9:6), e que é registrado como tendo dito "Bem-aventurados os pacificadores, porque eles serão chamados filhos de Deus" (Mt 5:9). Na medida do possível, trabalhemos arduamente para garantir que vivamos em paz com todos os nossos vizinhos (Rm 12:18).

Outras áreas de colaboração e cooperação

Existem várias áreas que requerem cooperação inter-religiosa apropriada, especialmente se estas forem preocupações que atravessam a divisão religiosa. Duas dessas questões são a pandemia de HIV/AIDS e o que veio a ser conhecido como mutilação genital feminina. Tendo em vista o impacto devastador que continuam a ter em toda a África, é crucial que cristãos e muçulmanos trabalhem juntos para abordá-los.

Uma vez que algumas questões são mais sensíveis e controversas do que outras, é aconselhável que as relações inter-religiosas abordem primeiro aquelas que são menos controversas. Issoestabelece uma base para, em seguida, abordar as questões que são mais espinhosas.

Questões Espinhosas nas Relações Inter-Religiosas: O que Devemos Fazer?

Na introdução deste capítulo, notamos as múltiplas identidades dos povos africanos. Agora exploramos como essas múltiplas identidades, relacionadas à fé, criam lealdades divididas e, assim, levam à segmentação das sociedades africanas.

A formação da União Africana significa que a diversidade da África, que inclui a diversidade religiosa, não deve impedir a união dos africanos. As igrejas devem examinar cuidadosamente três áreas principais de ação inter-religiosa para a justiça, paz e desenvolvimento do continente: política, identidade africana e missão cristã e *da'wah* muçulmana.

Política

No campo da política, há agora uma tendência generalizada de categorizar os chefes de estado africanos de acordo com as suas afiliações religiosas, especialmente cristãs e muçulmanas. Esta é uma tendência perigosa que pode facilmente levar ao "tribalismo religioso," onde os adeptos duma religião ou outra votam em candidatos presidenciais ou parlamentares porque compartilham uma religião e não porque a pessoa é competente para governar.

Os antepassados e antepassadas do cenário político moderno da África se identificaram como africanos, independentemente das suas afiliações religiosas. A esta luz, Leopold Senghor, um católico devoto, poderia ser eleito presidente do Senegal, um país predominantemente muçulmano. Não muito tempo atrás, o presidente Bakili Muluzi, um muçulmano, foi eleito presidente do Malawi, um país de maioria cristã. Para que esta nobre tendência continue, os programas inter-religiosos devem embarcar na educação política que enfatize a unidade de propósito e o desenvolvimento entre os africanos, apesar de pertencerem a diferentes comunidades religiosas. Os políticos também devem ser advertidos contra a política religiosa partidária.

Identidade Africana

Da experiência do PROCMURA, uma questão crucial é a questão da identidade africana em relação à universalidade das fés cristã e muçulmana. O facto dos africanos terem identidades múltiplas pode evocar a questão de saber se eles são cristãos africanos e muçulmanos africanos, ou africanos cristãos e africanos muçulmanos. Em outras palavras, qual aspecto da identidade dum africano tem prioridade sobre outros aspectos ou exige maior fidelidade? Por exemplo, após os eventos ocorridos nos Estados Unidos em 11 de Setembro de 2001, cristãos e muçulmanos na África tomaram partido dos envolvidos no conflito, a ponto de eclodir confrontos violentos em algumas partes do continente.

O cristianismo é uma religião universal que reconhece todos os seus seguidores como pertencentes ao corpo de Cristo. Da mesma forma, o Islã ensina a umma universal (comunidade) à qual os muçulmanos de todo o mundo pertencem. É realmente lamentável que esse sentimento de pertença universal encontrado em ambas as religiões cria percepções negativas em relação aos da outra fé, especialmente com base em conflitos que ocorrem em outras partes do mundo. No caso acima, os conflitos políticos entre o Ocidente e o mundo árabe colocaram os africanos uns contra os outros.

Portanto, as relações inter-religiosas na África devem garantir que a natureza do cristianismo e do islamismo sejam vistas de forma construtiva. Devemos evitar os conflitos que surgem de fazer alianças com aqueles com quem os africanos compartilham a fé, mesmo que estejam longe, e os inimigos daqueles que vivem perto, mas não compartilham a mesma fé. Em vez disso, nossa humanidade comum como pessoas de fé, tanto na África quanto além, deve ser aproveitada para trazer paz e desenvolvimento em vez do antagonismo e destruição.

Missão cristã e a da'wah muçulmana

A missão cristã, incluindo testemunho e evangelismo, e seu equivalente próximo em muçulmano *da'wah*, são imperativos para as duas fés. A questão, portanto, não é se a missão cristã e a *da'wah* muçulmana devem ser realizadas, mas como devem ser feitas para evitar polêmicas, estereótipos e comentários depreciativos sobre o outro. Esta é uma área importante para estabelecer relações inter-religiosas positivas.

Deve-se dizer que qualquer forma de missão ou *da'wah* que não transforme vidas para melhor, mas provoque tensão e conflito, deve ser considerada uma deformação dessas crenças. Não é possível, por exemplo, que líderes religiosos cristãos e muçulmanos na África estabeleçam uma ética orientadora para recomendar as suas respectivas crenças sem difamar umas às outras? Isso parece ser uma prioridade crucial para as relações inter-religiosas.

Conclusão

Este capítulo examinou as relações inter-religiosas na África, particularmente entre cristãos e muçulmanos. O foco tem sido no que as igrejas na África devem fazer para se envolver construtivamente com os muçulmanos para a paz e a coexistência pacífica para o desenvolvimento holístico da família humana.

Em conclusão, devemos sublinhar que o futuro das relações inter-religiosas em África depende das nossas instituições teológicas. Os colégios e seminários teológicos ecumênicos e denominacionais precisam incorporar as relações inter-religiosas na formação teológica de sacerdotes e pastores. Isso ajudará os futuros líderes das nossas igrejas a examinar criticamente as nossas teologias herdadas, de modo a construir uma teologia africana de relações inter-religiosas.

Perguntas

1. Quais são alguns dos principais desafios para as relações inter-religiosas, e qual à a sua própria experiência?
2. Acha que envolver-se em relações inter-religiosas significa que tu deves comprometer ou diluir as suas próprias crenças religiosas? Argumente o seu caso.
3. Por que a construção da paz é tão fundamental nas relações inter-religiosas?
4. Explique as três questões espinhosas nas relações inter-religiosas que o artigo identifica. Que relevância essas questões têm para a sua própria experiência de relações inter-religiosas?

Leitura Adicional

Azumah, John. *My Neighbour's Faith: Islam Explained for Christians.* Jos, Nairobi, and Carlisle: HippoBooks, 2008.

Azumah, John, and Lamin Sanneh, eds. *The African Christian and Islam*. Carlisle: Langham Monographs, 2013.

Conteh, Prince Sorie. *Traditionalists, Muslims and Christians in Africa: Interreligious Encounters*. New York: Cambria Press, 2009.

Sanneh, Lamin. *Piety and Power: Muslims and Christians in West Africa*. Eugene, OR: Wipf & Stock, 2015.

20

O Estado

Theodros Assefa Teklu

Os projectos de construção do estado moderno na África colonial e pós-colonial concentrar-se no estabelecimento duma estrutura estatal central eficiente que funcione sob o estado de direito e em conformidade com os requisitos de transparência e prestação de contas. Os estados africanos têm, no entanto em geral, lutado para conseguir isso e, em vez disso, têm sistemas e estruturas ineficientes, corruptos e disfuncionais. Alguns estados estão tomando medidas ativas para resolver esses problemas, e os cristãos querem apoiá-los. Mas como podemos fazer isso? Qual é a relação entre a teologia pública e o Estado? Antes de podermos explorar essa relação, é importante que entendamos as características fundamentais dum Estado – o que é e o que deve fazer.

O que é o Estado e o que ele deve fazer?

No campo da teoria política e social, oferecer uma definição precisa do Estado não é uma questão simples, mas para os fins deste capítulo consideraremos um Estado como uma entidade caracterizada pela territorialidade, soberania, constitucionalidade/legalidade, burocracia, legitimidade e nacionalidade/cidadania.[1]

---

1. Essa caracterização é baseada na definição de Max Weber:

    Uma organização política compulsória com operações contínuas será chamada de "estado" na medida em que a sua equipe administrativa sustenta com sucesso as reivindicações ao monopólio do uso legítimo da força física na execução das sua ordem.... [Ela] possui uma ordem administrativa e jurídica sujeita a alterações por legislação, para a qual se orientam as atividades organizadas do pessoal administrativo, que também são reguladas por regulamentos. Esse sistema

- *Territorialidade*. A primeira característica dos estados é que eles têm territórios claramente definidos. Sem uma base geográfica, nenhum Estado pode exercer a sua soberania e operar de forma eficaz. A guerra irrompe frequentemente quando a integridade territorial dum estado é transgredida por outro estado ou estados.

- *Soberania*. A ideia de soberania implica a autoridade absoluta duma comunidade política.[2] A autoridade não é absoluta quando há forças concorrentes dentro dum único território. Por isso, historicamente, a emergência do Estado moderno na Europa envolveu a pacificação das nobrezas regionais que fragmentavam o poder. Hoje, nos países democráticos, a ideia de soberania está associada à vontade geral do povo ou dos cidadãos dum Estado e às instituições que exercem funções executivas, legislativas e judiciárias. No entanto, alguns argumentam que a soberania e a democracia não são boas porque representam a tirania da maioria.

- *Constitucionalidade/legalidade*. Sem lei, um Estado e sua ordem política não podem existir ou funcionar adequadamente. Porque a criação de leis não pode ser arbitrária, deve ser regida por certas leis na constituição, que estabelece "as leis sobre fazer leis"[3] e legitima o Estado e sua autoridade. Tanto as obrigações do Estado para com os seus cidadãos quanto as obrigações dos cidadãos para com o Estado estão estabelecidas na Constituição. O poder constitucional não é o domínio das autoridades, mas o Estado de direito que acompanha o exercício do poder impessoal e exige procedimentos publicamente aceitos e transparentes.

- *Burocracia*. A administração burocrática é realizada de acordo com regras e procedimentos e documentos oficiais (arquivos) e envolve hierarquias com vários níveis de especialização.[4] O bom funcionamento da burocracia e o crescimento de instituições justas são importantes para a democracia

---

de ordens reivindica autoridade vinculante, não apenas sobre os membros do Estado, os cidadãos, a maioria dos quais se tornaram membros por nascimento, mas também em grande medida sobre todas as ações que ocorrem na área de sua jurisdição. Trata-se, portanto, de uma organização obrigatória com base territorial. Economia e Sociedade: Volume 1 (1922; Nova York: Bedminster, 1978), 54–56.

2. F. Harry Hinsley, *Sovereignty*, 2nd ed. (Cambridge: Cambridge University Press, 1986), 1, 26.

3. Christopher Pierson, *The Modern State* (London: Routledge, 1996), 17.

4. Weber, *Economy and Society: Vol. 1*, 220–221; *Economy and Society: Vol. 2* (New York: Bedminster, 1978), 956–963.

de massa e são considerados sinais de progresso. No entanto, a burocracia pode ser criticada por acontecer às custas de seres humanos que são abusado pelo sistema e pelo potencial dos burocratas de buscar aumentar a sua própria riqueza em detrimento dos outros.[5]

- *Legitimidade*. Sem legitimidade, isto é, a aceitação pelos cidadãos da autoridade do Estado, nenhum Estado pode sobreviver por muito tempo.[6] Se a legitimidade do Estado é seriamente questionada ou resistida pelos cidadãos, a sustentabilidade do Estado é questionável ou ameaçada. Para garantir que tenham legitimidade, os estados procuram tornar as suas leis aceitáveis para todos os cidadãos, ou pelo menos para a maioria deles, reivindicando uma base em algum tipo de lei natural, algum mandato divino ou o governo superior dum líder carismático. A autoridade do Estado repousa "na crença na legalidade das regras promulgadas e no direito daqueles que foram elevados à autoridade sob tais regras de emitir comandos."[7] Desta forma legitimidade faz um apelo não apenas às regras, mas também à crença do povo, incluindo as suas crenças e ensinamentos religiosos (teologia).

- *Nacionalidade/Cidadania*. A nacionalidade ou cidadania é definida como "um status que, em princípio, confere aos indivíduos direitos e deveres iguais, liberdades e restrições, poderes e responsabilidades [dentro] da comunidade política."[8] Os direitos de cidadania não são idênticos aos direitos naturais ou humanos, que são universais. Ao contrário dos direitos humanos, os direitos de cidadania não se aplicam a todos. Os excluídos podem ser insiders – historicamente mulheres e outros grupos oprimidos – ou 'outsiders', como imigrantes. Consequentemente, David Held argumenta: "A cidadania é um processo de dupla face. Em princípio, a sua exclusão pode fortalecer os indivíduos sobre e contra o Estado. Mas, ao mesmo tempo, implica um fortalecimento da autoridade e da obrigação de governo do Estado (agora apresentado como a expressão da vontade coletiva de todos os cidadãos)."[9]

Esta citação mostra a natureza política da cidadania. A associação da cidadania com o local de nascimento (nativismo) pode exacerbar o

---

5. Pierson refers to this behaviour as "rent-seeking," *Modern State*, 21–22.
6. Pierson, *Modern State*, 22.
7. Weber, *Economy and Society: Vol. 1*, 215.
8. David Held, *Democracy and the Global Order* (Cambridge: Polity, 1995), 66.
9. Pierson, *Modern State*, 29.

nacionalismo, ou seja, a identificação do Estado com uma determinada nação ou núcleo étnico. Em muitas partes do mundo, incluindo a África, as questões relacionadas à cidadania podem representar desafios, pois os estados precisam gerenciar populações muito diversas.

O Estado e os seus Desafios em África

A descrição acima dos elementos essenciais dum estado foi desenvolvida no Ocidente. Por isso, é interessante ver como essas características se desenrolam na construção dos estados territoriais africanos modernos no mundo período colonial.[10] Que evidências apresentam de territorialidade, soberania, constitucionalidade/legalidade, burocracia, legitimidade e nacionalidade/cidadania? E que factores desempenham um papel na expressão dessas características na África?

Na África tradicional, uma multiplicidade de grupos etnolinguísticos se mantinha frouxamente unida por meio da sua sujeição a um líder tribal, um reino ou um império. Havia algumas convergências culturais e históricas entre eles, mas a ideia de criar uma cultura comum que exigisse integração ou assimilação cultural era desconhecida. No entanto, após a disputa pela África, o sistema colonial introduziu um novo tipo de geografia política que permanece até hoje. Atualmente é comum encontrar um único grupo étnico disperso em dois ou mais estados, e algumas nações ou grupos étnicos não possuem os seus próprios estados.

A imposição de limites territoriais que não refletiam as redes sociais existentes levou à luta contínua dos estados africanos para transcender antigos laços de sangue, língua, região, religião e costumes e construir um centro forte para modernizar as suas sociedades.[11] Há muitas vezes conflito entre elites que buscam apoiar o conceito de Estado com sua autoridade e burocracia e pessoas comuns cujo senso de identidade está principalmente relacionado à sua comunidade e não ao Estado como tal. As elites regionais também podem tentar manter os seus poderes tradicionais contra os do Estado nacional, fraturando ainda mais a sociedade.

---

10. A diferença entre os estados africanos e os seus homólogos europeus levou alguns a distinguir entre "estados genuínos" e "quase-estados" e a perguntar se a condição de estado é um conceito relativo.

11. Liah Greenfeld and Michael Martin, *Center: Ideas and Institutions* (Chicago: University of Chicago Press, 1988), 278.

O antropólogo americano Cliford Geertz falou desse conflito em termos de "essencialismo" versus "epocalismo": o primeiro é orientado para "o modo de vida indígena" e o segundo para "o espírito da época."[12] Ninguém pode ser puramente essencialista ou puramente epocalista, mas os indivíduos terão uma tendência ou um viés em relação a um ou outro. Quando grandes grupos da sociedade têm preconceitos conflitantes, o resultado será um estado caracterizado por uma crescente incontrolabilidade.

Como os estados africanos pós-coloniais surgiram como resultado do reconhecimento internacional e não com base em processos de construção de nação negociados internamente, eles provaram ser fracos, instáveis e incapazes de defender-se militarmente contra ameaças externas. Eles lutam para administrar as suas populações social, econômica e politicamente. Um resultado disso foi que os estados africanos são altamente dependentes do sistema internacional e vulneráveis a pressões externas. Isso ficou evidente durante e após a Guerra Fria e nas demandas políticas e econômicas impostas em nome do ajuste estrutural e da influência das corporações transnacionais.

Alguns estados simplesmente entraram em colapso sob a pressão e agora são classificados como estados falidos porque são incapazes de cumprir as responsabilidades primárias ou mínimas do estado de fornecer a seus cidadãos educação, segurança e governança. Estados falidos são lugares de anarquia onde "a vida é barata e a conversa é frouxa."[13] O poder é detido por elites que controlam os recursos econômicos para extrair o máximo de benefícios para si mesmas às custas da maioria desfavorecida. Para permanecer no poder, essas elites podem tentar arquitetar "um estado de partido único constitucionalmente sancionado" ou ditadura.[14]

Alguns estados fracassam devido à intervenção de países estrangeiros que trabalham para desestabilizá-los, desencadeando conflitos étnicos ou apoiando grupos rebeldes. Às vezes, essa intervenção é feita em nome da religião, como pode ser visto com Boko Haram na Nigéria e Al-Shabaab na Somália.[15]

Alguns responderam ao fracasso dos estados africanos enfatizando o papel da sociedade civil, definida como o "conjunto de diversas instituições não

---

12. Clifford Geertz, *The Interpretation of Cultures* (London: Hutchinson, 1975), 240–243.

13. Fórum de Políticas Globais, "Failed States: Where Life Is Cheap and Talk Is Loose," originally published in *The Economist* (17 March 2011).

14. Daron Acemoglu e James A. Robinson, *Why Nations Fail: The Origins of Power, Prosperity, and Poverty* (London: Profile Books, 2012), 149, 376.

15. Natana J. DeLong-Bas, *Wahhabi Islam: From Revival to Reform to Global Jihad* (Oxford: Oxford University Press, 2004), 265–279; Patrick Sookhdeo, *Unmasking Islamic State: Revealing Their Motivation, Theology and End Time Predictions* (McLean, VA: Isaac, 2015), 89–108.

governamentais que é forte o suficiente para contrabalançar o estado e, embora não impeça o estado de cumprir o seu papel de guardião da paz e árbitro entre grandes interesses, pode, no entanto, impedi-lo de dominar e atomizar o resto da sociedade."[16] A sociedade civil é vista como contrabalançando ou limitando o poder do Estado.

Outros, no entanto, se opõem à ideia da sociedade civil como uma solução para o abuso do poder estatal na África, argumentando que é um projecto ideológico neoliberal do Ocidente "vilificar" os estados africanos.[17] No entanto, os desenvolvimentos que contribuem para a descentralização do Estado e a limitação do seu poder são geralmente endossados pelos Estados africanos como importantes para a promoção dos direitos humanos.[18] No entanto, esses desenvolvimentos devem ser feitos com cuidado. Quando o poder do Estado é simplesmente "privatizado," os beneficiários são muitas vezes aqueles que já ocupam altos cargos no Estado.[19] O resultado pode ser a "captura do estado" ou "estado sombra" em que as autoridades políticas ganham acesso à riqueza do estado por meio de redes corruptas de negócios pessoais.[20] Em tal contexto, a sociedade civil – que existe entre o indivíduo e o Estado – pode contribuir para o bem e florescer social. O que é necessário é uma abordagem de esfera pública em vez de uma abordagem centrada no Estado.

O papel da religião na esfera pública é particularmente significativo a este respeito. A esfera pública pode ser definida como um "espaço social – distinto do Estado, da economia e da família – no qual "os cidadãos deliberam" sobre o bem comum."[21] Observe que esse "espaço social" não é tanto uma reunião física de pessoas, mas sim pessoas que trocam opiniões e crenças e debatem questões relacionadas à sua vida social comum. Em outras palavras, a esfera pública é "comunicação, seja em palavras ou ações."[22]

---

16. Ernest Gellner, *Conditions of Liberty: Civil Society and Its Rivals* (Harmondsworth: Penguin, 1996), cited in Paul Gifford, *African Christianity: Its Public Role* (London: Hurst, 1998), 17.

17. Gifford, *African Christianity*, 17–20.

18. Claude E. Welch, "The Organisation of African Unity and the Promotion of Human Rights," *Journal of Modern African Studies* 29 (1991): 535–555.

19. William Reno, *Corruption and State Politics in Sierra Leone* (Cambridge: Cambridge University Press, 1995).

20. Reno, *Corruption and State Politics*, 22.

21. Eduardo Mendieta e Jonathan Vanantwerpen, eds., *The Power of Religion in the Public Sphere* (New York: Columbia University Press, 2011), 2.

22. Jürgen Habermas, *Knowledge and Human Interest*, trans. Jeremy J. Shapiro (Cambridge: Polity Press, 1987), 238.

A mudança da "vida pública ... do governo à sociedade civil"[23] oferece uma oportunidade importante para a religião e os seus ensinamentos públicos (ou teologia pública).

A Tríplice Tarefa da Teologia Pública

A tríplice tarefa da teologia pública envolve autocrítica, crítica e construção. Essas dimensões não devem ser vistas como estanques, pois podem se sobrepor na prática.

Autocrítica em vez de subordinação

A teologia pública precisa ser capaz de se reflectir de maneira crítica e não simplesmente assumir que está sempre no caminho certo. Para entender por que isso é tão importante, precisamos lembrar que houve momentos em que a relação entre os teólogos e o Estado foi de subordinação, de modo que a teologia pública serviu efetivamente aos interesses do Estado. Tal subordinação é sempre inadequada, mas é especialmente perigosa quando o Estado busca a ajuda da teologia pública para estabelecer a sua legitimidade.

Os teólogos públicos podem então ser coagidos ou manipulados a apoiar estruturas e operações estatais injustas, como aconteceu sob o regime do apartheid na África do Sul. O "Documento Kairos" anti-apartheid sul-africano, falava duma teologia que sanciona o Estado como uma "Teologia de Estado" que oferece uma "justificação teológica do status quo" e "abençoa a injustiça, canoniza a vontade dos poderosos e reduz os pobres à passividade, obediência e apatia."[24]

É claro que o estado não produz teologia estatal; Cristãos que fazem mau uso dos textos bíblicos e doutrinas teológicas o produzem. Romanos 13:1-7 é o texto cristão mais mal utilizado a esse respeito, pois muitas vezes tem sido usado para afirmar a autoridade absoluta do estado e a exigência absoluta de que os cristãos sempre a obedeçam:

> *Que todos estejam sujeitos às autoridades governamentais, pois não há autoridade exceto aquela que Deus estabeleceu. As autoridades*

---

23. Scott R. Paeth et al., *Shaping Public Theology: Selections from the Writings of Max L. Stackhouse* (Grand Rapids: Eerdmans, 2014), 252.

24. Gary S. D. Leonard, ed., *The Kairos Documents* (Kwazulu Natal: University of KwaZulu Natal, 2010), 9. For the full text of the Kairos Document, see https://kairossouthernafrica.wordpress.com/2011/05/08/the-south-africa-kairos-document-1985/.

> que existem foram estabelecidas por Deus. Conseqüentemente, quem se rebela contra a autoridade está se rebelando contra o que Deus instituiu, e aqueles que o fizerem trarão julgamento sobre si mesmos. Pois os governantes não têm terror para aqueles que fazem o certo, mas para aqueles que fazem o errado. Você quer estar livre do medo da autoridade? Então faça o que é certo e será elogiado. Pois quem tem autoridade é servo de Deus para o seu bem. Mas se você fizer algo errado, tenha medo, pois os governantes não portam a espada sem motivo. Eles são servos de Deus, agentes da ira para punir o malfeitor. Portanto, é necessário submeter-se às autoridades, não apenas por uma possível punição, mas também por uma questão de consciência.
>
> É também por isso que você paga impostos, pois as autoridades são servos de Deus, que se dedicam integralmente ao governo. Dê a todos o que você deve: Se você deve impostos, pague impostos; se receita, então receita; se respeito, então respeito; se honra, então honra.

Para entender este texto, precisamos entender o contexto em que foi escrito. Em contraste com alguns judeus que eram propensos à resistência violenta, os cristãos deveriam ser submissos ao estado romano apesar de suas graves falhas. Tal comportamento foi essencial para minimizar a perseguição desnecessária ao pequeno grupo minoritário. Este texto não significa que os cristãos não podem falar contra um governo quando estão mais próximos da maioria ou podem até estar representados no governo.

Além disso, ao escrever esta ordem, Paulo estava usando um estilo padrão de exortação moral na época que falava em termos absolutos, mas não significava que essa era a única forma possível de comportamento correto em todas as circunstâncias.[25] Às vezes, a obediência acrítica e a legitimação dos Estados podem ocultar a atuação duma ideologia opressora.[26] Teólogos públicos e cristãos em geral precisam estar cientes desse perigo.

---

25. Craig S. Keener, *The IVP Bible Background Commentary: New Testament* (Downers Grove, IL: IVP Academic, 2014), 450.

26. Tinyiko Sam Maluleke, "Reflections and Resources: The Elusive Public of Public Theology: A Response to William Storrar," *International Journal of Public Theology* 5 (2011): 79–89.

Crítica e confronto

O medo da subordinação não deve levar os cristãos a tentar abster-se de qualquer relação com o Estado. Em vez disso, a teologia pública deve ter uma vantagem profética e se engajar na crítica do Estado e das suas instituições. O desafio da subordinação deve ser combatido pelo confronto e engajamento crítico, não pelo afastamento da esfera pública.

A exigência de criticar o Estado decorre do facto de que os crentes têm lealdades divididas e dupla cidadania. A Carta de Accra explicita essa cidadania claramente: "Pela virtude da soberania divina, vivemos nossas vidas como membros da comunidade religiosa, enquanto, como cidadãos, conduzimos os nossos negócios como súditos do Estado (1 Pe 2:13-14)."[27] Vejamos os versículos citados: "Sujeitai-vos, por amor do Senhor, a toda autoridade humana: seja ao imperador, como autoridade suprema, seja aos governadores, que são enviados por ele para punir os que erram e para elogiar aqueles que fazem o certo." Aqui o apóstolo Pedro está fazendo o mesmo ponto que Paulo fez sobre a necessidade de obedecer ao estado romano, e num contexto similar. Mas o versículo seguinte acrescenta uma perspectiva interessante: "Pois é da vontade de Deus que, fazendo o bem, vocês silenciem a conversa ignorante dos tolos" (1 Pe 2:15). A razão pela qual os cristãos devem obedecer à lei é que eles estão servindo a Deus e promovendo seu reino. Eles não são meros servidores do Estado. Craig Keener coloca assim: "Para os cristãos, liberdade significava liberdade para ser escravos de Deus ao invés de escravos do pecado; significava liberdade da tirania do estado, mas também liberdade para defender as leis do estado como servos de Deus."[28] Para nós, o texto afirma a nossa dupla cidadania; tanto nos encoraja a sermos submissos ao estado quanto nos lembra de nosso dever para com o Deus soberano.

A dupla cidadania dos cristãos significa que eles têm convicções e lealdades diferentes e às vezes conflitantes. Eles participam de "discussões públicas do estado laico enquanto vivem por narrativas não compartilhadas por essas políticas."[29] Os redatores da Carta de Acra fizeram uma observação semelhante quando afirmaram que a nossa "cidadania, no entanto, não esgota a nossa condição de pessoas morais, porque o Estado não pode ser um substituto para

---

27. Lamin Sanneh, *The Accra Charter of Religious Freedom and Citizenship* (Oxford: OMSC Publications, 2012), 7.

28. Keener, *IVP Bible Background Commentary*, 691.

29. Rowan Williams, "Convictions, Loyalties and the Secular State," *Political Theology* 6, no. 2 (2005): 154.

a Igreja como o edifício do valor humano, liberdade e bem-estar."[30] Assim a teologia pública cristã não pode simplesmente manter o estado; deve também emitir chamado profético para a acção de modo a corrigir o que está mal. Neste sentido a teologia pública deve ser confrontacional.[31]

Engajamento construtivo em pontos de interseção

Embora os interesses da igreja e do estado não se alinhem perfeitamente, eles geralmente não estão em completa contradição. Há pontos em que os seus interesses se cruzam, de modo que às vezes eles podem trabalhar juntos enquanto cada um mantém relativa autonomia. No entanto, antes que a teologia pública possa entrar nesse tipo de engajamento construtivo, ela precisa enfrentar a tarefa de determinar qual contribuição construtiva ela pode fazer em seu contexto atual. Conteúdo e contexto são ambos de grande importância. A tarefa de construir uma teologia pública começa com uma pergunta contextual: que horas são? Onde estamos hoje cultural, social e politicamente? Esta leitura dos "sinais dos tempos" (Mt 16:3; Lc 12:56) é importante para a teologia pública que deve ser profética, ou seja, pertinente ao tempo e aos contextos de vida.

A leitura dos sinais dos tempos confere à teologia pública um cunho profético atento à injustiça estrutural, à pobreza e aos pobres. Por exemplo, se um Estado não trabalha para promover o bem comum de todos os seus cidadãos, então os sinais dos tempos indicam claramente a necessidade de desenvolver uma teologia pública crítica do Estado que afirme os direitos de todas as pessoas.[32] No entanto, também precisamos oferecer uma visão de uma ordem social alternativa.

Uma maneira surpreendente de começar a apresentar uma visão alternativa pode ser pelo lamento. O teólogo africano Emmanuel Katongole chama a atenção para o potencial teológico do lamento como fonte de esperança e activismo e uma maneira pela qual entramos no "drama do compromisso salvífico de Deus com o mundo, no centro do qual está o mistério da vida de

---

30. Sanneh, *The Accra Charter*, 10.
31. Leonard, *The Kairos Documents*, 63.
32. Leonard, 68.

Cristo," a sua morte, e ressurreição."³³ O lamento nos permite imaginar uma visão alternativa de uma nova sociedade e um futuro melhor.³⁴

As teologias públicas da esperança são geralmente consideradas utópicas e, portanto, impraticáveis. No entanto, uma teologia pública da esperança fomenta práticas de esperança no presente. Aqui desejo oferecer outro exemplo do contexto sul-africano, a saber, a teologia da reconstrução avançada por Charles Villa-Vicencio que usa a metáfora do exílio para construir uma teologia da reconstrução, como também o teólogo católico queniano Jesse Mugambi.³⁵ Uma teologia pública de reconstrução é uma teologia da construção de nação/estado que se preocupa com a renovação social e se concentra na democracia, direitos humanos, constitucionalismo e estado de direito.³⁶

O que importa na construção duma teologia pública que envolva o Estado não é apenas o conteúdo, mas também o contexto da comunicação. Os teólogos públicos precisam tentar traduzir a verdade religiosa ou teologia num idioma secular para que possa ser entendido pelo público mais amplo, e eles devem se engajar em debates públicos de maneira racional.³⁷ Como observa o conhecido teólogo público Max Stackhouse, "Teologia pública . . . respeita os delicados tecidos de sentimento, civilidade, virtude e consciência pelos quais os não-intelectuais o tempo todo – e os intelectuais na maioria das vezes – mantêm os fragmentos das suas vidas juntos³⁸ Aqueles que comunicam a teologia pública que aborda o Estado devem estar cientes não apenas do contexto local, mas também da "sociedade civil global" para promover "uma nova catolicidade e uma nova ecumenicidade."³⁹

"Catolicidade" significa "universalidade" e é importante dadas as divisões eclesiásticas ou denominacionais que se tornaram a norma hoje. Embora a

---

33. Emmanuel Katongole, *Born from Lament: The Theology and Politics of Hope in Africa* (Grand Rapids: Eerdmans, 2017), 261.

34. Katongole, *Born from Lament*, 263.

35. Charles Villa-Vicencio, *A Theology of Reconstruction: Nation-Building and Human Rights* (New York: Cambridge University Press, 1992), 14. Cf. Jesse N. K. Mugambi, *From Liberation to Reconstruction: Christian Theology in Africa after the Cold War* (Nairobi: East African Educational Publishers, 1995); Jesse N. K. Mugambi, *Christian Theology & Social Reconstruction* (Nairobi: Acton, 2003); Valentin Dedji, *Reconstruction and Renewal in Christian Theology* (Nairobi: Acton, 2003).

36. Villa-Vicencio, *Theology of Reconstruction*, 52.

37. Mendieta and Vanantwerpen, *Power of Religion*, 5. See also the works of Mugambi and Dedji cited above to explore African idioms for engagement.

38. Max Stackhouse, *Public Theology and Political Economy: Christian Stewardship in Modern Society* (Lanham, MD: University Press of America, 1991), 14.

39. Paeth et al., *Shaping Public Theology*, 253.

igreja e as seus ensinamentos sociais ou teologia pública possam ser moldados pelo contexto particular em que a igreja está situada, os cristãos não devem se esquecer da igreja universal e da família mundial de Deus. Sem ecumenicidade, ou seja, a vontade de trabalhar com cristãos de outros ramos da família cristã, a acção social cristã permanece fragmentada e impotente.

Quem faz teologia pública em relação ao Estado?

A teologia pública é uma teologia que enfrenta o mundo. Mas está enraizado na vida da igreja. É dirigido ao mundo enquanto fundamentado na vida da igreja. Assim, não pode ser divorciada da igreja e da sua comunidade de base, isto é, os crentes que compõem a congregação. Portanto, a teologia pública deve fazer sentido para a igreja como um todo: tanto para os seus ministros (como pastores) quanto para os seus crentes "leigos," mesmo que não sejam teólogos públicos profissionais. Todos eles precisam compartilhar uma consciência comum de que até mesmo a linguagem do culto implica uma teologia pública. Por exemplo, a proclamação "Jesus é o Senhor" pode ser um ato político na medida em que afirma uma autoridade superior ao Estado. Precisamos cultivar uma consciência crescente de que até mesmo o culto e as atividades litúrgicas revelam teologias públicas implícitas. Todos os cristãos, portanto, precisam aplicar o que foi dito neste capítulo a si mesmos e às suas próprias igrejas locais. Primeiro, os cristãos precisam ser autocríticos. É muito fácil sucumbir à ideologia do Estado e tornar-se acriticamente submisso ao Estado. Os cristãos precisam procurar conscientemente manter uma distância crítica do estado e demonstrar sabedoria divina no que pensam e fazem. Como cidadãos duplos, a sua lealdade primária deve ser a Deus e depois ao estado. Em segundo lugar, os cristãos devem criticar o estado sempre que acharem que as relações do estado com os seus cidadãos são injustas e desumanas. Sem essa postura crítica, a soberania de Deus sobre todas as esferas da vida é perdida, e o Estado se torna o poder intocável absoluto. E, finalmente, os cristãos podem procurar envolver-se no desenvolvimento da teologia pública, na construção duma teologia da esperança para as suas comunidades e em sua comunicação pública nas esferas da vida em que estão engajados.

Quando nos propusermos a fazer essas coisas e tivermos uma postura autocrítica, crítica do Estado e construtiva, estaremos trabalhando para uma teologia pública que promova a transformação da África da África que não queremos na África que ansiamos.

Perguntas

1. Em vista das características básicas dos estados modernos descritas neste capítulo, quais são as falhas do estado em seu próprio contexto nacional particular?
2. Que objetivos comuns a teologia pública e o Estado podem ter? Que diferenças existem entre eles?
3. Como devemos responder àqueles que afirmam que a teologia não deve se envolver em questões políticas relacionadas ao Estado?
4. Depois de ler os sinais dos tempos em seu próprio contexto nacional, que forma deve assumir a teologia pública que você deseja construir?
5. Em um contexto pluralista com muitas religiões ou credos, como a teologia pública cristã poderia ser ouvida?

Leitura Adicional

Katongole, Emmanuel. *Born from Lament: The Theology and Politics of Hope in Africa*. Grand Rapids: Eerdmans, 2017.

Mugambi, Jesse N. K. *Christian Theology and Social Reconstruction*. Nairobi: Acton, 2003.

Musana, P., A. Crichton, and C. Howell, eds. *The Ugandan Churches and the Political Centre: Cooperation, Co-Option and Confrontation*. Uganda: National Ecumenical Publishing Consortium; Cambridge: Cambridge Centre for Christianity Worldwide, 2017.

Sanneh, Lamin. *The Accra Charter of Religious Freedom and Citizenship*. Oxford: OMSC, 2012.

Villa-Vicencio, Charles. *A Theology of Reconstruction: Nation-Building and Human Rights*. New York: Cambridge University Press, 1992.

21

Polícia e Forças Armadas

Sipho Mahokoto

África é um continente lindo onde acontecem muitas coisas boas. É também um continente que pode se orgulhar da sua identidade, herança, cultura e valores compartilhados, especialmente os valores associados ao *ubuntu*.[1] Esta é a África que queremos, um lugar que valoriza o cuidado e o respeito uns pelos outros.

Mas há um outro lado do continente. A África também é atormentada pela corrupção, guerra e terrorismo. Os líderes abusam do seu poder, e a polícia e as forças armadas são frequentemente os instrumentos ou os perpetradores desses abusos. O que mais dói é que são os nossos próprios governos que estão violando os direitos e a dignidade das pessoas. São nossos próprios governos que nos infligem dor física e nos roubam.

Neste capítulo, veremos o que a teologia pública tem a dizer sobre o uso e abuso do poder do Estado, isto é, o poder da polícia e das forças armadas, e consideraremos como a igreja e os cristãos individuais podem responder a tais abusos.

A Realidade do Abuso do Poder do Estado

Muitos dos líderes políticos em África têm pouca consideração pelo governo constitucional, pelo Estado de direito ou pelas necessidades daqueles que lideram. Sua principal preocupação é promover os seus próprios interesses,

---

1. *Ubuntu* é o entendimento africano de que uma pessoa humana é uma pessoa através de outras pessoas. Ninguém existe isoladamente; em vez disso, abraçamos nossa diversidade e cuidamos uns dos outros. De uma perspectiva cristã, *ubuntu* significa que vemos Cristo através dos olhos dos outros, e não apenas por nós mesmos.

como pode ser visto claramente na forma como alguns políticos e os seus amigos enriquecem no cargo. Os mecanismos pelos quais isso pode ser feito foram expostos nas audiências relacionadas à "captura do Estado" na África do Sul. Políticos que só estão interessados em seu próprio bem-estar agarram-se ao poder e fraudam eleições para dar a seus governos exploradores um ar de legitimidade. Seu abuso do processo democrático é um exemplo de abuso do poder do Estado, pois muitas vezes exige que a polícia trabalhe ao lado dos funcionários cúmplices.

Aqueles que desafiam publicamente os abusos dos que estão no poder se expõem ao perigo. Se estiverem em cargos oficiais, provavelmente perderão o emprego. Se forem ativistas, jornalistas e manifestantes, provavelmente serão espancados, atacados com gás lacrimogêneo, presos, estuprados e até assassinados. O facto de que essas ações podem ser feitas com impunidade é um indício de abuso do poder estatal. Se você precisa dum exemplo, não precisa ir além do Zimbábue, onde as forças armadas e a polícia torturaram e mataram milhares de civis em sua guerra contra dissidentes e onde houve violência patrocinada pelo Estado durante as campanhas eleitorais e durante todo o movimento de reforma agrária.[2]

O desprezo dos líderes pelo estado de direito e pelos processos democráticos significa que em alguns lugares é aceito que a única maneira de depor líderes é por meio duma revolta ou golpe do estado. Embora essas revoltas violentas não sejam tão comuns como eram nos primeiros anos depois que a África acabou com o colonialismo,[3] eles ainda estão acontecendo hoje, como evidenciado pelo golpe no Zimbábue em 2017 e na tentativa fracassada de golpe no Gabão em 2019. Outras regiões da África são afligidas por levantes que muitas vezes também resultam no abuso do poder por milícias privadas, de modo que os civis sofrem nas mãos do Estado e dos rebeldes.

Não surpreende que os golpes sejam muitas vezes liderados por militares, que têm o poder negado aos civis e o treinamento para organizar as ações. No entanto, mesmo quando esses líderes militares estão agindo com a intenção honrosa de restaurar a ordem e resolver desafios políticos e econômicos, os governos que resultam de golpes geralmente caem nas mãos de quem tem fome de poder, e a situação se repete.

Enquanto isso, os soldados comuns são frequentemente mal pagos ou não pagos, e recorrem à violência para ter as suas necessidades atendidas. Eles têm

---

2. L. Sachikonye, *When the State Turns on Its Citizens: 60 Years of Institutionalised Violence in Zimbabwe* (Harare: Weaver Press, 2011), 148.

3. Ver capítulo 18, "Refugiados e apátridas", para um relato do que aconteceu em Burundi.

as ferramentas da violência, a vontade de usá-las e o favor dum governo que está sendo sustentado pela força militar. Os soldados podem, assim, usar a violência com impunidade e muitas vezes são mais temidos do que respeitados. O mesmo acontece frequentemente com as forças policiais de África. Eles são amplamente considerados corruptos, abertos ao suborno e servindo apenas à elite. Os pobres têm pouco respeito por eles, o que prejudica o respeito pela lei em geral.

Teologia e Poder do Estado

Não devemos pensar que a situação da África é única. Circunstâncias muito semelhantes prevaleceram na era do Novo Testamento, quando Herodes e os seus filhos estavam envolvidos em golpes e contragolpes e reprimiam revoltas com grande derramamento de sangue, enquanto os soldados romanos se sentiam livres para abusar de civis judeus. Essa situação continuou nos primeiros séculos da igreja cristã, quando os imperadores romanos eram regularmente derrubados em golpes, os soldados do vasto exército romano exerciam o poder como bem entendiam e os cristãos eram perseguidos pelas autoridades e pelas turbas. Assim, os cristãos daquela época também lutavam com questões de poder estatal. Quais eram os usos legítimos de tal poder? Os cristãos devem obedecer a governos abusivos? Os cristãos poderiam servir no exército, ou na força policial daquele dia, ou deveriam se recusar a se envolver com organizações que usam violência?

Podemos traçar pelo menos três mudanças históricas no pensamento cristão sobre militares, guerra e violência, todas influenciadas pelo contexto em que os cristãos viviam na época.

- *Pacifismo e resistência não violenta ao poder.* Os primeiros cristãos, que sofreram extrema perseguição por sua fé, responderam defendendo o pacifismo e a resistência não violenta ao poder, conforme apresentado no Sermão da Montanha. Seu status social e político marginal significava que era sensato evitar provocar os poderosos sistemas políticos e militares, e eles não queriam atrair atenção indesejada que poderia levar a uma perseguição ainda maior.
- *Reflexão sobre o uso correto do poder.* Depois que o imperador Constantino adotou o cristianismo como religião do império em 313 d.C., os cristãos desfrutaram de maior status social e poder político. Eles passaram a ter um relacionamento muito mais próximo com governantes e governantes políticos e se viram obrigados a discernir sob quais circunstâncias a guerra

e a violência poderiam ser justificadas. Como os governos deveriam usar o poder da espada que Deus lhes havia dado (Rm 13:4)? Que formas de força ou violência podem ser usadas para proteger a ordem, salvar vidas e promover os chamados valores cristãos? Além disso, os cristãos estavam agora servindo nas forças armadas, então um novo conjunto de questões éticas e teológicas teve que ser resolvido.[4]

- *Violência "cristã."*. Entre 1096 e 1291 d.C., os cristãos na Europa estavam em ascensão e foram à guerra em nome da fé cristã. Governantes e líderes cristãos na igreja sentiram que era justificado entrar em guerra para conquistar territórios e destruir rivais em nome de Cristo. Essas guerras, conhecidas como Cruzadas, deixaram uma longa história de amargura nos corações muçulmanos.

Todas essas perspectivas históricas influenciam o nosso pensamento sobre guerra, paz e força militar à medida que continuamos a lutar com os complexos debates teológicos e éticos sobre qual medida de força e violência os cristãos podem usar para proteger o bem comum. Esta edição é um exemplo claro de por que nós, como cristãos, precisamos refletir sobre a relação entre as nossas crenças e os sistemas e estruturas de poder com os quais e dentro dos quais operamos.

O ensino da Bíblia sobre atitudes em relação ao poder

Embora os cristãos ainda não tenham todas as respostas no que diz respeito ao uso do poder estatal, algumas coisas são muito claras. A primeira é que Deus quer que aqueles que estão na liderança tanto na igreja quanto no estado liderem pelo exemplo e sejam transparentes e responsáveis em sua liderança. Eles devem imitar a Cristo ao procurar servir (Lucas 22:25–26) em vez de ser como os ladrões e assaltantes que procuram "somente roubar, matar e destruir" (João 10:10). Estas últimas palavras nos lembram que quando os poderosos usam as suas posições, influência e poder para servir a seus próprios interesses, eles estão de facto roubando aqueles a quem devem servir, especialmente os pobres e aqueles à margem da sociedade. Assim, eles estão quebrando o sétimo mandamento (Êx 20:15). O desprezo arrogante pelos outros que acompanha a corrupção é incompatível com o amor ao próximo como a nós mesmos (Mt 22:39).

---

4. Para mais ver, J. Daryl Charles and Timothy J. Demy, *War, Peace, and Christianity: Questions and Answers from a Just-War Perspective* (Wheaton, IL: Crossway, 2010), 108–109.

Mas saber o que os líderes não devem fazer não responde à pergunta sobre o que eles devem fazer. Por que Deus dá a algumas pessoas e instituições poder e autoridade na sociedade? Paulo diz que Deus faz isso para que eles possam punir aqueles que fazem o mal (Rm 13:4). Mas Paulo não descreve apenas o poder do Estado em termos negativos. Ele também diz que "o que tem autoridade é servo de Deus para o seu bem" (Rm 13:4). Assim, podemos dizer que as pessoas recebem poder para servir ao bem comum da comunidade. Em termos contemporâneos, podemos dizer que instituições como a polícia e os militares têm autoridade e responsabilidade para salvaguardar as liberdades, direitos e bem-estar da sociedade, e particularmente dos membros mais vulneráveis e em risco da sociedade cujos direitos podem ser abusados pelos mais poderosos.

Infelizmente, os líderes corruptos costumam usar o poder dessas instituições não para servir aos outros, mas para proteger a sua própria riqueza, privilégio e status. Como resultado, encontramos a polícia e o exército sendo usados para silenciar oponentes e impor obediência a leis injustas, ou aos meros desejos dum líder. Esse uso do poder não cria semelhança com Cristo nem cria a estabilidade pela qual os cristãos devem orar (1 Tm 2:1–4); na verdade desestabiliza a ordem social. A falta de estabilidade pode nem sempre ser evidente na superfície, mas eventualmente explodirá em discórdia e revolução.

Teologia e o papel adequado da polícia e do exército

Se a polícia e as forças armadas cumprem seu papel mantendo a segurança e a estabilidade dum país e de seus cidadãos e recursos, merecem respeito pela promoção do bem comum por meio da defesa da justiça, boa governança e equidade no país. Podemos identificar quatro critérios que devem reger as suas ações: *prestação de contas*, tanto para com o povo quanto para com Deus; *serviço* ao invés de auto-engrandecimento; *integridade* em vez de corrupção; e um desejo de *reconciliação e respeito* entre aqueles que diferem em vez de fomentar divisão e inimizade.[5] Esses critérios se aplicam a todos os que exercem o poder estatal, incluindo todos os policiais e mulheres e todos os soldados.

Embora a polícia e o exército sejam frequentemente vistos como os perpetradores da injustiça, não devemos esquecer que eles também podem sofrer injustiça dentro das suas próprias fileiras. Não é desconhecido que eles

---

5. Peter Storey, "Banning the Flag from Our Churches: Learning from the Church-State Struggle in South Africa," in *Between Capital and Cathedral: Essays on Church-State Relationships*, eds. Wessel Bentley and Dion A. Forster (Pretoria: University of South Africa, 2012), 3.

não recebam o salário devido, o que pode levá-los a extorquir dinheiro de civis. As mulheres nas forças armadas muitas vezes sofrem discriminação de gênero e são abusadas física e psicologicamente e têm a sua promoção negada.[6] Pode-se esperar que soldados e policiais cumpram ordens que sabem serem cruéis, injustas ou abusivas. No entanto, por medo da sua própria segurança ou das suas comunidades, eles reprimem as suas consciências e cumprem ordens injustas. Consequentemente, o moral está baixo e muitas vezes há sentimentos reprimidos de descontentamento e divisão nas fileiras. Todas essas questões contribuem para a corrupção. Há muitos casos de ex-combatentes ou membros dos serviços de polícia sendo presos por atividades criminosas, como roubos, bombas em caixas eletrônicos e roubos de dinheiro em trânsito.[7]

No entanto, também é verdade que em muitos países africanos onde uma alta porcentagem da população é dos membros da fé cristã, há homens e mulheres cristãos servindo na polícia e nas forças armadas. Esses crentes devem influenciar a maneira como essas forças operam e devem se comportar para o bem da nação e dos seus cidadãos. Devem procurar promover o uso ético do poder e o cumprimento responsável dos deveres oficiais. Infelizmente, há pouca evidência de que este seja o caso.[8] Esta situação pode ser uma indicação de que os cristãos e as igrejas não fizeram uma conexão explícita entre fé e vida, e particularmente entre crença cristã e ética cristã na vida cotidiana. Consideraremos quepapel a igreja pode desempenhar na formação e informação de tais pontos da vista na seção que se segue.

O Papel da Igreja em Relação ao Poder do Estado

A igreja como corpo ecumênico, como denominação, como congregação local e como indivíduos é muito influente, e devemos esperar justiça e responsabilidade dos nossos membros, bem como daqueles que estão no

---

6. E. M. Mathebula, "A Critical Analysis of the Crime Prevention Role of the Military Police Division in the South African National Defence Force (SANDF)," tese de doutorado não publicada, Universidade da África do Sul (UNISA), 2018, 187.

7. Andrew Faull, "Corruption and the South African Police Service: A Review and Its Implications," *Institute for Security Studies Papers* 150 (1 September 2007): 20.

8. Knox Chitiyo, "The Struggles for Zimbabwe, South Africa and SADC: Liberation War Theology and Post-Nationalism," *The RUSI Journal* 153, no. 3 (1 June 2008): 80–86. Veja também M. J. Manala, "'A Better Life for All': A Reality or a Pipe-Dream? A Black Theology Intervention in Conditions of Poor Service Delivery in the Democratic South Africa," *Scriptura: International Journal of Bible, Religion and Theology in Southern Africa* 105, no. 1 (1 January 2010): 519–531.

poder.⁹ Devemos lembrar a nós mesmos e ao resto da sociedade que Deus exige que todos pratiquemos a boa governança, respeitemos os direitos humanos e prestemos contas a Deus e às pessoas a quem servimos. Devemos também lembrar aos membros do público que eles devem esperar responsabilidade daqueles que ocupam cargos públicos ou estão empregados no serviço público. Mas não devemos recorrer à violência ou destruição intencional para apoiar as nossas demandas.

Se realmente acreditamos que somos chamados para ser sal e luz na sociedade (Mt 5:13-16), devemos assumir maior responsabilidade por moldar, informar e fortalecer os valores de transparência, responsabilidade e serviço na sociedade. Não devemos nos contentar apenas em pregar a palavra aos "outros", mas também aplicá-la a nós mesmos. Devemos nos certificar de que a família de Deus seja administrada de maneira adequada e que nossos membros sejam treinados para tratar a todos com dignidade. Como igrejas, devemos treinar os nossos membros em como é a boa governança e o uso sábio do poder em todas as esferas da vida – em nossas igrejas, em nossas famílias, em nossos lares e em nossas comunidades e instituições públicas, bem como no serviço militar e policial. Se não treinarmos os nossos membros para exercer boa governança em nossos próprios ambientes, será muito difícil, se não impossível, esperar responsabilidade e serviço da polícia e do exército. Portanto, precisamos refletir, orar e estudar sobre a melhor forma de equipar os nossos próprios membros para servir no governo local, regional e nacional, em cargos de liderança em outras organizações, ou nas forças armadas e na polícia.

No entanto, ao mesmo tempo, não devemos negligenciar a nossa responsabilidade cívica mais ampla de manter todos os líderes políticos, líderes empresariais e figuras de autoridade – incluindo líderes militares, policiais e membros do judiciário – com altos padrões de ética e justiça para o bem comum. Onde vemos o uso injusto do poder, ou a corrupção no serviço policial ou o mau uso do poder militar, devemos nos manifestar contra tais abusos, proteger os abusados, defender os oprimidos e testemunhar a verdade e a justiça.

Quando chegamos aos detalhes práticos de como a Igreja se relaciona com o poder do Estado, podemos recorrer às categorias do capítulo 20, O Estado, onde a relação entre Igreja e Estado é descrita em termos de subordinação,

---

9. Veja a discussão sobre as maneiras pelas quais os cristãos e as diferentes expressões da igreja trazem mudanças Dion A. Forster and Johann W. Oostenbrink, "Where Is the Church on Monday? Awakening the Church to the Theology and Practice of Ministry and Mission in the Marketplace," *In Die Skriflig* 49, no. 3 (2015): 1–8.

confronto e cooperação. Essas categorias se aplicam a todos os aspectos dos governos, mas como se aplicam especificamente ao poder do Estado e à relação entre o Estado e o exército e a polícia?

Subordinação

É lamentável que alguns líderes da igreja se alinhem politicamente com aqueles que estão no poder e, tendo sido cooptados, não possam mais responsabilizá-los de forma alguma. A África do Sul fornece um exemplo de como isso pode ser feito: o presidente Mandela criou um Fórum Nacional de Líderes Religiosos (NRLF) para ajudar na construção da nação e na reconciliação nacional. No entanto, quando o presidente Zuma chegou ao poder, ele ignorou amplamente esse grupo e preferiu trabalhar com o recém-criado Conselho Interconfessional da África do Sul (NICSA). Mais tarde foi descoberto que essa nova estrutura inter-religiosa não foi estabelecida por líderes religiosos imparciais, mas por um processo comprometido iniciado pelo governo para servir aos interesses do partido político no poder.[10] Como tal, não conseguiu ter uma voz profética em resposta à corrupção, captura do Estado e abuso de poder por parte daqueles em posições de liderança.

Os governos ficam felizes em nomear líderes da igreja que não os criticam para cargos de capelania em todos os níveis de escritórios governamentais. O resultado é uma erosão da confiança pública em líderes religiosos e organizações religiosas,[11] o abuso de recursos limitados destinados a servir os pobres e necessitados[12] e até mesmo a participação da Igreja na perseguição ou traição de rivais políticos do Estado ou de entidades políticas poderosas.[13]

Os cristãos devem ser discipulados, ensinados e apoiados na convicção de que nossa lealdade primária é a Cristo e nos valores de justiça, equidade e dignidade que são centrais para a pessoa e ministério de Jesus Cristo e seu reino. Essa educação e advocacia podem assumir a forma de engajamento político entre líderes cristãos ou órgãos cristãos, como o Conselho das Igrejas

---

10. Ernst M. Conradie, "Notions and Forms of Ecumenicity: Some South African Perspectives," in *South African Perspectives on Notions and Forms of Ecumenicity*, ed. E. M. Conradie (Stellenbosch: SUN, 2013), 13–15.

11. Dion A. Forster, "A Kairos Moment for the Methodist Church of Southern Africa? Engaging Nationalism and State Theology in the Democratic South Africa," *Methodist Review: A Journal of Wesleyan and Methodist Studies* 11 (2019): 1–23.

12. Daniel Jordan Smith, "Corruption, NGOs, and Development in Nigeria," *Third World Quarterly* 31, no. 2 (1 March 2010): 243–258.

13. Timothy Longman, "Church Politics and the Genocide in Rwanda," *Journal of Religion in Africa* 31, no. 2 (1 January 2001): 163–186.

de Toda a África ou um conselho nacional das igrejas e liderança política. Os cristãos também podem adotar uma abordagem mais pessoal, como visitar comandantes locais de unidades militares ou policiais e mulheres para incentivá-los a fazer o que é justo e certo para a sociedade. Essa abordagem pode exigir pregação, oração e compartilhamento de cuidados com pessoas dentro das forças militares ou policiais que se sentem pressionadas a comprometer os seus valores e compromissos. O que é evidente é que os cristãos e a igreja têm um papel importante a desempenhar na proteção contra a subordinação da integridade a pessoas e práticas corruptas.

Confrontação

O que a igreja deve fazer em situações em que as pessoas protestam contra as políticas do governo? A igreja deve apoiar os manifestantes e até se juntar a eles? Na África do Sul, esta questão veio à tona com o incidente de Marikana, onde a polícia disparou contra mineiros em greve desarmados, matando muitos. Muitos líderes da igreja se manifestaram e condenaram a violência, pedindo à polícia e aos donos das minas que negociem com palavras e não com balas. Em Outubro de 2012, os líderes da igreja emitiram uma declaração formal que dizia em parte:

> *Embora nos conscientizassemos profundamente das feridas da nossa nação e do clamor do nosso amado país, acreditamos firmemente que a unidade dos crentes na África do Sul pode criar uma enorme oportunidade e ser um farol de esperança. Os líderes da Igreja afirmaram ainda que somos uma nação ferida que enfrenta a pobreza, a desconfiança, o racismo e o colapso da sociedade que impacta negativamente na fibra moral do nosso país. Por exemplo, Marikana enviou um aviso severo para nós, que mostra que este é um momento Kairos que exige liderança e ação transformacionais. Comprometemo-nos, como líderes da Igreja, não apenas a exercer um papel profético e lamentável ao abordar as questões e lutas na África do Sul, mas a nos envolver ativamente em fazer a diferença na vida dos pobres, doentes e sofredores em nossa terra hoje e desempenhar um papel na efetivação da cura, reconciliação e integridade. Ao mesmo tempo, pedimos ao governo que reconheça mais seriamente que os órgãos religiosos são parceiros-chave para trazer mudanças na África do Sul. Na medida em que ajudamos no desmantelamento do apartheid, somos chamados a desempenhar*

um papel vital na reconstrução da nossa bela terra. Precisamos de esforços integrados de pessoas, grupos e instituições para fazer a diferença. Nisso, os líderes cristãos prontamente aproveitam e se comprometem com essas iniciativas.[14]

A África tem uma rica história de líderes cristãos que defendem a justiça contra poderosos líderes políticos, militares e econômicos. Alguns exemplos notáveis são o Bispo David Gitari no Quênia[15] e o arcebispo Desmond Tutu na África do Sul.[16] Há também numerosos exemplos de comunidades, organizações e agrupamentos cristãos que defendem a justiça e os direitos humanos, como o movimento de mulheres Black Sash fez em resposta ao apartheid na África do Sul.[17] Onde quer que os cristãos vejam o surgimento do mal, o abuso dos desamparados ou a erosão da dignidade e dos direitos dos indivíduos ou grupos, temos a responsabilidade de testemunhar a verdade e advogar pelos impotentes e desamparados. Fazer isso pode significar que, às vezes, estamos em desacordo com líderes políticos, econômicos e culturais. No período mais sombrio da história do apartheid na África do Sul, a igreja e os cristãos individuais desempenharam um papel crucial no protesto contra o abuso militar, a brutalidade policial e o envio injusto de militares para suprimir os oponentes políticos e silenciar aqueles que trabalhavam pela justiça e pela paz.

Às vezes esquecemos que a palavra "protesto" é derivada da palavra latina *testari,* que significa testemunhar. Como cristãos, somos chamados a testemunhar a verdade, o que é bom, justo e puro (Fp 4:8). O protesto pode ser um ato de testemunho cristão fiel. Às vezes, o protesto pode ocorrer dentro das estruturas militares ou policiais, como quando mulheres e homens se recusam a portar armas por uma causa injusta,[18] e outras vezes pode ser testemunha contra os abusos do poder militar ou policial.

---

14. Declaração para a mídia da consulta aos líderes da igreja nacional de 16 a 17 de Outubro de 2012. Para obter a declaração completa, visite www.nrasd.org.za ou www.efsa-institute.org.za e solicite uma cópia.

15. David Gitari, "Church and Politics in Kenya," *Transformation* 8, no. 3 (1 July 1991): 7–17.

16. John Allen, *Rabble-Rouser for Peace: The Authorised Biography of Desmond Tutu* (New York: Random House, 2012), 2–6.

17. Jo MacRobert, "Ungadinwa Nangomso – Don't Get Tired Tomorrow: A History of the Black Sash Advice Office in Cape Town 1968 to 1980," Dissertação de Doutorado não publicada, Universidade da Cidade do Cabo, 1993.

18. Merran W. Phillips, "The End Conscription Campaign 1983–1988: A Study of White Extra-Parliamentary Opposition to Apartheid," Dissertação de Mestrado não publicada, Universidade da África do Sul, 2002.

Cooperação

Quando se trata de responder a abusos do poder estatal, é importante ter em mente que muitas das pessoas que estão profundamente envolvidas em ações corruptas e em abusos pertencem às nossas igrejas. Por exemplo, durante a administração de Jacob Zuma na África do Sul, um censo parlamentar mostrou que a maioria dos parlamentares pertencia à Igreja Metodista da África do Sul.[19]

A igreja tem a responsabilidade de nutrir, moldar, criticar e informar os nossos membros que estão em posições de responsabilidade e poder no governo, nas forças armadas e na polícia. Essas pessoas não deixam de ser membros da igreja quando estão fora do prédio da igreja ou quando usam os seus uniformes. É vital que reflitamos profunda e criticamente sobre o papel e a responsabilidade desses setores da sociedade e sobre o que Deus e nossa fé cristã esperariam de pessoas em tais posições. Somente quando tivermos desenvolvido 'insights' teológicos cristãos sólidos e responsáveis sobre a conduta, expectativas e responsabilidades dos militares e da polícia, poderemos apoiá-los e orientá-los em sua importante tarefa.

Dois outros pontos a considerar são estes. Primeiro, devemos encorajar os nossos membros a discernir onde e como as suas habilidades e talentos devem ser usados na sociedade. Isso pode significar que alguns deles devem ser incentivados a servir nas forças armadas ou na polícia. Precisamos de mulheres e homens cristãos para servir nesses setores da sociedade. Ainda mais, precisamos de mulheres e homens que vejam esse trabalho como um chamado no qual podem honrar a Deus e realizar a vontade de Deus na sociedade. Em segundo lugar, a igreja deve ajudar a moldar os valores e práticas dos seus membros e, de facto, de todas as pessoas que servem nas forças armadas e na polícia, de maneira consistente com os valores de resolução pacífica de conflitos e estabelecimento de justiça, reconciliação e liberdade. O que acreditamos como cristãos impõe uma responsabilidade pública e tem consequências públicas. Os cristãos têm um papel importante a desempenhar na formação dos valores e princípios que orientam e formam uma nação.

Conclusão

Ao longo deste livro, vimos que um dos desafios que enfrentamos na África é a desconexão entre os nossos valores cristãos e a nossa realidade social. A África é a região em que o cristianismo está crescendo mais rapidamente na terra, mas esse crescimento não se reflete em nossas sociedades. Estamos ignorando a

---

19. Forster, "Kairos Moment," 11–13.

nossa responsabilidade de imitar a pessoa e a obra de Jesus em nossa sociedade e buscar estabelecer valores e princípios de justiça, misericórdia e paz que são característicos do reino de Deus. Não ajuda que as igrejas e os líderes da igreja apenas assumam seu papel profético quando surgem desafios, fazendo muito pouco para ensinar, discipular e liderar o caminho para uma sociedade justa. A igreja deve praticar o que prega.

As Escrituras nos chamam a nos identificar com os pobres e marginalizados. A igreja e os líderes religiosos, portanto, têm a obrigação de se opor a qualquer pessoa ou instituição que abuse do seu poder e se solidarizar com aqueles que sofrem injustiça, perseguição ou abuso. O cristianismo tem um papel importante a desempenhar na modelagem de como o poder deve ser usado para o bem comum, e não para a subjugação da dissidência ou para o autoengrandecimento.

A polícia e os militares desempenham um papel crucial na proteção dos vulneráveis da violência e do abuso, mantendo e estabelecendo a paz, trabalhando pela lei e pela ordem na sociedade e garantindo que os crimes não sejam cometidos e que a justiça seja buscada para aqueles que foram injustiçados. Os cristãos e a igreja têm um papel crucial a desempenhar na formação da compreensão da sociedade sobre o papel dos militares e da polícia e no apoio aos militares e à polícia enquanto procuram cumprir os seus deveres com cuidado, responsabilidade e justiça.

Devemos nos comprometer a criar espaços onde as pessoas em várias regiões da África possam ouvir umas às outras e à voz de Deus. Sempre que possível, devemos procurar evitar comportamentos violentos que encerrem o diálogo, pois é somente através de diálogo profundo, escuta e ações corajosas que podemos encontrar soluções de longo prazo para a África. A África que queremos exige que tenhamos paciência uns com os outros e nos escutemos para realizar o sonho que Deus tem para nosso continente e o seu povo.

Perguntas

1. Como os cristãos e a igreja podem responsabilizar os membros das forças armadas e da polícia por seu papel na sociedade? O que você pode fazer para melhorar a responsabilidade de quaisquer grupos aos quais esteja associado?
2. Que papel você acha que Deus tem para os militares e a polícia no estabelecimento da justiça, segurança e paz em seu contexto? O que você pode fazer para servir, encorajar e ajudar os membros desses setores da sociedade a cumprir a sua responsabilidade e mandato?

3. Como os cristãos devem reagir quando se deparam com violência? Que papel você ou a sua igreja poderia desempenhar no trabalho pela paz?
4. Que conselhos e advertências você daria a um jovem em sua igreja que está considerando uma carreira nas forças armadas ou na força policial?

Leitura Adicional

Charles, J. Daryl, and Timothy J. Demy. *War, Peace, and Christianity: Questions and Answers from a Just-War Perspective.* Wheaton, IL: Crossway, 2010.

Sachikonye, L. *When the State Turns on Its Citizens: 60 Years of Institutionalised Violence in Zimbabwe.* Harare: Weaver Press, 2011.

Sebahene, A. *Corruption Mocking at Justice: A Theological and Ethical Perspective on Public Life in Tanzania and Its Implications for the Anglican Church of Tanzania.* Carlisle: Langham Monographs, 2017.

Storey, P. "Banning the Flag from Our Churches: Learning from the Church-State Struggle in South Africa." In *Between Capital and Cathedral: Essays on ChurchState Relationships*, edited by Wessel Bentley and Dion A. Forster, 1–20. Pretoria: University of South Africa, 2012. http://uir.unisa.ac.za/bitstream/handle/10500/6093/Bentley-11-07-2012.pdf?sequence=1.

Wink, Walter. *Engaging the Powers: Discernment and Resistance in a World of Domination.* Minneapolis: Fortress, 1992.

22

Problemas de Terra

Dwight S. M. Mutonono

A história africana está repleta de memórias dolorosas de disputas de terra que resultaram em atrocidades e atos de violência indescritíveis. Como as pessoas em outras partes do mundo, o povo da África precisa de cura dos atos pecaminosos que foram perpetrados contra eles e que, em alguns casos, eles mesmos cometeram. Ao mesmo tempo, o continente está lutando com questões de mudança climática e crises ambientais que colocam agricultores e pastores uns contra os outros em batalhas por terra e acesso à água. Aqueles que se juntam ao fluxo constante de urbanização encontram-se em competição por pequenas parcelas de terra nas cidades fervilhantes da África. Claramente, a terra é uma questão importante na África, então as questões da terra precisam ser abordadas como uma parte importante da teologia pública.

Este capítulo considerará as questões de terra principalmente duma perspectiva do Zimbábue, porque esta é a situação que eu conheço melhor. No entanto, a história colonial da África é compartilhada e as lições aprendidas no Zimbábue podem ser aplicadas em outros contextos africanos.

Depois de considerar as questões da terra a partir de perspectivas bíblicas e tradicionais africanas, voltarei aos sistemas coloniais e contemporâneos de agricultura (agricultura comercial) e mineração que foram introduzidos no continente. Isso será feito no contexto de tentar entender os efeitos da globalização e a introdução do conceito de Estado-nação em sistemas anteriormente tradicionais. O capítulo terminará propondo uma abordagem holística para uma teologia pública da terra. Mas deixe-me começar com alguns exemplos que serão usados como base para a reflexão neste capítulo.

Exemplos para Refletir

Enquanto eu dirigia para pregar numa igreja em Glen View, uma área relativamente pobre de Harare, Zimbábue, as estradas ficaram cada vez piores. Eventualmente, eles ficaram tão esburacados que era melhor sair do que restava do asfalto irregular e dirigir pelas laterais empoeiradas. Então eu vi algo que me fez pensar profundamente sobre o que havia sido feito ao país. Eu vi um jovem, provavelmente em seus vinte e poucos anos, cortando madeira para ser vendida para fogueiras de cozinha porque as autoridades não estavam fornecendo eletricidade para a cidade. Ele estava fazendo isso do lado de fora de um 'shopping center' onde centenas de vendedores estavam vendendo os seus produtos do lado de fora das suas lojas escuras. Pensei naquele jovem de vinte e poucos anos e me perguntei como seria a imagem, pelo menos em termos físicos, se ele não tivesse vindo ao mundo do útero que o gerou. Supondo que ele estivesse num útero japonês, por exemplo, e tivesse nascido no Japão. Aos vinte anos, ele quase definitivamente não estaria cortando madeira para vender na beira da estrada. Seu grande erro, ao que parece, foi sair do útero errado.

Este primeiro exemplo provavelmente está ligado ao meu segundo exemplo, que é que a trajetória de desenvolvimento do Zimbábue sofreu uma séria desaceleração no início dos anos 2000 devido a violentas invasões de terras que expulsaram agricultores brancos e tiveram sérias ramificações econômicas negativas para o país. Qualquer análise da economia do Zimbábue terá que admitir que desde o início dos anos 2000, ou alguns dirão a partir de 1997, ela despencou, atingindo níveis recordes de inflação em 2008. Enquanto escrevo isso em 2019, estamos novamente experimentando um ressurgimento de hiperinflação.

As causas dessa desaceleração econômica são muito discutidas. Alguns culpam as sanções e a alienação do mundo internacional. O que não pode ser negado é que as invasões de terras não trouxeram a prosperidade econômica prevista para o país. Alguns deles se beneficiaram, principalmente devido a algum tipo de relação de clientelismo. A realidade é que alguns dos fazendeiros brancos que foram expulsos do Zimbábue receberam terras na Zâmbia e hoje a Zâmbia exporta alimentos para o Zimbábue.[1] A disparidade econômica entre Zâmbia e Zimbábue nas décadas de 1980 e 1990 teria tornado tal cenário impensável. A economia do Zimbábue era muito mais forte na época, e os zambianos vinham ao Zimbábue para fazer compras de necessidades básicas.

---

1. Al Jazeera English, *Fazendeiros Brancos prosperam na Zâmbia anos depois de serem expulsos do Zimbábue* (23 de novembro de 2017).

O terceiro ponto de reflexão é que em meio a todos esses problemas, alguns zimbabuanos, especialmente aqueles com poder político, tornaram-se incrivelmente ricos. Por exemplo, devido a uma disputa de divórcio, os bens dum homem que serviu por algum tempo como ministro de terras no governo de Mugabe foram revelados em registros judiciais. De acordo com esses registros, ele possuía uma centena de propriedades (casas, estandes residenciais e comerciais e fazendas) e estimava-se que tivesse um patrimônio líquido de mais de US $ 1,2 bilhão.[2] Não tenho nenhuma agenda pessoal contra esse homem, e a validade dessas estimativas provavelmente será contestada. Existem vários outros exemplos que poderiam ser apresentados, mas para os propósitos deste capítulo, este exemplo dos registros do tribunal é ilustrativo da extensão do abuso de cargos públicos e do nível de pilhagem que alguns têm desfrutado. Mantenha estes três exemplos em mente ao ler o restante deste capítulo.

Reflexões Bíblicas

Não é um erro que uma pessoa nasça africana. Deus tem um plano e propósito para nos colocar num contexto histórico e geográfico específico. Deus disse a Jeremias que o conhecia antes de ser concebido e colocado no ventre da sua mãe (Jr 1:5). Portanto, é Deus quem nos coloca no ventre de nossa mãe, e é Deus quem nos forma de maneira espantosa e maravilhosa com as nossas qualidades únicas (Sl 139). Nossa singularidade é evidente até mesmo na capacidade da ciência de nos identificar como indivíduos por nossas impressões digitais ou por varreduras de íris.

A pobreza relativa também não é o único fator que devemos considerar. Embora os africanos sejam comparativamente mais pobres em termos materiais do que os japoneses, como mencionado no exemplo anterior, deve-se notar que o suicídio "é agora o maior assassino de homens no Japão com idades entre 20 e 44 anos."[3] Uma análise holística e uma comparação da vida de um jovem de vinte anos pode revelar que, ao contrário das aparências, o jovem pobre que corta lenha na África é mais feliz do que o jovem rico no Japão.

---

2. Elias Mambo, "Embattled Chombo's Vast Property Empire under the Spotlight," *The Zimbabwe Independent* (8 December 2017); Gosebo Mathope, "Zim's 'Most Corrupt Official' Reportedly Found with R140m Cash, 'Owned 100 Properties,'" *The Citizen* (20 November 2017); *The Zambian Observer*, "Ignatius Chombo; Zimbabwe's Finance Minister Net Worth Over $1.2 Billion," (27 November 2017).

3. Rupert Wingfield-Hayes, "Why Does Japan Have Such a High Suicide Rate?," BBC News Tokyo (3 July 2015).

A mentira da modernidade, subjacente à filosofia e cultura coloniais, é que o desenvolvimento material é a resposta para todas as coisas e que quanto mais próspero economicamente um país, mais feliz o seu povo. Isso não é inteiramente verdade, e talvez precisemos repensar a nossa definição de pobreza. Bryant Myers a definiu como enraizada em quatro relacionamentos quebrados, ou seja, nosso relacionamento com Deus, conosco mesmos, com os outros e com a criação.[4] Por esse entendimento, a pobreza do Zimbábue é mais profunda do que apenas a pobreza material.

A aquisição forçada de terras nos tempos coloniais não era uma expressão de como Deus gostaria que outros tratassem os africanos. Eles, como todos os seres humanos, são feitos à imagem de Deus (Gn 1:26–28) e, portanto, são dignos de respeito. Missionários como David Livingstone, cuja estátua permanece de pé nas Cataratas Vitória, não ficaram felizes com o quão mal o sistema colonial europeu tratou o povo africano. "Livingstone se opôs aos maus tratos dos colonos brancos sul-africanos aos Xhosa na década de 1840. Uma razão pela qual ele se mudou para o norte na África Central foi evitar as áreas dominadas por colonos europeus, que incendiaram a sua estação missionária e biblioteca porque se opunham aos esforços missionários britânicos para ajudar os africanos."[5] Livingstone e outros missionários se manifestaram contra o que viam como tratamento desumano de negros por regimes coloniais que eram mais motivados pela ganância do que por valores bíblicos. Esses regimes pecaram contra os negros. Sua pobreza espiritual os levou a ignorar ou silenciar a voz dos missionários, resultando em baixa moral e ética, e eles trataram os africanos injustamente tomando as suas terras.

A Bíblia faz três pontos principais em relação à questão da terra.[6] Primeiro, *Deus é dono da terra* porque a criou e a dá a quem quer (Sl 24:1). Ele dá e tira terras de acordo com a sua escolha soberana, até mesmo permitindo que certos grupos de pessoas desloquem outros. Esse deslocamento não é feito de maneira arbitrária ou caprichosa, mas se relaciona com o segundo ponto, que é que as *leis de Deus governam a vida na terra*. No livro de Gênesis, logo após o primeiro assassinato de um ser humano, lemos palavras que descrevem o que aconteceu duma perspectiva divina: "O Senhor disse: 'O que você fez?

---

4. Bryant L. Myers, *Walking with the Poor: Principles and Practices of Transformational Development*, rev. ed. (Maryknoll, NY: Orbis, 2011).

5. Dana L. Robert, *Christian Mission: How Christianity Became a World Religion* (Chichester: Wiley-Blackwell, 2009), 84.

6. Para uma lista das Escrituras particularmente relevantes para a questão da terra, veja Dwight S. M. Mutonono and Makoto L. Mautsa, "Land," in *Africa Bible Commentary*, ed. Tokunboh Adeyemo (Nairobi: WordAliveGrand Rapids: Zondervan, 2006), 290.

Ouço! O sangue do seu irmão clama por mim do chão. Agora você está sob maldição e expulso da terra, que abriu a boca para receber da sua mão o sangue de seu irmão" (Gn 4:10-11). Observe que o Senhor fala do sangue e do solo em termos antropomórficos. O sangue de Abel "grita" do solo que "abriu a boca" para recebê-lo. É como se a terra estivesse clamando a Deus, dizendo: "Eu não fui feito para isso! Estou sendo violado! Deus, faça algo sobre o que acabou de acontecer comigo!" Uma linguagem antropomórfica semelhante em relação à terra pode ser encontrada no livro de Levítico:

Não se contaminem de nenhuma dessas maneiras, porque é assim que as nações que eu vou expulsar antes que vocês se contaminassem. Até a terra foi contaminada; então eu o castiguei por seu pecado, e a terra vomitou os seus habitantes. Mas você deve guardar os meus decretos e as minhas leis. Os nativos e os estrangeiros que moram entre vocês não devem fazer nenhuma dessas coisas detestáveis, pois todas essas coisas foram feitas pelas pessoas que viviam na terra antes de você, e a terra ficou contaminada. E se você contaminar a terra, ela o vomitará como vomitou as nações que foram antes de você. (Lv 18:24-28)

Os pecados cometidos na terra de Canaã fizeram com que a terra se tornasse contaminada. A terra não foi criada para abrigar atos pecaminosos, e sua reação a eles é comparada à resposta violenta do corpo humano quando ingere comida ou bebida ruim. A terra nesses exemplos é como um organismo vivo que ingere tudo o que acontece nela. Se o que acontece é como deveria ser ou como Deus pretendia, é bom e agradável para a terra, e a terra responde produzindo as suas colheitas e produtos. Por outro lado, a terra pode expulsar violentamente seus habitantes quando eles se tornam intoleravelmente perversos.

Deus e a terra parecem estar constantemente em conversa. Sodoma é um exemplo gráfico disso. Deus descreve a sua visita a Sodoma como uma resposta a um grande clamor que o levou a descer e ver a realidade no terreno (Gn 18:20-21). A palavra traduzida como "clamor" é "uma palavra técnica para o grito de dor ou o pedido de ajuda daqueles que estão sendo oprimidos ou violados."[7] Deus, portanto, ouve o grito de dor e sofrimento, a angústia dos oprimidos na África.

A raiz da dor e do sofrimento que a África experimentou nos tempos coloniais e pós-coloniais é que as pessoas não entendem este segundo ponto

---

7. Christopher J. H. Wright, *The Mission of God: Unlocking the Bible's Grand Narrative* (Leicester: IVP Academic, 2013), 359.

das leis de Deus que governam a vida na terra. Para voltar à analogia de Myers, a pobreza material resulta da pobreza espiritual ou de um relacionamento rompido com o Deus que possui a terra e cujas leis governam a vida nela.

O terceiro ponto é que Deus quer que a terra beneficie os seus habitantes. Os seres humanos são ordenados a administrar a terra que Deus deu a todos nós de tal forma que a terra permita o florescimento humano (Gn 1:26-28). Para florescer, os seres humanos precisam de comida para os seus estômagos, espaço para que os seus corpos cresçam com força total e espaço para usar os seus cérebros para pensar criativa e racionalmente. Deus pretendia que a terra fornecesse tudo isso. Seu ideal é que não haja pobres em nenhuma terra (Lv 25:8-34; Dt 15:1-11). Deuteronômio 15:4 diz especificamente que não precisa haver pobres na terra. Quando as áreas geográficas são gerenciadas como deveriam ser, ou tão alinhadas quanto possível às intenções originais de Deus, o florescimento humano resulta. Quando são mal administrados, o sofrimento humano é o resultado inevitável.

Os regimes coloniais que vieram para a África fracassaram no continente porque não representaram ou demonstraram adequadamente como seria uma sociedade justa e pautada pelos valores bíblicos. Os missionários que os acompanharam são frequentemente acusados de serem cúmplices dos colonialistas que tentaram subjugar todos os outros povos e estabelecer a superioridade da raça branca. Esta acusação não é inteiramente verdadeira. Alguns missionários foram de facto mais influenciados por seu contexto do que pela Bíblia, e outros interpretaram mal a Bíblia e sustentaram visões erradas dos africanos como escravos e servos. Mas também havia aqueles que tinham discernimento suficiente para ver o pecado em sua própria cultura e apontá-lo para os seus contemporâneos, com níveis variados de sucesso. O facto de que hoje, depois que os missionários e colonizadores se foram, a África é um dos principais continentes do mundo em termos de demografia cristã, é uma prova do facto de que, apesar das suas falhas, os missionários plantaram uma verdadeira semente do Reino. No entanto, os regimes coloniais pecaram contra o povo da África, causando-lhes muita dor e sofrimento.

O efeito dos regimes coloniais nas terras africanas será considerado com mais profundidade mais adiante neste capítulo, mas aqui é importante notar que eles falharam em representar adequadamente o Deus da Bíblia na forma como trataram a terra e o povo africano. Em vez de trabalhar para um ambiente onde não haveria pobres na terra, os colonos se apoderaram egoisticamente das melhores terras, subjugando e empobrecendo os habitantes originais.

Este modelo colonial foi perpetuado na África pós-colonial. Infelizmente, os pecados dos colonizadores foram imitados por líderes subsequentes que derramaram sangue inocente na terra e não ouviram os seus próprios profetas, levando a revoltas contra eles. Muitos desses líderes podem ser descritos nas palavras do ex-primeiro-ministro do Zimbábue Morgan Tsvangirai, que falou dum ministro corrupto do governo como sendo "um babuíno ganancioso tentando pegar cada espiga do campo de milho d um agricultor."[8]

O cargo público é uma confiança. No mundo moderno, geralmente elegemos pessoas para cargos e confiamos nelas para liderar, na esperança de que elas usem essa confiança para melhorar a vida daqueles que as elegeram. Os funcionários públicos devem servir aqueles que os colocam no cargo. Num nível mais alto, no entanto, os funcionários públicos precisam entender que foi Deus quem lhes confiou A sua posição e que eles são responsáveis perante Deus por como agem. Deus está especialmente preocupado com os pobres e oprimidos, e ele ouve os seus clamores.

O motivo articulado para expulsar os fazendeiros brancos do Zimbábue foi o desejo de corrigir os erros históricos perpetrados contra o povo negro da nação. No entanto, ao supostamente corrigir esses erros, sangue inocente foi derramado e atrocidades foram perpetradas contra pessoas brancas. Como jovem pensionista duma escola secundária no início dos anos 1980, eu dividia um dormitório com o filho dum fazendeiro branco. Ele tinha um pesadelo recorrente e acordava gritando: "Os terris estão chegando! Os terris estão chegando!" Terroristas, ou combatentes da liberdade (dependendo de quem os estava descrevendo) foram à fazenda dos seus pais, atiraram em seu pai, brutalizaram outros membros dea sua família e os trabalhadores agrícolas e saquearam a fazenda.

Os fazendeiros brancos que permaneceram na terra até o início dos anos 2000 também foram removidos à força com muito derramamento de sangue e dor para brancos inocentes. Em *Stewards of Power: Restoring Africa's Dignity*, destaco o testemunho dum agricultor cristão branco que orou por aqueles que invadiram a sua terra mesmo quando espancaram ele e seu sogro. Ele sobreviveu, mas seu sogro não.[9] Tal sofrimento também faz parte do clamor contra a terra, o grito de dor do povo na terra que é ouvido por Deus. Os fazendeiros brancos foram para lugares como Zâmbia, onde foram amados e aceitos e os pecados dos seus antepassados perdoados, e a terra da Zâmbia está desfrutando da bênção de Deus por isso.

---

8. Mathope, "Zim's 'Most Corrupt Official.'"
9. Dwight Mutonono, *Stewards of Power: Restoring Africa's Dignity* (Carlisle, UK: HippoBooks, 2018), 111–112.

O grito do jovem cortando lenha na cidade de Harare, que teve que se tornar um vendedor ambulante apenas para se manter vivo, também faz parte do clamor contra a terra. Ouvimos todos os tipos de justificativas e transferências de culpa pelo fracasso econômico da nação, mas na verdade o que é necessário são funcionários públicos que liderem com retidão – retidão diante de Deus, ou justiça – em tudo o que fazem e não usarão cargos públicos para fins pessoais mas servir a Deus e os seus semelhantes com temor e reverência.

Pensamento Tradicional Africano

O pensamento tradicional africano ainda está operacional em algumas partes da África rural, mas os tempos pré-coloniais representam as suas formas mais puras. Naquela época, a vida não era perfeita. Os humanos são pecadores, e qualquer história honesta e não romantizada mostrará que houve algo bom e algo ruim na África. Para os nossos propósitos, no entanto, consideraremos o uso idealizado da terra na África tradicional.

Nos melhores casos, as terras tradicionais africanas eram usadas a serviço do povo: "Vender ou acumular terras enquanto outros não as possuíam era considerado um sinal de infidelidade a Deus."[10] A comida que era cultivada na terra era passada de geração em geração e era comida saudável. Foi bem adaptado aos solos, e um bom processo de rotação de culturas foi incorporado à cultura. Hoje, muitos querem voltar aos alimentos tradicionais, que estão se mostrando muito melhores para o corpo do que os alimentos que foram introduzidos nos tempos coloniais e se tornaram a dieta moderna.

Embora o chefe fosse mais rico que o resto da comunidade, isso não era porque ele usou seu poder para despejar pessoas e se apropriar das suas terras. Ele era rico porque o povo lhe dava uma certa porção dos seus produtos para que em tempos de fome, talvez por causa duma má chuva e baixa produtividade, seu armazém tivesse o suficiente para a comunidade. Este arranjo era conhecido como armazém do rei, *Zunde raMambo* em Shona, e corresponde ao "conselho de José ao faraó, o rei egípcio, sobre o armazenamento de grãos em preparação para a longa fome."[11] John Ringson argumenta que este conceito pode ser aproveitado ao providenciar o cuidado de órfãos e crianças vulneráveis no

---

10. Mutonono and Mautsa, "Land," 290.

11. John Ringson, "Zunde RaMambo as a Traditional Coping Mechanism for the Care of Orphans and Vulnerable Children: Evidence from Gutu District, Zimbabwe," *African Journal of Social Work* 7, no. 2 (2017): 54; Mutonono, *Stewards of Power*, 22–26.

Zimbábue moderno, que não está cuidando deles como eram cuidados no Zimbábue tradicional.

O pensamento tradicional africano sobre a terra envolvia agricultura em escala relativamente pequena e de subsistência. Famílias e clãs trabalhariam em suas terras para colher o suficiente para se alimentarem até a próxima temporada. O celeiro talvez armazenasse o suficiente para passar por uma estação de seca, mas não muito mais. As comunidades eram principalmente tribais. Cultivar em níveis comerciais para alimentar uma nação era um conceito que veio com o colonialismo e os modos de vida modernos.

Depois de estudar metáforas de liderança em várias línguas subsaarianas, William Addai ficou impressionado com o facto de que tantos dialetos associam sentar e comer com liderança.[12] Em Shona, minha própria língua, descobri que as pessoas que tiveram sucesso na vida são descritas como *akagarika*, que significa literalmente "ele ou ela agora está sentado". Dizem que *varikudya na mambo*, que significa "eles estão comendo com reis". Conectar liderança com comer é até parte da gíria. Os jovens usam *chibuns* (literalmente "big buns" pães grandes) como linguagem de rua para ganhar dinheiro e falam da sua motivação para o trabalho como *trikuda kuluma*, que significa literalmente "queremos dar uma mordida". (Você pode procurar metáforas semelhantes em seu próprio idioma.) Addai se pergunta se essas metáforas podem explicar por que os líderes africanos estão mais focados no consumo do que na produção. No pensamento africano, bons líderes sentam e comem. O trabalho é feito para que se tenha algo para consumir, e o sucesso é sentar e comer uma colheita abundante, muitas vezes enquanto é servido por outros. O consumo não é ruim em si, mas um problema surge quando as pessoas optam por comer sozinhas, um fenômeno moderno que é estranho aos valores africanos. Ao mesmo tempo, aqueles que comiam sozinhos eram as pessoas mais desprezadas numa comunidade. Então, se a produção tem o único propósito de consumir, então vamos ao menos consumir juntos. No entanto, a este respeito, a cultura africana também pode aprender com outras culturas. É hora de esperar que os líderes sejam produtores que maximizem recursos e não apenas consumidores de recursos.

No plano religioso, é necessário entrar em diálogo com a Religião Tradicional Africana sobre a questão da terra. Ambos concordam que, em última análise, a terra física tem uma origem espiritual e criador que é Deus a quem as pessoas devem prestar contas de como usam a terra. No entanto,

---

12. William Addai, *Reforming Leadership Across Africa* (Accra, Ghana: William Addai, 2009).

o desacordo ocorre no nível da propriedade contínua da terra por ancestrais falecidos, bem como no papel percebido dos ancestrais em causar fertilidade ou fome, o que leva a formas de adoração apaziguadoras. Na Religião Tradicional Africana, certas áreas também são consideradas sagradas e não devem ser usadas a menos que alguns rituais apaziguadores sejam feitos. Essas questões inter-religiosas precisam de crítica bíblica como parte da teologia pública, conforme discutido no capítulo 19 sobre teologia pública e diálogo inter-religioso.

Os líderes coloniais ignoraram o pensamento tradicional africano sobre a terra ou o relegaram ao que se chamava de áreas comunais ou terras tribais. Eles introduziram a atitude colonial em relação à terra, que também precisamos considerar.

Uso Colonial da Terra

As potências coloniais vinham do mundo industrializado e buscavam as matérias-primas abundantemente disponíveis em solo africano para se enriquecer. O exemplo mais grosseiro e violento disso foi no Congo, que o rei Leopoldo da Bélgica tratou como a sua propriedade pessoal. Ele submeteu as pessoas ao trabalho forçado, mesmo amputando membros se os trabalhadores não produzissem a quantidade necessária de recursos brutos num determinado período de tempo. Sua brutalidade é claramente retratada nos livros de Adam Hochschild e Emmanuel Katongole.[13] Leopold criou uma cultura em que as vidas africanas eram descartáveis:

> Uma vez que essa dispensabilidade das vidas africanas foi aceita e passou a ser aceita como parte do modo oficial e normal da política do estado-nação, os sucessores pós-coloniais do projeto colonial não tiveram escrúpulos em perpetuar o mesmo sacrifício desumano das vidas em busca das suas ambições políticas e ambição. Assim, vemos o mesmo desperdício de vidas nos combates no leste do Congo como no LRA [Exército de Resistência do Senhor] no norte de Uganda. Da mesma forma, um Mobutu ou um Mugabe nunca renunciará voluntariamente ao cargo pelo interesse nacional. Em vez disso, ele

---

13. Adam Hochschild, *King Leopold's Ghost: A Story of Greed, Terror, and Heroism in Colonial Africa* (Boston: Houghton Mifflin, 1999); Emmanuel Katongole, *The Sacrifice of Africa: A Political Theology for Africa* (Grand Rapids: Eerdmans, 2011).

prontamente sacrificará, desperdiçará, passará fome e matará "seu povo" por sua própria ambição política.[14]

No momento em que escrevo, a análise de Katongole de Mugabe pode ter sido contestada. Mas a história mostrou que Katongole foi muito perspicaz e até mesmo profética.

A ideia da dispensabilidade das vidas africanas não pode ser atribuída inteiramente aos regimes coloniais. Um estudo honesto da história africana pré-colonial mostrará que os africanos estavam lutando entre si, o que tornou mais fácil para as potências coloniais dividir para governar. Na África Austral, a história de Shaka e as guerras Ndebele ilustram algumas atrocidades pré-coloniais. No entanto, os regimes coloniais fizeram da dispensabilidade da vida africana uma parte intrínseca do modo como conduziram, e aqueles que os sucederam mantiveram a cultura. Por exemplo, no Zimbábue, a polícia e o exército operam como se o país estivesse em constante estado de emergência. Mesmo quando não há ameaça externa discernível, os bloqueios nas estradas são comuns, e muitas vezes são monitorados por pessoas de aparência ameaçadora armadas com grandes rifles. Lembro-me da noite em que recebi uma visitante dos Estados Unidos em sua primeira visita à África. A sua primeira experiência na África, vindo do aeroporto, foi quando fui parado por dois homens com rifles num bloqueio de estrada em numa rua escura. Ela nunca tinha visto na sua vida uma barreira guarnecida por pessoas com fuzis, pois nos EUA isso só aconteceria se houvesse um alerta de terror. Ela descreve essa experiência como um dos momentos mais assustadores da sua vida; para mim, era apenas a vida cotidiana no Zimbábue.

O regime colonial na Rodésia instituiu um estado de emergência quando estava sob ameaça, com lojas sendo bombardeadas, instalações nacionais de armazenamento de combustível explodidas e até aviões civis derrubados. Mas após a independência, a população geral do Zimbábue descobriu que era assim que o exército e a polícia ainda operavam. Houve vários casos de violência contra civis por parte daqueles que deveriam estar lá para proteger os cidadãos e os seus direitos.

O que isso significa é que os regimes coloniais introduziram uma cultura de subjugação do povo até o ponto de escravização. As vidas africanas só tinham significado e valor em relação a propósitos utilitários. O real interesse dos colonos não estava no povo, mas em enriquecer. Eles eram gananciosos e ambiciosos, e passaram essa atitude para os seus sucessores africanos.

---

14. Katongole, *Sacrifice of Africa*, 17.

Também é importante entender que as colônias existiam para servir os seus países de origem, e os produtos das colônias voltariam para a Europa por vários meios comerciais. Os produtos da agricultura e mineração tinham mercados prontos na Europa, o que levou à criação de estruturas mais avançadas na África. No lugar do agricultor tradicional de subsistência, os regimes coloniais introduziram o agricultor comercial que produziria o suficiente para alimentar uma nação ou uma parte substancial dela. Essa produção, claro, se traduziu em alimentos vendidos nas lojas e contribuiu para a economia nacional. O Zimbábue costumava produzir mais do que o suficiente para se alimentar, e indústrias foram criadas para apoiar as atividades agrícolas e de mineração. Os sistemas econômicos criados eram complexos e interligados, de modo que adulterar uma área afetaria outras áreas. E foi exatamente isso que aconteceu no Zimbábue com as invasões de terras.

A ilustração de dominós caindo explica o que aconteceu. Todos os dominós do sistema econômico começaram a cair, um por um, e o efeito líquido foi a pobreza para todos. O fracasso da economia do Zimbábue nos últimos tempos pode ser atribuído diretamente ao colapso da agricultura após as invasões das terras que começaram em 2000. As fazendas comerciais foram divididas e parceladas para as pessoas. A certa altura, o governo estava oferecendo terras adquiridas à força para qualquer um que as solicitasse. Várias pessoas receberam terras dessa maneira. Alguns deles eram moradores urbanos que não tinham ideia de como administrar uma fazenda comercial. Os zimbabuenses criaram um nome para esses novos agricultores que também trabalhavam na cidade: "agricultores de telefones celulares". Embora muitos deles tentassem o seu melhor, eles não tinham o conhecimento necessário para fazer a terra produzir algo próximo ao que os agricultores brancos costumavam.

Para aumentar o problema, o governo ignorou os fundamentos de como a agricultura comercial que alimenta uma nação deve ser administrada. Os novos fazendeiros não tinham títulos de propriedade das suas terras, então não podiam usá-las como garantia para pedir dinheiro emprestado aos bancos.[15] Mas os agricultores comerciais geralmente pedem dinheiro emprestado aos bancos para financiar insumos para a fazenda e depois pagam o empréstimo após a colheita. Para evitar a dependência excessiva do clima, os agricultores comerciais constroem barragens e incrementam sua infraestrutura agrícola adquirindo tratores, colheitadeiras, sistemas de irrigação e similares. Fazendeiros comerciais faziam isso há anos. Mas os novos fazendeiros não

---

15. Andrew Mambodiyani, "Bank Loans beyond Reach for Zimbabwe Farmers without Land Titles," *Reuters* (20 July 2016).

tinham como fazer essas coisas. Mambondiyan citou Eddie Cross, economista e parlamentar de Bulawayo South, dizendo que "as reformas agrárias de Mugabe tinham a intenção de eliminar a segurança da posse e substituí-la por controle político – muito parecido com os antigos sistemas tradicionais quando os chefes locais controlavam o acesso à terra."[16]

O sistema tradicional de posse da terra descreve adequadamente o tipo de pensamento que dominava na época das apropriações de terra. Os novos fazendeiros que tomaram posse da terra muitas vezes operavam com uma mentalidade rural-agrária tradicional de agricultura. Várias fazendas comerciais tornaram-se propriedades rurais de subsistência. Foi triste ver fazendas que antes produziam o suficiente para alimentar a nação em pousio, com algumas cabanas espalhadas aqui e ali, e talvez uma pequena seção, o suficiente para alimentar uma família, sendo cultivada.

A mineração também foi afetada negativamente pelas apropriações de terras. A produção global deste setor despencou, e mesmo os campos de Marange (MDF), que foram mencionados publicamente pela primeira vez em 2006, foram alvo de muitos saques. Zvaridza afirma que o MDF é "o maior achado de diamantes aluviais do mundo, cobrindo uma área de 60.000 hectares e com um valor superior a US$ 800 bilhões."[17] Mas ele acrescenta:

> *A cadeia de valor dos diamantes Marange do Zimbábue tem sido dominada por funcionários que abusam do poder e da confiança pública para ganho pessoal. Como mencionado, para entrar na indústria, é preciso estar altamente conectado no partido no poder; nenhuma consideração justa é feita na alocação de reivindicações. Os regimes tributários são tais que pouca receita é direcionada ao tesouro, enquanto a maior parte da receita flui para a polícia, exército, CIO e outros fiéis do partido no poder. . . . Mais de US $2 bilhões realizados com as vendas de diamantes de Marange entre 2012 e 2013 desapareceram em meio a salários e benefícios ultrajantes para executivos que administram empreendimentos de mineração de diamantes em Marange.*[18]

---

16. Mambodiyani, "Bank Loans."

17. Tawanda Zvarivadza, "Making the Most out of Zimbabwe's Marange Diamonds: Leaving a Lasting Positive Legacy for Distressed Communities," *Mine Closure 2015*, 10th International Conference on Mine Closure, Vancouver, Canada: InfoMine Inc., 1.

18. Zvarivadza, "Making the Most," 6.

Implicações Globais

Como a maior parte da África, o Zimbábue foi apresentado à ideia do estado-nação moderno e os seus sistemas de governança e econômicos associados por meio de influências coloniais. O país passou dum sistema tradicional para um sistema mundial moderno dominado pelas potências mundiais ocidentais.

Há vantagens e desvantagens na globalização. No entanto, a realidade é que o mundo como está estruturado hoje é interdependente. Os países precisam uns dos outros. O Zimbábue não conseguiu produzir como costumava, e os mercados globais com os quais negociávamos foram perdidos. Atribuir a culpa a outras pessoas por qualquer coisa que dê errado não ajuda a superar os problemas. O que ajuda é enfrentar diretamente os problemas, e a realidade é que nós, africanos, precisamos aprender a fazer com que os recursos dados por Deus funcionem para nós.

A globalização exige que os Estados-nação trabalhem uns com os outros. As nações são, em alguns aspectos, como empresas, e os princípios de negócios se aplicam – as pessoas comprarão onde conseguirem um bom negócio; quanto mais livre de estresse, melhor. Rankings internacionais, como índices de corrupção ou facilidade de fazer negócios ou registros de direitos humanos, são usados pelos investidores à medida que tomam decisões. Países com classificações baixas são de alto risco. Uma pessoa que deseja fazer negócios com esses países provavelmente será desonesta e, portanto, ficará feliz em operar em ambientes de baixa transparência e responsabilidade. As implicações para o Zimbábue e outras nações africanas é que eles primeiro precisam ajudar uns aos outros estabelecendo blocos comerciais e depois precisam tornar a África atraente para o resto do mundo. Ruanda a partir de 2009 em diante é um bom exemplo do que pode acontecer economicamente quando um país trabalha deliberadamente para melhorar as suas classificações internacionais em vários índices.

Conclusão

Os cristãos precisam ter uma perspectiva sóbria e holística sobre as complexidades que envolvem as questões da terra no contexto africano. Este capítulo se esforçou para apresentar tal perspectiva ao analisar essas questões em termos de pensamento bíblico, pensamento tradicional africano e perspectivas coloniais e contemporâneas.

Uma abordagem bíblica revela que Deus está preocupado com o que acontece em qualquer terra porque, em última análise, ele possui toda a terra e a dá a quem ele quer. As suas leis governam a vida na terra, e ele ouve o clamor dos oprimidos e violados. Tokunboh Adeyemo fez a pergunta: "A África está amaldiçoada?"[19] Concordo com seu argumento de que não é, e há esperança para a África. Mas a África deve saber e entender que há um Deus no céu que ouve o clamor da viúva e do pobre, e qualquer povo que cause um clamor contra eles para chegar ao céu está pedindo problemas.

Devemos nos referir ao pensamento tradicional africano ao destacar que pegar tudo com avidez e comer sozinho é desprezível. Os africanos compartilham e, como nos ideais bíblicos, o pensamento comunitário garantirá que não haja pobres na terra. O exemplo colonial de ganância e de tornar a vida africana descartável ou dispensável foi o seu pior legado para o continente, e não deve ser seguido. Finalmente, as realidades globais exigem que os países africanos ajam de acordo com os seus próprios interesses. Os países são como as empresas a esse respeito: os "rankings" internacionais são importantes. Não faz sentido investir num lugar que provavelmente resultará em perdas devido a um ambiente instável. Os investidores levarão os seus negócios para outro lugar onde haja menos drama.

Para encerrar, é importante que os cristãos em cargos públicos ou que operam em funções públicas entendam que, nesta questão em particular, eles precisam ser árbitros morais ou éticos. Eles devem ser a voz da razão, a voz da consciência. Como Livingstone, eles devem estar preparados para serem vozes proféticas que podem, se necessário, ser contraculturais, e devem estar preparados para enfrentar represálias devido à sua posição pelo que é certo. Eles precisam ter cuidado para não se envolverem em questões de terra e, assim, perderem a sua voz. O árbitro não deve entrar no jogo e começar a jogar também. Em todos os negócios com a terra, prevaleça a sabedoria do livro de Provérbios: "Um bom nome é mais desejável do que grandes riquezas; ser estimado é melhor do que prata ou ouro" (Pv 22:1).

Perguntas

1. Na África, os cargos públicos tendem a ser vistos como um lugar para comer em vez de um lugar para servir, uma atitude que facilmente cria uma cultura de clientelismo. Você concorda ou discorda dessa afirmação? Discuta as suas implicações.
2. As questões de liderança e terra estão historicamente relacionadas – em tempos ruins e em tempos bons. O que é exigido da liderança para ter uma

---

19. Tokunboh Adeyemo, *Is Africa Cursed?* (Nairobi: WordAlive, 2017).

política fundiária justa e como as circunstâncias e as mudanças sociais afetam a política fundiária e as práticas agrícolas?
3. A urbanização é uma realidade crescente em todos os países africanos. Como isso afetará as questões fundiárias e as práticas agrícolas em sua região?
4. Após a independência da colonização, os africanos procuraram gerir o conflito criando formas negociadas de reparação. No entanto, o egoísmo e a ganância humanos dominam fortemente, especialmente em relação à terra. De que maneiras justas a reparação pode ser equilibrada com a viabilização do florescimento humano para todos? Como as pessoas podem aprender a cuidar dos outros e compartilhar?

Leitura Adicional

Chigumira, Easther. "Re-Peasantization under Fast Track Land Reform: Implications for Livelihood and Landscape Change, Sanyati District, Zimbabwe." PhD, University of Oregon, 2014. http://search.proquest.com/pqdtglobal/docview/1621504985/ abstract/37E20BDE4F184120PQ/1.

Masengwe, Gift. *Land Reform and the Theology of Development: The Zimbabwean Fast Track Land Reform (FTLR) Program and Environmental Ethics* (Lambert, 2011). https://www.academia.edu/28848184/Land_reform_and_the_theology_ of_development_The_fast_track_land_reform_programme_of_Zimbabwe_ and_ environmental_ethics?.

Mutonono, Dwight. *Stewards of Power: Restoring Africa's Dignity*. Carlisle, UK: HippoBooks, 2018.

Mutonono, Dwight, Simpson Munyaradzi, and Makoto L. Mautsa. "Land." In *Africa Bible Commentary*, edited by Tokunboh Adeyemo, 290. Nairobi: WordAlive Publishers; Grand Rapids: Zondervan, 2006.

23

A Mídia

Bimbo Fafowora and Rahab N. Nyaga

Podemos não estar ciente disso, mas o que fazemos, como fazemos e o que dizemos são todos influenciados pela mídia a que nós e as nossas comunidades estamos expostos. Informação é poder, e os meios de comunicação são agora as nossas fontes de informação.[1] Ao contrário do que poderia esperar, o poder da mídia não está principalmente na forma como as histórias são cobertas, mas na forma como a mídia escolhe o que destacar e o que ignorar entre as milhares de histórias possíveis que poderiam contar todos os dias. O que eles escolhem para cobrir influencia a importância dada a esses tópicos e define a agenda para discussão pública.[2]

A mídia impressa, como jornais, revistas e livros, existe há muito tempo e, com a expansão da alfabetização, seu alcance se estendeu em todo o mundo. No século XX, a mídia impressa se juntou à mídia eletrônica, como rádio e televisão, que tiveram enorme influência porque mesmo os incultos podem receber e entender as mensagens transmitidas. Um programa de televisão pode estar num idioma que não é compreendido, mas as imagens são fascinantes e podem desafiar os tabus locais. Por exemplo, na África, não se ouviria falar duma adolescente abraçar seu pai, mas a cultura ocidental retratada na tela retrata isso como um comportamento normal. O poder da mídia visual levou

---

1. Manuel Castells argumenta que o poder não está mais associado apenas à força militar e econômica, mas à capacidade de controlar as informações que moldam nossa identidade e impulsionam a transformação e outros processos sociopolíticos. Ver M. Castells, *The Power of Identity: The Information Age: Economy, Society and Culture*, vol. 2, 2nd ed. (Oxford: Blackwell, 2004).

2. M. McCombs and D. Shaw, "The Agenda-Setting Function of Mass Media," *Public Opinion Quarterly* 36, no. 2 (1972): 176.

a maior parte da África a aceitar, adaptar e praticar interações interpessoais anteriormente tabu.

Na África, a programação de rádio e televisão mudou gradualmente de usar apenas as línguas coloniais de Inglês, Francês e Português para usar as principais línguas regionais, comoo Kiswahili. Surgiram então as rádios comunitárias, transmitindo mensagens religiosas, políticas e de desenvolvimento nas línguas locais. Desde os anos 2000, a televisão também foi transmitida em línguas africanas e contou com personagens locais. Com o surgimento da mídia digital no século XXI, a África foi arrastada para a comunicação em tempo real com o resto do mundo. Embora a conectividade com a Internet ainda não esteja no mesmo nível dos países mais desenvolvidos, a África abraçou a nova era digital.

As audiências da mídia na África hoje variam de pessoas sem instrução que não sabem ler nem escrever, mas que podem ouvir rádio, assistir televisão e talvez usar um telefone celular, até aqueles que apreciam a palavra escrita e as transmissões de rádio e televisão e que podem ser alfabetizados e usar um telefone celular. E depois há os jovens, muitos dos quais são nativos digitais, tão acostumados à tecnologia de comunicação moderna que não conseguem imaginar a vida sem ela.

Mídia, Igreja e a Teologia Pública

A interação pública na África ocorre em uma variedade de mídias – desde a tradicional comunicação oral face a face até transmissões de rádio e televisão, postagens em mídias sociais e videochamadas e conferências. Portanto, é importante que os cristãos pensem sobre o poder da mídia e sobre como esse poder pode ser usado e abusado. Os cristãos que trabalham na mídia precisam pensar em como a sua fé cristã deve afetar o seu trabalho, e os cristãos que usam a mídia precisam pensar em como a sua fé cristã deve moldar as maneiras como a usam.

O nosso ponto de partida ao pensar teologicamente sobre a mídia é reconhecer que ela é um dom de Deus. O objetivo de toda mídia é comunicar, e o próprio Deus é um comunicador que se comunica conosco por meio da criação (revelação natural) e por meio da sua palavra (revelação especial). Quando Deus criou os seres humanos à sua própria imagem, Ele os dotou com a capacidade e o desejo de se comunicar. Ele também lhes deu a inteligência para aprender a usar a ciência e a tecnologia para melhorar a comunicação humana da maneira que vemos hoje.

Na Bíblia, vemos Deus se comunicando com os seres humanos por meio duma variedade de mídias (faladas, visuais e escritas) e gêneros (poesia e prosa). Deus também adaptou a sua mensagem às épocas em que estava falando. Isso é extremamente evidente em Cristo, que viveu e se comunicou numa comunidade judaica como um homem judeu. Se procuramos comunicar a mensagem de Deus para a geração atual, precisamos ser como Ele e usar métodos de comunicação estratégicos, eficazes e culturalmente apropriados que instruam corretamente os seres humanos e lhes revele Deus numa linguagem que seja significativa para eles. Hoje, isso significa que precisamos usar a mídia.

Como todos os dons de Deus, a mídia pode ser usada e abusada. As informações que eles transmitem podem moldar as crenças, valores, percepções e comportamentos das pessoas, tanto positiva quanto negativamente. No Quênia, por exemplo, as transmissões da mídia carregam uma culpa significativa pela violência após as eleições de 2013.[3] No entanto, é também por meio da cobertura da mídia e apelos que os quenianos se mobilizam para ajudar as vítimas da seca, inundações e incêndios, ou responder a pedidos de fundos médicos.

Os teólogos públicos têm uma dupla responsabilidade: devem condenar o abuso dos meios de comunicação e encorajar e contribuir para o seu uso saudável. Cumprir bem essa responsabilidade exige uma reflexão séria sobre a natureza dos diferentes meios de comunicação e como os cristãos podem e os têm usado, a natureza da influência da mídia e as responsabilidades éticas daqueles que trabalham nas indústrias de mídia.

Teologia Pública e Várias Formas de Mídia

A igreja na África há muito usa várias formas de mídia como meio de cumprir o mandato divino de pregar o evangelho de nosso Senhor Jesus Cristo a todas as nações.

Mídia impressa e teologia pública

A invenção da imprensa marcou o primeiro empreendimento tecnologicamente orientado na comunicação de massa. Foi imediatamente aproveitado por teólogos que o usaram para imprimir Bíblias em várias línguas europeias e para divulgar as ideias que impulsionaram a Reforma no século XVI. Os livros impressos foram o meio que transformou o pensamento religioso na Europa.

---

3. S. G. Kimotho and R. N. Nyaga, "Digitized Ethnic Hate Speech: Understanding Effects of Hate Speech on Citizen Journalism in Kenya," *Advances in Language and Literary Studies (ALLS)*, 7, no. 3 (2016): 189–200.

A ascensão da mídia impressa na África está intimamente ligada ao cristianismo, pois os missionários ocidentais estavam ansiosos para promover a alfabetização para que os africanos pudessem ler a Bíblia e outras literaturas cristãs por si mesmos. Os missionários logo foram subordinados aos colonos, que esperavam que a mídia impressa refletisse seu ponto de vista e apoiasse os seus interesses, e não os de africanos e migrantes como os índios que foram trazidos para a África como trabalhadores.[4]

Hoje, os jornais africanos ainda tendem a propagar o ponto de vista dos seus proprietários. Alguns deles podem ser defensores fervorosos do governo no poder, enquanto outros podem ser críticos dele. Idealmente, os jornais deveriam seguir o exemplo dos jornais da África do Sul que tomaram uma posição firme contra os abusos do governo do apartheid e criticaram igualmente os abusos do governo do ANC que o seguiu. O seu foco profético em expor a corrupção os tornou impopulares entre as autoridades. Em alguns países africanos este tipo de jornalismo pode ser perigoso e muitos jornalistas "desapareceram" ou foram assassinados. Apesar dos seus preconceitos e da oposição que enfrentam, os jornais continuam sendo uma importante fonte de notícias atuais na África, fornecendo informações úteis sobre o bem-estar político, econômico, religioso e social da nação.

As revistas têm uma vida útil mais longa do que os jornais e geralmente trazem artigos da natureza mais duradoura. Esses artigos às vezes abordam questões relevantes para a teologia pública em que as opiniões oferecidas são persuasivas e influenciam o comportamento público. Os cristãos devem aproveitar todas as oportunidades para responder a tais artigos através da mídia para garantir que a posição cristã seja articulada em fóruns públicos. Algumas igrejas e organizações religiosas publicam as suas próprias revistas ou contribuem com artigos para revistas semanais ou mensais nas quais podem abordar os tipos de questões que preocupam os teólogos públicos. Tais artigos dão voz à igreja na arena pública e são úteis como uma consciência pública para lembrar as pessoas da soberania de Deus sobre os assuntos de todos.

Os livros são ainda mais duradouros do que as revistas e permitem uma discussão detalhada dos tópicos para promover uma compreensão mais profunda. O livro que está lendo atualmente, por exemplo, visa apresentá-lo às preocupações da teologia pública e encorajá-lo a agir e ler mais para que possa se informar e aplicar sua fé em todas as áreas da sua vida.

---

4. R. Nyaga, D. Njoroge e C. Nyambuga, *An Introduction to Communication* (Nairobi: Oxford University Press, 2015).

Rádio e teologia pública

O rádio continua sendo o meio de comunicação de massa mais amplamente disponível na África, bem como o mais acessível e o mais confiável. Em países como Tanzânia e Quênia, mais de 80% da população recebe notícias e informações pelo rádio. O rádio é particularmente importante nas áreas rurais, onde pode ser usado para fornecer instrução de qualidade a escolas com capacidade de ensino muito limitada. Em áreas sem eletricidade ou mesmo sinais de telefones celulares, os rádios operados por bateria são linhas de vida como conexões para o resto do mundo. As informações transmitidas por rádio para esses cantos remotos da África podem significar a diferença entre a vida e a morte.

O rádio pode ser usado para mobilizar e construir uma comunidade, pois promove o engajamento e a participação. Por exemplo, agricultores, doentes e outros grupos com interesses especiais podem obter ajuda em tempo real por meio de programas interativos de chamadas e atualizações sobre assuntos atuais, clima, condições das colheitas e preços dos alimentos. As transmissões de rádio vernaculares significam que as comunidades agora podem discutir questões nas suas línguas maternas para que mesmo os idosos e sem instrução possam participar e compartilhar a sua sabedoria. Graças ao rádio vernacular, minha própria mãe, Rahab Nyaga, que tem 85 anos e pouca escolaridade, pode entender a política da época, as diretrizes do governo e as preocupações sociais.

O rádio é um meio que se alinha bem com as preocupações da teologia pública, pois pode ser usado para capacitar os pobres e desfavorecidos e dar-lhes voz e acesso aos que estão em posições de poder. O rádio também é um meio que os cristãos usam há muito tempo para evangelismo e pregação. Os cultos da igreja e as transmissões devocionais são comuns, e várias igrejas pentecostais africanas proeminentes administram os seus próprios ministérios de rádio.

Televisão e teologia pública

A televisão apresenta às pessoas imagens de lugares onde nunca estiveram e fenômenos que nunca vivenciaram. Infelizmente, durante muito tempo o conteúdo da televisão africana foi dominado por informações sobre os países desenvolvidos e os seus estilos de vida. Os poucos programas disponíveis sobre a África foram através dos olhos dos colonizadores, que pintaram um retrato duma África escura, selvagem e devastada por doenças. Hoje, no entanto, a África conta a sua própria história ao mundo, mostrando a nossa rica herança cultural e as lutas cotidianas, fracassos e sucessos das pessoas e oferecendo discursos teológicos que ressoam bem com este continente muito espiritual. Estranhamente, *"é o Big Brother África, um espetáculo voyeurístico da vida comum que tem [. . . forneceu] espectadores em muitos países africanos com conhecimento de pessoas em outros países da África e espectadores no Reino Unido com imagens da África que não emanam de condições de 'necessidade'."*[5] Os programas de televisão ao vivo permitem que os espectadores participem fazendo perguntas e expressando os seus pontos de vista. Essas transmissões podem ser assistidas em smartphones, tablets e computadores, ampliando o seu alcance. Eventos dignos de notícia são exibidos em todo o mundo momentos depois de acontecerem. Os espectadores que não estão satisfeitos com a programação duma estação de TV local agora podem sintonizar facilmente estações de TV em todo o mundo.

A combinação de comunicação visual e de áudio da televisão confere-lhe um grande poder emotivo. É por isso que os políticos procuram controlá-lo para promover os seus próprios partidos. Igrejas, e particularmente igrejas pentecostais, também viram a televisão como uma ferramenta poderosa para difundir a fé cristã.[6] Infelizmente, o poder da televisão também pode ser tóxico. Testemunhamos o surgimento duma cultura dos pastores e palestrantes famosos que usam a televisão não apenas para pregar o evangelho, mas também para se divulgar. Muitas vezes, esses supostos "homens de Deus" ou "mulheres de Deus" operam sem qualquer supervisão e não prestam contas a ninguém fora da sua própria organização. Eles oferecem uma visão altamente divertida e vendem um evangelho da prosperidade que enche os seus bolsos e alimenta o seu estilo de vida de celebridade, mas não promove o reino de Deus. A sua mensagem não é julgada por sua fidelidade às Escrituras, mas pela riqueza e conexões sociais do pregador. Alguns desses pastores foram vítimas dos pecados que vão desde a impropriedade sexual ao alcoolismo, passando pelo abuso de poder e fraude. Precisamos estar preocupados com esses desenvolvimentos porque uma cultura de celebridades mina a humilde mensagem de Cristo e porque o comportamento dessas celebridades pode trazer descrédito a toda a comunidade cristã. Além disso, quando os holofotes recaem principalmente sobre os indivíduos, questões morais e éticas que são importantes para a sociedade como um todo ficam nas sombras.

---

5. F. Harding, "Africa and the Moving Image: Television, Film and Video," *Journal of African Cultural Studies* 16, no. 1 (2003): 71.

6. J. Kwabena Asamoah-Gyadu, "Hearing, Viewing, and Touched by the Spirit: Televangelism in Contemporary African Christianity," in *Global and Local Televangelism*, eds. Pradip Ninan Thomas and Philip Lee (Basingstoke, UK: Palgrave Macmillan, 2012).

Mídias sociais e teologia pública

As plataformas de mídia social são a chegada mais recente no cenário da mídia. O termo é usado para descrever softwares e aplicativos de computador que permitem aos usuários criar e compartilhar conteúdo e estabelecer redes sociais na web. O impacto das mídias sociais pode ser comparado à invenção da imprensa, pois ambas transformaram a natureza da comunicação. Com a mídia social, o destinatário não é mais um recipiente passivo no qual um grupo de elite dos escritores e diretores pode despejar conteúdo; agora o destinatário pode gerar conteúdo e ser um participante ativo na comunicação.

O poder das mídias sociais foi aumentado pela desconfiança generalizada dos governos, que são vistos como egoístas, corruptos ou controlados pelos políticos ricos e profissionais. As pessoas agora estão escolhendo confiar apenas naqueles que concordam com a sua própria visão do mundo. Em muitos lugares, o debate político não envolve mais o diálogo sobre ideias; em vez disso, as pessoas apenas difamam aqueles que discordam delas. Essas tendências podem ser liberadas nas mídias sociais e levar não apenas a protestos de cidadãos, mas também a políticas cada vez mais nacionalistas/étnicas e reacionárias.

Essa mudança dramática desafia cristãos e teólogos que estão acostumados a dispensar ideias em vez de interagir com outros em torno de ideias. Eles também estão acostumados a se comunicar à distância por meio da palavra escrita ou pregada e podem levar algum tempo para reconhecer que "as mídias sociais tornam nossos comentários e osnossos relacionamentos um pouco mais públicos". Stephen Holmes afirma,

> *Eu vejo a mídia social em parte como um megafone e em parte como um gravador: ela (pelo menos potencialmente) amplifica tudo o que dizemos para que muitos mais possam ouvir e captura o que dizemos para que possa voltar para nos assombrar.*
>
> *Ambas as funções são eticamente neutras em si mesmas, mas podem nos fazer pensar muito sobre a ética da nossa comunicação. Se eu souber que essa piada pode ser recuperada do Facebook a qualquer momento na próxima década, eu ainda gostaria de contá-la? . . . A mídia social torna os nossos comentários e os nossos relacionamentos um pouco mais públicos. Acho que devemos saudar isso: nos torna mais responsáveis em áreas cruciais das nossas vidas.*[7]

---

7. Stephen Holmes, "A Theology of Social Media," EthicsDaily.com (3 December 2012).

Teólogos e cristãos devem acolher as oportunidades que as plataformas de mídia social criam para se comunicar e interagir com os outros.[8] Este diálogo e interação estão mais próximos da forma como Jesus ensinou. Mas os cristãos precisam lembrar que a mídia social também pode ser um lugar perigoso, pois as ideias podem ser distorcidas ou tiradas do contexto, e podem resultar conflitos amargos que não trazem crédito a Cristo ou à sua igreja. Assim, precisamos ter cuidado ao usar as mídias sociais para promover a teologia pública. Mas devemos pisar, pois temos uma mensagem que o mundo precisa ouvir. Devemos também mostrar que acatamos o aviso de Jesus de sermos sábios como as serpentes e inofensivos como as pombas.

Dada a ampla variedade de plataformas de mídia social, pode ser útil subdividi-las em cinco categorias:[9]

- *"Blogs e vlogs"* permitem que indivíduos expressem as suas opiniões sobre tópicos específicos em artigos curtos e interajam com aqueles que respondem às suas ideias. Vários pastores e teólogos mantêm blogs que aparecem com mais ou menos regularidade e podem ser compartilhados automaticamente com os assinantes do blog. Os cristãos das outras profissões podem considerar fazer algo semelhante para mostrar como as suas crenças cristãs afetam as suas vidas profissionais e também as suas vidas diárias. 'Vlogs' são como 'blogs', mas são apresentados na forma de vídeos curtos em que o 'vlogger' expressa as suas opiniões ou documenta a sua vida pessoal. Os aspectos visuais e de áudio dos 'vlogs' fazem com que os seguidores se sintam conectados com o autor. Os 'vlogs' podem ser usados pelos cristãos para entregar uma mensagem quase cara a cara, incluindo todos os aspectos não verbais da comunicação, como gestos e expressões faciais.

- *Comunidades de conteúdo* são lugares onde os usuários podem compartilhar coisas como vídeos e podcasts, publicando-os on-line e convidando outras pessoas a clicar num link para acessar esse site.

- *Projetos colaborativos* são locais onde muitos participantes trabalham juntos no mesmo projeto. O exemplo mais famoso pode ser a Wikipedia.

---

8. Para um exemplo de como a mídia social pode ser usada, veja a transformação do Die Kerkbode, que começou como um jornal para a Igreja Reformada Holandesa na África do Sul em 1849, mas recentemente se tornou mais um fórum de discussão online adaptado à comunicação de mídia social e convidando a participação de leitores sobre temas atuais e controversos, https://kerkbode.christians.co.za/.

9. A. M. Kaplan e M. Haenlein, "Users of the World, Unite! The Challenges and Opportunities of Social Media," *Business Horizons* 53, no. 1 (2010): 59–68.

- *Sites de redes sociais* como Facebook, LinkedIn, Twitter e Instagram são usados para comunicação social. Pessoas e organizações podem postar os seus perfis aqui e convidar outras pessoas para ver as suas postagens e interagir com elas. O Facebook é declaradamente a forma de rede social mais utilizada na África devido ao seu grande número de assinantes e facilidade de uso.[10]
- *Mundos sociais virtuais e mundos de jogos virtuais* são sites onde os usuários interagem por meio de avatares personalizados e podem fazer coisas que não fariam ou não poderiam fazer na vida real. Embora a realidade virtual não tenha se tornado completamente popular, algumas organizações cristãs no mundo ocidental já estão aproveitando o seu potencial para fornecer a seus clientes experiências de RV baseadas na fé, como devoções pessoais e cultos na igreja.[11]

Influência das redes sociais

O uso das mídias sociais aumentou com o aumento do acesso à Internet e a tecnologia de telefonia móvel cada vez mais acessível. As plataformas de mídia social são usadas por indivíduos e comunidades para aumentar a sua visibilidade e se apresentar de maneira favorável. Eles também são usados para alcançar e estabelecer relacionamentos on-line e, às vezes, cara a cara com pessoas com interesses semelhantes.

Como todas as coisas humanas, a mídia social pode ser um grande bem ou um grande mal, ou uma mistura de ambos. Os efeitos positivos incluem a maneira como ela pode melhorar a comunidade, permitindo que as pessoas mantenham contato com amigos e familiares e compartilhem os seus interesses e crenças. As mídias sociais também se mostraram valiosas na coordenação de ações sociais para ajudar vítimas de desastres ou para protestar contra políticas governamentais.

---

10. Mookgo S. Kgatle, "Social Media and Religion: Missiological Perspective on the Link between Facebook and the Emergence of Prophetic Churches in Southern Africa," *Verbum et Ecclesia* 39, no. 1 (2018): 1–6. Veja também P. White, Fortune Tella, and Mishael Donkor Ampofo, "A Missional Study of the Use of Social Media (Facebook) by some Ghanaian Pentecostal Pastors," *Koers* 81, no. 2 (2016): 1–8.

11. C. T. Casberg, "The Surprising Theological Possibilities of Virtual Reality," *Christianity Today* (11 November 2016). Veja também Jon Christian, "HTC Thinks Virtual Reality's Killer App Could Be Christianity: Christians Adapted Radio and Rock Music. Maybe VR Will Be Next," *Futurism* (16 December 2018): 6.

Na África, muitas igrejas adotaram as mídias sociais e têm as suas próprias contas no Facebook, Twitter e Instagram para entrar em contato com os seus membros e alcançar outras pessoas. *Os Ministérios Cristo é a Resposta* (CITAM) em Nairobi, por exemplo, lançaram a CITAM Church Online. Em 2019, sua página no Facebook afirmou ter mais de 50.000 seguidores. Nessa página, uma mensagem pede que você ouça os podcasts da igreja enquanto estiver preso no trânsito, se exercitando na academia, fazendo compras ou apenas fazendo a sua programação diária. As plataformas de mídia social dão às pessoas a oportunidade de serem enriquecidas com mensagens do evangelho onde quer que estejam. A interatividade dessas plataformas permite que os cristãos comentem questões de teologia pública e participem de discussões sobre elas com outros crentes e teólogos.

As mídias sociais podem, no entanto, ser abusadas. As pessoas usam as páginas do Facebook para apresentar imagens positivas de si mesmas e esconder qualquer coisa negativa nas suas vidas. Outros, então, têm uma falsa impressão de quem a pessoa é e sentem que a sua própria vida não se compara bem. Alguns usuários recorrem a viver nas mídias sociais em vez de interagir com os amigos cara a cara. Psicólogos no Ocidente falam da grande solidão de muitos na geração da mídia social. O desejo de ter uma boa aparência nas mídias sociais também atua em tendências materialistas, que podem ser exacerbadas por alguns pregadores que enfatizam a prosperidade divina. Essas questões podem explicar o aumento da competitividade e desejo de posse material dentro do rebanho cristão.[12]

A mídia social também pode ser usada para assediar indivíduos no que é chamado de "cyberbullying." Tal bullying pode levar as pessoas ao suicídio. Os cristãos, incluindo pastores e teólogos, devem se manifestar contra o cyberbullying e enfatizar os valores cristãos de amor e respeito. Como cristãos, devemos amar os nossos vizinhos e os nossos inimigos, e o amor é incompatível com ataques online. Também precisamos trabalhar para reparar os danos causados por esse bullying, que mina a autoconfiança.

Os profissionais de marketing usam as mídias sociais para interagir com clientes em potencial, aumentar o reconhecimento da marca e aumentar as vendas. No entanto, o constante bombardeio de publicidade contribui para o desenvolvimento duma mentalidade de consumo e um estilo de vida materialista. Esta mensagem é algo que as igrejas e os crentes individuais precisam combater online e em seus estilos da vida pessoais.

---

12. J. Kwabena Asamoah-Gyadu, "God Is Big in Africa: Pentecostal Megachurches and a Changing Religious Landscape," *Material Religion* (29 May 2019): 1–4, 6.

Golpistas e trapaceiros usam as mídias sociais para atingir e fraudar os vulneráveis. Essas fraudes podem até ser feitas sob o disfarce do cristianismo. Cristãos crédulos podem encaminhar "posts" encorajando outros a doar para causas fraudulentas. A educação contínua é necessária para alertar as pessoas sobre esses perigos e direcioná-las para onde procurar confirmação se suspeitarem que uma mensagem é fraudulenta. Os cristãos precisam estar cientes de que, se forem facilmente enganados na Internet, outros presumirão que são facilmente enganados em sua fé. Assim, a teologia pública deve enfatizar a importância do discernimento.

Influência das notícias falsas

O discernimento é particularmente importante numa época em que as informações podem ser compartilhadas com o clique dum botão nas mídias sociais. Às vezes, no entanto, essas informações são contaminadas e constituem notícias falsas ou informações falsas.

A prática de espalhar desinformação, ou notícias falsas existe há muito tempo – as primeiras notícias falsas foram entregues pela serpente no Éden. Os profetas do Antigo Testamento frequentemente denunciavam aqueles que proclamavam "notícias falsas" que traziam desastre para a nação. Eventos recentes na América deram às "fake news" um lugar de destaque na consciência pública, e hoje a acusação de "fake news" é usada sempre que algo é relatado que as pessoas não gostam.[13]

As notícias falsas não são apenas um fenômeno norte-americano; também existe na África. Políticos nigerianos foram acusados de armar notícias falsas nas mídias sociais para derrubar os seus oponentes políticos e alimentar conflitos étnico-religiosos que levaram a muitas mortes.[14] No Quênia, as notícias falsas alimentaram o medo da violência eleitoral nas eleições presidenciais de 2017 e, assim, influenciaram a participação dos eleitores.[15]

---

13. Jana Laura Egelhofer e Sophie Lecheler, "Fake News as a Two-Dimensional Phenomenon: A Framework and Research Agenda," *Annals of the International Communication Association* 43, no. 2 (2019): 97–116.

14. Idayat Hassan, "Nigerian Political Parties Are Weaponising Fake News," *Mail and Guardian* (21 February 2019). Veja também Yemisi Adegoke and BBC Africa Eye, "Like. Share. Kill: Nigerian Police Say False Information on Facebook Is Killing People," BBC News (13 November 2018).

15. Kimberly Curtis, "'Fake News' Is Shaping Hotly Contested Elections in Kenya: The Results Could Be Deadly," *UN Dispatch* (2 August 2017).

As notícias falsas também não se limitam à esfera política. Pode ser encontrado em todos os campos. Falsidades e fraudes são amplamente divulgadas sobre questões religiosas, questões médicas e de saúde, descobertas científicas e recomendações dietéticas. Os efeitos podem ser desastrosos. As notícias falsas levaram os pais a se recusarem a permitir que os seus filhos fossem vacinados com o resultado de que doenças evitáveis como sarampo e poliomielite estão novamente espalhando miséria, incapacidade e morte. As notícias falsas também levaram a ataques contra aqueles que tentam impedir a propagação do Ebola.

As pessoas podem criar e compartilhar notícias falsas simplesmente porque desejam aumentar o número de cliques em seu site e, assim, atrair receita de publicidade. Ou eles podem querer que as pessoas comprem o que estão vendendo em seu site. Às vezes, o que está sendo "vendido" não é um objeto, mas uma opinião na tentativa de marcar pontos e pautar importantes questões sociais. Vemos isso durante as eleições, quando muitas inverdades sobre os candidatos e as suas políticas circulam nas redes sociais. Dado que as pessoas compartilham "notícias" que promovem os seus próprios pontos de vista e prejudicam aqueles que discordam delas, uma notícia falsa pode se espalhar rapidamente pelas redes sociais.

Outra fonte inesperada de notícias falsas pode ser a sátira. Alguém pode postar algo que parece uma reportagem, mas é para ser engraçado. O humor deve ser fácil de identificar, mas alguns leitores podem sentir falta e tratar um comentário satírico como notícia real, mesmo quando a fonte do post é algo como o Daily Show satírico apresentado por Trevor Noah.

Assim como é importante entender os diferentes tipos de mídia social para usá-los de forma eficaz, também é importante ter alguma compreensão do que constitui uma notícia falsa para contrastá-la com a verdade. A maioria dos tipos de notícias falsas contém um elemento de verdade misturado com falsidade deliberada, falsificação ou distorção. A mistura de verdade e falsidade é uma mistura poderosa.

Claire Wardle sugeriu a seguinte classificação das maneiras pelas quais vários tipos de notícias falsas funcionam:[16]

- *Conexão falsa.* Uma falsa conexão é feita quando os títulos, imagens ou legendas que acompanham um texto não correspondem ao conteúdo da escrita. Os leitores que digitalizarem apenas os títulos e os recursos visuais e não lerem mais serão enganados. Assim, uma manchete pode alegar

---

16. Claire Wardle, "Fake News. It's Complicated," First Draft (16 February 2017).

que o texto a seguir revelará algo chocante sobre alguma celebridade ou político, enquanto o conteúdo do artigo é bastante mundano.

- *Contexto falso.* Às vezes, as notícias relatam algo que realmente aconteceu, mas o coloca no contexto errado. Por exemplo, fotos publicadas durante recentes ataques xenófobos na África do Sul alimentaram emoções, mas as fotos foram tiradas meses antes em diferentes contextos e até em diferentes continentes.
- *Conteúdo manipulado.* As informações podem ser apresentadas duma forma que é projetada para colocar alguém ou alguma ideia numa luz boa ou ruim. Por exemplo, uma fotografia pode ser alterada para fazer parecer que uma pessoa esteve presente em algum evento ou que estava se comportando mal. Da mesma forma, uma gravação de alguém fazendo um discurso pode ser manipulada para soar como se estivesse bêbado e enrolando as suas palavras.
- *Conteúdo enganoso.* Conteúdo enganoso pode ser ilustrado pela história de mídia social que um homem no Quênia estava afirmando ser Jesus. A investigação mostrou que ele era um evangelista americano que estava se apresentando numa peça como parte da sua missão evangelística. Ele nunca afirmou ser Jesus.
- *Conteúdo impostor.* Às vezes, notícias falsas são publicadas num site falso que imita um site real pertencente, digamos, à BBC, Al Jazeera ou CNN.
- *Conteúdo fabricado.* A maioria das técnicas usadas até agora envolveram alguma distorção da verdade, mas com conteúdo fabricado a história que circula é totalmente falsa.

Em vista dos efeitos terríveis das notícias falsas e da desinformação na sociedade, aqueles que valorizam a verdade – como todos os cristãos devem, porque servem a quem é a Verdade – devem procurar maneiras de coibir a circulação de notícias falsas e desinformação. Um primeiro passo para fazer isso é evitar ser culpado de criá-lo. Nenhuma causa é boa o suficiente para justificar espalhar mentiras contra aqueles que discordam de você. Satanás é o pai da mentira, e como aqueles que seguem a Cristo e são ordenados a amar os nossos inimigos, não devemos caluniá-los. Antes de postar algo nas redes sociais, verifique se não se enquadra numa das categorias de notícias falsas identificadas acima. Um segundo passo é evitar a propagação das notícias falsas. Os cristãos não devem encaminhar informações de mídia social que inflamem sentimentos contra outras pessoas ou cujos motivos sejam suspeitos.

Embora essas duas sugestões sejam boas em teoria, elas esbarram no problema prático de como distinguir relatos falsos de relatos verdadeiros. A resposta é que devemos verificar os factos antes de postar, desenvolver alfabetização midiática e aprender a verificar as fontes de informação que chegam até nós nas mídias sociais.[17] Embora os cristãos individuais tenham a responsabilidade de fazer isso, a responsabilidade pesa ainda mais sobre os cristãos que trabalham na mídia e que têm o poder de decidir quais notícias transmitir nas redes nacionais e comunitárias.

Teologia Pública e Jornalismo

Como já foi apontado, o maior poder da mídia não é a forma como as matérias são cobertas, mas a forma como a mídia escolhe quais das milhares de matérias recebidas diariamente contam como dignas de notícia e quais pontos elas destacam. As escolhas de mídia influenciam a importância dada aos temas de interesse público e definem a agenda para o que o público discute.[18] Assim, o poder de definição da agenda da mídia pode impulsionar a agenda da teologia pública, ou em outras palavras, direcionar os cristãos para as questões que eles precisam abordar para que a sua voz seja ouvida na sociedade.

Os cristãos que trabalham na mídia também podem usar esse poder de definição de agenda para trazer mudanças positivas. Por exemplo, se queremos que a Agenda 2063 da União Africana floresça e mude atitudes e mentalidades, precisamos trabalhar para um foco consistente e deliberado da mídia nas aspirações da África, destacando e analisando questões importantes e, assim, incentivando a interação e discussão da comunidade, que, em por sua vez, afetam as políticas e ações no terreno.

Os cristãos na mídia também podem procurar oferecer opiniões informadas sobre assuntos relacionados à religião. Muitas vezes, os jornalistas que escrevem sobre questões relacionadas à religião têm pouca compreensão do contexto e podem deturpar as posições das pessoas. Alguns parecem gostar de desacreditar a igreja. Um jornalista que está enraizado na igreja e na teologia não deve pular reflexivamente para defender a igreja, pois igrejas e crentes às vezes são culpados de pecado e de mostrar mau julgamento. No entanto, tal jornalista poderia escrever com uma compreensão dos fatores em ação e do sistema de valores que os cristãos procuram defender.

---

17. Para mais veja Richard Stengel, "We're In the Middle of a Global Information War: Here's What We Need to Do to Win," *Time* (26 September 2019): 36–39.

18. Nyaga, et al., *Introduction to Communication*.

Os cristãos no mundo da mídia devem levar a sério o papel da imprensa como um cão de guarda para alertar o público sobre os males da sociedade, incluindo a corrupção. No passado, regimes repressivos e ditatoriais tornavam difícil para os jornalistas escrever sobre abuso de poder de qualquer líder, má gestão de fundos e outras formas de corrupção. Os meios de comunicação foram proibidos de publicar ou transmitir conteúdo considerado ofensivo pelo governo, e jornalistas investigativos foram assediados, intimidados ou até mortos por tentarem relatar questões politicamente delicadas. O suborno e o partidarismo às vezes levaram jornais e emissoras de TV a se recusarem a transmitir notícias que vão contra os interesses dos poderosos.

Com o advento da Internet e das mídias sociais, os jornalistas têm muito mais maneiras de coletar informações sem precisar estar fisicamente presentes no local. Eles também têm muito mais acesso aos dados devido ao uso crescente de tecnologia de informação e comunicação por departamentos governamentais e outros grupos. Por exemplo, agora é mais fácil obter informações sobre licitações em contratos governamentais e outros processos vulneráveis a abusos.[19] A mídia sabe como acessar esses dados, pode envolver analistas respeitáveis para examiná-los e pode então transmitir as suas descobertas numa ampla variedade de plataformas de mídia. É hora de eles falarem corajosamente contra a corrupção.

Existem agências específicas visando a corrupção na África, mas o problema está profundamente enraizado para ser tratado por qualquer agência – seja governamental ou privada. Uma campanha anticorrupção bem-sucedida requer esforços conjuntos tanto da liderança quanto da sociedade civil, e exige que as pessoas saibam o que está acontecendo e sejam capazes de compartilhar informações amplamente. É aí que a mídia entra. Escrevendo sobre o papel da mídia zambiana na exposição e eventual condenação do ex-presidente zambiano Fredrick Chiluba, Peter Anassi afirmou, "todos os aparatos e organizações que combatem a corrupção não podem ter sucesso sem o poder da mídia."[20] A mídia também ajudou a forçar a renúncia do presidente sul-africano Jacob Zuma, expondo a sua associação com os corruptos irmãos Gupta.[21]

---

19. John Carlo Bertot, Paul T. Jaeger, e Justin M. Grimes, "Promoting Transparency and Accountability through ICTs, Social Media, and Collaborative E-Government," *Transforming Government: People, Process and Policy* 6, no. 1 (2012): 78–91.

20. Anassi citado em Isaac Phiri, "Evolution of Anti-Corruption Journalism in Africa: Lessons from Zambia," *Global Media Journal – African Edition* 2, no. 1 (2008): 18.

21. John Campbell, "South African Media Recognized for Exposing Zuma on Foreign Corruption," *Council on Foreign Relations* (12 April 2018).

Se os representantes da mídia na África agirem com profissionalismo e com temor a Deus e ao povo, eles têm o poder não apenas de acabar com uma era de corrupção generalizada, mas também de trazer mudanças positivas. O ônus recai sobre os jornalistas em exercício para que vejam a sua profissão como uma vocação superior que deve ser realizada sem medo ou favor.

Os teólogos devem estar ao lado dos jornalistas na vanguarda da luta contra a corrupção, mantendo-se a par das informações compartilhadas por fontes confiáveis da mídia. Essas informações os ajudarão a conhecer o verdadeiro estado da sociedade e os capacitarão a chamar líderes corruptos, ao mesmo tempo em que proclamam a mente de Deus em relação à liderança corrupta.[22] As igrejas também podem reduzir a sua ênfase na pregação da prosperidade e, em vez disso, usar os seus ministérios de rádio e televisão para incutir valores piedosos e construir o caráter cristão.

Mídias Sociais e Ativismo Social

Assim como a mídia tradicional, os sites de mídia social podem se tornar instrumentos de propaganda de massa nas mãos de poucos poderosos e serem usados para difundir propaganda governamental e notícias falsas. No entanto, a mídia social também pode ser usada para expor a propaganda do governo por meio da promoção duma contra-narrativa voltada para promover a verdade e a transparência no governo. Ao fazê-lo, as plataformas de mídia social estão assumindo os papéis da mídia tradicional ou mainstream, como investigação, análise, comentário, advocacia e mobilização em massa.[23] Aqui estão alguns exemplos de sites de mídia social onde essas coisas estão acontecendo:

- *I paidabribe* (www.Ipaidabribe.com) é um site indiano que incentiva os indianos a denunciar casos de extorsão de subornos.

- *O Blog Global Anticorrupção* (https://globalanticorruptionblog.com) descreve-se como "dedicado a promover a análise e discussão do problema da corrupção em todo o mundo. Este blog destina-se a fornecer um fórum para a troca de informações e ideias além das fronteiras disciplinares e profissionais, e promover um debate rigoroso, vigoroso e construtivo sobre as causas, consequências e possíveis soluções da corrupção."[24]

---

22. P. M. Theron e G. A. Lotter, "Corruption: How Should Christians Respond?" *Acta Theologica* 32, no. 1 (2012): 96–117.

23. Roxanne Bauer, "How to Use Social Media to Fight Corruption," World Economic Forum (12 December 2014).

24. GAB, "The Global Anticorruption Blog," https://globalanticorruptionblog.com/about/.

- *O Corruption Watch* (https://www.corruptionwatch.org.za) é um capítulo credenciado da Transparência Internacional (TI) que visa a corrupção em vários setores na África do Sul.
- *Publish What You Pay* (https://pwyp.org) é o site do "único movimento global que trabalha para garantir que as receitas de petróleo, gás e mineração ajudem a melhorar a vida das pessoas. . . . Nossa visão compartilhada é um mundo onde todos se beneficiam dos seus recursos naturais – hoje e amanhã."[25] Esta organização está ativa em países como Togo, Gana, Nigéria, África do Sul, Quênia, Tanzânia, Uganda, Zimbábue, República Democrática do Congo e Madagascar.
- *Whistle Blowers* (https://www.whistleblowing.co.za) é um grupo com sede na África do Sul que as pessoas podem contatar para relatar atividades ilegais e práticas antiéticas, como suborno e roubo. Os seus serviços são oferecidos a clientes locais e internacionais.
- *Global Witness* (https://www.globalwitness.org) "campanhas para acabar com os abusos ambientais e de direitos humanos causados pela exploração de recursos naturais e corrupção no sistema político e econômico global".[26]

Os governos também estão procurando usar as mídias sociais para combater a corrupção. Por exemplo, a Comissão de Crimes Econômicos e Financeiros é uma agência de aplicação da lei que investiga crimes financeiros na Nigéria. Ele usa sites de redes sociais como Twitter (@OfficialEFCC) e Instagram para conscientizar sobre as suas atividades e ajudar membros do público a denunciar crimes financeiros.

Os acima são apenas alguns dos muitos grupos na Internet que estão promovendo causas que igrejas e teólogos podem apoiar. As informações recolhidas através das redes sociais podem ser usadas para incitar reportagens investigativas na grande mídia.

Teologia Pública, Mídia e Entretenimento

Enquanto os jornalistas passam grande parte do seu tempo relatando notícias, outros cujo objetivo é principalmente entreter o público também trabalham na mídia. Aqui também há espaço para cristãos informados aplicarem a sua teologia nos tipos de entretenimento apresentados. Eles podem começar a

---

25. "Publish What You Pay (PWYP): Who We Are," https://www.pwyp.org/about/.
26. "Global Witness: About Us," https://www.globalwitness.org/en/about-us/.

trabalhar com o conhecimento de que o que as plataformas de mídia carregam, enfatizam e glorificam chega a muitos e muitas vezes é tido como importante e digno de nota. O impacto da mídia é tão grande em relação aos valores quanto em relação às notícias. Os cristãos que trabalham na mídia devem procurar promover espetáculos que afirmem a dignidade humana em vez de humilhar as pessoas, que encorajem as pessoas a fazer bons julgamentos com base em valores sólidos e que incentivem o controle e a contenção social para o bem de todos.

Conclusão

A mídia tem hoje um lugar-chave no discurso público e deve ser levada a sério por teólogos, igrejas e leigos que querem viver a sua fé em suas comunidades. A mídia deve ser usada, e não mal utilizada, pela igreja na África para propagar os valores que realmente representam e apresentam Cristo como a resposta para os problemas que afligem a humanidade.

Perguntas

1. Como a igreja pode usar o poder de agenda da mídia para propagar valores piedosos e combater a corrupção?
2. Como a transmissão de notícias falsas e golpes prejudica a igreja? Será que isso também está associado à apatia e desilusão com as promessas da Bíblia?
3. Qual é o lugar da "cultura de celebridades" na igreja?
4. Como os cristãos podem conter a produção e disseminação de várias formas de notícias falsas usando abordagens baseadas na fé?
5. O aumento do uso das mídias sociais entre as igrejas chamou a atenção para algumas doutrinas cristãs estranhas e questionáveis. Discuta como essa prática afetou a convergência e divergência teológica entre os crentes.

Leitura Adicional

Ihejirika, Walter Chikwendu. "Research on Media, Religion and Culture in Africa: Current Trends and Debates." *African Communication Research* 2, no. 1 (2009): 1–60. http://ccms.ukzn.ac.za/files/articles/ACR/Media%20and%20Religion%20in%20Africa.pdf#page=5.

Ireton, Cherilyn, and Julie Posetti, eds. *Journalism, Fake News and Disinformation: Handbook for Journalism Education and Training*. Paris: UNESCO, 2018. https://en.unesco.org/fightfakenews.

Nyaga, Rahab, Dorothy Njoroge, and Charles Nyambuga. *An Introduction to Communication*. Nairobi: Oxford University Press, 2015.

Thomas, Pradip, and Philip Lee, eds. *Global and Local Televangelism*. Basingstoke, UK: Palgrave Macmillan, 2012.

24

As Artes

Ofonime e Idaresit Inyang

Qual é o papel das artes na vida humana? Essa profunda pergunta recebeu muitas respostas, mas o único ponto que não pode ser negado é que as artes estão presentes na vida humana desde os primeiros dias, quando caçadores pré-históricos desenhavam desenhos em rochas na África ou contavam histórias ao redor do fogo à noite. Mas por que as pessoas fazem isso? Por que eles são criativos?

Criatividade e a Imagem de Deus

Para os cristãos, a resposta imediata à questão de por que as pessoas são criativas é que as pessoas são feitas à imagem de Deus, que é ele mesmo criativo: *"Deus disse: 'Façamos o homem à nossa imagem, à nossa semelhança, para que domine sobre os peixes do mar e as aves do céu, sobre os animais domésticos e todos os animais selvagens, e sobre todos os animais que rastejam pela terra'"* (Gn 1:26). As palavras "façamos" implicam um desejo de dar à luz algo que nunca existiu antes – o primeiro ser humano. A criatividade e o desejo de fazer algo novo fazem parte da essência de Deus, o criador supremo do universo. Ao criar os seres humanos à sua semelhança, dotou-os das mesmas características e abriu espaço para que as artes fizessem parte da sua criação. Aqueles que exercem os seus dons criativos estão vivendo uma parte importante do que significa ser um ser humano feito à semelhança de Deus. Os artistas gostam de brincar que são as pessoas mais próximas de Deus!

Criatividade e Comunicação

A referência de Deus a "nós" em Gênesis 1:26 também é significativa. Isso implica que Deus estava envolvido na comunicação com os outros na sua imaginação criativa. Assim, a capacidade humana de comunicar também faz parte do nosso ser feito à imagem de Deus. Essa capacidade pode ser vista como um dos maiores dons de Deus, pois a comunicação aproxima as pessoas num processo de compartilhamento em que ideias e mensagens são trocadas e relacionamentos são construídos. Sem comunicação não pode haver comunidade.

Comunicação e criatividade passaram a representar as duas atividades cardeais da história humana porque tudo gira em torno delas. Viver no mundo com sucesso é aprender a se comunicar com os outros enquanto cria coisas para ajudá-lo a viver mais confortavelmente. Nada do que é feito não foi imaginado primeiro. E todo produto da imaginação só se torna funcional quando as pessoas começam a colocá-lo em uso e comunicar a sua utilidade aos outros.

O processo de comunicação envolve uma pessoa que tem algo a comunicar – uma "mensagem" – formulando-a de forma que seja compreendida por quem recebe a mensagem. Essa pessoa, por sua vez, recebe a mensagem e formula uma resposta. A comunicação é, portanto, um processo dinâmico em que ambas as partes indicam se entenderam ou não o que estava sendo comunicado e se concordam ou discordam.

A comunicação é sempre direcionada a uma determinada pessoa ou grupo e tem um objetivo específico que o emissor busca alcançar. Por essa definição, as artes criativas são uma forma de comunicação porque o artista – seja poeta, ator, escultor, escritor, cinegrafista, dançarino ou músico – está sempre buscando transmitir alguma mensagem e provocar alguma reação de quem lê, vê ou ouvir o que foi produzido. Mas, em contraste com as mensagens verbais que geralmente recebemos, a comunicação através das artes também envolve os nossos outros sentidos.

A teologia e o evangelho também têm uma mensagem que precisa ser comunicada de maneira que o público-alvo entenda. Mais especificamente, a teologia pública africana tem uma mensagem que precisa ser disseminada aos africanos se a África que Deus quer emergir. Às vezes, a melhor maneira de transmitir essa mensagem não é imitar líderes e pensadores políticos falando sobre boas práticas e desenvolvimento sustentável, mas falar diretamente aos corações, mentes e almas dos africanos por meio das artes criativas.

A integração das artes criativas na teologia pública africana também verificará o elitismo muitas vezes inerente ao uso de canais de comunicação convencionais que muitas vezes atingem apenas as elites nos centros urbanos.

Não devemos esquecer que grande parte da África ainda é rural e que há muitas pessoas que não são educadas formalmente e falam apenas dialetos locais. As artes criativas podem se comunicar através dessas barreiras e usar idiomas locais e estilos familiares para levar a mensagem holística do evangelho a pessoas em áreas remotas e em diferentes estratos da sociedade.

Cristãos Africanos e as Artes Criativas

O termo "artes criativas" abrange todos os vários tipos de arte que são usados como instrumentos para mostrar e criar conhecimento da natureza e da natureza humana. A nossa criatividade humana nos leva a aplicar a nossa imaginação ao nosso ambiente, aos objetos e às nossas diferentes experiências e transformá-los em mensagens que podem ser compartilhadas na forma de pinturas, música, dança, drama, vídeos, filmes, poesia e assim por diante. As artes tornam-se assim um veículo de comunicação das ideias e emoções e uma forma de explorar e apreciar a natureza de Deus e dos seres humanos. Através das artes criativas, revelamos quem é Deus em nossas vidas como indivíduos.

Existem tantas variedades de artes criativas que é impossível discutir todas elas neste pequeno capítulo. Então aqui vamos comentar brevemente algumas áreas, mas focaremos principalmente no drama, porque essa é a nossa área de especialização.

Pintura e Escultura

Muitos artistas africanos há muito criam obras de arte e esculturas que incorporam imagens e temas cristãos. Por exemplo, Elimo Njau é um artista luterano da Tanzânia cujo trabalho vai da pintura a fresco ao 'design' gráfico. Ele vê a sua arte como uma maneira eficaz de ensinar a Bíblia por meio de imagens. Há também escultores cristãos africanos como Cornelio Manguma (Zimbabwe), Joseph Agbana (Nigéria) e Samuel Wanjau (Quênia). Mwabila Pemba (RDC) é especializada em trabalhos de cobre batido, e Kafusha Laban (DRC) usa resina colorida em vidro como uma alternativa econômica ao vitral. Todos esses artistas são amplamente reconhecidos por usar sua arte para projetar e compartilhar o evangelho.

Canções e música

A música como arte criativa também pode contribuir para a compreensão africana da teologia pública. A Bíblia é um grande repositório de composições musicais em salmos, cânticos, hinos e lamentos. Pessoas como David, por exemplo, usavam os seus dons musicais para várias funções espirituais e sociais, inclusive lamentando as suas tristezas individuais e o sofrimento da nação como um todo.

A África é abençoada com uma rica herança musical que deve ser aproveitada criativamente para propagar o evangelho. Nas igrejas, o canto de hinos indígenas e o uso de instrumentos indígenas precisam ser incentivados. Mas nosso pensamento sobre como usamos o dom criativo da música de Deus deve ir além das tradições dos hinos e da musicalidade doutrinária dos grupos da igreja. A grande população de jovens africanos, como os jovens de todo o mundo, é muito atraída pela música. Infelizmente, as letras imorais e os videoclipes obscenos que estão tão prontamente disponíveis usam a arte para corromper suas mentes.

A teologia pública precisa encorajar os cristãos com dons musicais a explorar o impacto multifuncional e a influência terapêutica da música. Como David, podemos usar a música para lamentar as nossas tristezas e encontrar cura ao expressá-las, como nos lembra Katongole.[1] A boa música eleva a alma, acalma, e reflete por natureza. Os jovens são atraídos pelas coisas bonitas da vida, e a música bonita com uma boa mensagem é capaz de alcançá-los. A energia juvenil também precisa de expressão positiva, e os músicos cristãos precisam encontrar maneiras criativas de engajar essa energia e direcioná-la para valores positivos. A África que Deus quer inclui jovens que temem a Deus, crescem no discipulado e assumem a liderança do futuro. Precisamos ajudar os músicos cristãos a promover esse futuro.

Drama e teatro

A palavra "drama" vem duma palavra grega que significa "fazer ou representar," e diz-se que a palavra "teatro" veio duma palavra grega que significa "lugar de observação." Juntas, essas definições apontam para o facto de que uma produção teatral ou uma peça envolve um ator ou atores fazendo algo enquanto são observados por um público.

Há muito tempo existe uma estreita conexão entre drama e religião. De facto, alguns estudiosos argumentam que as artes teatrais evoluíram a partir de modos de culto nos tempos pré-históricos. Certamente na África, as festas religiosas tradicionais são celebradas há muito tempo com canções,

---

1. Emmanuel Katongole, *Born to Lament: The Theology and Politics of Hope in Africa* (Grand Rapids: Eerdmans, 2017).

danças, cantos e rituais que encapsulam a vida social e religiosa das pessoas e representam a ética e as crenças coletivas da comunidade. Assim, o papel das artes criativas em conectar as pessoas à sua base espiritual ou teológica é muito anterior ao seu uso para entretenimento.

O potencial do teatro para combinar entretenimento e instrução também é reconhecido há muito tempo. A igreja medieval na Europa utilizou esse potencial usando o drama para fins litúrgicos, para ensinar a fé aos cristãos analfabetos e espalhar a palavra de Deus.

O drama é diferente das outras formas de arte, pois usa atores ao vivo para retratar personagens humanos diante de uma platéia ao vivo. Assim, atrai o público tanto emocional quanto intelectualmente, pois eles veem pessoas que são de alguma forma como eles agindo e reagindo aos eventos ao seu redor. É por isso que Shakespeare poderia falar do drama como segurando "o espelho para a natureza".[2] Em outras palavras, o drama espelha a vida. O público que assiste a esse "espelho" vê um reflexo de como a sua sociedade se parece, ou deveria ser. Como diz Inyang, o drama "abre sociedades e povos para se entenderem usando materiais derivados da observação diária dessa sociedade."[3] Essa função do drama já era bem conhecida dos antigos dramaturgos gregos que usavam as peças para criticar as suas sociedades.

Ao promover a reflexão, o drama também tem a capacidade de promover a introspecção. Qualquer um que assista a um drama se envolve com ele. Cria uma oportunidade de examinar os valores de alguém à luz da mensagem da 'performance.' O facto de a visão e a memória estarem envolvidas aumenta a duração desse efeito, pois o que é visto e ouvido tem mais impacto do que o que é meramente lido ou ouvido. Plenamente conscientes desse impacto, os atores usaram o drama para espalhar o evangelho e desafiar a corrupção e a opressão.

O forte efeito comunicativo do drama também foi reconhecido por governos de todo o mundo que procuraram usar peças para promover as suas políticas e educar as pessoas sobre epidemias como HIV/AIDS. Estudos mostraram que o teatro e o drama podem ser ferramentas poderosas para a defesa do desenvolvimento e para provocar mudanças comportamentais.[4] Dramaturgos africanos como Wole Soyinka usaram o drama para despertar

---

2. William Shakespeare, *Hamlet*, Act 3 Scene 2.

3. Ofonime Inyang, *Introduction to Theatre and Media Arts Practice: A Beginner's Guide* (Lagos: Bezeliel, 2016).

4. Zakes Mda, *When People Play People: Development Communication through Theatre* (Johannesburg: Witwatersrand University Press; London: Zed Books, 1993); Steve Ogah Abah, "Vignettes of Communities in Action: An Exploration of Participatory Methodologies in Promoting Community Development in Nigeria," *Community Development Journal* 42, no.

a consciência sociocultural e política das pessoas ao se envolverem com questões relevantes nos campos da religião, economia e política. O teatro é particularmente adequado para a conscientização porque é um meio flexível de comunicação e, portanto, pode ser facilmente levado a pessoas em diferentes níveis – na rua, no mercado e nas escolas, centros comunitários, praças, igrejas locais e parques.

Os cristãos não devem negligenciar o mundo do drama, especialmente à luz do facto de que a Bíblia pode ser descrita como teatral. Cada declaração e descrição de cena na Bíblia, de Gênesis a Apocalipse, parece ser moldada por um diretor divino para que seja adequada para o palco ou a produção de filmes. O drama pode revigorar essa energia criativa das Escrituras num contexto de 'performance.' O próprio Jesus fez uso generoso de contos, narrativas e descrições visuais para esclarecer um ponto enquanto ensinava os seus discípulos ou outras pessoas reunidas para ouvi-lo.

> Já se disse até que a teologia é inerentemente teatral, e o é em virtude do seu objeto, modo e fim. Primeiro, a teologia é teatral porque o seu objeto é o Deus trino que diz e faz coisas no teatro do mundo. Deus criou este teatro cósmico, mas também desempenha o papel principal. Ele faz isso não apenas falando de fora do palco, mas entrando em ação, principalmente tornando-se carne e habitando entre nós como Jesus de Nazaré. A teologia é uma resposta e uma reflexão sobre a atuação encarnada de Deus e o seu envolvimento contínuo no teatro mundial como Espírito.[5]

Portanto, precisamos expandir o lugar da teologia além da pregação dos púlpitos e criar novos ou "outros" tipos de púlpitos que possam trazer caráter visual às mensagens da Bíblia por meio das artes criativas. Porque o teatro é uma arte muito colaborativa, os teólogos públicos devem se reunir com aqueles que têm dons dramáticos para desenvolver peças e outras produções dramáticas usando tela, rádio ou palco que não serão apenas instrumentos de evangelismo, mas também servirão para educar e esclarecer as pessoas sobre questões que afetam sua sociedade. O drama pode ser usado para estimular a mente das pessoas a pensar sobre como a África que Deus quer realmente se parece.

---

4 (2007): 435–448; Christopher F. Kamlongera, *Theatre for Development: The Case of Malawi* (Cambridge, UK: Cambridge University Press, 2009).

5. Wesley Vander Lugt and Trevor Hart, eds., *Theatrical Theology: Explorations in Performing the Faith* (Cambridge: Lutterworth, 2014), 2.

Observe que nem todas as peças que os cristãos produzem devem ser obras "religiosas" com mensagens morais evidentes. Os cristãos no mundo do teatro podem escrever e produzir peças divertidas que são informadas pelo pensamento cristão e abordam questões sociais reais sem qualquer menção aberta à religião.

Vários artistas cristãos africanos já estão usando o meio do drama para propagar mensagens cristãs baseadas na fé, escrevendo e encenando peças orientadas para o evangelho e baseadas em valores. Salvador Nathan Agoro, um acadêmico nigeriano e experiente praticante e pesquisador de teatro cristão, não apenas escreveu peças, mas também fez uma extensa pesquisa sobre os fundamentos evangélicos do drama e do teatro na África.[6]

Mike Bamiloye, ator de cinema, dramaturgo, produtor e diretor nigeriano, fundou o Mount Zion Drama Ministry e a Mount Zion Television e usou esses ministérios para contar histórias sobre salvação, oração, amor de Deus e valores cristãos. Encenamos peças com temas cristãos dentro e fora do ambiente universitário no estado de Akwa Ibom e em outras partes da Nigéria. Por exemplo, em 2016, alunos do segundo ano do Departamento de Artes Cênicas da Universidade de Uyo encenaram a peça *Guest of the Dungeon* como um drama de sensibilização que promove valores cristãos entre a população estudantil.

Filmes, vídeo, televisão e novas mídias

A África já faz parte do mundo digital dominado por telas de cinema e televisão e telas de computador e telefone. Os espectadores têm acesso a uma grande variedade de produções de fontes estrangeiras, algumas das quais são inadequadas, mas são simplesmente despejadas na África. Mas os espectadores também têm acesso a produções de fontes locais. 'Sites' como Netflix, YouTube, Amazon Prime e Hulu têm uma seleção de produções baseadas na fé mostrando o evangelho, e algumas dessas produções são de artistas africanos. A indústria cinematográfica nigeriana, Nollywood, fez filmes sobre questões que afetam a sociedade nigeriana e ganhou um tremendo patrocínio local, bem como uma resposta entusiástica da diáspora africana.

Infelizmente, a intromissão e a influência psicológica do mundo digital estão afastando muitos dos valores positivos. Por exemplo, o Big Brother

---

6. Veja por exemplo, Saviour Nathan A. Agoro, "A Study of Selected Themes in Christian Drama in Nigeria," (2002); Saviour Nathan A. Agoro, "The Notion of Christian Comedy," *Kiabara: Journal of Humanities* 17, no. 1 (2011).

África vai ao ar nacional e internacionalmente e se tornou muito popular entre os jovens, embora grande parte da sua mensagem contamine e corrompa e esteja em desacordo com os valores cristãos. Da mesma forma, a dependência da feitiçaria em muitos roteiros de Nollywood está espalhando superstição e estimulando as crenças existentes na feitiçaria, muitas vezes com consequências desastrosas.

As mídias sociais, produções de filmes e vídeos têm sido usadas por pessoas hostis a Deus para minar a igreja. Um caso claro em questão é a crescente popularidade de ataques online as igrejas e líderes das igrejas por críticos autonomeados que atacam o menor erro cometido por uma igreja ou o seu líder. É verdade que alguns consideram tal crítica uma forma de jornalismo de cidadania que visa averiguar os abusos prevalentes nas organizações religiosas, especialmente as igrejas, e as contravenções e condutas impróprias dos pregadores. Mas a linguagem abertamente zombeteira e abusiva empregada em algumas dessas críticas aponta para segundas intenções, incluindo uma tentativa deliberada de manchar a imagem da igreja e dos ministros do evangelho.

Alguns 'talk shows' de televisão, dramas e 'reality shows' populares exibem conteúdo que parece preparado para atacar o cristianismo e deslegitimar a crença em Deus e o envolvimento em atividades da igreja, promovendo o liberalismo extremo, a filosofia da nova era, o pensamento livre e o espiritismo para o público jovem. Alguns filmes escritos e produzidos na África, incluindo os de Nollywood da Nigéria, apresentam temas negativos e projetam a crença no vodu, feitiçaria e consulta dos poderes negativos para riqueza e soluções para os desafios da vida. Tais produções criam uma impressão errada e enviam a mensagem errada sobre a África como um continente ainda mergulhado em práticas diabólicas. Colocar essas produções lado a lado com a crescente incidência do ateísmo na África abalou a noção de longa data da África como um bastião da religião e das práticas religiosas e apresenta as dinâmicas contrastantes e complexas no estado atual do nosso continente, o que claramente não é a África que Deus quer.

A solução não é virar as costas para esses meios de comunicação. A influência globalizante da mídia visual veio para ficar, e a igreja não deve se afastar. A teologia pública africana deve ajudar aqueles que trabalham nesses meios de comunicação a visualizar como propagar valores positivos na sociedade usando esses novos canais de mídia. A criatividade é necessária para que os cristãos usem a televisão, o cinema, o vídeo e as mídias sociais de maneira estratégica e liderada pelo Espírito para combater o ataque do reino das trevas em nosso continente e no destino dos nossos jovens.

Muitas igrejas hoje já transmitem os seus cultos ao vivo para alcançar um público mais amplo, mas esse é apenas o primeiro passo no fluxo da tecnologia de mídia. Muito mais precisa ser feito. Os jovens são viciados em mídias sociais e dispositivos tecnológicos para sua interação e jogos, então, para se conectar com os jovens, a igreja deve encontrar maneiras criativas de integrar o evangelho a essas plataformas. Aplicativos móveis devem ser construídos e jogos com temas bíblicos devem ser desenvolvidos para levar o evangelho às arenas de jogo cheias de jovens. As crianças também precisam ver programas nos canais de mídia que atrairão o seu interesse, ensinarão moral e promoverão o seu crescimento no Senhor. Redes de desenhos animados dedicadas ao evangelho precisam ser estabelecidas, e precisamos dos livros de histórias, peças teatrais, novelas e imagens de ação que retratem a singularidade do evangelho.

Para alcançar jovens e crianças, precisaremos construir novos canais de arte criativa, retreinar o pessoal em alguns existentes e repensar todo o conceito de evangelismo. As instituições do treinamento devem começar a reimaginar os seus programas e currículos para que as artes criativas sejam incluídas no treinamento do pessoal da igreja e dos evangelistas do futuro.

Artistas Africanos e Teologia Pública Africana

Depois de ler o que foi dito até agora, algumas pessoas podem argumentar que muito já foi feito no uso das artes criativas para propagar o evangelho. Mas a realidade é que a maioria desses esforços, embora úteis, carece de orientação pública e foco na sociedade mais ampla que é a marca registrada da teologia pública africana. Muito trabalho ainda precisa ser feito porque a dinâmica de mudança da sociedade africana exige estratégias transformadoras para alcançar o coração das pessoas.

Artistas africanos e transformação

A globalização e os vários acessórios do globalismo vieram para ficar. Então, em vez de sermos oprimidos pela enxurrada de novas filosofias e práticas trazidas pela paisagem em mudança do continente, devemos prestar atenção à palavra de Deus que nos exorta a ser e agir como o sal da terra (Mt 5:13–20). Como cristãos, devemos refletir profundamente sobre o que vemos e usar a capacidade da arte para influenciar a sociedade produzindo filmes, peças de teatro, música e arte que promovam o evangelho com temas que possam afetar positivamente o continente e dar às pessoas uma visão da África que Deus quer. Ao fazê-lo, contribuiremos para a criação dessa África.

No passado, houve quem condenasse a arte criativa como satânica, pertencente ao diabo e, portanto, completamente rejeitada pelos cristãos. No entanto, a pesquisa mostrou o que os artistas já sabiam, ou seja, que a arte é uma forma de comunicação que as pessoas comuns podem entender facilmente. Portanto, se queremos que os cristãos comuns pensem teologicamente sobre o que significa ser sal e luz nas suas comunidades, precisamos explorar a criatividade indígena das pessoas. Canções, danças, histórias e narrativas folclóricas locais, jogos, provérbios e música podem ser usados para alcançar as pessoas com a mensagem transformadora das Escrituras. Filmes e vídeos nas próprias línguas das pessoas podem desempenhar um papel poderoso para alcançar e discipular pessoas que vivem em áreas rurais que têm acesso a poucos outros recursos.

Artistas africanos: manifestantes ou bajuladores?

Anteriormente neste capítulo dissemos que as artes dramáticas espelham a experiência humana. Que aspectos da experiência humana eles refletem na África? Eles mostram a África apenas como gostaríamos que fosse, ou como alguma autoridade quer que a vejamos? Ou eles mostram a África como ela é, inundada por conflitos de várias formas? Da África Central ao Norte e Austral, e do oeste à costa leste, as organizações sociais, econômicas e políticas foram destruídas por crises e conflitos políticos, religiosos e étnicos, deixando uma nova cultura da violência e falta de respeito pela vida humana e o seu criador. Nenhum desenvolvimento significativo pode ocorrer na ausência de paz, que é a base de todo desenvolvimento e progresso na sociedade e na vida.

Como as artes criativas podem afetar esse cenário sombrio? Nossa resposta seria que podemos usar a arte como um instrumento para ajudar as pessoas a entender o mundo e nosso lugar nele em termos dos diferentes papéis que desempenhamos no mundo e na sociedade. Música e teatro podem se tornar maneiras de falar sobre questões políticas, religiosas, econômicas, educacionais e outras e de buscar criar ordem num mundo caótico. Dramaturgos e músicos podem promover discussões ou debates públicos sobre essas questões, criando consciência sobre elas e abrindo o caminho para soluções por meio das decisões e ações coletivas.

Porque o mundo é um lugar de tensão, conflito e contradições, escrever e apresentar dramas podem envolver lutas externas e internas. Mas os artistas criativos são chamados a participar da sociedade e a enfrentar a sociedade sem medo. Eles devem usar os seus dons para expor problemas e chamar aqueles que estão no poder para restaurar o equilíbrio da sociedade. Este chamado deve ser dirigido aos poderosos tanto do estado quanto da igreja – pois os dramaturgos cristãos devem olhar para as questões da igreja também. A arte deve ser um instrumento que sempre fala a verdade para as pessoas em todos os níveis da sociedade.

Ao longo dos séculos, a música e o drama foram usados para entretenimento e como arma. Como tudo na terra, eles podem ser usados para o bem e para o mal. Os teólogos públicos devem falar para encorajar aqueles que têm dons artísticos a usá-los de maneira a espalhar a mensagem que Deus quer que a África ouça neste momento. Os dramaturgos e todos os outros artistas criativos devem usar as artes para promover a paz, expondo o mal, sugerindo caminhos e despertando a consciência e os sentidos das pessoas comuns para que clamem por mudanças. Desta forma, a igreja e as artes podem colaborar na tarefa de construção da nação que pode trazer transformação para a África.

Financiando as artes

As igrejas muitas vezes estão dispostas a apoiar gastos em serviços médicos e educação. Eles oferecerão os seus recursos para esses fins e pedirão ao governo que invista mais dinheiro em hospitais, clínicas, escolas e medicina preventiva. Mas quando foi a última vez que a igreja exigiu que o governo também gastasse dinheiro para apoiar as artes? Ou quando a igreja ofereceu apoio a artistas criativos com fundos da igreja – a menos que os artistas fossem os músicos que lideram o culto? Argumentamos que a teologia pública precisa trabalhar para mudar essa situação tanto nas igrejas quanto na alocação dos recursos governamentais.

Ao nível do financiamento estatal, devemos lembrar ao Estado a importância da liberdade de expressão sem impedimentos ou manipulação. Devemos também lembrar aos legisladores que as artes criativas são parte do nosso reflexo da imagem de Deus e, portanto, devem ser amplamente acessíveis em nossas sociedades. Fazer isso requer financiamento e o fornecimento da infraestrutura necessária para que as artes prosperem.

O dinheiro deve ser orçado, alocado e gasto nas artes, bem como nas ciências. Tanto as artes quanto as ciências oferecem janelas para o mundo que nos ajudam a ver o que está acontecendo ao nosso redor. A literatura, a música, o teatro, as artes visuais, os meios da comunicação (cinema, fotografia e televisão), a arquitetura e a dança revelam aspectos sobre nós mesmos e o mundo ao nosso redor e a relação entre os dois.

Além disso, é importante não separar as artes da educação, pois as artes podem ser poderosas ferramentas educacionais, como observamos em nosso próprio trabalho. Assim, parte do dinheiro destinado à educação deveria ir para as artes.

Para que esse dinheiro é necessário? Bem, os artistas precisam comer, mas, além disso, o ensino bem-sucedido através das artes criativas requer o uso de materiais e auxiliares de ensino. No teatro, por exemplo, o dinheiro é gasto na criação de figurinos, maquiagem, construção de cenários, iluminação e sistemas de som. Alguns desses materiais podem ser reutilizados, mas histórias diferentes exigem adereços diferentes para serem críveis e atraentes para os jovens aprendizes. Se a igreja leva a sério o uso das artes para ensinar aos africanos sobre a África que Deus deseja, então a igreja deve fornecer financiamento para os artistas e também encorajar o governo a apoiar as artes criativas.

O mesmo acontece quando se trata de criar uma presença cristã nas redes sociais e na Internet. Computadores, servidores e operadores qualificados precisam ser encontrados e treinados. O investimento será caro, mas as recompensas serão altas.

Conclusão

Neste capítulo, vimos que as artes e a expressão artística não são meramente entretenimento, mas sim a criação a dum espaço de diálogo. Eles contribuem para a troca de informações e ideias e conectam pessoas por meio de atividades criativas. Como ferramentas de comunicação pública, as artes têm o potencial de contribuir para a construção da África que Deus quer. Este potencial está crescendo à medida que as artes estão se tornando um meio cada vez mais importante na sociedade contemporânea.

O papel das artes como espelho da sociedade confere-lhe a capacidade de falar a verdade ao poder, de aproximar as pessoas, de criar um espaço de reflexão e de pensamento e de promover o desenvolvimento social. Portanto, precisamos pensar profundamente sobre como a música, a pintura, o teatro ou drama, a fotografia, a dança e as narrativas orais podem ser usadas para refletir e propagar temas e valores positivos e mostrar a África que Deus quer e espera que defendamos em nossas diferentes esferas.

A igreja na África deve fazer uso extensivo das artes para criar mensagens apropriadas que edificarão a África à luz da palavra e dos propósitos de Deus. Os artistas na África também devem procurar melhorar o estado espiritual da igreja usando a sua criatividade para ensinar atitudes e estilos de vida positivos que reflitam quem é Deus. Eles devem reconhecer o poder da arte para moldar a cultura duma sociedade, ou seja, as suas ideias, valores e crenças. Esses valores e ideias remodelam vidas e serão transmitidos para a próxima geração.

Para apresentar a África que Deus quer, devemos ter o cuidado de não usar as nossas ferramentas criativas para disseminar mensagens sem valores e conhecimento da existência de Deus. Tais mensagens são capazes de destruir a nossa sociedade e criar desarmonia. Em vez disso, devemos nos tornar evangelistas da maneira como Deus espera que vivamos nesta época, apresentando mensagens criativas carregadas de valores em peças de teatro, filmes e música.

Ao fazer isso, os artistas criativos devem ver Deus como seu modelo e se inspirar nele intervindo no mundo com a luz como o oposto da escuridão. Agora não é hora de ficar sentado contente em igrejas enquanto o diabo ronda livremente em nosso continente usando as artes criativas e a mídia.

Perguntas

1. Escolha uma das artes criativas. Discuta como ele já está sendo usado na igreja e como o seu uso pode ser expandido criativamente fora das portas da igreja. Em seguida, discuta como a sua igreja poderia considerar financiar esse tipo de trabalho criativo.
2. Identifique alguma obra de arte que tenha afetado a sua nação para o bem (ou para o mal, se necessário) de alguma forma. Discuta como e por que fez isso e o que nós, como cristãos, podemos aprender com as técnicas criativas empregadas.
3. Crie algo você mesmo – uma peça, um cântico, uma música ou uma pintura. Em seguida, fale sobre sua experiência de criá-lo e sobre a mensagem que ele guarda para você. Pergunte ao grupo qual mensagem eles recebem da sua arte. Como essa experiência afeta a sua compreensão de Deus como o criador?
4. Como os cristãos devem responder à arte que os ofende?

Leitura Adicional

Balthazar, Hans Urs von. "Real Enactment: The Role of Theology in Drama." In *Faithful Performances: Enacting Christian Traditions*, edited by Steven R. Guthrie, 13–32. Abingdon: Routledge, 2016.

Inyang, Ofonime. *Introduction to Theatre and Media Arts Practice: A Beginner's Guide*. Lagos: Bezeliel Books, 2016.

Okeke, Austin, and Eze Norbert. "Solo Drama as a Potent Tool for Rural Christian Evangelism." In *50 Years of Solo Performance Art in Nigerian Theatre 1966–2016*, edited by Greg Mbajiorgu and Amanze Akpuda. Ibadan: Kraft, 2018.

Vander Lugt, Wesley, and Trevor Hart, eds. *Theatrical Theology: Explorations in Performing the Faith*. Cambridge: Lutterworth, 2014.

25

Liderança

Maggie Madimbo

Para alcançar a África que Deus quer que tenhamos, precisamos de líderes visionários que possam levar as pessoas de onde estão para onde deveriam estar. Nem todos têm o dom da liderança, e nem todos os que se dizem líderes pensam além do amanhã. A nossa tarefa como cristãos é encorajar líderes que olhem além do presente, que pensem e sonhem sobre o futuro da África e que possam desenvolver planos para cumprir os objetivos da *Agenda 2063*.

Ao procurar esses líderes, é importante começar definindo o que queremos dizer com "liderança". Yukl definiu liderança como "o processo de influenciar os outros a entender e concordar sobre o que precisa ser feito e como pode ser feito de forma eficaz, e o processo de facilitar os esforços individuais e coletivos para atingir os objetivos compartilhados".[1]

Observe o que esta definição não diz: ela não diz que a pessoa que influencia tem um título oficial que declara que ele ou ela é um líder. Alguns líderes são oficialmente reconhecidos; outros exercem grande influência nos bastidores. A liderança está aberta a todos os que têm a capacidade de influenciar os outros de alguma forma. Este ponto é importante porque muitos que não são chamados de líderes ainda podem procurar oportunidades de exercer liderança de alguma forma em suas igrejas, comunidades e locais de trabalho.

Observe também que essa definição se refere à liderança como um *processo* e não como um status e a descreve em termos de *influência* e não em termos de emissão de ordens. Pode-se até dizer que "sem influência, a liderança não existe."[2]

---

1. Gary Yukl, *Leadership in Organizations*, 8th ed. (Saddle River, NJ: Prentice Hall, 2002), 7.
2. P. G. Northouse, *Leadership: Theory and Practice*, 4th ed. (Thousand Oaks, CA: Sage, 2007), 3.

Além disso, essa influência é exercida sobre os *outros*, pois um líder requer seguidores.

Finalmente, a definição afirma que um líder usa a sua influência para chegar a um acordo sobre *objetivos* específicos (ou metas ou visões) e sobre como alcançá-los. Um verdadeiro líder sempre tem uma orientação para o futuro. Eles têm uma imagem mental clara de onde querem que um grupo ou uma comunidade vá e estão cientes do quadro geral, em vez de se concentrar principalmente nos detalhes. Os líderes comunicam a sua visão a seus seguidores e os ajudam a tornar essa visão uma realidade. Assim, a liderança envolve estabelecer e atingir metas.

A liderança é muito importante em qualquer cenário em que as pessoas tenham que trabalhar juntas. O sucesso de todos os sistemas econômicos, políticos e organizacionais em qualquer campo depende da orientação eficaz e eficiente fornecida pelos líderes desses sistemas.[3]

A Liderança que a África Teve

Uma razão pela qual vivemos atualmente na África que não queremos é que o continente tem sido atormentado por líderes pobres. Para muitos deles, seu único objetivo foi permanecer no poder e maximizar o poder e a riqueza da sua própria família e grupo étnico. Eles não serviram aos interesses da nação ou da comunidade em geral. Sua busca por benefícios pessoais de curto prazo em vez de objetivos de longo prazo nos empobreceu e levou à guerra, insurgências e pobreza e fome generalizadas.

Mas dizer isso é apenas afirmar o óbvio e focar apenas no presente. Precisamos cavar mais fundo no passado se quisermos entender os padrões tradicionais e atuais de liderança da África e discernir o que devemos manter e o que devemos mudar.

Modelos Pré-Coloniais de Liderança

Os entendimentos pré-coloniais de liderança centravam-se no conceito dum rei ou chefe que era tanto um líder comunitário quanto um líder religioso, na medida em que representava a comunidade em várias cerimônias religiosas.[4]

---

3. J. Barrow, "The Variables of Leadership: A Review and Conceptual Framework," *Academy of Management Review* 2 (1977): 231–251.

4. M. Masango, "Leadership in the African Context," *Verbum et Ecclesia* 23, no. 3 (2002): 707–718.

Nos modelos ocidentais de realeza, o rei passou a ser pensado como alguém distante da comunidade, mas a posição dum rei ou chefe africano era muito diferente. A sua posição foi compreendida em termos da filosofia africana do *ubuntu,* que se baseia no fundamento de que *umuntu ngumuntu ngabanye abantu,* literalmente "uma pessoa é uma pessoa através de outras pessoas."[5] O *Ubuntu* enfatiza o bem comum e a preocupação com o bem-estar de cada um. Assim, um bom líder era aquele que liderava com respeito e preocupação com o bem-estar da comunidade como um todo. Tal liderança foi alicerçada em princípios humanísticos de inclusão e serviço à comunidade.[6] Como diz Masango, "a boa liderança na África sempre compartilha a vida com os outros."[7]

Na era pré-colonial, os líderes geralmente governavam comunidades homogêneas, ao contrário da situação atual, em que uma pessoa pode ter que liderar pessoas de muitos grupos étnicos. No passado, também era prática aceita trazer presentes ao líder, que não recebia outro salário e esperava-se que usasse a sua riqueza em benefício da comunidade. Essa prática tradicional, enraizada em comunidades onde a riqueza era distribuída da maneira bastante equilibrada, mudou tanto que hoje os líderes às vezes exigem presentes exorbitantes, que só os ricos podem trazer, para garantir favores. A comunidade que se beneficia da riqueza de um líder agora é apenas a sua família próxima e, às vezes, membros do seu próprio grupo étnico.

O parágrafo anterior usa o gênero masculino ao se referir a um líder porque reis e chefes eram geralmente do sexo masculino, mesmo em comunidades matriarcais onde as mulheres exerciam um poder considerável nos bastidores. O papel da rainha-mãe era poderoso em algumas regiões da África.

Modelos Coloniais e Pós-Coloniais de Liderança

O modelo tradicional de liderança, embora nem sempre praticado na sua forma ideal, tinha muitos pontos fortes. Mas esse modelo foi profundamente afetado e enfraquecido pela era colonial, durante a qual as comunidades africanas foram agrupadas em nações não com base nos laços comunais existentes, mas com base nos caprichos e na força relativa das potências europeias. O conceito de

---

5. D. M. Tutu, *No Future without Forgiveness* (New York: Doubleday, 1999), 31.

6. R. Bolden and P. Kirk, "African Leadership: Surfacing New Understandings through Leadership Development," *International Journal of Cross Cultural Management* 9, no. 1 (2009): 69–86.

7. Masango, "Leadership," 320.

líder como alguém que supervisiona uma comunidade coesa, em grande parte monoétnica, foi destruído no nível nacional.

Os líderes coloniais foram nomeados pelas potências coloniais e deviam a sua lealdade primária a essas potências e não às comunidades africanas sobre as quais governavam. Quando os colonialistas delegavam poder aos governantes tradicionais, eles esperavam que esses governantes apoiassem a administração colonial e removeram a capacidade das comunidades de depor chefes que não governavam bem. Como esses chefes recebiam um salário do poder colonial, não havia mais nenhuma conexão entre o quão bem um chefe servia a sua própria comunidade e a sua riqueza. Presentes para honrar o serviço do chefe tornaram-se subornos para garantir o seu favor e a corrupção se espalhou.[8]

Além disso, os colonos tendiam a trabalhar apenas com líderes masculinos e, assim, consolidavam "um sistema de poder de gênero", isto é, "uma rede de relações sociais, políticas e econômicas através da qual os homens dominam e controlam o trabalho feminino, a reprodução e a sexualidade, bem como como definir o status, privilégios e direitos das mulheres numa sociedade."[9] Supunha-se que os homens eram líderes e as mulheres eram seguidoras, e essa visão ainda influencia o pensamento das pessoas hoje.

Após a saída das potências coloniais da África, muitos dos líderes que chegaram ao poder modelaram a sua liderança no estilo colonial. Deixando de prestar contas ao poder colonial, agiam como se fossem monarcas absolutos, prestando contas apenas a si mesmos, e seguiam o exemplo colonial de saquear as riquezas do seu povo. Sua falta de responsabilidade significava que não havia meios de removê-los do poder, exceto por conflitos violentos, e a África mergulhou em décadas de guerras civis e golpes do estado.

Esse padrão de má liderança no topo se espalhou por todos os níveis da sociedade, de modo que os burocratas aceitam subornos e alguns pastores e líderes da igreja agem como ditadores. Muitos dos ricos, que podem ser líderes na comunidade, servem apenas as suas comunidades étnicas locais e se concentram em manter o seu poder em vez de servir toda a comunidade e a nação.

---

8. Liya Palagashvili, "African Chiefs: Comparative Governance under Colonial Rule," *Public Choice* 174, no. 3-4 (11 January 2018): 277-300.

9. F. Kalabamu, "Patriarchy and Women's Land Rights in Botswana," *Land Use Policy* 23, no. 3 (2004): 237.

Modelos Bíblicos de Liderança

A África teve líderes bons e ruins, assim como o antigo Israel, como podemos ver nos registros históricos da Bíblia. A maioria desses líderes era do sexo masculino, embora existam alguns exemplos de líderes mulheres. Algumas mulheres como Débora eram líderes reconhecidas (Jz 4:4-6), enquanto outras, como Abigail, agiam e se tornavam líderes quando as circunstâncias exigiam (1 Sam 25).

Um desses líderes foi Ester, que pode servir de modelo para todos os líderes africanos, homens e mulheres. Ela se viu numa posição privilegiada onde era fácil ignorar o que estava acontecendo ao seu redor. Ela poderia facilmente ter perdido a oportunidade de intervir e evitar o desastre. Mas quando ela percebeu que algo estava errado, ela enviou um pesquisador para descobrir qual era o verdadeiro problema, ouviu os seus conselheiros e então reservou um tempo para ponderar e orar sobre a resposta correta. A África é um continente em crise e precisa de líderes cristãos que, como Ester, dediquem tempo para pesquisar a raiz dos problemas que a África está enfrentando. Eles precisarão ouvir o que as pessoas lhes dizem, buscar a face de Deus e ouvir a sua voz se quiserem abençoar os povos da África com uma liderança que os liberte da escravidão da pobreza, do medo e da corrupção.

Uma metáfora do Antigo Testamento para liderança que se encaixa bem com os conceitos tradicionais africanos é que um líder é um pastor do seu povo (por exemplo, 2 Sam 5:2). Essa metáfora implica que um líder é responsável pelo bem-estar geral da nação, assim como se esperava que um líder tradicional cuidasse do seu povo. Os profetas do Antigo Testamento falaram em voz alta contra aqueles que abusaram da sua posição como pastores. A descrição das condições daqueles liderados por maus pastores ressoa com aqueles na África que suportaram o governo dos líderes igualmente ruins:

> Ai de vocês, pastores de Israel que só cuidam de si mesmos! Os pastores não deveriam cuidar do rebanho? Vocês comem a coalhada, se vestem com a lã e matam os animais escolhidos, mas não cuidam do rebanho. Vocês não fortaleceram os fracos ou curaram os doentes ou amarraram os feridos. Vocês não trouxem de volta os perdidos ou procuraram os perdidos. Vocês os governaram dura e brutalmente. Então eles foram espalhados porque não havia pastor, e quando eles foram espalhados, eles se tornaram comida para todos os animais selvagens. (Ez 34:2-5; veja também Jr 23:1-4)

Nem todos os líderes de Israel eram governantes. Alguns daqueles a quem Deus chamou para a liderança receberam um ministério profético. Por exemplo, Deus disse ao profeta Isaías para "Consolar o meu povo" (Is 40:1). Outros como Ezequiel e Jeremias foram chamados para denunciar maus líderes, como vimos acima. As palavras dos profetas não deixam dúvidas de que Deus se importa quando as pessoas são abusadas, e Ele chama aqueles que o seguem para denunciar os líderes corruptos. Deus quer líderes na África que estejam dispostos a ouvir a sua voz e liderar o povo com sabedoria e integridade, como Davi liderou o povo de Israel (Sl 78:72).

No Novo Testamento, o apóstolo Pedro pinta um quadro vívido dos líderes cristãos. Enquanto ele escrevia sobre líderes na igreja, os mesmos princípios certamente se aplicam àqueles que lideram empresas, escolas e hospitais. Os líderes devem servir voluntariamente. Eles devem ser motivados não pela ganância, mas pelo desejo de servir. Eles não devem exibir a sua própria importância, mas devem ser exemplos humildes para aqueles de quem se importam. Em outras palavras, eles devem ser bons subpastores, cuidando fielmente da comunidade e seguindo o exemplo de Cristo, o Sumo Pastor (1 Pe 5:1–4).

Paulo também deixa claro que esse tipo de liderança é esperado de todos os líderes cristãos, independentemente de onde sirvam, quando diz a todos os cristãos filipenses, independentemente da sua posição, que sigam o exemplo de Cristo. Jesus Cristo não insistiu nas suas prerrogativas de liderança divina, mas em vez disso se fez nada ao "assumir a própria natureza de servo" (Fp 2:6–7). A igreja precisa de líderes que sejam como Cristo no sentido de que estejam dispostos a assumir a liderança em oferecer serviço aos outros.

Ao falar de liderança servidora, Pedro e Paulo estão ecoando as palavras do próprio Cristo. Ele disse aos seus discípulos que quem quer ser líder de outros deve antes de tudo estar disposto a ser seu servo:

> *Vocês sabem que os governantes dos gentios os dominam, e os seus altos funcionários exercem autoridade sobre eles. Não é assim com vocês. Pelo contrário, quem quiser tornar-se grande entre vocês deve ser o seu servo, e quem quiser ser o primeiro deve ser o seu escravo – assim como o Filho do Homem não veio para ser servido, mas para servir e dar a sua vida em resgate por muitos.* (Mt 20:25–28)

Aqui Cristo está enfatizando que a liderança cristã não é ser grande. Pelo contrário, trata-se de ser um servo daqueles a quem serve. Esse modelo de liderança servidora está em harmonia com a filosofia africana do *ubuntu*, que enfatiza a importância das relações interpessoais, até o ponto de incomodar a si mesmo pelo bem dos outros. Os cristãos africanos que obedecem ao seu

Senhor devem estar mais inclinados do que os outros a ouvir os outros e a adotar uma abordagem participativa da liderança.

O nosso outro modelo de liderança do Novo Testamento deveria ser o apóstolo Paulo, que era um homem de tal integridade que poderia dizer: "Segue o meu exemplo, como eu sigo o exemplo de Cristo" (1 Coríntios 11:1). Quantos líderes cristãos africanos na sociedade e na igreja poderiam fazer essa afirmação com confiança? Quantos de nós realmente vivemos como Cristo, mesmo quando ninguém está olhando?

Líderes cristãos

Infelizmente, apesar da orientação clara da Bíblia sobre liderança, não são apenas os líderes seculares que dão maus exemplos; assim como muitos líderes cristãos. Muitos deles estão cientes de práticas corruptas e podem dar exemplos de exploração dos fracos e vulneráveis, e alguns até participam da corrupção e da exploração. Eles aceitam presentes sabendo que são subornos e exploram os pobres exigindo que eles dêem sacrificialmente enquanto eles mesmos fazem poucos sacrifícios. Eles modelam seu estilo de vida em chefes e políticos ricos, não na vida humilde de Cristo.

Por que os líderes cristãos não cumprem sua responsabilidade de ser o sal e a luz do mundo (Mt 5:13-16)? Eles devem estar na vanguarda daqueles que enfrentam o mal e se manifestam contra ele, em vez de permanecerem em silêncio ou sucumbirem a ele. No entanto, poucos líderes cristãos estão dispostos a falar. Alguns temem o que pode acontecer com eles e as suas famílias se eles se opuserem a maus líderes e práticas malignas. Outros ficam em silêncio porque perderam a "salinidade" e não veem nada de errado com o que está acontecendo ao seu redor. Quando há uma liderança fraca na igreja, a voz profética é muitas vezes abafada ou silenciada.

Se queremos ser usados por Deus para trazer a mudança de que precisamos na África, devemos estar dispostos a manter a nossa "salinidade" porque fomos chamados a fazer a diferença à nossa maneira. Aqui estão algumas habilidades bíblicas que devemos cultivar se quisermos ser líderes servos na África hoje.

- *Ouvindo.* Os líderes devem estar sempre ouvindo e devem ouvir atentamente antes de tomar decisões. Isso está de acordo com o lembrete de Tiago de que todos os cristãos devem ser "prontos para ouvir, tardios para falar e tardios para se irar" (Tg 1:19). As pessoas que ouvem mostram que se importam com a pessoa que está a falar e com as suas ideias, mesmo que essas ideias sejam diferentes das suas. Um líder ouvinte é aquele que tem no coração o interesse do seu povo.

- *Empatia.* Líderes servidores abraçam a empatia. Eles cumprem a instrução de Paulo de "Alegrai-vos com os que se alegram; chora com os que choram" (Rm 12,15). Eles entendem o que as pessoas estão a sentir e não colocam os seus interesses pessoais e os interesses dos seus apoiadores antes dos outros.

- *Curando.* O nosso continente está dilacerado por conflitos, e há muitos que estão quebrados de alguma forma. Nações e igrejas e comunidades estão divididas e sangramento. Os líderes, portanto, precisam ser pessoas que reconheceram as suas próprias feridas e foram curadas dessas feridas para que possam realmente confortar os outros (2 Coríntios 1:3-4). Essas pessoas sabem como é importante "fazer todo o esforço para viver em paz com todos" (Hb 12:14). Eles trazem cura e reconciliação em vez de infligir mais feridas e perpetuar divisões.

- *Consciencialização.* Como os líderes servidores ouvem e cuidam, eles percebem tendências e reconhecem os problemas que estão surgindo. Mas eles não estão apenas cientes do mundo ao seu redor; eles também são autoconscientes. Eles conhecem os seus próprios preconceitos e deficiências e, portanto, estão dispostos a buscar a ajuda de outros para cumprir as suas responsabilidades.

- *Pensamento estratégico.* Os líderes servidores são capazes de olhar para frente. Eles reconhecem os desafios que estão por vir e as tendências que afetarão aqueles a quem servem. Eles podem formular esses 'insights' duma maneira que mostre o seu compromisso com o crescimento daqueles que lideram e podem fazer planos para enfrentar os desafios futuros, em vez de simplesmente responder às necessidades do momento.

- *Edifício comunitário.* Os líderes servidores são capazes de construir comunidades. Eles procuram unir as pessoas em vez de dividi-las e construir a confiança da comunidade ajudando-a a desenvolver e usar os seus próprios recursos. Os líderes servidores não assumem que uma comunidade é impotente e só pode prosperar com a ajuda de recursos externos. Em vez disso, eles mobilizam os recursos dentro da comunidade para o benefício de toda a comunidade. O presidente Magufuli da Tanzânia modelou essa habilidade de liderança quando cancelou as comemorações do Dia da Independência em 2015 e exortou todos os cidadãos a usar o dia para limpar o país, apontando que "é vergonhoso que estejamos gastando enormes quantias de dinheiro para comemorar 54 anos de autogoverno enquanto nosso povo está morrendo de cólera."[10] Ele ordenou que "todos os líderes regionais supervisionassem o exercício de limpeza em suas áreas naquele dia", e ele próprio participou dos esforços de limpeza.[11]

Padrões Contemporâneos de Liderança Eficaz

Na África contemporânea, temos muita exposição a maus modelos de liderança. Mas certamente também existem alguns bons modelos de liderança na África, pessoas que podem ser apresentadas como modelos para imitarmos? O que realmente sabemos sobre os padrões contemporâneos da boa liderança na África hoje?

Nossas tentativas de responder a essa pergunta são frustradas pelo facto de haver muito pouca pesquisa sobre o que é considerado uma boa liderança na África. Como pode ser visto pelos nomes dos autores citados até agora, "a maior parte do material de liderança acadêmica atualmente disponível sobre liderança política e outros tipos vem de fora da África, especialmente do Ocidente."[12] Um dos poucos estudos empíricos realizados é o *Africa Leadership Study (ALS)*, que pediu a mais de 8.300 cristãos africanos em Angola, na República Centro-Africana e no Quênia para identificar líderes leigos, pastores e organizações que ofereciam exemplos poderosos de boa liderança. Aqueles identificados como bons líderes foram então entrevistados para determinar quais fatores contribuíram para o seu sucesso.[13]

Uma descoberta impressionante deste estudo foi que quase 50 por cento das vezes, os pastores foram apontados como influenciadores-chave e modelos de liderança, o que implica que os líderes leigos também podem ser muito influentes porque suas "posições e reputações profissionais os posicionaram para servir e influenciar pessoas mais amplamente do que seria a norma para o clero."[14] Esses líderes leigos incluíam mulheres e líderes em organizações cristãs paraeclesiásticas lideradas por africanos. Todos esses líderes precisam pensar

---

10. Henry Mwangonde, "Magufuli Strikes Again: Uhuru Day Scrapped," *The Citizen* (24 November 2016).

11. Wikipedia, "John Maguguli," Wikipedia, https://en.wikipedia.org/wiki/John_Magufuli#Presidency.

12. M. du Preez, "The Socrates of Africa and His Student: A Case of Pre-Colonial African Leadership," *Leadership* 8, no. 1 (2012): 7.

13. African Leadership Study, "17 Insights into Leadership in Africa."

14. "17 Insights into Leadership in Africa."

cuidadosamente sobre como o seu estilo de liderança reflete as suas convicções cristãs e como eles podem cultivar habilidades de liderança nos outros.

O Estudo de Liderança Africana também investigou os fatores comuns compartilhados por líderes cristãos influentes na África e apresentou uma lista de cinco características principais desses líderes:

- *Eles são capazes de trabalhar com pessoas de várias etnias e culturas.* Muitos "sentiram que era importante que os líderes cristãos fornecessem modelos e orientações para relações interétnicas saudáveis". Esses líderes, portanto, foram além do modelo pré-colonial, onde os líderes serviam apenas às suas próprias comunidades étnicas.
- *Eles são capazes de usar os recursos da Internet para ampliar os seus ministérios e treinar outros.* Ou seja, estão imersos no mundo contemporâneo e fazem bom uso dos recursos que ele oferece.
- *Eles foram orientados e estão ansiosos para orientar outros.* Essa característica indica que esses líderes têm a humildade de estar dispostos a aprender com os outros e a generosidade de querer compartilhar o que eles mesmos aprenderam.
- *Eles são bem educados.* O estudo observa que "a maioria dos líderes foi moldada por alguma combinação de educação formal de alta qualidade, juntamente com outras formas de relacionamentos informais e de orientação – com a combinação sendo mais importante do que qualquer uma delas".
- *Eles fazem bom uso de redes relacionais.* Em outras palavras, eles "constroem amplos relacionamentos de reciprocidade e confiança globalmente e dentro dos seus próprios países." Essas redes até se estenderam para incluir líderes muçulmanos em países onde o Islã desempenha um papel proeminente.[15]

Preparando a Próxima Geração de Líderes

É impressionante que uma das principais características dos líderes influentes no *Africa Leadership Study* foi que eles estão menos preocupados em manter a sua própria posição e mais interessados em orientar jovens líderes. Eles não se sentem ameaçados por líderes mais jovens promissores; em vez disso, eles os recebem e oferecem treinamento. A atitude deles pode ser resumida no

---

15. "17 Insights into Leadership in Africa."

ditado: "Se quando eu morrer eles disserem 'Não há ninguém como ele', eu terei falhado!"

Também é significativo que o estudo tenha mostrado que os jovens líderes estavam dispostos a ser orientados e treinados. Com muita frequência, um jovem talentoso presumirá que sabe mais do que qualquer outra pessoa e partirá com confiança por conta própria, rejeitando toda orientação. Este é um curso perigoso porque os priva da capacidade de aprender com os erros que outros cometeram. Além disso, para ser um bom líder, é preciso ter alguma experiência das alegrias e frustrações de ser um seguidor. Só assim terá alguma ideia de como cuidar daqueles que o seguem.

Observando a lista de características dos líderes cristãos, podemos ver que algumas pessoas podem nascer com uma aptidão natural para algumas características de liderança; por exemplo, algumas pessoas são naturalmente mais inclinadas a pensar estrategicamente do que outras. Mas ninguém nasce com todas essas características totalmente desenvolvidas. Leva tempo para adquiri-los, e é nosso dever trabalhar duro para desenvolvê-los se quisermos ser líderes servos semelhantes a Cristo. Além disso, a "escuta" mencionada acima também pode envolver aprendizado. Ao ouvirmos as necessidades das nossas comunidades, perceberemos que precisamos de mais conhecimento para podermos formular planos estratégicos com alguma chance de sucesso. Devemos, portanto, comprometer-nos a adquirir as habilidades e ferramentas necessárias para sermos líderes eficazes. A necessidade de aprendizado pode explicar por que uma das características dos líderes eficazes é o alto nível da educação formal. Nem o seu aprendizado parou quando esses líderes concluíram os seus diplomas acadêmicos – a pesquisa mostrou que eles continuaram a ler extensivamente.

O Desafio

Como cristãos, não devemos limitar a liderança cristã àqueles que servem no púlpito; devemos aceitar que Deus pode chamar pessoas diferentes para servir em diferentes capacidades. O importante é que as pessoas que são chamadas a liderar os outros estejam dispostas a ser o sal e a luz do mundo. Os líderes devem saber que a sua influência pode ajudar a mudar o destino de muitas pessoas para melhor. Eles devem, portanto, ver a sua oportunidade de liderar como um chamado de Deus e servir a Ele e àqueles a quem servem de todo o coração e sem se preocupar com os benefícios pessoais a serem obtidos por ser um líder.

Como líderes, podemos afetar todos os aspectos da comunidade humana, da família à igreja, à aldeia, à cidade, ao estado e à nação. Estamos nós como cristãos dispostos a intensificar e assumir o papel de líderes? Esta pergunta não se dirige apenas aos homens, mas também às mulheres. No passado, a África minimizou o papel das mulheres. Como resultado, ainda não estamos nos beneficiando de todo o potencial de todos os homens e mulheres talentosos que podem ter sido chamados por Deus para liderar o seu povo. Para avançar e ter sucesso, precisamos mudar a nossa visão de liderança. Todos conhecemos homens que falharam como líderes e mulheres que se saíram muito bem como líderes. Portanto, não devemos deixar os nossos preconceitos culturais nos cegarem para o potencial daqueles a quem Deus dotou com a capacidade de influenciar os outros.

Em sua graça, Deus também dá algumas dessas habilidades de liderança para pessoas que não são cristãs. Não devemos nos recusar a trabalhar com essas pessoas, mas devemos agradecer a Deus por os seus dons, ouvi-los e reconhecer nossas próprias falhas em viver de acordo com os padrões que professamos ter como cristãos. Ao mesmo tempo, devemos encorajar os cristãos a desenvolver as habilidades de liderança que Deus lhes deu e usá-las em uma variedade de vocações, e não apenas na igreja. Precisamos de líderes cristãos nos lares, nos negócios, no sistema educacional, no sistema médico, no governo e na política. Muitas vezes, restringimos a nossa compreensão da liderança cristã à liderança da igreja e deixamos de apoiar os cristãos que, por exemplo, procuram participar da política nacional ou local. Mas são os políticos que fazem as leis para as nossas nações. Se deixarmos essa responsabilidade nas mãos de incrédulos, é surpreendente que eles façam leis que nos obriguem a nos envolver em coisas não apoiadas pelas Escrituras? E se deixarmos os assuntos do governo para os não-cristãos, por que ficamos surpresos quando os funcionários do governo querem suborno para cumprir os seus deveres? E se deixarmos a liderança empresarial para os não-cristãos, por que ficamos surpresos quando os líderes empresariais agem de forma a destruir o meio ambiente e explorar trabalhadores e consumidores?

Para que a visão da Agenda 2063 se concretize, a África precisará de grandes líderes para capacitar as pessoas para beneficiar outros como líderes. Lembre-se de que o seu papel de liderança pode ser reconhecido publicamente ou pode ser uma questão de exercer influência de maneira discreta. Lembre-se também que um dia todos seremos responsáveis perante Deus quando formos chamados a prestar contas de como usamos as habilidades que Ele nos deu e realizamos as tarefas que Ele nos designou.

Perguntas

1. Quem são os bons líderes na sua comunidade, tanto os líderes reconhecidos quanto os influenciadores discretos? Quais das qualidades dos líderes servidores identificados neste capítulo eles mostram e quais ainda precisam ser trabalhadas? Quais dessas qualidades você tem e quais ainda precisa trabalhar?
2. Identifique alguns homens e mulheres que são bons líderes na sua comunidade e documente as suas melhores práticas. Você pode usá-los para desenvolver diretrizes práticas e viáveis para os líderes de qualquer organização ou comunidade à qual você pertença?
3. Como você pode encorajar os líderes que trabalham em áreas fora da igreja para que sejam lembrados do seu chamado para servir a Deus como líderes?
4. Que medidas você pode tomar para promover o crescimento dos futuros líderes?

Leitura adicional

Adeyemo, T. *Africa's Enigma and Leadership Solutions*. Nairobi: WordAlive, 2012.
Africa Leadership Study: A Seedbed Resource. https://www.africaleadershipstudy.org/.
Aseka, E. M. *Transformational Leadership in East Africa: Politics, Ideology and Community*. Kampala: Fountain, 2005.
Banks, R., and B. Ledbetter. *Reviewing Leadership: A Christian Evaluation of Current Approaches*. Grand Rapids: Baker Academic, 2004.
Bolden, R., and P. Kirk. "African Leadership: Surfacing New Understandings through Leadership Development." *International Journal of Cross Cultural Management* 9, no. 1 (2009): 69–86.
Boon, M. *The African Way: The Power of Interactive Leadership*. Cape Town: Zebra Press, 2007.

26

Questões Intergeracionais

Nathan Hussaini Chiroma

As relações intergeracionais são fundamentais para um sentimento de identidade e pertença. O bastão da tradição e dos valores comunitários foi passado de geração em geração, com cada geração reconhecendo o que pode aprender com os seus antecessores e que são responsáveis tanto para com os seus antecessores quanto para os seus sucessores, ou seja, tanto para com os seus ancestrais e pais e os seus filhos.

Mas hoje as coisas estão mudando. As correntes de rápidas mudanças políticas, sociais e tecnológicas que fluem pela África estão separando as gerações de modo que elas se afastam. A sua separação não é apenas intelectual e emocional, é também literal, pois uma geração que cresce nas cidades é geograficamente distante dos seus pais e avós nas áreas rurais.

Como sociedades africanas, temos que lidar com uma série de questões que não enfrentamos no passado. Os jovens estão questionando a autoridade da geração mais velha, e a geração mais velha está constantemente em atrito com a geração mais jovem. Valores-chave estão sendo corroídos e vícios como a corrupção estão se enraizando.

Portanto, é importante que os cristãos e as igrejas cristãs pensem profundamente sobre os relacionamentos intergeracionais. O nosso objetivo deve ser restaurar relacionamentos e incutir valores que nos ajudem a conquistar a África que queremos, uma África livre de corrupção e má governança e onde a igreja floresça e cumpra os seus propósitos. Não queremos uma África da qual se possa dizer, como foi dito do antigo Israel: "Depois que toda aquela geração morreu, outra geração cresceu que não reconheceu o Senhor nem se lembrou das maravilhas que Ele havia feito por Israel" (Julgamento 2:10 NLT).

Relações Intergeracionais Tradicionais

Compreender os principais círculos de influência nas sociedades africanas tradicionais é pertinente para qualquer discussão de questões intergeracionais. Embora os detalhes de como esses círculos operam possam variar em toda a África, as fontes básicas de influência são as mesmas.

- *Família.* A família é a base da sociedade e o pilar das relações intergeracionais. A família molda conversas, valores, cultura e relacionamentos. Na África, o conceito de família é muito mais amplo do que a família nuclear ocidental de pais e filhos. Abrange a família alargada e, por vezes, até os vizinhos. É por isso que, em algumas regiões, os mais jovens são incentivados a tratar os mais velhos como tias e tios, mesmo onde não há parentesco de sangue. A família extensa apoiou os pais na criação dos filhos e na transmissão de valores duma geração para a seguinte.

- *Comunidade.* A influência da vida comunitária na África é evidente em provérbios como "é preciso uma aldeia para criar uma criança" e "a criança pertence à comunidade". Uma comunidade africana tradicional era um lugar onde as pessoas estavam comprometidas com o bem-estar umas das outras, com um objetivo comum e com um entendimento comum da maneira de alcançar esse objetivo. Como diz Agulanna, os africanos acreditam "que é na comunidade de outros seres humanos que a vida do indivíduo pode ter sentido ou significado."[1] É por isso que o conceito de vontade da comunidade tinha tanto peso. As responsabilidades eram compartilhadas e cada pessoa era aceita com base em seu valor como ser humano, não no que poderia trazer para a comunidade. Este contexto facilitou a comunicação entre as gerações e fez a responsabilização na vida social e questões de governança. Os valores eram vistos como compartilhados, não privados, e eram transmitidos por meio de conversas intergeracionais.

- *Religião.* A religião há muito contribui para moldar valores, caráter e relações intergeracionais. Na maioria das comunidades africanas, a religião reforçou a cultura do aprendiz, na qual tanto os ofícios quanto os rituais associados à adoração de deuses familiares ou tribais eram passados de geração em geração. Os valores de acompanhamento também foram transmitidos através das gerações. Anciãos e sacerdotes locais estavam encarregados de vários rituais, incluindo os rituais de iniciação que

---

1. Christopher Agulanna, "Community and African Well Being in Human Culture," *TRAMES* 14(64/59), no. 3 (2010): 282.

marcavam a transição da infância para a idade adulta. Esses rituais de iniciação geralmente envolviam instrução formal nas crenças e valores da comunidade. Aqueles que violavam esses valores eram punidos.

Relações Intergeracionais Contemporâneas

Fontes ocidentais classificam as gerações como Baby Boomers, Gen X, Gen Y e Millennials, mas essas categorias refletem as experiências históricas das pessoas no Ocidente. Na África, faz mais sentido categorizar as gerações em termos de épocas e tendências com as quais se identificam. Usando essa abordagem, podemos identificar os seguintes grupos.

- *Tradicionalistas*, ou seja, pessoas que viveram em contextos rurais durante a maior parte das suas vidas e vivem de acordo com os valores tradicionais africanos. Essas pessoas tendem a ser conservadoras e cautelosas. Eles assumem que os mais velhos têm o direito de serem os líderes e que as gerações mais jovens não devem desafiá-los de forma alguma. Tais pontos de vista podem se tornar uma importante fonte de conflito nas relações intergeracionais. Os conflitos podem surgir em igrejas servidas por um pastor mais jovem (e muitas vezes mais instruído), bem como nos casos em que os jovens querem ver mudanças na igreja e na comunidade. A geração mais velha considerará os mais novos como rudes e virando as costas à sua identidade cultural, e os jovens verão os mais velhos como intransigentes.

- *Os nacionalistas* são pessoas que atingiram a maioridade durante a luta pela independência das potências coloniais e cujos valores foram profundamente moldados por essa luta. Aqueles que pegaram em armas experimentaram disciplina de estilo militar e têm fortes laços com os seus ex-companheiros. Aqueles que não lutaram pessoalmente honram aqueles que lutaram. Esse grupo foi frequentemente criado por tradicionalistas e, quando jovens, foram expostos a estilos de liderança colonial e militar. Assim, eles se sentem confortáveis com estilos de liderança autocráticos e relutantes em permitir que mulheres e pessoas mais jovens assumam a liderança. Eles honram os líderes que lhes trouxeram a independência e não os criticarão. Eles sentem que as gerações mais jovens não os respeitam adequadamente e apreciam os seus sacrifícios, e as gerações mais jovens os veem como obstinadamente ignorando os problemas de liderança. Isso também pode criar tensão nas igrejas e na sociedade.

- *Migrantes* são pessoas que se mudaram para as cidades devido à urbanização, mas que ainda mantêm fortes laços com as suas origens rurais. As suas vidas são muitas vezes definidas pela luta e desorientação que a transição impõe. Muitos deles podem querer se aposentar em comunidades tradicionais quando não podem mais trabalhar e têm em alta estima os valores das comunidades tradicionais. Eles podem ter o problema de que os mais velhos os veem como perdendo a sua cultura, enquanto as gerações mais jovens os consideram muito ligados à cultura.

- *Os africanos urbanos* só conheceram a vida nas cidades e se identificam mais com a vida da cidade do que com a África tradicional. Eles são mais instruídos do que as gerações anteriores e podem aderir aos valores econômicos ocidentais enquanto menosprezam aqueles de origens tradicionais. Em geral, eles são mais abertos às mulheres na liderança e têm uma visão mais positiva dos jovens.

- *A geração digital* é a geração mais jovem. O seu conforto com a tecnologia e o acesso a telefones celulares e à Internet significa que eles estão expostos a uma variedade muito maior de culturas do que qualquer geração anterior. Eles são mais propensos a questionar a cultura das gerações anteriores e desafiar a autoridade.[2] Eles são agora a maior geração na África e estabeleceram redes sociais muito mais amplas do que qualquer coisa que os seus pais conheciam. Eles serão os futuros líderes da África, mas muitas vezes se encontram em conflito com as gerações mais velhas, e os seus valores muitas vezes ainda estão em fluxo.

Representantes de todas essas gerações podem ser encontrados em comunidades e igrejas africanas, e pode ser um desafio para eles trabalharem juntos. Eles não apenas diferem em idade e experiência, mas as suas visões de mundo e sistemas de valores são muito diferentes. Cada geração valoriza diferentes aspectos da cultura africana. Mas para que a África alcance os objetivos da *Agenda 2063*, essas gerações precisam aprender a trabalhar juntas, tanto na sociedade quanto na igreja, aproveitando o que é bom do passado para construir o futuro.

Base Bíblica e Teológica dos Relacionamentos Intergeracionais

O nosso pensamento sobre relacionamentos intergeracionais deve ser construído não apenas em nossas suposições culturais, mas em sólidos fundamentos bíblicos e teológicos. Esses fundamentos podem, então, moldar a

---

2. Maggi Payment, "Millennials: The Emerging Work Force," *Career Planning and Adult Development Journal* 24, no. 3 (2008): 23.

nossa prática. O lugar para começar é com a nossa compreensão de quem Deus é. Como vimos no capítulo 4, Deus é e sempre foi um Deus de relacionamentos. A relação entre as três pessoas da Trindade serve de modelo para as nossas próprias relações humanas, incluindo as nossas relações intergeracionais. Dentro da Trindade, as três pessoas diferentes não estão em competição, mas trabalham juntas de maneiras diferentes para alcançar os mesmos objetivos. As suas relações são caracterizadas pela igualdade, unidade e harmonia.

Quando se trata de relações intergeracionais dentro da família, da igreja e da sociedade, faríamos bem em adotar uma perspectiva trinitária, que pode ser descrita assim:

> *Todos os membros duma família são iguais em quem são como seres humanos. Cada um é igual em valor, dignidade e valor; nisso, eles espelham a igualdade que vemos entre as três Pessoas da Trindade. Por causa dessa igualdade de dignidade e valor, cada membro da família deve ser respeitado e tratado como alguém criado à imagem de Deus.*[3]

Adotar essa perspectiva não significa que os mais velhos não sejam respeitados; eles são. Mas o que isso significa é que os jovens também são dignos de respeito e não podem simplesmente ser descartados como indignos duma audiência. Se tanto os jovens como os velhos puderem manter uma perspectiva trinitária sobre os relacionamentos, evitaremos muitos mal-entendidos e muitos julgamentos errôneos.

Deus é um Deus de relacionamentos não apenas dentro da Trindade, mas também com os seres humanos. A Bíblia é o registro do seu relacionamento com aqueles que Ele escolheu como o seu povo e comissionado para trazer as suas bênçãos para o resto da humanidade. É impressionante a quantidade de imagens geracionais usadas na Bíblia para definir o relacionamento contínuo de Deus conosco. Ele é o nosso pai e nós somos os seus filhos, e Ele fala de si mesmo como "o Deus de Abraão, Isaque e Jacó," referindo-se a um relacionamento que se estende por gerações. Esse foco geracional ressalta a nossa compreensão da importância duma família transmitir os valores corretos de uma geração para a próxima, para que as sucessivas gerações confiem em Deus. Também pode valer a pena notar que, embora Deus nomeie os três patriarcas em ordem histórica, Ele não os distingue em termos de status diante

---

3. Bruce A. Ware, "The Father, the Son, and the Holy Spirit: The Trinity as Theological Foundation for Family Ministry," *Journal of Discipleship and Family Ministry* 1, no. 2.

dele. Apesar das nossas diferenças de idade, somos todos iguais aos olhos de Deus.

Deus chama aqueles que o conhecem e o amam a compartilhar a sua fé e a história do que Ele fez com a próxima geração. Esse chamado está profundamente enraizado na tradição judaica, pois a instrução de Moisés aos pais e avós da sua época deixa isso claro:

> *Estes são os mandamentos, decretos e leis que o Senhor teu Deus me ordenou para vos ensinar a observar na terra que vocês está atravessando o Jordão para possuir, para que vocês, os seus filhos e os filhos deles depois deles temam ao Senhor seu Deus enquanto como vocês vivem guardando todos os seus decretos e mandamentos que eu vos dou, e para que possam desfrutar duma vida longa. Ouça, Israel, e tenha o cuidado de obedecer, para que tudo vá bem e cresça muito na terra que mana leite e mel, como o Senhor, o Deus dos seus pais, lhes prometeu.*
>
> *Ouve, ó Israel: O Senhor nosso Deus, o Senhor é um. Ame o Senhor, seu Deus, de todo o seu coração, de toda a sua alma e de todas as suas forças. Estes mandamentos que hoje lhes dou devem estar em seus corações. Impressione-os em seus filhos. Fale sobre eles quando estiver sentado em casa e quando caminhar pela estrada, quando se deitar e quando se levantar. Amarre-os como símbolos nas suas mãos e amarre-os em suas testas. Escreva-os nos batentes das portas das suas casas e nos seus portões.* (Dt 6:1-9; veja também Sl 78:4)

A partilha de tais histórias e a transmissão da fé só podem ser realizadas no contexto das boas relações intergeracionais. Tais relações fornecem o solo no qual a passagem de valores de uma geração para outra é não apenas possível, mas também sustentável.

Uma outra verdade que às vezes é esquecida quando se trata de relacionamentos intergeracionais é encontrada na primeira carta de Paulo aos Coríntios: *Assim como um corpo, embora um, tem muitas partes, mas todas as suas partes formam um corpo, assim é com Cristo. Pois todos nós fomos batizados num Espírito para formar um corpo – judeus ou gentios, escravos ou livres – e todos nós recebemos dum Espírito para beber. Mesmo assim, o corpo não é feito de uma parte, mas de muitas.* (1 Coríntios 12:12-14)

Nesses versículos, Paulo agrupa as pessoas por etnia e status – mas esses são apenas exemplos. Eles não são os únicos grupos que podem ser identificados dentro do corpo de Cristo. Há também homens e mulheres, jovens e velhos. O argumento de Paulo é que pessoas de todas as etnias e todos os status sociais, incluindo os jovens, são membros valiosos e importantes do corpo de Cristo (veja também Mt 19:14). Além disso, precisamos lembrar que cada membro do corpo precisa de todos os outros membros do corpo (1 Coríntios 12:21-26). *"As crianças precisam dos membros adultos do Corpo de Cristo para crescer como membros frutíferos e perseverantes. Da mesma forma, os idosos e os adultos precisam que os jovens cresçam como membros frutíferos e corajosos."*[4]

Somos lembrados da natureza intergeracional da igreja primitiva quando lemos a carta de Paulo a Tito com as suas instruções para homens mais velhos, mulheres mais velhas, mulheres jovens, rapazes e escravos. Todos tinham um papel na igreja, e todos devem ser um povo de Deus, chamado para ser *"o seu próprio, ansioso para fazer o bem"* (Tito 2:14).

Deus há muito valoriza o ministério intergeracional no qual não são apenas os anciãos que instruem os jovens, mas também os jovens que instruem os idosos. Vemos isso nas palavras de Deus a Jeremias quando Ele o comissionou para ser um profeta: *"Não diga: 'Sou muito jovem.' Não tenha medo deles, porque eu estou com você e o resgatarei"* (Jr 1:7-8). No Novo Testamento, vemos a mesma situação com Timóteo, a quem Paulo escreve: *"Não deixe que ninguém o menospreze porque você é jovem, mas seja um exemplo para os crentes na palavra, na conduta, no amor, na fé e na pureza"* (1 Tm 4:12).

Em muitos aspectos, o próprio Timóteo é um exemplo dos frutos das relações intergeracionais. A sua avó e mãe lhe ensinaram as verdades da fé desde a infância (2 Tm 1:5; 3:15), e quando jovem ele foi orientado pelo apóstolo Paulo e viajou com ele (Atos 16:1-5). Timóteo então trabalhou ao lado dos outros líderes cristãos como Silas e Erasto (Atos 17:14; 19:22), e acabou recebendo responsabilidades em grandes cidades como Corinto e Éfeso (1 Coríntios 4:17; 1 Timóteo 1:2-4). Seu mentor, Paulo, poderia dizer que Timóteo *"está realizando a obra do Senhor, assim como eu"* (1 Coríntios 16:10).

Rumo às Relações Intergeracionais na África Hoje

Na África tradicional, as pessoas passavam a maior parte do tempo com aqueles que eram da sua própria geração, mas também havia muitas oportunidades de interações espontâneas com as gerações mais velhas. As crianças e os jovens conheciam os mais velhos, e os mais velhos os conheciam. Cada grupo podia observar o outro e conhecer algo do caráter de cada pessoa. A transição da

---

4. Ed Springer, "An Introduction to Intergenerational Ministry," Youthworks (2019), https://youthworks.net/articles/an-introduction-to-intergenerational-ministry.

infância para a idade adulta foi muitas vezes marcada por cerimônias e rituais em que os jovens recebiam instruções especiais nas suas responsabilidades adultas pelos anciãos da comunidade.

No ambiente urbano de hoje, no entanto, os únicos membros da geração mais velha com quem os jovens têm interação regular podem ser os seus pais e professores. Há menos oportunidades de interação com outras gerações diariamente. Embora não haja nada de errado em associar-se aos da própria geração – todos precisam fazer parte de uma rede de relacionamentos entre pares – a falta de relacionamentos intergeracionais próximos apresenta um problema, pois dificulta a transferência de valores. Também cria uma tendência para que as diferentes gerações se vejam com desconfiança mútua, e não com amor e compreensão. Os mais velhos desconfiam dos jovens e reclamam que eles não seguem os conselhos dos mais velhos. Enquanto isso, os jovens estão frustrados porque sentem que as gerações mais velhas estão tentando ajustá-los a um mundo que não existe mais. Para que a *Agenda 2063* da União Africana seja eficaz e sustentável, é necessário construir conscientemente relações intergeracionais. O que se segue são algumas sugestões de como isso pode ser feito.

Transferindo valores

Palestras e sermões não são suficientes para garantir que os valores sejam transmitidos de uma geração para a outra, pois os jovens são expostos a contra-influências ainda mais poderosas em seu mundo ao seu redor e na mídia. De longe, a melhor maneira de ensinar moral e ética aos jovens é modelá-los no contexto dos relacionamentos.[5] A moralidade e a ética não podem simplesmente ser ensinadas; eles devem ser capturados, como vírus, por meio de relacionamentos intergeracionais. As gerações mais velhas devem estar preparadas para passar tempo com os mais jovens e demonstrar o que significa viver de acordo com os valores que pregam. Tal modelagem não é fácil, pois requer viver consistentemente em todos os momentos. Também requer humildade. As gerações mais velhas toleraram condutas que não nos ajudarão a alcançar as metas da Agenda 2063. Quando os jovens chamam a atenção para isso, os mais velhos podem precisar ouvir e se arrepender! Eles podem fazer isso com a certeza de que, ao modelar deliberadamente os valores,

---

5. Albert Bandura, "Modeling Theory: Some Traditions, Trends, and Disputes," in *Recent Trends in Social Learning Theory* (Cambridge, MA: Academic Press, 1972), 35–61.

podem ter um efeito profundo na fé, no desenvolvimento social, acadêmico e moral dos jovens.

Transferindo oportunidades

Se alguém deseja que a geração mais velha seja um modelo para a geração mais jovem, é importante oferecer oportunidades para que as gerações sirvam juntas ou lidem com uma questão moral juntas. É à medida que as pessoas trabalham juntas em projetos comunitários que as gerações entram em contato e aprendem umas com as outras. Muitas vezes, porém, tendemos a pensar em termos de "projetos de jovens" ou "projetos de mulheres" e compartimentar o serviço para que haja poucas oportunidades para as gerações servirem lado a lado. A comunidade intergeracional precisa ser estabelecida como um valor central.

Há muito espaço para a cooperação intergeracional em oposição à corrupção e à má governança. Esses males afetam a todos na comunidade e, portanto, são intergeracionais nos seus efeitos, portanto, precisam ser abordados no contexto das relações intergeracionais. Abordá-los não deve ser deixado para indivíduos isolados ou para membros de apenas uma geração. Um exemplo de como as gerações podem trabalhar juntas contra a corrupção vem do norte da Nigéria, onde um grupo comunitário presidido por jovens defendeu a remoção dum senador em exercício devido a alegações verificadas de práticas corruptas e apropriação indevida de fundos. Inicialmente, foram os jovens que pressionaram por isso, mas quando explicaram a sua posição aos mais velhos da comunidade e deram provas da corrupção do senador, jovens e velhos trabalharam juntos sem levar em consideração as suas diferenças geracionais e alcançaram o seu objetivo comum. Se o poder das relações intergeracionais pode funcionar no norte da Nigéria, também pode funcionar em muitas outras partes da África.

Incentivando a participação

Os jovens não devem ser vistos apenas como agentes que realizarão os planos dos outros. Há muitos que os tratam dessa maneira sem se preocupar com o seu bem-estar a longo prazo. Mas tratar as pessoas como ferramentas está muito aquém do amor cristão. Nem os jovens devem ser vistos apenas como participantes das atividades projetadas para eles por outros, não importa quão bem-intencionados sejam esses outros. Como ilustra o exemplo da Nigéria, os jovens devem ser participantes ativos na iniciação, planejamento e execução dos projetos. Em outras palavras, eles devem ter voz para decidir o que fazer e como deve ser feito. Se os jovens forem meramente consultados e todas as decisões e políticas forem tomadas por outros, os jovens não assumirão qualquer responsabilidade pelo resultado. Mas se eles fizeram parte das decisões e da implementação, eles aprenderão a assumir a responsabilidade pelo resultado.[6]

Quando nossa cultura nega aos jovens oportunidades de envolvimento com adultos e pais no trabalho para a África que queremos, eles saem para o mundo adulto despreparados relacional, mental e moralmente para os desafios da vida adulta. Os relacionamentos intergeracionais podem fornecer oportunidades realistas de orientação e responsabilidade, ao mesmo tempo em que capacitam os jovens.

Reconhecendo os dons

Cada geração tem dons que pode dar à outra, mas muitas vezes entendemos mal ou fazemos suposições sobre os dons uns dos outros. A geração mais velha pode presumir que os dons da geração mais jovem levarão anos para amadurecer e, assim, pode impedir que os jovens exerçam esses dons de maneira que levem ao uso maduro deles. Por outro lado, a geração mais jovem pode pensar que as ideias da geração mais velha não são mais relevantes hoje. Os seus olhos também devem ser abertos para os dons dos mais velhos. Numa aldeia as gerações estariam em contato próximo; nas cidades é mais fácil para os jovens existirem como uma coorte completamente separada e conhecerem pouco os dons da geração mais velha, e vice-versa. Mas a única maneira das gerações descobrirem e compartilharem os seus dons umas com as outras é se os jovens e os mais velhos passarem tempo juntos.

Reconhecer e trabalhar com organizações orientadas para a juventude

Um estudo recente sobre liderança cristã africana no Quênia, CAR e Angola mostrou a enorme influência das organizações juvenis.[7] Algumas são organizações internacionais como a *International Fellowship of Evangelical*

---

6. Ver Jones Adu-Gymafi, "Young People's Participation in Public Policy Formation: A Case Study of the National Youth Policy of Ghana," Tese de doutorado apresentada na Universidade de Londres, 2013.

7. Nupanga Weanzana, "Word and Deed: Patterns of Influential African Christian Organizations," in *African Christian Leadership: Realities, Opportunities, and Impact*, eds. Robert J. Priest and Kirimi Barine (Carlisle: Langham Global Library, 2019).

Students (IFES), que trabalha na África há muitos anos, mas outras são organizações locais. É bem sabido que a maioria dos líderes cristãos africanos testemunham que as suas vidas foram profundamente influenciadas por tais organizações, bem como pela igreja e coros a que pertenceram na sua juventude. As organizações juvenis são os lugares onde os jovens podem aprender habilidades básicas de liderança. A importância dos coros também não deve ser negligenciada.[8] Muitos jovens pertencem a corais onde socializam, aprendem verdades bíblicas e discutem questões sócio-políticas – muitas vezes nas palavras das canções. A música é um ministério que não deve ser negligenciado ao estabelecer relações intergeracionais.

Obstáculos às Relações Intergeracionais

Ouvir as vozes dos jovens exigirá uma mudança cultural. Os anciãos africanos normalmente não consultam os jovens. Os jovens também terão que aprender a comunicar as suas ideias de forma clara, sem deixar de respeitar as gerações mais velhas. Tais mudanças podem ser difíceis, mas o lugar ideal para elas começarem é na igreja, onde o padrão trinitário de relacionamentos estabelece uma base sólida para relacionamentos intergeracionais intencionais, e o modelo do corpo de Cristo nos lembra que cada membro é importante e tem algo para contribuir. As gerações mais velhas têm anos de experiência e conhecimento prático para se basear; os jovens podem contribuir com o seu conhecimento da cultura contemporânea e da tecnologia, bem como com a sua energia.

Mas não é apenas a cultura tradicional que pode impor uma barreira à comunicação entre gerações. Às vezes também há uma barreira linguística! Os jovens podem ter um vocabulário diferente e conceitos de referência que não são familiares aos mais velhos. Eles podem usar formas de tratamento que os seus mais velhos percebem como desrespeitosas sem a intenção de fazê-lo. Este é certamente um caso em que ambas as partes devem levar a sério as palavras de Tiago: *"Todos sejam prontos para ouvir, tardios para falar e tardios para se irar"* (Tg 1:19). A comunicação é possível se ambos os lados estiverem dispostos a tentar.

A melhor maneira de superar esses obstáculos é a liderança demonstrar o seu próprio compromisso com as relações intergeracionais. Outros seguirão o exemplo dos líderes. Também é aconselhável que os líderes iniciem o processo

---

8. Veja a seção sobre empoderamento por meio de coros e música em H. Jurgens Hendriks' Capítulo "Empowering Leadership: A New Dawn in African Christian Leadership," em *African Christian Leadership*.

lentamente. As relações intergeracionais levam tempo para se desenvolver. A confiança precisa ser construída e não pode florescer da noite para o dia. Devemos também estabelecer estruturas de prestação de contas e apoio que sustentem as relações intergeracionais e um fluxo livre da comunicação entre as gerações. Essas estruturas são especialmente importantes, pois na maioria das culturas africanas, os jovens não podem responsabilizar os adultos. Mas a responsabilidade intergeracional exige que nos responsabilizemos mutuamente pela forma como obtivemos a nossa riqueza, as nossas posições etc. Devemos estar dispostos a responder a perguntas difíceis uns dos outros, especialmente quando suspeitamos de práticas malignas por parte de alguns membros da comunidade.

Finalmente, é importante que as congregações compreendam o pensamento bíblico e teológico subjacente aos relacionamentos intergeracionais e entendam que o compromisso com tais relacionamentos é parte do seu chamado cristão e um elemento importante na cultura do respeito em muitas comunidades. Uma compreensão bíblica clara do relacionamento intergeracional aumentará a sustentabilidade do nosso trabalho conjunto para combater a corrupção e a má governança na África, permitindo que as comunidades respondam como cristãos bíblicos e não apenas como cristãos culturais.

Conclusão

O papel das relações intergeracionais intencionais na transmissão de valores na comunidade é crucial para o continente africano, especialmente porque mais de 50% da população da África tem menos de vinte e cinco anos. A discussão abrangente das relações intergeracionais com o objetivo de alcançar um entendimento comum das nossas responsabilidades mútuas nos fortalecerá em nossa luta contra a corrupção e contribuirá para alcançarmos os objetivos da *Agenda 2063*.

Perguntas

1. Como os relacionamentos intergeracionais podem ser aprimorados na sua comunidade, igreja ou esfera de influência?
2. Discutir como as relações intergeracionais podem ser usadas para promover a responsabilização na obtenção da África que queremos.
3. Quais são as oportunidades e desafios na sua igreja e comunidade em relação aos relacionamentos intergeracionais?

Leitura Adicional

Alber, Erdmute, Sjaak van der Geest, and Susan Reynolds Whyte, eds. *Generations in Africa: Connections and Conflicts*. Berlin: LIT Verlag, 2008.

Hines, P. M., N. Garcia-Preto, M. McGoldrick, R. Almeida, and S. Weltman. "Intergenerational Relationships across Cultures." *Families in Society* 73, no. 6 (1992): 323–338.

Hoffman, Jaco. "What Motivates Intergenerational Practices in South Africa?" *Journal of Intergenerational Relationships* 1, no. 1 (2003): 173–176.

Larkin, Elizabeth, and Dov Friedlander. *Intergenerational Relationships: Conversations on Practice and Research across Cultures*. Binghampton, NY: Haworth, 2004.

Onyango, K.-M., and P. Onyango. *The Sociology of the African Family*. New York: Longmans, 1984.

Priest, Robert J., and Kirimi Barine. *African Christian Leadership: Realities, Opportunities, and Impact*. Carlisle: Langham Global Library, 2019.

Part 3

Teologia Pública e a Igreja

Muito do que foi dito até agora envolve ação de indivíduos e igrejas, mas agora é hora de focar especificamente no papel da igreja na transformação da África. Portanto, esta seção contém uma visão geral da situação da igreja na África e um capítulo sobre como começar a mobilizar a igreja africana.

Tanto esta seção quanto o livro como um todo alimentam o capítulo final com seu apelo apaixonado para a igreja orar e agir. Este livro não terá alcançado o seu propósito se for apenas lido e não posto em prática para promover o reino de Deus e transformar a África e a igreja na África.

27

Cristianismo e a Igreja em África

Matthew Michael

O Cristianismo ocupa um lugar importante na história cultural, desenvolvimento político e paisagem religiosa do continente africano. De Nairóbi a Ndjamena, do Cairo à Cidade do Cabo, há marcas visíveis da presença cristã na arquitetura das cidades emergentes e nos marcos dos subúrbios. Adesivos cristãos aparecem em caminhões e táxis, cartazes de cruzadas em outdoors e paredes descuidadas de prédios públicos, e um milhão de placas anunciam igrejas em megacidades e guetos africanos. Esses sinais visuais da presença cristã no continente são complementados pelos sons de cantos e pregações cristãs dos alto-falantes erguidos nas paredes das igrejas em quase todas as cidades africanas, as batidas dançantes de Makossa da música gospel nas ondas de rádio de muitas estações de rádio africanas, e os desfiles e celebrações cristãs em aldeias e cidades africanas.

Os motivos cristãos também são populares nos dramas de Nollywood e nos testemunhos de milagres e curas cristãos que podem ser ouvidos em muitos programas de televisão africanos. Há também orações agressivas em vigílias noturnas pentecostais mensais e invocações emocionais dos salmos imprecatórios nas Igrejas Independentes Africanas. A fé cristã tem claramente alta visibilidade social nas comunidades africanas.

Apesar dos bolsões de resistência violenta ao cristianismo, ele encontrou um lar nos corações calorosos do povo africano, e a Bíblia desempenhou um papel formidável na formação da sua consciência religiosa. O cristianismo não se limitou a registrar a sua presença em toda a extensão do continente africano; também levou à reengenharia social e à transformação cultural das comunidades africanas por meio da educação das elites, do empoderamento do povo africano e da reconfiguração das identidades culturais do povo africano em linhas religiosas. Nos últimos anos, o cristianismo africano também foi exportado para a Europa e América do Norte e tem uma importância crescente entre os africanos na diáspora.

Neste capítulo, consideraremos os paradoxos e tendências na expressão moderna do cristianismo africano.

Algumas Definições

Antes de lidar com o tópico mais amplo, pode ser útil distinguir entre o cristianismo na África e o cristianismo africano, baseando-se na distinção feita pelo estudioso sul-africano Tinyiko Maluleke:

> *Embora esses dois sejam frequentemente usados de forma intercambiável, talvez devam ser distinguidos. A primeira parece aludir ao impacto do cristianismo na África e talvez da África também no cristianismo. A segunda parece ir mais longe e sugere que uma forma peculiarmente africana de cristianismo emergiu e que tal forma é observável e descritível como tal. É importante que as discussões sobre o cristianismo africano mantenham ambos os sentidos em vista o tempo todo.*[1]

Neste capítulo, tentei manter em mente as palavras de Maluleke e descrever tanto o cristianismo africano quanto o cristianismo na África.

Os Paradoxos do Cristianismo Africano Moderno

A calorosa recepção do cristianismo pelos povos africanos resultou num aumento geométrico no número de adeptos da fé em todo o continente africano e afetou as redes sociais e as identidades religiosas dos povos africanos. No entanto, há pelo menos seis elementos paradoxais na expansão do cristianismo africano no continente africano.

1) O cristianismo africano não conseguiu transformar os destinos econômicos do continente africano.

Apesar da enorme influência do cristianismo e da boa vontade corporativa em relação a ele entre o povo africano, a África ainda sofre inúmeros problemas econômicos. A imagem da África com a maior moeda no resto do mundo é a duma área de desastre político e econômico: o continente das ditaduras,

---

1. Tinyiko Sam Maluleke, "Of Africanised Bees and Africanised Churches: Ten Theses on African Christianity," *Missionalia* 38, no. 3 (2010): 373.

corrupção, opressão, guerras civis, golpes, refugiados, conflitos étnicos, barbárie e genocídio. As estatísticas e as vinhetas da pobreza escandalizam o observador informado que conclui que a África está presa numa espiral de declínio econômico quando grande parte do resto do mundo está alcançando um crescimento notável.²

A presença da Igreja em África contribuiu pouco para o poder econômico das pessoas comuns. As taxas de pobreza dispararam na maioria das sociedades africanas, e a miséria tornou-se a marca registrada dum continente com uma presença cristã avassaladora. É irônico que a igreja em muitas partes da África viva em aparente riqueza, enquanto a maioria dos seus membros suporta pobreza, miséria e carência. Como diz Maluleke,

> *Embora os pobres possam não ser a voz oficial e formal no cristianismo africano, os seus números absolutos os tornam a face viva do cristianismo africano. . . . Isso significa que o cristianismo africano é um cristianismo dos pobres, das mulheres, dos negros e das classes baixas. É um cristianismo de ironia no sentido de que, embora ostentando números, é o menos poderoso que engrossa as suas fileiras.*³

Reconhecidamente, a igreja capacitou alguns dos seus membros a se engajar no comércio, desenvolver habilidades vocacionais e adquirir conhecimento empresarial. Mas a maioria dos membros da igreja ainda é pobre, e a pobreza se tornou o albatroz no pescoço da igreja africana.

2) A influência da igreja cresceu à custa do estabelecimento de indústrias e empresas na África.

A igreja está presente em quase todos os cantos e recantos do continente africano, mas as empresas e indústrias são mais evidentes por sua ausência em regiões e grandes cidades da África. Há agora mais igrejas na África do que empresas e indústrias. A própria igreja tornou-se a nova indústria da África, com várias variedades confessionais e denominacionais. Parece que essa proliferação de igrejas na África moderna vem logo após o declínio de indústrias e empresas, permitindo que as pessoas redirecionem psicologicamente o seu foco e compromisso com Deus diante das duras realidades econômicas.

Existem inúmeras histórias das pessoas abandonando os seus negócios e estabelecendo ministérios ou igrejas. Assim, a busca por mais igrejas e

---

2. Kenneth Ross, "Doing Theology with a New Historiography," *Journal of Theology for Southern Africa* 99 (1997): 94–98.

3. Maluleke, "Of Africanised Bees," 376.

ministérios assumiu o centro do palco, em vez da necessidade de estabelecer novas indústrias ou buscar novas ideias de negócios para combater as duras marés econômicas.

O aumento no número de cristãos que entram no trabalho da igreja em tempo integral pode parecer uma vitória porque os ministérios, igrejas e organizações cristãs africanas têm os trabalhadores de que precisam para manter as suas estruturas. Mas esta vitória tem um custo.

Quando a igreja trata o setor econômico como um domínio secular que está em eterna oposição ao ministério espiritual, contribui para o êxodo de trabalhadores e empresários talentosos dos setores público e econômico. Porque tantos cristãos comprometidos optaram por carreiras prósperas nos negócios e no setor público e se refugiaram atrás das paredes blindadas da igreja, há uma ausência de profissionais centrados em Cristo que possam defender a presença cristã na sociedade dominante. Assim, a igreja perdeu a capacidade de influenciar a sociedade em geral, enquanto o setor público foi privado daqueles cujos valores e ética poderiam ajudar a mudar a sociedade em geral. A ausência dos cristãos comprometidos teve um impacto de longo prazo na estabilidade e florescimento dos setores econômicos.

3) O cristianismo africano falhou em buscar um manifesto político claro que pudesse contribuir para definir a transformação da sociedade.
Sem dúvida, há muitos casos do romance do cristianismo africano com a política, mas os cristãos não têm vontade política e poder para transformar a política da sociedade africana. Reconhecendo esse problema, Desmond Tutu observou corretamente que na África muitas vezes *"não há teologia do poder diante da epidemia de golpes e regime militar"*. Infelizmente, neste ambiente hostil, a humanidade das pessoas é *"constantemente minada por uma religiosidade patológica e por uma autoridade política que esculpiu muita liberdade pessoal sem muita oposição da Igreja."*[4]

Essa situação é paradoxal, pois, como observou o estudioso ugandense Emmanuel Katongole: *"A leitura das Escrituras não é apenas um exercício piedoso, mas um exercício político, e até mesmo uma forma subversiva de política."*[5] Em outras palavras, a própria leitura da Bíblia deve levar os cristãos a desafiar a "política de sempre", mas infelizmente esse ponto escapou da igreja africana.

---

4. Desmond Tutu, "Black Theology and African Theology: Soulmates or Antagonists?" *Journal of Religious Thought* 2 (1975): 42.

5. Emmanuel Katongole, *A Future for Africa: Critical Essays in Christian Social Imagination* (Scranton, PA: University of Scranton Press, 2005): 88–89.

Nesse contexto, é importante reiterar a significativa sinergia cultural entre as instituições religiosas e o Estado na visão do mundo tradicional africana. Ben Knighton diz,

> *A característica da religião tradicional africana sempre foi que ela é inseparável da política tradicional, mas a intervenção ocidental tanto para criar estados dessacralizados quanto igrejas que desafiavam as normas culturais significava que a separação entre política e religião era ainda mais cruel por não ser natural. As igrejas tradicionais muitas vezes conscientizaram os seus membros a não misturar religião e política, geralmente com o efeito de estabilizar o estado colonial. A dicotomia teológica, portanto, precisa ser resolvida sem desmoronar a fé cristã em mero serviço do Estado.*[6]

Nos últimos anos, a maioria das igrejas na África reconheceu a ineficácia duma estratégia passiva e retoricamente insistiu na necessidade da participação política individual e coletiva da igreja e os seus membros na política dominante. No entanto, eles foram incapazes de mudar concretamente os processos políticos da maioria dos países africanos de forma significativa. A igreja é amplamente vista como politicamente irrelevante porque a sua influência comunal não se traduziu numa transformação concreta da direção política da sociedade africana. A Igreja pouco fez para aprofundar a cultura democrática, apoiar a igualdade e os direitos humanos, promover o estado de direito ou proteger os direitos das minorias, nem insistiu na necessidade de responsabilização das elites políticas.

Para dar um exemplo, a presença da igreja na África não afetou a próspera corrupção corporativa e individual que caracteriza a maioria dos países da África. Na verdade, a corrupção é generalizada mesmo dentro da igreja. Embora o compromisso patológico de políticos africanos com práticas corruptas tenha se tornado uma realidade perturbadora, a igreja africana falhou amplamente em erradicar a corrupção entre os seus membros ou trabalhar para a transformação dos valores que levam à corrupção e práticas antiéticas.

4) A igreja africana manteve em grande parte posições doutrinárias conservadoras, mas Oseus valores conservadores não se traduziram na prática de ideais éticos que poderiam transformar a sociedade africana.
A igreja geralmente tem tomado uma posição firme e conservadora em questões da sociedade moderna. Infelizmente, essa posição é amplamente limitada a

---

6. Ben Knighton, "Issues of African Theology at the Turn of the Millennium," *Transformation* 21, no. 3 (2004): 150.

declarações doutrinárias que não são espelhadas nas práticas dos cristãos africanos. Por exemplo, a igreja africana desaprova o uso de preservativos, a prática da poligamia, o uso de ervas e medicamentos tradicionais e o patrocínio de instituições tradicionais de orientação. Mas, na realidade, todas essas práticas prevalecem dentro dos muros da igreja africana. Assim, enquanto a liderança da igreja africana é conservadora ena sua posição confessional, os membros da igreja muitas vezes rejeitam as posições oficiais da igreja.

5) A igreja africana é altamente supersticiosa.
O cristianismo africano é geralmente uma reencenação moderna da espiritualidade medieval com toda a sua parafernália, suposições, rituais e ideologias. Os membros da igreja são amplamente acríticos do clero e obedecerão às "palavras de Deus" da boca de sacerdotes, pastores e profetas autoproclamados sem buscar orientação da Bíblia. A própria Bíblia é reverenciada como a palavra de Deus, mas as palavras dos profetas modernos recebem quase o mesmo peso.

O envolvimento literal e superficial com a Bíblia não permitiu uma conversa mais profunda sobre a sua teologia. Raramente se ouve um debate ou conversa bem informado sobre o texto da Bíblia; antes, uma rápida referência às palavras de um "homem de Deus" ou à veracidade dum milagre feito por um "homem de Deus" é considerada suficiente para resolver qualquer assunto. As pessoas raramente se envolvem em estudos aprofundados da Bíblia para sustentar uma posição teológica; antes, as palavras dum "homem de Deus" são percebidas como sagradas e sacrossantas.

A idolatria do clero, especialmente da marca pentecostal, contribuiu para o caráter acrítico dos membros da igreja, muitos dos quais submeteram as suas mentes aos caprichos dos chamados "homens e mulheres de Deus". De facto, a maioria dos cristãos africanos confia cegamente em seus pastores e não cumpre o importante dever de checar os ensinamentos e teologias das suas igrejas e as suas crenças denominacionais. Essa docilidade significa que os cristãos africanos carecem duma disposição crítica e não desafiam os ensinamentos heréticos e antibíblicos que começaram a entrar na igreja africana.

A falta de crítica da igreja africana apresenta um problema, uma vez que a igreja africana e a sua forma de cristianismo estão prestes a ser a próxima cristandade. É necessário que os cristãos africanos estejam vigilantes na proteção do cristianismo bíblico.

6) **A igreja africana tem uma orientação sobrenatural e está mais interessada na causação espiritual e sobrenatural do que na causação físico-social e concreta.**
As igrejas na África gostam de "ligar o espírito de pobreza". Ao fazer isso, eles desviam a atenção das massas africanas das causas sócio-políticas da sua pobreza perpétua. Em vez disso, as igrejas realizam sessões de libertação e cultos para exorcizar o espírito de pobreza ou expulsar os espíritos ancestrais que se acredita serem responsáveis pela incapacidade da maioria dos africanos de desfrutar de vida abundante. Essa orientação alimenta intermináveis vigílias noturnas, jejuns e reuniões de oração onde os espíritos malignos são expulsos e as pessoas são libertadas dos poderes malévolos desses espíritos.

Infelizmente, nenhuma atenção é dada às raízes políticas da pobreza, como votar num governo ruim e políticas econômicas ineficazes. Os acidentes rodoviários fatais são atribuídos a demônios e espíritos malignos, e não as estradas ruins, excesso de velocidade ou negligência individual. As mesmas atitudes atendem ao tratamento das doenças, que muitas vezes são vistas como obra dos espíritos malignos que buscam sabotar a saúde do povo africano. Não há ênfase suficiente nas causas naturais das doenças e enfermidades. Embora a causa física possa ser reconhecida no diagnóstico de doenças físicas, a prioridade é frequentemente dada às suas origens espirituais ou sobrenaturais. Essa atitude não estimula o pensamento e o raciocínio científicos porque o mundo empírico e as suas leis científicas são ignorados ou meramente reconhecidos passivamente, enquanto o mundo dos ancestrais e dos espíritos é considerado como o mundo real e concreto.

Essa interpretação dos fenômenos naturais também afeta a compreensão dos africanos sobre as atividades agrícolas Em vez de buscar as causas lógicas e naturais de quebras de safra e epidemias, eles culpam as más colheitas nas atividades das bruxas que dizem ter enviado pragas de insetos, vírus e bactérias para destruir a colheita. Outra narrativa popular em tempos de peste, fome e fracasso na colheita é que Deus está punindo a igreja ou seu povo por os seus pecados. O castigo divino é pregado em sermões e discutido em conversas públicas e privadas.

O pensamento padrão da igreja africana é buscar as causas espirituais de todos os infortúnios ou males. Essa mentalidade não incentiva o estudo empírico e científico para encontrar soluções apropriadas. Assim, a igreja africana nesta era moderna ainda defende interpretações, diagnósticos e análises supersticiosas dos fenômenos naturais.

É certo que os entendimentos científicos da causa natural da malária, quebra de safra e epidemias são frequentemente reconhecidos, mas a maioria dos africanos ainda pensa dentro do universo mítico dum mundo pré-moderno, onde espíritos e forças do mal são a única causa de desastres e infortúnios no mundo. Neste mundo dos espíritos malignos, as atividades dos demônios são impedidas pelas orações e, portanto, a mentalidade dominante é que a oração agressiva é a única chave para o desenvolvimento e transformação da sociedade. Essa perspectiva informa as orações barulhentas, a disposição agressiva, o caráter contencioso, a teologia de "comandar a Deus" e a mentalidade de guerra no dizer das orações. Em muitos lugares da África, as orações silenciosas são consideradas uma indicação do cristianismo morto, enquanto as agressivas são consideradas uma espiritualidade vibrante, dada a mentalidade de que as forças agressivas dos espíritos malignos devem ser confrontadas pela oração agressiva. De acordo com esse pensamento, precisamos confrontar os espíritos malignos em orações agressivas enquanto oramos pelas pessoas no governo.

Infelizmente, a mentalidade que promove o protesto agressivo contra os maus espíritos não traduz essa agressão em confronto de mau governo, má liderança, os maus políticos e o caráter disfuncional da maioria dos cargos públicos na África. Há uma desconexão entre as nossas orações agressivas e o nosso fracasso em protestar contra a má governança que reduziu o povo africano a indigentes e os deixou na miséria em seus próprios países. Lidamos com espíritos malignos, mas não temos uma agenda clara para lidar com o mau governo.

Tendências, Padrões e Trajetórias

Além dos paradoxos discutidos acima, existem certas tendências na África que vêm das interações convergentes de padrões específicos. Quatro desses padrões precisam ser enfatizados.[7]

Primeiro, um padrão importante na descrição do cristianismo africano moderno é sua associação com o empreendimento missionário. Os missionários ocidentais que vieram para o continente africano nos séculos XVIII e XIX contribuíram para o plantio das igrejas africanas. Mesmo que o empreendimento missionário tenha estado sob sério escrutínio e crítica nos últimos tempos, deve ser creditado com o sucesso e prosperidade geral do cristianismo africano moderno. O estudioso gambiano Lamin Sanneh argumenta que o empreendimento missionário trouxe o primeiro discurso teológico entre africanos e missionários, pois o envolvimento dos africanos

---

7. Para outra abordagem das tendências em África, ver Jośee Ngalula, "Some Current Trends of Christianity in Africa," *International Review of Mission* (2017): 228–240.

na tradução despertou a necessidade de debater o uso da palavra e outras considerações importantes para a compreensão da fé cristã.[8] Esse padrão tem uma presença rica na fundação das igrejas e na criação de instituições teológicas que ajudaram a nutrir o engajamento crítico com o texto bíblico. Infelizmente, o controle paternalista que os missionários exerceram sobre as igrejas que fundaram não permitiu um envolvimento rigoroso com a Bíblia e as tradições eclesiásticas recebidas.

O segundo padrão na plantação da igreja africana é a fundação das Igrejas Africanas Independentes. Isso aconteceu por causa da insatisfação geral dos africanos com a liturgia, teologia e estruturas hierárquicas das principais igrejas fundadas pelos missionários. A estranheza percebida do cristianismo missionário levou as Igrejas Independentes Africanas a procurar africanizar o cristianismo fundindo-o com certos aspectos da cultura africana. Instituições como a poligamia, novos rituais, práticas proféticas, oráculos, adivinhação e outras formas de práticas e normas tradicionais foram introduzidas no cristianismo nessas igrejas.

O terceiro padrão na história do cristianismo africano é o surgimento do pentecostalismo africano, que se tornou uma força importante no cristianismo global, pois foi empacotado e exportado para todas as partes do mundo. O estudioso de Serra Leoa Jehu Hanciles enfatizou o significado do pentecostalismo africano e especialmente a sua exportação para a Europa e a América.[9] Da mesma forma, Philip Jenkins escreveu sobre a excepcional importância do pentecostalismo na configuração e descrição dos cristianismos na Ásia, América Latina e África. Como sede da "próxima cristandade", o pentecostalismo africano afirma a sua aceitabilidade e popularidade entre o povo africano com as suas promessas de prosperidade, riqueza, cura e libertação. Essa mensagem atraiu tanto os pobres quanto os ricos, penetrando assim em diferentes classes sociais e status econômicos.

O último padrão no cristianismo africano é a convergência de orientações pentecostais e conservadoras para que tanto o pentecostalismo quanto os cristianismos conservadores busquem se fundir num novo movimento que sinaliza a harmonia de elementos conservadores e pentecostais.[10] A emergente sinergia e colaboração entre o pentecostalismo e o conservadorismo pode

---

8. Lamin Sanneh, *Translating the Message: The Missionary Impact on Culture*, 2nd ed. (Maryknoll, NY: Orbis, 2015).

9. Jehu Hanciles, *Beyond Christendom: Globalization, African Migration and the Transformation of the West* (Maryknoll, NY: Orbis, 2008).

10. Ver Damaris S. Parsitau, "From the Periphery to the Centre: The Pentecostalisation of Mainline Christianity in Kenya," *Missionalia* 35, no. 3 (2007): 83–111.

ser vista em vários níveis. A tendência atual sugere que os cristãos podem estar cansados do vazio e da superficialidade frequentemente associados ao pentecostalismo – e da secura e rigidez das igrejas tradicionais. Os impulsos ecumênicos se esforçam para fundir, harmonizar e aproveitar o melhor dessas tradições teológicas para a edificação da igreja africana.

Erros denominacionais estão começando a dar lugar num novo desenvolvimento dentro da igreja africana que pode levar à celebração do pentecostalismo nas igrejas tradicionais e ao pensamento conservador nos círculos pentecostais. Há uma nova consciência no horizonte onde o pentecostalismo reformado é bem-vindo em ambientes conservadores e as grandes verdades doutrinárias do cristianismo conservador são valorizadas dentro do pensamento pentecostal.

Há agitações silenciosas contra as inadequações das tradições teológicas em muitas partes do continente africano que criticam tanto os pentecostais quanto as igrejas tradicionais. Nas mídias sociais, por exemplo, o abuso de dízimos e ofertas ocasionou uma grande crítica tanto aos pentecostais quanto às igrejas tradicionais. Embora não esteja claro qual será o resultado, parece que essas críticas podem levar a práticas da igreja que estão mais em harmonia com os ensinamentos centrais da Bíblia. Espera-se que essa crítica à margem da igreja africana leve a uma igreja mais saudável e vibrante, onde os ganhos do pentecostalismo e os 'insights' doutrinários da teologia conservadora sejam lindamente mesclados para a edificação da igreja africana.

Conclusão

O cristianismo africano rejeita a simplificação monolítica. A diversidade das atividades missionárias, encontros coloniais, memórias culturais, histórias políticas e identidades polivalentes conspiraram para produzir uma infinidade das posições teológicas e uma entidade cultural multifacetada. É difícil descrevê-lo, vamos mapear o seu caráter, impulso e direção.

No entanto, apesar do seu caráter multidimensional, o cristianismo africano apresenta certa homogeneidade em seus padrões e características gerais. Embora esses padrões possam não estar presentes em todos os países africanos, há um reconhecimento esmagador da sua presença e significado no cristianismo africano moderno.

Perguntas

1. Os paradoxos discutidos neste capítulo estão presentes na região da África que você conhece? Pode fornecer exemplos de como eles se aplicam ou não?
2. As tendências discutidas neste capítulo estão presentes na região da África que conhece? pode fornecer exemplos de como eles se aplicam ou não?
3. Existem tendências ou paradoxos que conhece que não são mencionados neste capítulo? Se sim, quais são eles?

Leitura Adicional

Bediako, Kwame. *Theology and Identity: The Impact of Culture upon Christian Thought in the Second Century and in Modern Africa*. Oxford: Regnum, 2002.

Gifford, Paul. *Ghana's New Christianity: Pentecostalism in a Globalizing African Economy*. Bloomington: Indiana University Press, 2004.

Hanciles, Jehu. *Beyond Christendom: Globalization, African Migration and the Transformation of the West*. Maryknoll, NY: Orbis, 2008.

Katongole, Emmanuel. *A Future for Africa: Critical Essays in Christian Social Imagination*. Scranton, PA: University of Scranton Press, 2005.

Ngong, David Tonghou, ed. *A New History of African Christian Thought: From Cape to Cairo*. New York: Routledge, 2017.

28

Mobilizando a Igreja em África

Alfred uw'Imana Sebahene

Uma grande oportunidade está diante de nós enquanto nós, na África, enfrentamos o nosso maior desafio desde os dias da luta pela independência. A União Africana convocou-nos para participar na sua *Agenda 2063* e trabalhar pela "África que queremos". Como crentes, reconhecemos que, em muitos aspectos, a "África que queremos" se sobrepõe à África que Deus quer, que responderá com entusiasmo ao chamado: "Tudo o que tem fôlego louve ao Senhor" (Sl 150:6). Queremos uma África que possamos celebrar dizendo: *"Alegrem-se os céus, alegre-se a terra; . . . Alegrem-se os campos e tudo o que neles há"* (Sl 96,11–12), em vez duma África que geme e sofre. Mas qual é o papel da igreja em alcançar esse objetivo? Como pode crescer e se estender à tarefa para qual Deus nos chama?

O Propósito da Igreja

Qualquer reflexão sobre o papel da igreja na *Agenda 2063* deve começar explorando por que a igreja existe. Qual é o seu propósito na terra? A resposta a essa pergunta é dada claramente nas Escrituras: é que *"através da igreja, a multiforme sabedoria de Deus deve ser dada a conhecer aos principados e potestades nas regiões celestiais"* (Ef 3:10). Este versículo não deve ser mal interpretado como significando que a igreja fala apenas para "governantes e autoridades", pois a maneira como ela fala com eles é através da vida dos crentes, pois eles obedecem ao mandamento de Jesus de *"deixar a sua luz brilhar diante dos outros, para que eles possam vejam as vossas boas obras e glorifiquem a vosso Pai que está nos céus"* (Mt 5:16). Quando a igreja faz isso, pode ser corretamente descrita como *"povo eleito, sacerdócio real, nação santa, propriedade exclusiva de Deus, para que anuncieis as virtudes daquele que vos chamou das trevas para a sua maravilhosa luz"* (1 Pe 2:9). Este é o papel que foi predito para a igreja no Antigo Testamento (Is 42:5–7).

Ao revelar Deus ao mundo, espere-se que a igreja demonstre como as pessoas redimidas vivem em comunidade e são parceiras de Deus na sua missão. Nas palavras de Buchan: *"O mundo não a acreditar na realidade dum Deus invisível, extravagante em misericórdia, pródigo em bondade, pode empenhar-se em vermelho, até a criação, a mesma coisa, projetar a vida, lições dessa mesma bondade."*[1] Quando os cristãos africanos realmente compreenderem que Deus não criou a igreja meramente como um lugar para os crentes se reunirem, eles começarão a ter uma compreensão mais clara dos seus deveres e responsabilidades para com a África hoje e para as gerações futuras. Eles começarão a viver como uma nova comunidade chamada a encarnar os princípios do reino e, assim, ter um efeito salvador em todas as estruturas da vida.

Na África, somos abençoados que tal contribuição seja bem-vinda, pois aqui *"a religião não é relegada às esferas privadas da vida. Em todas as esferas públicas há um alto nível de hospitalidade à religião. A religião é bem-vinda na vida política, na vida econômica, nas questões ecológicas, na sociedade civil, bem como nos processos de formação da opinião pública e formulação de políticas públicas."*[2] A pesquisa realizada pelo *Africa Leadership Study* deixou bem claro que a igreja exerce enorme influência na África.[3] Não devemos dar esse privilégio como garantido nem negligenciar esta oportunidade que Deus nos deu de preparar os membros da igreja para um envolvimento ativo na esfera pública. A África que queremos não pode acontecer sem um ensino cuidadoso e diligente da verdade libertadora de Deus.

Definindo a Igreja

Embora possamos concordar prontamente sobre a natureza da missão da igreja, as coisas podem ficar um pouco mais complicadas quando perguntamos: "Mas quem ou o que é a igreja?" Existem três possibilidades. A primeira se resume na frase "a igreja não é o edifício; é o povo". Aqui o foco recai sobre

---

1. Mark Buchanan, *Your Church Is Too Safe: Why Following Christ Turns the World UpsideDown* (Grand Rapids: Zondervan, 2015), 170.

2. Nico Koopman, "Public Theology as Prophetic Theology: More than Utopianism and Criticism," *Journal of Theology for Southern Africa* 133 (2009): 118.

3. African Leadership Study, https://africaleadershipstudy.org/.

cristãos individuais que, sem dúvida, têm a responsabilidade de viver a sua fé em suas vidas diárias no trabalho, em casa e na comunidade. Em segundo lugar, a igreja é a igreja local, o grupo de crentes que se reúnem num prédio para o culto regular. Neste livro, muitas das perguntas no final de cada capítulo foram direcionadas às igrejas locais para ajudar os seus membros a discutir o que eles podem fazer para resolver os problemas locais. Conforme discutido no capítulo 10 sobre comunidades rurais, uma igreja local com um pastor e outros líderes comprometidos com a ação e o serviço pode ter um impacto positivo na sua comunidade local. Eles são os mais bem posicionados para conhecer os problemas da comunidade e, como grupo, muitas vezes podem realizar mais do que um indivíduo isolado. Este ponto é tão óbvio na África que quase não precisa ser feito, embora seja menos evidente em contextos mais individualistas. No entanto, este apelo à ação do grupo não deve ser usado como desculpa para fugir à responsabilidade individual.

Terceiro, a igreja pode ser uma denominação, como a Igreja Anglicana ou Presbiteriana. Pode ser possível para um grupo maior mobilizar recursos que pequenas congregações locais não podem acessar. Também pode ser mais fácil para um corpo maior representar os cristãos ao falar para grandes organizações e até mesmo para o governo – desde que os líderes denominacionais não sejam cooptados pelo governo, um perigo que é alertado no capítulo 20 sobre teologia e estado e no capítulo 21 sobre teologia e poder estatal.

As denominações não devem trabalhar apenas com grupos maiores. Eles também devem apoiar o ministério de igrejas locais, fornecendo conselhos e conexões internacionais do tipo que ajudaram o colégio descrito no capítulo 10 sobre comunidades rurais. Uma denominação também pode ajudar responsabilizando as igrejas e pastores locais quando os fundos são desviados ou os paroquianos explorados.

Na África existem, no entanto, muitas igrejas que existem apenas como igrejas locais, sem nenhuma supervisão maior. Em tais situações, um fardo pesado recai sobre os líderes e os membros da igreja. Cabe a eles garantir que a corrupção tão comum na África não se infiltre no seu pensamento e resulte numa igreja que não revela muito sobre a bondade de Deus para os membros da comunidade.

As igrejas que não fazem parte de nenhuma denominação, assim como todas as igrejas denominacionais, nunca devem esquecer que também fazem parte da igreja plena de Deus que abrange todos os crentes de todas as etnias em todos os continentes. Essa percepção deve nos levar a não ver outras igrejas como rivais, mas a trabalhar juntas para promover o reino de Deus. Não é que tenhamos que concordar em todos os pontos da doutrina – nossas palavras de ordem devem ser *"na unidade essencial, na liberdade não essencial, em todas as coisas, caridade".* Mas é hora de reconhecermos que uma igreja africana dividida e fragmentada dificultará as nossas tentativas de trazer a África que Deus deseja: *"A fragmentação [leva a] fadiga espiritual e falta de zelo pela ação social profética."*[4] Ela paralisa a igreja e confunde a sua mensagem. Devemos nos sentir livres para celebrar a nossa diversidade dada por Deus (veja o capítulo 4 sobre a Trindade), enquanto também estamos juntos em unidade (veja, novamente, o capítulo sobre a Trindade) para denunciar profeticamente a injustiça e pedir aos crentes que vivam a sua fé em seu contexto africano.

O que melhor caracteriza uma igreja corporativa africana em ação é o seu testemunho em praça pública, onde deve falar contra os problemas mais sombrios do continente de má governança, corrupção, injustiça socioeconômica, competição religiosa, conflitos tribais e étnicos e dominação política. Quando isso for bem feito, a igreja institucional será entendida como aquela que está respondendo e seguindo fielmente a Jesus Cristo e dando testemunho público da verdade do evangelho.

Mobilizando a Igreja

No Antigo Testamento, Deus chamou o seu povo para relacionamentos enraizados na responsabilidade, misericórdia, veracidade e obediência à sua lei. No Novo Testamento, Deus revelou a sua natureza de amor sem limites, e Jesus conclamou os seus seguidores a mostrarem amor ao próximo e aos inimigos, um amor que se revela em atos e na demonstração de misericórdia. Somos chamados a ser uma igreja a serviço da humanidade porque o Deus Triúno entrou em serviço conosco e compartilhou conosco a missão do Verbo encarnado no mundo.

Deus deu à igreja os recursos necessários para realizar a tarefa que Ele designou. Os seus dons para todos os crentes cristãos são a Bíblia e a presença do Espírito Santo em suas vidas, mas Ele também deu aos crentes individuais dons únicos que eles podem usar nas suas vocações e em suas comunidades. Assim, uma das tarefas da igreja é ajudar os crentes a identificar e desenvolver o seu dom, libertá-los para uma missão e ministério frutíferos e fiéis em todas as áreas da vida africana, e apoiá-los no seu trabalho dentro e fora das estruturas da igreja. A igreja deve fazer dos seguidores de Cristo - o povo que

---

4. B. Goba, "The Role of the Church in Moral Renewal," unpublished paper presented at the annual meeting of the Diakonia Council of Churches, Durban, South Africa, 23 June 2007.

nosso Deus os chama a ser, tanto para sua glória quanto para o bem do nosso continente sofredor.

Pastores e acadêmicos podem entender o chamado da igreja, mas como esse conhecimento deve ser comunicado aos membros comuns da igreja? A resposta é que isso pode ser feito quebrando a divisão entre o sagrado e o secular, ensinando, agindo e capacitando.

Quebrando a divisão entre o sagrado e o secular

Na raiz de muitos dos fracassos da igreja está o que é chamado de divisão sagrado-secular, que permite aos cristãos pensar que a sua fé cristã envolve apenas atos formais de devoção e piedade e não precisa transformar a sua vida e comportamento cotidianos. Em muitas igrejas, os cristãos ouvem o evangelho e experimentam o amor de Deus em Jesus Cristo, mas quando se trata de outros assuntos, eles são instruídos a ouvir o que as autoridades seculares ou políticas dizem e obedecer a lei sem questionar o local, ou governo nacional. Esse problema é tão arraigado que algumas denominações cristãs e líderes das igrejas argumentam que o púlpito deve ser usado apenas para assuntos "sagrados" e não deve ser contaminado por questões "seculares." Não é de admirar que os cristãos não tenham sido bem-sucedidos em trazer a sua fé para as suas esferas públicas!

Pastores que defendem a divisão do sagrado e do secular não podem pregar toda a palavra de Deus para o mundo inteiro, muito menos para a África. A sua incapacidade de fazer isso mina o poder do seu testemunho profético e, portanto, a sua capacidade de ministrar a este continente sofredor. Eles não podem equipar os crentes para aplicar a sua fé nos contextos em que vivem e serão incapazes de *"encarnar a mensagem cristã nas culturas africanas."*[5]

Em outras palavras, eles não serão capazes de estabelecer qualquer conexão entre a Bíblia e a teologia e o pensamento das pessoas locais, incluindo as suas visões e percepções tradicionais, com o resultado de que as Escrituras serão percebidas como irrelevantes para suas vidas.

Em suma, os pastores que se apegam à divisão do sagrado e do secular não poderão animar os cristãos que procuram compreender e apresentar uma interpretação concreta da fé cristã de acordo com as necessidades, aspirações e formas de pensamento e mentalidade já existentes das pessoas em todo o continente.

---

5. C. Nyamiti, "A Critical Assessment on Some Issues on Today's African Theology," *African Christian Studies* 5, no. 1 (1989): 10.

Ensinar sobre o chamado a ser sal e luz para a África

Pastores e professores em toda a África precisam ensinar que a igreja na África não existe apenas para salvar almas, mas também é chamada para ser sal e luz na esfera pública na África em particular. Assim, os membros da igreja precisam ser constantemente lembrados do ensino de Cristo no Sermão da Montanha:

> *Vós sois o sal da terra. Mas se o sal perde a sua salinidade, como pode voltar a ser salgado? Não serve mais para nada, a não ser para ser jogado fora e pisoteado.*
>
> *Vós sois a luz do mundo. Uma cidade construída sobre uma colina não pode ser escondida. Nem as pessoas acendem uma lâmpada e a colocam debaixo duma tigela. Em vez disso, eles a colocam em seu suporte, e ela ilumina todos na casa. Da mesma forma, deixe a sua luz brilhar diante dos outros, para que vejam as suas boas obras e glorifiquem o seu Pai que está nos céus.* (Mt 5:13–16)

As pessoas precisam aprender que a nossa fé em Cristo se manifesta através da espiritualidade pessoal, testemunho e ações. Em outras palavras, manifesta-se à medida que seguimos Jesus, prestamos testemunho e produzimos as "boas obras" que levarão à reconciliação, justiça e paz na igreja e na sociedade na África. Muitas vezes, esse testemunho é interpretado apenas em termos das nossas vidas pessoais ou domésticas, mas como os capítulos anteriores deste livro mostraram, também somos chamados a ser sal e luz em termos de democracia, cidadania e sociedade civil, pobreza, educação, ciência, saúde, meio ambiente, trabalho, economia, mídia e migração – ou em todas as áreas em que somos chamados a servir. Devemos, como diz Mugambi, ser o povo que cumpre a missão de Deus, acrescentando *"sabor e brilho ao mundo."*[6]

Agir para revelar o poder dos valores do reino

A *Agenda 2063* declara que o destino da África está nas mãos dos africanos. Por outras palavras, o desenvolvimento de África deve ser impulsionado pelo seu povo, todo o seu povo, incluindo homens, mulheres e jovens. É o povo africano que deve agir para moldar o futuro que deseja. Assim, não é suficiente apenas falar sobre os valores do reino na igreja. Se a África deve ser transformada, esses valores devem ser compreendidos e vividos na vida pessoal dos cristãos

---

6. Jesse N. K. Mugambi, *Democracy and Development in Africa: The Role of the Churches* (Nairobi: AACC, 1997).

e devem se tornar valores e ideais morais que são incorporados na maneira como vivem em sociedade.

A fé cristã não deve ser uma questão da vida devocional meramente pessoal ou privada; tem que fazer parte de todos os aspectos da vida dum crente, incluindo aqueles relacionados à vida pública. Portanto, a igreja não pode se concentrar apenas em questões espirituais, mas também deve abordar os desafios da África, incluindo os seus estilos de liderança, a distribuição desigual de riqueza e recursos, pobreza persistente, desigualdades baseadas em gênero, injustiças sociais e corrupção, abuso e uso indevido ecológico, guerra e terrorismo, para mencionar somente alguns. A igreja na África precisa abordar essas questões porque se destina a oferecer esperança pública em meio a situações de desespero e melancolia e amor público em sociedades onde a solidariedade e a compaixão públicas estão ausentes.[7]

Os valores bíblicos que os cristãos devem viver incluem compaixão pelos vulneráveis, marginalizados e oprimidos (Êx 22:22); cuidar dos pobres (Lv 23:22); promoção da justiça, por exemplo, equidade no comércio (Lv 19:36); justiça em não cobrar juros (Lv 25:36); e distribuição justa da terra (Lv 25:8–54) e pagamento dos salários justos aos trabalhadores (Ml 3:5). Estes valores são de grande importância para o desenvolvimento social, econômico e político de África e para a administração quotidiana dos negócios. Mas muitos cristãos podem não entender as suas implicações completas e, portanto, cabe à igreja ajudar as pessoas a entender as implicações das normas e valores que os cristãos trazem ao discurso público.

Esperamos que alguns dos tópicos discutidos neste livro contribuam para abrir os olhos das pessoas sobre como elas devem viver. Mas nenhum livro pode oferecer todas as respostas em nosso cenário político e econômico em mudança. Pastores que procuram adotar uma abordagem holística para as necessidades das suas comunidades, devem dedicar tempo buscando a direção de Deus para as respostas apropriadas aos desafios que o continente enfrenta.

Capacitar os leigos para se levantar e andar

Embora falemos da Igreja como um corpo, composto por clérigos e leigos, reunidos e enviados, que juntos são encarregados de continuar a obra sacerdotal de Cristo, essas palavras não são traduzidas em ação. De facto, o mal-entendido e a confusão sobre quem deve fazer o quê e como afetou profundamente a

---

7. Nico Koopman, "Some Contours for Public Theology," *International Journal of Practical Theology* 14, no. 1 (2010): 123–138.

capacidade da igreja de cumprir a sua responsabilidade de ser uma bênção para toda a humanidade. Em vez de nos vermos como irmãos e irmãs em Cristo, construímos uma sociedade de duas classes na igreja com o "clero" como governante e os "leigos" como governados. O resultado tem sido uma cultura de arrogância e direito na qual alguns líderes da igreja se sentem livres para fazer exigências aos membros da sua igreja, mas exibem uma total falta de responsabilidade para com os membros.

Muitos leigos expressaram a sua profunda raiva por esta situação que mina o crescimento mútuo no discipulado de Cristo. Também nega às pessoas a oportunidade de trabalhar lado a lado com ministros ordenados e ignora o papel único dos leigos, que estão bem posicionados para levar o evangelho aos seus mundos de vida e ao mundo do trabalho, onde raramente os ministros ordenados podem ir. É por isso que neste livro enfatizamos que a teologia pública não é apenas sobre teólogos e líderes da igreja conversando com as autoridades civis e líderes nacionais. Em vez disso, no coração da teologia pública está a igreja local e o entendimento de que todos os cristãos dessa igreja devem estar envolvidos no ministério no mundo. No passado, foram os crentes batizados que contribuíram para a evangelização da África, e hoje eles precisam continuar fazendo o bem e servindo aos outros na sociedade e no mundo em que vivem. O trabalho da igreja é *"fortalecer os crentes na sua fé e prepará-los para servirem uns aos outros e ao mundo."*[8]

Capacitar os leigos também significa atribuir-lhes papéis de liderança, pois *"os líderes leigos, independentemente do gênero, são pessoas-chave porque sustentam a vida cotidiana das congregações."*[9] Assim, a igreja precisa ajudar os membros a descobrir e usar seus dons espirituais. Também precisa nutrir e encorajar os leigos com dons de liderança, pastoreio, fé e apostolado. A igreja não levantará quadros de líderes piedosos a menos que crie comunidades de discípulos para toda a vida.

Uma maneira de capacitar líderes leigos é ampliar o nosso foco além da seleção, treinamento e desenvolvimento ministerial contínuo do clero. Esse treinamento é uma tarefa importante e que muitas igrejas têm feito bem. Mas para ter sucesso na transformação da África, a igreja também precisa se concentrar em inspirar e apoiar leigos fiéis no seu discipulado e jornada vocacional. A formação de leigos e o discipulado precisam se tornar uma

---

8. D. J. Smit, *Essays on Being Reformed: Collected Essays 3*, ed. R. Vosloo (Stellenbosch: SUN, 2009), 449.

9. Jesse N. K. Mugambi, *From Liberation to Reconstruction: African Christian Theology after the Cold War* (Nairobi: East African Educational Publishers, 1995), 5.

questão de urgência. Livros como este devem ser usados como parte deste treinamento. Mas muito mais ajuda é necessária, e precisa vir de africanos que entendem a cultura, ou seja, as circunstâncias comuns da família, trabalho e vida social em diferentes comunidades deste continente. Precisamos trabalhar para construir uma rede de cristãos que busquem a integridade nos seus empregos, nas suas profissões e nos governos locais e nacionais.

Liderar pelo Exemplo: Uma Igreja Santa

Temos falado da igreja como uma instituição pública cuja visão é atender às necessidades dos seres humanos pessoalmente e publicamente. Dissemos que a igreja deve se engajar e desafiar profeticamente os líderes políticos e comunitários em todo o continente, se quiser trazer mudanças na sociedade que beneficiem a todos. Mas, ao contemplarmos esta tarefa, também temos de reconhecer o problema que Jesus tão bem identificou para nós: *"Por que você olha para o cisco no olho do seu irmão e não liga para a trave que está no seu próprio olho?"* (Mt 7:3). Muitas vezes nos concentramos apenas no "cisco" no olho do governo e ignoramos totalmente "a trave" no olho da igreja. Mas enquanto ignoramos os problemas da igreja, o resto da sociedade não. É lamentável que, enquanto a União Africana procura transformar a África, o testemunho da Igreja na maior parte do continente seja prejudicado na arena pública por sua própria falta de integridade.

Se a igreja deve convidar as pessoas a viverem os valores cristãos na sua vida diária, então a igreja também deve viver por eles. As pessoas não viverão valores que os seus líderes não vivem. Assim, a igreja também precisa dar o exemplo como um lugar onde a ética cristã afeta a forma como a igreja é administrada, a forma como as suas finanças são administradas, como os líderes da igreja são nomeados e quais ministérios são apoiados. Se pedirmos instituições públicas competentes, profissionais, baseadas em regras e mérito para servir as nossas comunidades, então a igreja deve modelar como tal instituição deveria ser. A igreja deve ser uma comunidade de caráter e modelo para outras instituições, o seu modo de governança baseado em valores que prioriza integridade, honestidade, diligência, justiça e mordomia.[10] Não podemos exigir que a sociedade reflita o governo de Deus se a igreja não o fizer.

Tornar-se uma igreja santa requer líderes da igreja que sejam espiritualmente maduros e que vivam a sua fé em casa, na igreja, na África e no mundo. Esses líderes não confundirão o armazenamento pecaminoso de tesouros terrenos

---

10. Smit, *Essays on Being Reformed*.

com o uso permitido por Deus de bens terrenos para o bem do continente africano. As suas vidas serão caracterizadas pela humildade, uma certeza do chamado de Deus e um foco no potencial daqueles a quem servem. Jesus deve ser o seu modelo.

Conclusão: Onde a Igreja se Encaixa?

Para retornar à nossa pergunta original: onde a igreja se encaixa? Queremos enfatizar que o envolvimento da igreja na identificação da "África que não queremos" e no trabalho para "a África que Deus quer" não é uma questão de escolha ou responsabilidade legal; é uma obrigação que brota do nosso amor a Deus e ao mundo que Ele criou e ama. Tiago nos advertiu: *"Se alguém, pois, sabe o bem que deve fazer e não o faz, comete pecado para ele"* (Tg 4:17).

Deus convoca a igreja na África para compartilhar a própria missão de Cristo na África e no mundo. Ele chama a igreja para uma vida abundante e para amar como Ele nos amou. Deus chama a igreja para um serviço que inclui aplicar os princípios do evangelho à vida social e estar engajado no diálogo com a África ao redor do mundo. A igreja deve fazer essas coisas porque Deus está em diálogo com a África e o mundo na história humana.

A principal responsabilidade da igreja na África é testemunhar a Deus em Jesus Cristo através do poder do Espírito Santo de maneiras que possam ser ouvidas e compreendidas à medida que a igreja edifica o bem comum. Nosso objetivo final é ajudar a África a alcançar as sete aspirações da *Agenda 2063*, mas também é ir além desses objetivos e proclamar Cristo, *"advertindo e ensinando a todos com toda a sabedoria, para que possamos apresentar a todos [na África] plenamente maduros em Cristo"* (Cl 1:28).

Perguntas

1. O que o versículo "Vós sois a luz do mundo" (Mt 5:14) significa para você e a sua igreja? Como se relaciona com a divisão sagrado-secular?
2. Como a sua igreja local se relaciona com outras igrejas? O que pode ser feito para encorajar a cooperação em vez da rivalidade?
3. O capítulo fala sobre como tirar a trave do seu próprio olho antes de tirar o cisco do olho de outra pessoa (Mt 7:4–5). O que isso significa em termos de relações dentro da sua igreja, entre igrejas e com a comunidade ao redor?
4. Que treinamento está disponível para os leigos na sua igreja ou na sua região? Você consegue pensar em alguma maneira em que esse treinamento poderia ser feito melhor?

5. Como a sua igreja local pode preparar os seus membros para a vida na esfera pública? Por exemplo, é aceitável orar e comissionar membros que estão vendendo lenha, trabalhando como mecânicos, consertando pneus ou vendendo frutas e legumes, ou tal comissionamento é reservado apenas para aqueles em carreiras profissionais como ensino e enfermagem?

Leitura Adicional

Buchanan, M. *Your Church Is Too Safe: Why Following Christ Turns the World UpsideDown*. Grand Rapids: Zondervan, 2015.

Hendriks, H. J. *Studying Congregations in Africa*. Wellington, South Africa: Lux VerbiBM, 2004.

Khauoe, M. J. *The Awakening Giant: The African Church and Its Calling to Mission*. Wellington, South Africa: Christian Literature Fund, 2011.

Lausanne Movement. The Cape Town Commitment. https://www.lausanne.org/content/ctc/ctcommitment#capetown.

Sebahene, A. U. *Corruption Mocking at Justice: A Theological-Ethical Perspective on Public Life in Tanzania and Its Implications for the Anglican Church of Tanzania*. Carlisle: Langham Monographs, 2017.

29

Rumo à África que Deus Quer

H. Jurgens Hendriks

A *genda 2063* da União Africana tem o subtítulo *A África que Queremos*. Foi este subtítulo que inspirou as palavras de abertura de Sunday Agang no capítulo 1 deste livro:

> *Quase todos na África reconhecem que atualmente vivemos e numa África que não queremos. Não é que não amemos a África – amamos, apaixonada e profundamente. Há muitas coisas boas e belas na África e muitas coisas das quais podemos nos orgulhar em nosso passado. Mas quando olhamos ao nosso redor, vemos evidências abundantes de que nem tudo está bem na África.*

Este parágrafo se aplica não apenas à África, mas também à igreja na África. Em muitos aspectos, a igreja na África é como a Nigéria, que tem vastas reservas de petróleo, mas escassez crônica de gasolina e diesel. A igreja na África está na mesma situação: há uma igreja em cada esquina e nenhuma delas tem combustível. Por que não?

Sunday Agang identificou uma razão no capítulo 1: "Para muitas pessoas, há uma desconexão entre a sua vida cristã e o resto da sua vida, entre o mundo sagrado e o secular".

Tendemos a pensar a teologia como parte do mundo sagrado, como algo acadêmico e abstrato que trata de temas como a Bíblia, a Trindade e a identidade. Mas se essa é a nossa única compreensão da teologia, ela é muito limitada. As palavras gregas que formam a palavra "teologia" implicam que teologia são palavras ditas depois de estar na presença de Deus. É o pensar nascido dum encontro com Deus, que não é meramente um assunto privado, mas é compartilhada e posta em prática. A teologia deve levar à ação pública, e é por isso que falamos de teologia pública.

A palavra e orientação de Deus é algo precioso. É o tipo de verdade que nos liberta, a verdade que pode eliminar o câncer das nossas sociedades, abordando os males do nosso continente. Assim, nos esforçamos para dar expressão a essa palavra neste livro. Mas os livros são meras coleções das palavras numa página até criar raízes no coração dos leitores e dar frutos neste mundo. Para que isso aconteça, precisamos desenvolver o que Alan Boesak, um teólogo que desempenhou um papel importante no desmantelamento do apartheid na África do Sul, chama de *"a ternura de consciência."*[1]

A Ternura da Consciência

A teologia coloca um processo em movimento. Nasce no seio da oração, dá origem a uma espiritualidade recebida na presença de Deus e resulta em "boas obras", em ações justas e na realização do reino de Deus.[2]

A pregação, o ensino e a teologia devem ser concebidos "no deserto" ou "na montanha", isto é, na presença de Deus e não apenas na presença das outras pessoas. Se essas coisas não vêm dum encontro com Deus, elas são simplesmente uma forma de ideologia egoísta que nunca pode mudar o mundo. Somente quando entregamos as nossas próprias ideias é que as ideias do reino de Deus podem criar raízes e moldar a ação. Deixando-se crucificar, Jesus mostrou-nos o caminho.[3] Esse "jeito" é nunca usar o poder que possuímos para o nosso próprio benefício. Devemos dar ao ponto de sacrificar as nossas próprias vidas para mostrar ao mundo "o caminho".

Os primeiros cristãos eram chamados de "o povo do Caminho". Há apenas um caminho para um novo amanhecer para o nosso continente e para o mundo, e esse é o caminho de Jesus, o caminho da cruz, por exemplo, do

---

1. Allan Boesak, *The Tenderness of Conscience: African Renaissance and the Spirituality of Politics* (Stellenbosch: SUN, 2005).

2. A mesma verdade é bem explicada por Wes Granberg-Michaelson em "From Mysticism to Politics," *Oneing* 5, no. 2 (2017): 17. Assim, para o cristão, a política implica uma viagem espiritual inevitável. Mas esta não é a expressão privatizada de crença que mantém a fé em Jesus contida em uma bolha individualizada e nos protege do "mundo". A experiência da verdadeira fé no Deus vivo é sempre pessoal e nunca individual. Pelo contrário, é uma jornada espiritual que nos conecta intrinsecamente à presença de Deus, cujo amor anseia salvar e transformar o mundo. Somos chamados a estar "em Cristo", o que significa que compartilhamos – sempre imperfeitamente e sempre em comunidade com os outros – o chamado para ser a personificação do amor de Deus no mundo.

3. J. H. Hellerman, *Embracing Shared Ministry: Power and Status in the Early Church and Why It Matters Today* (Grand Rapids: Kregel, 2013); Richard Rohr, *The Universal Christ* (New York: Convergent, 2019), 139–158.

sacrifício. Como veremos, esta verdade está profundamente ancorada tanto no Antigo Testamento quanto no Novo Testamento.

Miquéias 6

Miquéias profetizou numa época em que a situação em Israel e Judá era ruim, com idolatria desenfreada e numerosos falsos profetas. O povo ansiava *"por redenção, renovação e retorno à justiça e bênção, apesar da corrupção, pobreza e violência"*[4] Eles estavam perguntando:

> *Com que me apresentarei perante o Senhor e me prostrarei diante do Deus exaltado?*
> *Irei diante dele com holocaustos, com bezerros dum ano?*
> *Será que o Senhor se agradará de milhares de carneiros, de dez mil rios de azeite?*
> *Oferecerei o meu primogênito pela minha transgressão, o fruto do meu corpo pelo pecado da minha alma?* (Miquéias 6:6–7)

A resposta do Senhor foi simples:

> *Ele mostrou a você, ó mortal, o que é bom.*
> *E o que o Senhor exige de vocês?*
> *Agir com justiça e amar a misericórdia e andar humildemente com o seu Deus.* (Miquéias 6:8)

Realmente é tão simples assim: aja com justiça, ame a misericórdia e ande humildemente *diante de Deus*. Vá a público com o que o Senhor lhe disse, isto é, com a sua teologia. O reformador João Calvino, o teólogo e político holandês Abraham Kuyper e o sul-africano Allan Boesak afirmam que agir com justiça, amar a misericórdia e andar humildemente diante de Deus levam à reforma. A imagem e semelhança da Trindade, a identidade de Cristo e o poder do Espírito Santo devem converter a nossa consciência, a nossa espiritualidade e a nossa vida.

Ora et labora é uma frase latina que há muito é usada para resumir esse processo. Significa "orar e trabalhar". Não podemos trabalhar e obter a África que queremos sem oração. É na presença do Todo-Poderoso que nos é mostrado o caminho, que somos convertidos e salvos da nossa natureza egoísta.

Como perder o nosso objetivo é claro em Gênesis. Adão e Eva tentaram evitar o Senhor escondendo-se. Eles não queriam assumir a responsabilidade

---

4. *Africa Study Bible* (Carol Stream, IL: Oasis, 2016), 1309.

pela criação. Eles preferiam o seu próprio pequeno jardim. Numa escala maior, a mesma ética é ilustrada pela construção de impérios babelianos com muros que impedem "o outro," aqueles que precisam de comida, abrigo e proteção, para que poucos privilegiados possam desfrutar dos exuberantes jardins suspensos da sua cidade.

Peter Storey usou quatro pontos para explicar o que Miquéias 6:8 implica na vida cotidiana:

> 1. *Testemunha da verdade.* Não se deixe enganar por meias verdades ou mentiras descaradas. Não minta para si mesmo ou para os outros. Proclame a verdade sem medo ou preconceito e exponha as mentiras que nos destruiriam.
>
> 2. *Amarre o quebrado.* Seguindo o exemplo de Jesus nosso Cristo, cujo nome levamos, sempre do lado das vítimas da injustiça. Não importa qual seja o seu trabalho ou vocação, deixe a sua vida ser gasta no ministério de curar os feridos e restaurar os oprimidos.
>
> 3. *Viva a alternativa.* Viva de tal maneira que a sua vida seja uma contradição visível dos sistemas sociais, políticos e econômicos que destroem as pessoas e a criação. Não pode haver chamado maior do que oferecer a sua vida como uma "imagem viva" da alternativa amorosa e justa de Deus para a sociedade e a criação.
>
> 4. *Substitua o mal pelo bem.* Trabalhe incansavelmente de maneiras não violentas e cristãs para trazer a dispensação da justiça, paz e amor de Deus onde Deus o colocar. As nossas vidas não são medidas pela nobreza da nossa tarefa, mas pela medida da nossa cooperação com o Deus que é justiça e amor.[5]

Romanos 12

No Novo Testamento e num outro contexto, as palavras de Paulo em Romanos 12 enfatizam a mesma coisa: transformação pela renovação da mente e convocação de líderes que sirvam como Cristo fez.

> *Por isso, irmãos e irmãs, exorto-vos, pela misericórdia de Deus, a oferecer os vossos corpos em sacrifício vivo, santo e agradável a Deus – este é o vosso verdadeiro e próprio culto. Não se conforme*

---

5. Peter Storey, *I Beg to Differ: Ministry Amid the Teargas* (Cape Town: Tafelberg, 2018), 131.

com o padrão deste mundo, mas seja transformado pela renovação da sua mente. Então será capaz de testar e aprovar qual é a vontade de Deus – a sua boa, agradável e perfeita vontade.

Pois, pela graça que me foi dada, digo a cada um de vocês: Não pensem de si mesmos mais do que deveriam, mas pensem em si mesmos com um julgamento sóbrio, de acordo com a fé que Deus distribuiu a cada um de vocês. Pois assim como cada um de nós tem um corpo com muitos membros, e esses membros não têm todos a mesma função, assim em Cristo nós, embora muitos, formamos um corpo, e cada membro pertence a todos os outros. Temos diferentes dons, de acordo com a graça dada a cada um de nós. Se seu dom é profetizar, então profetize de acordo com a sua fé; se estiver servindo, então sirva; se está ensinando, então ensine; se é para encorajar, então encoraje; se for dar, então dê generosamente; se for para liderar, faça-o diligentemente; se for para mostrar misericórdia, faça-o com alegria. (Rm 12:1–8)

Se você quiser ouvir esta passagem numa versão mais "aplicada", leia estes versículos em *A Mensagem*.

A África que Deus quer nascerá se formos "pessoas do Caminho". Mas não podemos encontrar o caminho certo sem a renovação da mente e a ternura da consciência. *Ora et labora* tem a chave para encontrar o caminho.

Iniciando um Movimento

Desde a nossa Assembleia Geral Anual de 2015, a NetACT está engajada dum processo de discernimento sobre como ser obediente ao chamado para se engajar na teologia pública que aborda os problemas do nosso continente. Ficou claro que deveríamos produzir um livro sobre teologia pública que possamos usar como manual nas nossas escolas teológicas. Sabíamos que o livro também deveria ser escrito de tal forma que pudesse orientar os cristãos em todas as esferas da vida sobre como ser o sal da terra e a luz do mundo em África.

Dissemos a nós mesmos repetidas vezes que isso não é a "nossa" coisa. Devemos tentar encontrar o nosso lugar num movimento muito maior. Ouvimos o grito do nosso continente, um grito como o duma mulher no parto, um grito que ecoa de costa a costa, de leste e oeste, norte e sul: pare a corrupção, dê-nos líderes servos, crie sociedades justas, tenha pena e ajude os pobres. A África é tão bonita; tem muito potencial para ser um novo Éden . . . faça alguma coisa!

Neste livro, tentamos capturar o que ouvimos na oração e nos processos de discernimento que ocorrem em nossos mais de cinquenta seminários em todo o continente. Em 2019 tivemos quatro workshops regionais em Angola, Quénia, Malawi e Nigéria onde os editores do livro apresentaram o conceito e o sonho deste livro à rede NetACT de líderes e organizações cristãs. Ouvimos e compartilhamos; oramos e planejamos com antecedência. Vinculamos as nossas discussões à publicação de 2019 African Christian Leadership, que provavelmente é o melhor estudo empírico de liderança cristã em nosso continente.[6] Este estudo confirmou sem sombra de dúvida que a África tem líderes servidores notáveis em todas as esferas da vida. A imagem e semelhança de Jesus Cristo é visível nas suas vidas. É claro que o poder do Espírito Santo operando através deles fez a diferença onde quer que estivessem. Tais líderes são fontes de esperança, esperança bíblica, em nosso continente. Em 2020 e 2021, gostaríamos de ter mais conferências específicas de cada país, onde convidamos você, os leitores e as suas organizações a manter vivo o impulso do Espírito.

A África que Deus quer e com a qual sonhamos só pode se tornar realidade através dum movimento dos seus muitos povos. Tal movimento só pode fazer diferença se for fortalecido e liderado por Deus. Quando Jesus cumprimentou os seus discípulos, Ele assegurou-lhes que todo o poder/autoridade no céu e na terra foi dado a Ele (Mt 28:18). Então ordenou-lhes: "Portanto, vão e façam discípulos de todas as nações, batizando-os em nome do Pai e do Filho e do Espírito Santo, e ensinando-os a obedecer a tudo o que lhes ordenei. E certamente estarei convosco todos os dias, até o fim dos tempos" (Mt 28:19–20). Em outro lugar, Jesus disse aos seus seguidores como o Espírito Santo os guiaria (João 14:16–27; 17:26–16:15). Em Atos 1:8, as suas palavras precisas são: "Mas vocês receberão poder quando o Espírito Santo descer sobre vocês; e sereis as minhas testemunhas em Jerusalém, em toda a Judéia e Samaria, e até os confins da terra".

Não mudaremos um continente; este livro não pode mudar um continente. No entanto, pode desempenhar um papel e contribuir para um movimento liderado pelo Espírito. Deus pode fazer acontecer.

---

6. R. J. Priest and K. Barine, eds. *African Christian Leadership: Realities, Opportunities, and Impact* (Carlisle: Langham Global Library, 2019).

Três Diretrizes para Testar um Movimento Guiado pelo Espírito

A história é um dos melhores tutores para guiar todos aqueles que querem se juntar ao movimento pela África que Deus quer. Este ponto é fortemente enfatizado pelo historiador Andrew Walls, que nos lembra que a história cristã "não é uma progressão estável e triunfante. É uma história de avanço e recessão."[7] Existe uma maneira de introduzir e expandir o cristianismo com um evangelho de prosperidade, saúde e riqueza que, a longo prazo, não transformará a sociedade, mas levará ao declínio da igreja. Em vez disso, Walls mostra a partir de dados históricos que o que é fundamental para a transformação é a consciência de que o cristianismo e a igreja são sobre Cristo.[8] A fonte da expansão cristã e o condutor da transformação é Cristo.

Tenha em mente que quando falamos da expansão cristã, não estamos falando de "movimentos de crescimento da igreja", que podem se tornar um jogo de números. O que queremos dizer com "expansão" é a expansão do reino de Deus, do reino de Cristo. Walls discute três testes-chave para a expansão cristã saudável, a saber, o teste da igreja, o teste do reino e o teste do evangelho.[9] Precisamos olhar mais para cada um desses.

O teste da igreja

O reino virá à África e ao mundo se grupos de pessoas salvas formarem grupos, trabalharem em grupos e viverem os valores do reino em grupos. Esses grupos geralmente são chamados de congregações e tendem a desenvolver os seus próprios estilos de adoração e as suas próprias liturgias e culturas. Eles vão crescer (expandir) enquanto a sua identidade for trinitária e enquanto forem comunidades de amor e serviço que se responsabilizem pelo mundo, pela criação e pelo "outro" lá fora. A história prova que o reino não é primariamente sobre salvação individual e indivíduos iluminados. É sobre o corpo de Cristo. Somente onde Jesus reina nas comunidades e se torna visível nas comunidades é que a influência dessas comunidades começa a mudar as sociedades, os países e o mundo.[10]

---

7. Andrew Walls, *The Cross-Cultural Process in Christian History* (Maryknoll, NY: Orbis, 2002), 12. See also Andrew Walls, *The Missionary Movement in Christian History: Studies in the Transmission of Faith* (Maryknoll, NY: Orbis, 1996).

8. Walls, *Cross-Cultural Process*, 9.

9. Walls, 1–26.

10. Walls, 1–13.

O teste do reino

Quando João Batista enviou mensageiros para perguntar a Jesus se ele era aquele que traria o reino de Deus, Jesus respondeu com ações que demonstravam a presença do reino:[11]

> Naquele mesmo tempo, Jesus curou muitos que tinham doenças, enfermidades e espíritos malignos, e deu vista a muitos cegos. Então Ele respondeu aos mensageiros: "Voltem e relatem a João o que vocês viram e ouviram: os cegos veem, os coxos andam, os leprosos são purificados, os surdos ouvem, os mortos ressuscitam e as boas novas é proclamado aos pobres. Bem-aventurado aquele que não tropeça por minha causa."(Lucas 7:21-23)

O sinal do reino e reinado de Deus é o desaparecimento dos principados e potestades, do mal e do pecado.[12] A obra do Espírito Santo é tão poderosa que nada pode resistir a ela. Uma das mais belas manifestações desse poder é a conversão, quando um ser humano é salvo ou, em outras palavras, revertido e restaurado a um relacionamento correto com Deus.[13]

Sabemos pela história que quando uma igreja não é um sinal do reino, na verdade se torna um contra-sinal que com o tempo leva ao declínio do cristianismo.[14] A mera retórica sobre a África que queremos não levará à transformação e à África que Deus quer. Sem comunidades centradas em Cristo que vivam pelos valores do reino da mesma forma que a luz expulsa as trevas, a transformação não acontecerá.

O teste do evangelho

Este terceiro teste é, de certa forma, o mais difícil de aplicar. O teste do evangelho refere-se ao "efeito do cristianismo sobre a humanidade como um todo, ou mais especificamente, o efeito de Jesus nas vidas individuais e nas civilizações.... O efeito de Cristo nas pessoas e nas culturas."[15] O evangelho é

---

11. Walls, 13-18.

12. Walter Wink, *Engaging the Powers: Discernment and Resistance in a World of Domination* (Minneapolis: Fortress, 1998); Walter Wink, *When the Powers Fall: Reconciliation in the Healing of Nations* (Minneapolis: Fortress, 1998); M. J. Dawn, *Powers, Weakness, and the Tabernacling of God* (Grand Rapids: Eerdmans, 2001).

13. Colin Brown, ed., *New International Dictionary of New Testament Theology* (Grand Rapids: Zondervan, 1975), 1.354.

14. Walls, *Cross-Cultural Process*, 15.

15. Walls, 18.

sobre as boas novas de que Jesus morreu e ressuscitou, que Jesus derrotou os principados e potestades e nos libertou para amar, cuidar e estender a mão. Esta é a boa notícia que mudou o mundo. O evangelho não é apenas sobre algo que vai acontecer numa nova dispensação no Dia da Ressurreição. O evangelho é sobre uma realidade que aconteceu quando o Espírito Santo foi derramado no Pentecostes e que continua a acontecer. Pergunte a qualquer um que tenha experimentado o milagre da conversão o que aconteceu. É uma alegria indescritível que nos faz querer explodir em canto e partilha.

Conclusão

Os padrões de crescimento e declínio do cristianismo nos últimos 2000 anos nos dão algumas pistas sobre o caminho a seguir, enquanto procuramos sair da situação humanamente desesperadora em nosso continente. Somos lembrados das palavras ditas à idosa Sara quando ela duvidou que conceberia um filho: "Há algo muito difícil para o Senhor?" (Gn 18:14). Da mesma forma, pouco antes da nação de Judá ir para o exílio, Jeremias comprou um pedaço da terra perto de Jerusalém porque Deus havia prometido que um remanescente retornaria à terra prometida. Falando com fé, Jeremias disse: "Ah, Soberano Senhor, você fez os céus e a terra com o seu grande poder e braço estendido. Nada é difícil demais para você" (Jr 32:17; veja também Jr 32:27). Quando Maria, a mãe de Jesus, foi informada por um anjo que ela teria um filho, ela perguntou ao anjo como isso seria possível porque ela era virgem. O anjo respondeu: "Descerá sobre ti o Espírito Santo, e o poder do Altíssimo te cobrirá com a sua sombra. . . . Pois nenhuma palavra de Deus jamais falhará" (Lucas 1:35–37). Maria respondeu com fé: "Sou serva do Senhor. . . . Cumpra-se a tua palavra" (Lc 1,38).

Se acreditarmos que nada é impossível para Deus e que Deus pode mudar o destino dum continente, teremos que responder como Maria: "Sou serva do Senhor. . . . Que a sua palavra para mim seja cumprida."

Deus pode mudar o continente, não nós. O primeiro passo de ora et labora, orar e trabalhar, é um processo de conversão contínua e aprendizado para seguir obedientemente a Cristo em todas as esferas da vida.[16]

---

16. Em 2 Coríntios 11:1–12:10, Paulo dá testemunho de como é difícil confiar que o Senhor fará o impossível. Ele dá uma visão geral dos perigos e desafios que ele teve que enfrentar em sua vida. E então, em retrospecto, Paulo compartilha o segredo que o Senhor lhe disse: *"A minha graça te basta, porque o meu poder se aperfeiçoa na fraqueza. pode descansar em mim. É por isso que, por amor de Cristo, me deleito nas fraquezas, nos insultos, nas dificuldades, nas perseguições, nas dificuldades. Pois quando estou fraco, então sou forte"* (2 Coríntios 12:9–10).

Os capítulos deste livro se concentraram em algumas das áreas mais cruciais das nossas sociedades. Eles oferecem orientação sobre o que acreditamos que a Bíblia nos ensina sobre princípios cristãos básicos que são aplicáveis nessas esferas. Apelamos aos cristãos para enfrentar a corrupção e pegar em armas contra os principados e potestades que destroem, matam e mutilam o nosso mundo.

No capítulo anterior e neste, pensamos sobre o papel da igreja. Estamos convocando a igreja a ser uma comunidade de fé, uma casa de oração, onde Deus, o Espírito Santo, pode nos transformar à imagem e semelhança da Trindade.

Ora et labora. Se a igreja for gente do Caminho, seguindo Jesus, nosso continente pode mudar. A teologia pública é sobre ser as mãos e os pés de Cristo que servem a um mundo quebrado. Ele pede sacrifício. A cruz é o único caminho para a ressurreição e renovação. Cristo triunfou sobre os principados e potestades. A África que Deus quer é possível.

Perguntas

1. O que você vai fazer com o que aprendeu neste livro?
2. Ora et labora: Como vai arranjar tempo para orar e buscar a orientação de Deus sobre o que você deve fazer?

Apêndice

Agenda 2063: A África que Queremos

A AGENDA 2063 é o modelo e plano mestre da África para transformar a África na potência global do futuro. É o quadro estratégico do continente que visa cumprir o seu objetivo de desenvolvimento inclusivo e sustentável e é uma manifestação concreta do impulso pan-africano para a unidade, autodeterminação, liberdade, progresso e prosperidade coletiva perseguido sob o Pan-africanismo e o Renascimento Africano. A génese da Agenda 2063 foi a percepção pelos líderes africanos de que havia a necessidade de reorientar e redefinir a agenda de África a partir da luta contra o apartheid e da conquista da independência política para o continente que tinha sido o foco da Organização da Unidade Africana (OUA), o precursor da União Africana; e, em vez disso, priorizar o desenvolvimento social e econômico inclusivo, integração continental e regional, governança democrática e paz e segurança, entre outras questões destinadas a reposicionar a África para se tornar um ator dominante na arena global.[1]

Este documento desempenhou um papel importante no planejamento deste livro, pois discutimos "a África que não queremos" e "a África que Deus quer". Todos os colaboradores foram aconselhados a ler a *Agenda 2063*, e pedimos a todos aqueles que usam este livro que o leiam e considerem como podem contribuir para cumprir a visão.

A versão popular completa da *Agenda 2063: A África que Queremos* está disponível em vários idiomas em https://au.int/en/Agenda2063/popular_version.

---

1. "Agenda 2063: The Africa We Want, Overview," African Union, https://au.int/agenda2063/overview.

Bibliografia

Accra Confession, The. *World Communion of Reformed Churches.* http://wcrc.ch/accra/the-accra-confession.

Acemoglu, Daron, and James A. Robinson. *Why Nations Fail: The Origins of Power, Prosperity, and Poverty.* London: Profile Books, 2012.

Achebe, Chinua. *A Man of the People.* London: Heinemann, 1966.

———. *Things Fall Apart.* London: Heinemann, 1958.

Achiron, Marilyn. *Nationality and Statelessness: Handbook for Parliamentarians* (2014). UNHCR. https://www.unhcr.org/protection/statelessness/53d8ddab6/nationalitystatelessness-handbook-parliamentarians-22.html.

Addai, William. *Reforming Leadership Across Africa.* Accra, Ghana: William Addai, 2009.

Adebisi, Y., and I. Ononye. "Untold Stories of Suffering in Government Boarding Schools." *Saturday Independent* (20 October 2018): 18–19.

Adegoke, Yemisi, and BBC Africa Eye. "Like. Share. Kill: Nigerian Police Say False Information on Facebook Is Killing People." BBC News, 13 November 2018.

Adeyemo, Tokunboh. *Africa Bible Commentary.* Nairobi: Word Alive; Grand Rapids: Zondervan, 2006.

———. *Is Africa Cursed.* Nairobi: WordAlive, 2017.

Adu-Gymafi, Jones. "Young People's Participation in Public Policy Formation: A Case Study of the National Youth Policy of Ghana." Doctoral thesis presented at the University of London, 2013.

African Commission on Human and Peoples Rights (ACHPR) and International Working Group for Indigenous Affairs (IWGIA). *Indigenous Peoples in Africa: The Forgotten Peoples? The African Commission's work on indigenous peoples in Africa.* Banjul: African Union, 2006. https://www.iwgia.org/en/resources/publications/305-books/2545-indigenous-peoples-in-africa-the-forgottenpeoples-the-african-commissions-work-on-indigenous-peoples-in-africa.

African Leadership Study (2016). "17 Insights into Leadership in Africa." http://www.africaleadershipstudy.org/wp-content/uploads/2016/07/AfricaLeadership_17Insights_v6.2.pdf.

African Union. *Agenda 2063: The African We Want.* Addis Ababa: African Union, 2015. https://au.int/en/Agenda2063/popular_version.

Africa Study Bible. Carol Stream, IL: Oasis, 2016.

Agoro, Saviour Nathan A. "A Study of Selected Themes in Christian Drama in Nigeria." 2002. http://www.globalacademicgroup.com/journals/the%20nigerian%20academic%20forum/Saviour14.pdf.

———. "The Notion of Christian Comedy." *Kiabara: Journal of Humanities* 17, no. 1 (2011). http://www.academix.ng/demo/search/paper.html?idd=3300014626.

Agulanna, Christopher. "Community and African Well Being in Human Culture." *TRAMES* 14 (64/59), no. 3 (2010): 282.

Akper, G. I. "The Role of the 'Ordinary Reader' in Gerald O. West's Hermeneutics." *Scriptura* 88 (2005): 1–13.

Al Jazeera English. *White Farmers Thrive in Zambia Years after Driven from Zimbabwe*, 23 November 2017. https://www.youtube.com/watch?v=5_Ym0M31MpE&vl=en.

Allen, John. *Rabble-Rouser for Peace: The Authorised Biography of Desmond Tutu*. New York: Random House, 2012.

Ango, Samuel P. "Educating for Justice and Righteousness in Nigerian Society: Applying Freire's Pedagogy of the Oppressed." *International Journal of Christianity and Education* 22, no. 2 (2018): 108.

Asamoah-Gyadu, J. Kwabena. "God Is Big in Africa: Pentecostal Megachurches and a Changing Religious Landscape." *Material Religion* (29 May 2019): 1–4, 6.

———. "Hearing, Viewing, and Touched by the Spirit: Televangelism in Contemporary African Christianity." In *Global and Local Televangelism*, edited by Pradip Ninan Thomas and Philip Lee. Basingstoke, UK: Palgrave Macmillan, 2012.

Asante, Emmanuel. "Ecology: Untapped Resource of Pan-vitalism in Africa." *AFER: African Ecclesial Review* 27 (1985): 289–293.

Atta-Asamoah, Andrews. "Youth of Africa: Unemployment, Social Cohesion and Political Instability." UNICEF, Office of Research-Innocenti. https://www.unicef-irc.org/article/1060-youth-of-africa-unemployment-social-cohesion-and-political-instability.html.

Babalola, A. "The Dwindling Standards of Education in Nigeria: The Way Forward." First distinguished lecture series, Lead City University, Ibadan, Nigeria, 2006.

Bagu, Kajit J. "Plurality, Peacebuilding and Islam: Gülen Optimism and the Cognitive Justice Prism." In *The Hizmet Movement and Peacebuilding: Global Cases*, edited by Mohammed Abu-Nimer and Timothy Seidel. Lanham, MD: Lexington, 2018.

———. *Peacebuilding, Constitutionalism and the Global South: The Case for Cognitive Justice Plurinationalism*. Abingdon, UK: Routledge, 2019.

Bandura, Albert. "Modeling Theory: Some Traditions, Trends, and Disputes." In *Recent Trends in Social Learning Theory*. Cambridge, MA: Academic Press, 1972.

Baranik, Lisa E., Carrie S. Hurst, and Lillian T. Eby. "The Stigma of Being a Refugee: A Mixed-Method Study of Refugees' Experiences of Vocational Stress." *Journal of Vocational Behavior* 105 (2018): 121.

Barbour, Ian. *Religion in an Age of Science*. New York: Harper Collins, 1990.

Barrow, J. "The Variables of Leadership: A Review and Conceptual Framework." *Academy of Management Review* 2 (1977): 231–251.

Bauer, Roxanne. "How to Use Social Media to Fight Corruption." World Economic Forum, 12 December 2014. https://www.weforum.org/agenda/2014/12/how-to-use-social-media-to-fight-corruption/.

Bedford-Strohm, Heinrich. "Prophetic Witness and Public Discourse in European Societies: A German Perspective." *HTS Teologiese Studies/Theological Studies* 66, no. 1 (2010): 1–6.

Beetham, David. "What Future for Economic and Social Rights?" *Political Studies* 43 (1995).

Belhar Confession, The (September 1986). https://www.pcusa.org/site_media/media/uploads/theologyandworship/pdfs/belhar.pdf.

Benhabib, S. "Towards a Deliberative Model of Democratic Legitimacy." In *Democracy and Difference: Contesting the Boundaries of the Political*, edited by S. Benhabib. Princeton: Princeton University Press, 1996. http://www.untag-smd.ac.id/files/Perpustakaan_Digital_1/DEMOCRACY%20Democracy%20and%20difference%20Contesting%20the%20boundaries%20of%20the%20political.pdf.

Bertot, John Carlo, Paul T. Jaeger, and Justin M. Grimes. "Promoting Transparency and Accountability through ICTs, Social Media, and Collaborative E-Government." *Transforming Government: People, Process and Policy* 6, no. 1 (2012): 78–91. https://www.emerald.com/insight/content/doi/10.1108/17506161211214831/full/html.

Bethell, G. *Mathematics Education in Sub-Saharan Africa: Status, Challenges and Opportunities*. Washington: World Bank, 2016.

Bloomberg, Business Tech. "Eskom's Massive Workforce Problem: Over-Staffed and Over-Paid." (3 April 2018). https://businesstech.co.za/news/business/235299/eskoms-massive-workforce-problem-over-staffed-and-over-paid/.

Boesak, Allan. *The Tenderness of Conscience: African Renaissance and the Spirituality of Politics*. Stellenbosch: SUN, 2005.

Bolden, R., and P. Kirk. "African Leadership: Surfacing New Understandings through Leadership Development." *International Journal of Cross Cultural Management* 9, no. 1 (2009): 69–86.

Bosch, David J. *Transforming Mission: Paradigm Shifts in Theology of Mission*. Maryknoll, NY: Orbis, 1991.

Brown, Colin, ed. *New International Dictionary of New Testament Theology*. Grand Rapids: Zondervan, 1975.

Browne, Evie. "Impact of Communication Campaigns to Deter Irregular Migration." Governance and Social Development Resource Centre Helpdesk Research Report 1248, University of Birmingham, 2015. https://gsdrc.org/wp-content/uploads/2015/09/HQ1248.pdf.

Brueggemann, Walter. *Journey to the Common Good*. Louisville, KY: Westminster John Knox, 2010.

Buchanan, Mark. *Your Church Is Too Safe: Why Following Christ Turns the World Upside-Down*. Grand Rapids: Zondervan, 2015.

Campbell, John. "South African Media Recognized for Exposing Zuma on Foreign Corruption." *Council on Foreign Relations*, 12 April 2018. https://www.cfr.org/blog/south-african-media-recognized-exposing-zuma-corruption.

Casberg, C. T. "The Surprising Theological Possibilities of Virtual Reality." *Christianity Today*, 11 November 2016. https://www.christianitytoday.com/ct/2016/novemberweb-only/surprising-theological-possibilities-of-virtual-reality.html.

Castells, Manuel. *End of Millennium: The Information Age – Economy, Society and Culture*, vol. 3, 2nd ed. Oxford: Blackwell, 2000.

———. *Networks of Outrage and Hope: Social Movements in the Internet Age*, 2nd ed. Cambridge: Polity, 2015.

———. *The Power of Identity: The Information Age: Economy, Society and Culture*, vol. 2, 2nd ed. Oxford: Blackwell, 2004.

———. *The Rise of the Network Society: The Information Age – Economy, Society and Culture*, vol. 1. Oxford: Blackwell, 1996.

———. *Rupture: The Crisis of Liberal Democracy*. Cambridge: Polity, 2019.

Charles, J. Daryl, and Timothy J. Demy. *War, Peace, and Christianity: Questions and Answers from a Just-War Perspective*. Wheaton, IL: Crossway, 2010.

Chitando, E. "Equipped and Ready to Serve? Transforming Theology and Religious Studies in Africa." *Missionalia* 38, no. 2 (2010): 198.

Chitiyo, Knox. "The Struggles for Zimbabwe, South Africa and SADC: Liberation War Theology and Post-Nationalism." *The RUSI Journal* 153, no. 3 (1 June 2008): 80–86. https://doi.org/10.1080/03071840802249638.

Christian Churches Together. *What Does the Bible Say about Refugees and Immigrants?* (2013). http://christianchurchestogether.org/wp-content/uploads/2013/01/WhatDoes-Bible-Say-Disciples-of-Christ.pdf.

Christian, Jon. "HTC Thinks Virtual Reality's Killer App Could Be Christianity: Christians Adapted Radio and Rock Music. Maybe VR Will Be Next." *Futurism* (16 December 2018): 6.

Claassens, Juliana M., and B. C. Birch. *Restorative Readings: The Old Testament, Ethics and Human Dignity*. Eugene, OR: Pickwick, 2015.

Cody, A. A. *History of Old Testament Priesthood*. Rome: Pontifical Biblical Institute, 1969.

Conradie, Ernst M. "Christianity and the Environment in (South) Africa: Four Dominant Approaches." In *Christian in Public: Aims, Methodologies and Issues in Public Theology*, edited by Len Hansen, 227–250. Stellenbosch: SUN Press, 2007.

———. "Notions and Forms of Ecumenicity: Some South African Perspectives." In *South African Perspectives on Notions and Forms of Ecumenicity*, edited by E. M. Conradie, 13–15. Stellenbosch: SUN, 2013.

Cornish, Sandie. "Welcoming Christ in Refugees & Displaced Persons: Discussion Guide to the Pastoral Guidelines." Social Spiritualty (2013). https://socialspirituality.net/wp-content/uploads/2013/07/Discussion-Guide-RefugeesDisplaced-Persons-Pastoral-Guidelines.pdf.

Crawley, Heaven, Franck Duvell, Katharine Jones, Simon McMahon, and Nando Sigona. *Unravelling Europe's "Migration Crisis."* Bristol: Policy Press, 2008.

Crisp, Jeff. *Beyond the Nexus: UNHCR's Evolving Perspective on Refugee Protection and International Migration.* New Issues in Refugee Research, Paper No. 155. UNHCR: Geneva, 2008. https://www.unhcr.org/4d9349ae9.html.

Curtis, Kimberly. "'Fake News' Is Shaping Hotly Contested Elections in Kenya: The Results Could Be Deadly." *UN Dispatch*, 2 August 2017. https://www.undispatch.com/fake-news-shaping-hotly-contested-elections-kenya-results-deadly/. da Silva Almeida, L., and A. H. Rodrigues Franco. "Critical Thinking: Its Relevance for Education in a Shifting Society." *Revista de Psicologia* 29, no. 1 (2011): 178–195.

Dawn, M. J. *Powers, Weakness, and the Tabernacling of God.* Grand Rapids: Eerdmans, 2001.

Deb Roy, Rohan. "Science Must Fall? Why It Still Needs to Be Decolonised." *The Citizen*, 9 April 2018. https://citizen.co.za/talking.../1science-must-fall-why-itstill-needs-to-be-decolonised.

Dedji, Valentin. *Reconstruction and Renewal in Christian Theology.* Nairobi: Acton, 2003.

de Gruchy, J. W. *Cry Justice! Prayer, Meditations and Readings from South Africa.* London: Collins Liturgical Publications, 1986.

de Gruchy, Steve. *Keeping Body and Soul Together: Reflections by Steve de Gruchy on Theology and Development*, ed. Beverley Haddad. Pietermaritzburg: Cluster, 2015.

Dekker, H., and S. W. Wolff. "Re-Inventing Research-based Teaching and Learning." Paper presented at the European Forum for Enhanced Collaboration in Teaching, Brussels, 5 December 2016.

DeLong-Bas, Natana J. *Wahhabi Islam: From Revival to Reform to Global Jihad.* Oxford: Oxford University Press, 2004.

Dewey, J. *Democracy and Education.* New York: Macmillan, 1916. https://www.gutenberg.org/files/852/852-h/852-h.htm.

Diakonia Council of Churches. *The Oikos Journey: A Theological Reflection on the Economic Crisis in South Africa.* Durban: Diakonia Council of Churches, 2006. https://www.diakonia.org.za/wp-content/uploads/bsk-pdf-manager/39_The_Oikos_Journey_3.pdf.

Douglas, M. *Purity and Danger.* London: Routledge & Keegan Paul, 1966.

Dow, Philip E. *Virtuous Minds: Intellectual Character Development for Students, Educators and Parents.* Downers Grove, IL: InterVarsity Press, 2013.

Dube, Musa W. "Exegeting the Darkness: Reading the Botswana Colonial Bible." Presented in Atlanta at the SBL Annual Meeting, 2010.

———. *Other Ways of Reading: African Women and the Bible.* Atlanta: SBL, 2001.

Dube, Musa W., and G. West, eds. *The Bible in Africa: Transactions, Trajectories, and Trends.* Leiden: Brill, 2000.

du Preez, M. "The Socrates of Africa and His Student: A Case of Pre-Colonial African Leadership." *Leadership* 8, no. 1 (2012): 7.

Ecumenical Foundation of Southern Africa. *The Land Is Crying for Justice: A Discussion Document on Christianity and Environmental Justice in South Africa.* Stellenbosch: EFSA, 2002.

Egelhofer, Jana Laura, and Sophie Lecheler. "Fake News as a Two-Dimensional Phenomenon: A Framework and Research Agenda." *Annals of the International Communication Association* 43, no. 2 (2019): 97–116.

Estes, Steve. *I Am a Man!: Race, Manhood, and the Civil Rights Movement*. Chapel Hill: University of North Carolina Press, 2005.

Fam, Medhat. "Paulo Freire's Approach to Education." https://www.academia.edu/37432024/Paulo_Freires_approach_to_Education.

Faull, Andrew. "Corruption and the South African Police Service: A Review and Its Implications." *Institute for Security Studies Papers* 150 (1 September 2007): 20.

Fønnebø, L. "A Grounded-Theory Study of the Teaching Methods of Jesus: An Emergent Instructional Mode." PhD Dissertation 369, 2011. Digital Commons @ Andrews University Dissertations. https://digitalcommons.andrews.edu/dissertations/369.

Forster, Dion A. "Democracy and Social Justice in Glocal Contexts." *International Journal of Public Theology* 12, no. 1 (2018): 1–4.

———. "A Kairos Moment for the Methodist Church of Southern Africa? Engaging Nationalism and State Theology in the Democratic South Africa." *Methodist Review: A Journal of Wesleyan and Methodist Studies* 11 (2019): 1–23.

Forster, Dion A., and Johann W. Oostenbrink. "Where Is the Church on Monday?: Awakening the Church to the Theology and Practice of Ministry and Mission in the Marketplace." *In Die Skriflig* 49, no. 3 (2015): 1–8.

Francis (Pope). *Encyclical Letter Laudato si of the Holy Father Francis on Care for Our Common Home*. Vatican City: Vatican Press, 2015. http://w2.vatican.va/content/francesco/en/encyclicals/documents/papa-francesco_20150524_enciclicalaudato-si.html.

———. *Laudato si* (2015). http://w2.vatican.va/content/francesco/en/encyclicals/documents/papa-francesco_20150524_enciclica-laudato-si.html.

Freire, Paulo. *Education for Critical Consciousness*. New York: Bloomsbury Academic, 2013 (1967).

———. *Pedagogy of Hope*. New York: Bloomsbury, 1992.

———. *Pedagogy of the Oppressed*. New York: Seabury, 1973.

GAB. "The Global Anticorruption Blog." https://globalanticorruptionblog.com/about/.

Gabriel, E., C. Woolford-Hunt, and E. M. Hooley. "Creating a Christ-Centred Climate for Educational Excellence: Philosophical, Instructional, Relational, Assessment and Counselling Dimensions." *Catalyst* 23, no. 2 (2016).

Gambari, Ibrahim. "The Role of Religion in National Life: Reflections on Recent Experiences in Nigeria." In *Religion and National Integration in Africa: Islam, Christianity, and Politics in the Sudan and Nigeria*, edited by John O. Hunwick, 98. Evanston, IL: Northwestern University Press, 1992.

Geertz, Clifford. *The Interpretation of Cultures*. London: Hutchinson, 1975.

Gellner, Ernest. *Conditions of Liberty: Civil Society and Its Rivals*. Harmondsworth: Penguin, 1996.

Getui, Mary N., and E. A. Obeng, eds. *Theology of Reconstruction: Exploratory Essays*. Nairobi: Acton, 1999.

Gifford, Paul. *African Christianity: Its Public Role*. London: Hurst, 1998.

Giroux, H. A., and P. McLaren. "Teacher Education and the Politics of Engagement: The Case for Democratic Schooling." In *Breaking Free: The Transformative Power of Critical Pedagogy*, edited by P. Leistyna, A. Woodrum, and S. A. Sherbton, 301–331. Cambridge: Harvard Educational Review, 1996.

Gitari, David. "Church and Politics in Kenya." *Transformation* 8, no. 3 (1 July 1991): 7–17.

Gitau, Samson K. *The Environmental Crisis: A Challenge for African Christians*. Nairobi: Acton, 2000.

Global Policy Forum. "Failed States: Where Life Is Cheap and Talk Is Loose." Originally published in *The Economist* (17 March 2011). https://www.globalpolicy.org/nations-a-states/failed-states/49966-failed-states-where-life-is-cheap-and-talkis-loose.html.

Global Witness. "About Us." https://www.globalwitness.org/en/about-us/.

Goba, B. "The Role of the Church in Moral Renewal." Unpublished paper presented at the annual meeting of the Diakonia Council of Churches, Durban, South Africa, 23 June 2007.

Goris, Indira, Julia Harrington, and Sebastian Köhn. *Statelessness: What It Is and Why It Matters* (2009), 5. http://hr.law.vnu.edu.vn/sites/default/files/resources/what_is_statelessness.pdf.

Granberg-Michaelson, Wes. "From Mysticism to Politics." *Oneing* 5, no. 2 (2017): 17.

Greenfeld, Liah, and Michael Martin. *Center: Ideas and Institutions*. Chicago: University of Chicago Press, 1988.

Habermas, Jürgen. *Knowledge and Human Interest*, translated by Jeremy J. Shapiro. Cambridge: Polity Press, 1987.

Haddad, B. "Theologising Development: A Gendered Analysis of Poverty, Survival and Faith." *Journal of Theology for Southern Africa* 10 (2001): 6.

Hanciles, Jehu. *Beyond Christendom: Globalization, African Migration and the Transformation of the West*. Maryknoll, NY: Orbis, 2008.

Harding, F. "Africa and the Moving Image: Television, Film and Video." *Journal of African Cultural Studies* 16, no. 1 (2003): 71. http://www.jstor.org/stable/3181386.

Hassan, Idayat. "Nigerian Political Parties Are Weaponising Fake News." *Mail and Guardian*, 21 February 2019. https://mg.co.za/article/2019-02-21-nigerianpolitical-parties-are-weaponising-fake-news.

Hathaway, Bridget, and Flavian Kishekwa. *Included and Valued: A Practical Theology of Disability*. Carlisle: Langham Global Library, 2019.

Hauerwas, Stanley. *In Good Company: The Church as Polis*. Notre Dame: University of Notre Dame Press, 1995.

Hauerwas, Stanley, and W. H. Willimon. *Resident Aliens*. Nashville: Abingdon Press, 1989.

Hellerman, J. H. *Embracing Shared Ministry: Power and Status in the Early Church and Why It Matters Today*. Grand Rapids: Kregel, 2013.

Hendriks, H. Jurgens. "A Change of Heart: Missional Theology and Social Development." In *Religion and Social Development in Post-Apartheid South Africa*, edited by Ignatius Swart, Hermann Rocher, Sulina Green and Johannes Erasmus, 278–279. Stellenbosch: Sun Media, 2010.

———. *Studying Congregations in Africa*. Wellington: Lux Verbi, 2004.

Hinsley, F. Harry. *Sovereignty*, 2nd ed. Cambridge: Cambridge University Press, 1986.

Hochschild, Adam. *King Leopold's Ghost: A Story of Greed, Terror, and Heroism in Colonial Africa*. Boston: Houghton Mifflin, 1999.

Holmes, Stephen. "A Theology of Social Media." Ethics Daily.com (3 December 2012). https://ethicsdaily.com/a-theology-of-social-media-cms-20248/.

Hunter, S. *Black Death: AIDS in Africa*. New York: St Martin's Press, 2015.

Inyang, Ofonime. *Introduction to Theatre and Media Arts Practice: A Beginner's Guide*. Lagos: Bezeliel, 2016.

Janvier, George. *A Vision for Teaching*. Bukuru: Africa Christian Textbooks, 2018.

Jenkins, P. *The Next Christendom: The Coming of Global Christianity*. Oxford: Oxford University Press, 2002.

John Paul II (Pope). "*Veritatis Splendor*, The Splendour of Truth." Rome: Vatican, 1993.

Johnson, Bridget. "A History of Hutu-Tutsi Conflict." Thoughts.Co (7 May 2019). https://www.thoughtco.com/history-of-hutu-tutsi-conflict-3554917.

Jordan Smith, Daniel. "Corruption, NGOs, and Development in Nigeria." *Third World Quarterly* 31, no. 2 (1 March 2010): 243–258.

Kaba Ahmadu, Jacky. "Africa's Migration Brain Drain: Factors Contributing to the Mass Emigration of Africa's Elite to the West." In *The New African Diaspora*, edited by Isidore Okpewho and Nkiru Nzegwu, 109. Bloomington: Indiana University Press, 2009.

Kalabamu, F. "Patriarchy and Women's Land Rights in Botswana." *Land Use Policy* 23, no. 3 (2004): 237.

Kamlongera, Christopher F. *Theatre for Development: The Case of Malawi*. Cambridge: Cambridge University Press, 2009.

Kanyoro, Musimbi. "Culture." In *Dictionary of Third World Theologies*, edited by V. Fabella and R. S. Sugirtharajah, 62–63. Maryknoll, NY: Orbis, 2000.

Kanyoro, Musimbi, and N. J. Njoroge, eds. *Groaning in Faith: African Women in the Household of God*. Nairobi: Acton, 1996.

Kaplan, A. M., and M. Haenlein. "Users of the World, Unite! The Challenges and Opportunities of Social Media." *Business Horizons* 53, no. 1 (2010): 59–68.

Karakoc, M. "The Significance of Critical Thinking Ability in Terms of Education." *International Journal of Humanities and Social Sciences* 6, no. 7 (July 2016): 81–84. https://pdfs.semanticscholar.org/8456/db20169266fb23758413dfcf5a11aa4b3c67.pdf?_ga=2.219698974.641678238.1571334140-1774160800.1571334140.

Kato, Byang H. *Theological Pitfalls in Africa*. Kumasi: Evangel, 1975.

Katongole, Emmanuel. *Born from Lament: The Theology and Politics of Hope in Africa*. Grand Rapids: Eerdmans, 2017.

———. *A Future for Africa: Critical Essays in Christian Social Imagination*. Scranton, PA: University of Scranton Press, 2005.

———. *The Sacrifice of Africa: A Political Theology for Africa*. Grand Rapids: Eerdmans, 2011.

Keener, Craig S. *The IVP Bible Background Commentary: New Testament*. Downers Grove, IL: IVP Academic, 2014.

Kenga, C. "The Role of Religion in Politics and Governance in Kenya." Thesis submitted to the University of Nairobi for an MA in International Studies, 2014. http://erepository.uonbi.ac.ke/bitstream/handle/11295/100199/Kenga-The%20Role%20Of%20Religion%20In%20Politics%20And%20Governance%20In%20Kenya.pdf?sequence=1&isAllowed=yIbid.

Kgatle, Mookgo S. "Social Media and Religion: Missiological Perspective on the Link between Facebook and the Emergence of Prophetic Churches in Southern Africa." *Verbum et Ecclesia* 39, no. 1 (2018): 1–6.

Kimotho, S. G., and R. N. Nyaga. "Digitized Ethnic Hate Speech: Understanding Effects of Hate Speech on Citizen Journalism in Kenya." *Advances in Language and Literary Studies (ALLS)* 7, no. 3 (2016): 189–200.

Knighton, Ben. "Issues of African Theology at the Turn of the Millennium." *Transformation* 21, no. 3 (2004): 150.

Koopman, Nico. "The Beyers Naudé Centre for Public Theology: Five Years On." In *Christian in Public: Aims, Methodologies and Issues in Public Theology*, edited by Len Hanson, 281. Stellenbosch: Beyers Naudé Series on Public Theology, 2007.

———. "In Search of a Transforming Public Theology: Drinking from the Wells of Black Theology." In *Contesting Post-Racialism: Conflicted Churches in the United States and South Africa*, edited by R. D. Smith et al., 211–255. Jackson: University of Mississippi Press, 2015.

———. "Public Theology as Prophetic Theology: More than Utopianism and Criticism." *Journal of Theology for Southern Africa* 133 (2009): 118.

———. "Public Theology in (South) Africa: A Trinitarian Approach." *International Journal of Public Theology* 1 (2007): 188–209.

———. "Racism in the Post-Apartheid South Africa." In *Questions About Life and Morality: Christian Ethics in South Africa Today*, edited by Louise Kretzschmar and Len Hulley, 165. Pretoria: Van Schaik, 1998. http://philpapers.org/rec/KOORIT.

———. "Some Contours for Public Theology in South Africa." *International Journal of Practical Theology* 14, no. 1 (2010): 123–138.

———. "Some Theological and Anthropological Perspectives on Human Dignity and Human Rights." *Scriptura* 95 (2007): 177–185.

Küng, Hans. "Declaration toward a Global Ethic." Parliament of the World's Religions (1993). https://www.global-ethic.org/declaration-toward-a-global-ethic/.

Kunhiyop, Samuel W. "Poverty: Good News for Africa." *Africa Journal of Evangelical Theology* 20, no. 1 (2001): 4. https://www.biblicalstudies.org.uk/pdf/ajet/20-1_003.pdf.

Lemarchand, Rene. *Burundi: Ethnic Conflict and Genocide*. Cambridge: Cambridge University Press, 1996.

Leo XII (Pope). "Rerum Novarum – Encyclical Letter of Pope Leo XIII on the Conditions of Labor" (1891). Providence College Digital Commons. https://digitalcommons.providence.edu/catholic_documents/13/.

Leonard, Gary S. D., ed. *The Kairos Documents*. Kwazulu Natal: University of KwaZulu Natal, 2010. For the full text of the Kairos Document, see https://kairossouthernafrica.wordpress.com/2011/05/08/the-south-africa-kairos-document-1985/.

Longman, Timothy. "Church Politics and the Genocide in Rwanda." *Journal of Religion in Africa* 31, no. 2 (1 January 2001): 163–186.

MacRobert, Jo. "Ungadinwa Nangomso – Don't Get Tired Tomorrow: A History of the Black Sash Advice Office in Cape Town 1968 to 1980." Unpublished PhD dissertation, University of Cape Town, 1993.

Mafeje, A. "Theory of Democracy and the African Discourse: Breaking Bread with Fellow Travellers." In *Democratisation Processes in Africa: Problems and Prospects*, edited by E. Chole and J. Ibrahim, 5–28. Dakar: CODESRIA, 1995.

Magezi, V. *HIV/AIDS, Poverty and Pastoral Care and Counselling*. Stellenbosch: African Sun Media, 2007.

Maluleke, Tinyiko Sam. "Of Africanised Bees and Africanised Churches: Ten Theses on African Christianity." *Missionalia* 38, no. 3 (2010): 373.

———. "Reflections and Resources: The Elusive Public of Public Theology: A Response to William Storrar." *International Journal of Public Theology* 5, no. 1 (2011): 79–89.

Mambo, Elias. "Embattled Chombo's Vast Property Empire under the Spotlight." *The Zimbabwe Independent*, 8 December 2017. https://www.theindependent.co.zw/2017/12/08/embattled-chombos-vast-property-empire-spotlight/.

Mambodiyani, Andrew. "Bank Loans beyond Reach for Zimbabwe Farmers without Land Titles." *Reuters*, 20 July 2016. https://www.reuters.com/article/us-zimbabwelandrights-farming-idUSKCN1001R4.

Mamdani, Mahmood. "The Social Basis of Constitutionalism in Africa." *Journal of Modern African Studies* (1990): 360.

Manala, M. J. "'A Better Life for All': A Reality or a Pipe-Dream? A Black Theology Intervention in Conditions of Poor Service Delivery in the Democratic South Africa." *Scriptura: International Journal of Bible, Religion and Theology in Southern Africa* 105, no. 1 (1 January 2010): 519–531.

Mandela, Nelson. *Long Walk to Freedom*. Boston: Little, Brown, 1994.

Mangalwadi, Vishal. *The Book that Made Your World: How the Bible Created the Soul of Western Civilization*. Nashville: Thomas Nelson, 2011.

Masango, M. "Leadership in the African Context." *Verbum et Ecclesia* 23, no. 3 (2002): 707–718.

Mathebula, E. M. "A Critical Analysis of the Crime Prevention Role of the Military Police Division in the South African National Defence Force (SANDF)." Unpublished doctoral dissertation, University of South Africa (UNISA), 2018.

Mathope, Gosebo. "Zim's 'Most Corrupt Official' Reportedly Found with R140m Cash, 'Owned 100 Properties.'" *The Citizen*, 20 November 2017. https://citizen.co.za/news/news-africa/1733903/zims-most-corrupt-official-reportedly-found-withr140m-cash-owned-100-properties/.

Maundeni, Z. "Why the African Renaissance Is Likely to Fail: The Case of Zimbabwe." *Journal of Contemporary African Studies* 22, no. 2 (2004): 199–202.

Mbiti, John. *African Religions and Philosophy.* New York: Doubleday, 1970.

McCombs, M., and D. Shaw. "The Agenda-Setting Function of Mass Media." *Public Opinion Quarterly* 36, no. 2 (1972): 176.

McIntosh, Esther. "Hearing the Other: Feminist Theology and Ethics." *International Journal of Public Theology* 4, no. 1 (2009): 1–4.

———. "Issues in Feminist Public Theology." In *Public Theology and the Challenge of Feminism*, edited by Stephen Burns and Anita Monro, 63–74. London: Routledge, Taylor & Francis Group, 2015.

———. "Public Theology, Populism and Sexism: The Hidden Crisis in Public Theology." In *Resisting Exclusion: Global Theological Responses to Populism*, 221–228. Geneva, Switzerland: Lutheran World Federation, 2019.

McKechnie, William Sharp. *Magna Carta: A Commentary on the Great Charter of King John.* Glasgow: James MacLehose & Sons, 1914.

Mda, Zakes. *When People Play People: Development Communication through Theatre.* Johannesburg: Witwatersrand University Press; London: Zed Books, 1993.

Mendieta, Eduardo, and Jonathan Vanantwerpen, eds. *The Power of Religion in the Public Sphere.* New York: Columbia University Press, 2011.

Migliore, Daniel L. *Faith Seeking Understanding: An Introduction to Christian Theology.* Grand Rapids: Eerdmans, 2004.

Miller, Sarah Deardorff. *Assessing the Impacts of Hosting Refugees.* World Refugee Council Research Paper No. 4 (2018): 1. https://www.cigionline.org/sites/default/files/documents/WRC%20Research%20Paper%20no.4.pdf.

Misra, Jagriti. "10 Facts about Africa's Education Crisis." The Borgen Project, 8 July 2017. https://borgenproject.org/10-facts-africas-education-crisis/s.

Moltmann, Jürgen. *Ethics of Hope.* Minneapolis: Fortress; Cambridge: Cambridge University Press, 2012.

———. *The Experiment of Hope.* London: SCM, 1975.

———. *Theology of Hope.* London: SCM, 1967.

Moltmann, Jürgen, Nicholas Wolterstorff, and Ellen T. Charry. *A Passion for God's Reign: Theology, Christian Learning and the Christian Self.* Grand Rapids: Eerdmans, 1998.

Moyo, A. "Material Things in African Society: Implication for Christian Ethics." In *Moral and Ethical Issues in African Christianity: A Challenge for African Christianity*, edited by J. N. K. Mugambi and A. Nasimiyu-Wasike, 50. Nairobi: Acton, 1999.

Mugambi, Jesse N. K. *Christian Theology & Social Reconstruction*. Nairobi: Acton, 2003.

———. "Christianity and the African Cultural Heritage." In *African Christianity: An African Story*, edited by Ogbu U. Kalu, 516–542. Pretoria: University of Pretoria, 2005.

———. *Democracy and Development in Africa: The Role of the Churches*. Nairobi: AACC, 1997.

———. *From Liberation to Reconstruction: African Christian Theology after the Cold War*. Nairobi: East African Educational Publishers, 1995.

Mume, J. O. "The African Traditional Doctor's Concept of Public Health." In *Principles and Practice of Public Health in Africa*, 6–10. Vol. 1, 2nd ed. Ibadan: University Press, 1996.

Mumuni, T. "Critical Pedagogy in the Eyes of Jesus Christ's Teachings: A Historical Study." *International Journal of Development and Sustainability* 7, no. 1 (2018): 340–354.

Mutonono, Dwight. *Stewards of Power: Restoring Africa's Dignity*. Carlisle, UK: HippoBooks, 2018.

Mutonono, Dwight S. M., and Makoto L. Mautsa. "Land." In *Africa Bible Commentary*, edited by Tokunboh Adeyemo, 290. Nairobi: WordAlive; Grand Rapids: Zondervan, 2006.

Mutua, Makau. "Why Redraw the Map of Africa: A Moral and Legal Inquiry." *Michigan Journal of International Law* 16 (1995): 1116. Available at: https://repository.law.umich.edu/mjil/vol16/iss4/3.

Mwangonde, Henry. "Magufuli Strikes Again: Uhuru Day Scrapped." *The Citizen*, 24 November 2016. https://www.thecitizen.co.tz/News/1840340-2969570-xr3dv6z/index.html.

Myers, Bryant L. *Walking with the Poor: Principles and Practices of Transformational Development*. Maryknoll, NY: Orbis, 1999 (rev. ed. 2011).

Nasiru El-Rufai, Ahmed et al. *Report of the APC Committee on True Federalism*. Nigeria: APC Adhoc Committee, 2018. https://pgfnigeria.files.wordpress.com/2018/01/volume-1-main-report-summary-of-findings-and-arecommendations.pdf.

Ndukwe, Olo. "Doing Theology in a Knowledge Society Today: A Nigerian Christian Public Theological Reflection." *Science Journal of Sociology and Anthropology* (14 April 2017). https://www.sjpub.org/sjsa/sjsa-164.pdf.

Ngalula, Jośee. "Some Current Trends of Christianity in Africa." *International Review of Mission* (2017): 228–240.

Nguru, F. W. "Development of Christian Higher Education in Kenya: An Overview." In *Christian Higher Education: A Global Reconnaissance*, edited by J. Carpenter, P. L. Glanzer, and N. S. Lantinga. Grand Rapids: Eerdmans, 2014.

Northouse, P. G. *Leadership: Theory and Practice*, 4th ed. Thousand Oaks, CA: Sage, 2007.
Nürnberger, Klaus. *Prosperity, Poverty and Pollution: Managing the Approaching Crisis.* Pietermaritzburg: Cluster, 1999.
———. *Regaining Sanity for the Earth.* Pietermaritzburg: Cluster, 2011.
———. "The Task of the Church Concerning the Economy in a Post-Apartheid South Africa." *Missionalia* 22, no. 2 (1994): 131.
Nussbaum, M. *Upheavals of Thoughts: The Intelligence of Emotions.* Cambridge: Cambridge University Press, 2001.
Nyaga, R., D. Njoroge, and C. Nyambuga. *An Introduction to Communication.* Nairobi: Oxford University Press, 2015.
Nyamiti, C. "A Critical Assessment on Some Issues on Today's African Theology." *African Christian Studies* 5, no. 1 (1989): 10.
Oberdorfer, Bernd. "Human Dignity and 'Image of God.'" *Scriptura* 104 (2010): 231–239.
Oden, Thomas C. *How Africa Shaped the Christian Mind: Rediscovering the African Seedbed of Western Christianity.* Downers Grove, IL: InterVarsity Press, 2007.
Oduyoye, Mercy Amba. *Introducing African Women's Theology.* Sheffield: Sheffield Academic Press, 2001.
Ogah Abah, Steve. "Vignettes of Communities in Action: An Exploration of Participatory Methodologies in Promoting Community Development in Nigeria." *Community Development Journal* 42, no. 4 (2007): 435–448.
Omollo, K. "Bishop Okullu: A Man of God with a Heart for Justice." *Standard Media Digital*, 13 Feb. 2014. https://www.standardmedia.co.ke/article/2000104598/bishop-okullu-a-man-of-god-with-a-heart-for-justice.
Orobator, A. E. *From Crisis to Kairos: The Mission of the Church in the Time of HIV/AIDS, Refugees, and Poverty.* Nairobi: Paulines Publications Africa, 2005.
Paeth, Scott R. et al. *Shaping Public Theology: Selections from the Writings of Max L. Stackhouse.* Grand Rapids: Eerdmans, 2014.
Palagashvili, Liya. "African Chiefs: Comparative Governance under Colonial Rule." *Public Choice* 174, no. 3–4 (11 January 2018): 277–300. https://doi.org/10.1007/s11127-018-0499-3.
Parsitau, Damaris S. "From the Periphery to the Centre: The Pentecostalisation of Mainline Christianity in Kenya." *Missionalia* 35, no. 3 (2007): 83–111.
Paul III (Pope). "*Sublimus Deus*: On the Enslavement and Evangelization of Indians." (1537). Papal Encyclicals Online. https://www.papalencyclicals.net/paul03/p3subli.htm.
Payment, Maggi. "Millennials: The Emerging Work Force." *Career Planning and Adult Development Journal* 24, no. 3 (2008): 23.
Phillips, Merran W. "The End Conscription Campaign 1983–1988: A Study of White Extra-Parliamentary Opposition to Apartheid." Unpublished Master's thesis, University of South Africa, 2002. https://core.ac.uk/download/pdf/43175117.pdf.

Phiri, Isaac. "Evolution of Anti-Corruption Journalism in Africa: Lessons from Zambia." *Global Media Journal – African Edition* 2, no. 1 (2008): 18. https://globalmedia.journals.ac.za/pub/article/view/32.

Pierson, Christopher. *The Modern State*. London: Routledge, 1996.

Pillay, J. "Faith and Reality: The Role and Contributions of the Ecumenical Church to the Realities and Development of South Africa since the Advent of Democracy in 1994." *HTS Teologiese Studies/Theological Studies* 73, no. 4 (2017): 2.

Plantinga, Cornelius, Jr. "Hodgson-Welch Debate and the Analogy of the Trinity." PhD dissertation, Princeton Theological Seminary, 1982.

Polkinghorne, John, and Michael Welker. *The End of the World and the Ends of God: Science and Theology on Eschatology*. Harrisburg, PA: Trinity Press International, 2000.

Pontifical Council for Justice and Peace. *Compendium of the Social Doctrine of the Church*. http://www.vatican.va/roman_curia/pontifical_councils/justpeace/documents/rc_pc_justpeace_doc_20060526_compendio-dott-soc_en.html.

Preamble to the ACHPR, Paragraph 7. http://www.humanrights.se/wp-content/uploads/2012/01/African-Charter-on-Human-and-Peoples-Rights.pdf.

Priest, Robert J., and Kirimi Barine, eds. *African Christian Leadership: Realities, Opportunities, and Impact*. Carlisle: Langham Global Library, 2019.

Publish What You Pay (PWYP). "Who We Are." https://www.pwyp.org/about/.

Reno, William. *Corruption and State Politics in Sierra Leone*. Cambridge: Cambridge University Press, 1995.

Ringson, John. "Zunde RaMambo as a Traditional Coping Mechanism for the Care of Orphans and Vulnerable Children: Evidence from Gutu District, Zimbabwe." *African Journal of Social Work* 7, no. 2 (2017): 54. https://www.ajol.info/index.php/ajsw/article/viewFile/165227/154687.

Robert, Dana L. *Christian Mission: How Christianity Became a World Religion*. Chichester: Wiley-Blackwell, 2009.

Rohr, Richard. *The Universal Christ*. New York: Convergent, 2019.

Ross, Kenneth. "Doing Theology with a New Historiography." *Journal of Theology for Southern Africa* 99 (1997): 94–98.

Sachikonye, L. *When the State Turns on Its Citizens: 60 Years of Institutionalised Violence in Zimbabwe*. Harare: Weaver Press, 2011.

Saliers, D. E. *Worship as Theology: Foretaste of Divine Glory*. Nashville: Abingdon, 1994.

Sam Maluleke, Tinyiko. "Reflections and Resources: The Elusive Public of Public Theology: A Response to William Storrar." *International Journal of Public Theology* 5 (2011): 79–89.

Sanneh, Lamin. *The Accra Charter of Religious Freedom and Citizenship*. Oxford: OMSC Publications, 2012.

———. *Translating the Message: The Missionary Impact on Culture*, 2nd ed. Maryknoll, NY: Orbis, 2015.

Schultz, John. *Commentary to the Book of Leviticus* (Bible-Commentaries.com, 2002). http://www.bible-commentaries.com/source/johnschultz/BC_Leviticus.pdf.

Schwab, Klaus. *United Nation's World Economic Forum's Global Competitiveness Report 2014-2015*. Switzerland: World Economic Forum, 2014. http://www3.weforum.org/docs/WEF_GlobalCompetitivenessReport_2014-15.pdf.

Schwenger, Björn. "'Heresy' or 'Phase of Nature'?: Approaching Technology Theologically." *European Journal of Theology* 25, no. 1 (2016): 44.

Setiloane, Gabriel. "Towards a Biocentric Theology and Ethic – via Africa." *Journal of Black Theology* 9, no. 1 (1995): 52–66.

Shaw, Flora L. *A Tropical Dependency: An Outline of the Ancient History of the Western Soudan, with an Account of the Modern Settlement of Northern Nigeria*. London: James Nisbet, 1905.

Shaw, Jeffrey. "Illusions of Freedom: Thomas Merton and Jacques Ellul on Technology and the Human Condition." *Religion and Theology* 25, no. 1 (2018): 152.

Sindima, Harvey. "Community of Life: Ecological Theology in African Perspective." In *Liberating Life: Contemporary Approaches in Ecological Theology*, edited by Charles Birch, William Eaken, and Jay B. McDaniel, 137–138. Maryknoll, NY: Orbis, 1990.

———. "Community of Life." *Ecumenical Review* 41, no. 4 (1989): 537–551.

Skinner, Matthew L. "Matthew 20:1–16: Justice Comes in the Evening." Blog posted on 2 November 2011. https://www.patheos.com/blogs/onscripture/2011/11/matthew201-16-justice-comes-in-the-evening/.

Smit, Dirk J. "Does It Matter?: On Whether There Is Method in the Madness." In *A Companion to Public Theology*, edited by Sebastian C. H. Kim and Katie Day, 75. Leiden: Brill, 2017.

———. *Essays on Being Reformed: Collected Essays 3*. Edited by R. Vosloo. Stellenbosch: SUN, 2009.

———. "Liturgy and Life? On the Importance of Worship for Christian Ethics." *Scriptura* 62 (1997): 261-262. http://citeseerx.ist.psu.edu/viewdoc/download?doi=10.1.1.1014.93&rep=rep1&type=pdf.

———. "Notions of the Public and Doing Theology." *International Journal of Public Theology* 1 (2007): 431–454.

———. "The Paradigm of Public Theology: Origins and Development." In *Contextuality and Intercontextuality in Public Theology*, edited by Heinrich Bedford-Strohm, Florian Höhne, and Tobias Reitmeier, 11–23. Münster: LIT Verlag, 2013.

Sookhdeo, Patrick. *Unmasking Islamic State: Revealing Their Motivation, Theology and End Time Predictions*. McLean, VA: Isaac, 2015.

South African Council of Churches, Climate Change Committee. *Climate Change: A Challenge to the Churches in South Africa*. Marshalltown: SACC, 2009. https://acen.anglicancommunion.org/media/61434/climate_change_churches_in_sa.pdf.

Sow, Mariama. "Figures of the Week: Africa, Education, and the 2018 World Development Report." Brookings: Africa in Focus (6 October 2017). https://

www.brookings.edu/blog/africa-in-focus/2017/10/06/figures-of-the-week-africaeducation-world-development-report-2018/.

Speckman, M. T. *A Biblical Vision for Africa's Development?* Pietermaritzburg, South Africa: Cluster, 2007.

Springer, Ed. "An Introduction to Intergenerational Ministry," Youthworks (2019). https://youthworks.net/articles/an-introduction-to-intergenerationalministry.

Stackhouse, Max. *Public Theology and Political Economy: Christian Stewardship in Modern Society.* Lanham, MD: University Press of America, 1991.

———. "Reflections on How and Why We Go Public." *International Journal of Public Theology* 1 (2007): 426.

Stark, Rodney. *The Rise of Christianity.* New York: Harper Collins, 1997.

Stengel, Richard. "We're In the Middle of a Global Information War: Here's What We Need to Do to Win." *Time* (26 September 2019): 36–39. https://time.com/5686843/global-information-war/.

Steuernagel, Valdir R. "Doing Theology with an Eye on Mary." *Evangelical Review of Theology* 27 (2003): 100–112.

Storey, Peter. "Banning the Flag from Our Churches: Learning from the Church-State Struggle in South Africa." In *Between Capital and Cathedral: Essays on ChurchState Relationships*, edited by Wessel Bentley and Dion A. Forster, 3. Pretoria: University of South Africa, 2012.

———. *I Beg to Differ: Ministry Amid the Teargas.* Cape Town: Tafelberg, 2018.

Stott, John. *Issues Facing Christians Today: New Perspective on Social and Moral Dilemmas.* London: Marshal Pickering, 1990.

Swanepoel, Hennie, and Frik de Beer. *Community Development: Breaking the Cycle of Poverty*, 5th ed. Cape Town, South Africa: Juta Academic, 2012.

Tangonyire, R. C., and L. K. Achal. *Economic Behaviour as If Others Too Had Interests.* Bamenda: Langaa RPCIG, 2012.

Taylor, John. *Christianity and Politics in Africa.* Westport, CT: Greenwood, 1979.

Tearfund. "Church and Community Mobilisation in Africa." https://learn.tearfund.org/~/media/files/tilz/churches/ccm/2017-tearfund-ccm-in-africa-en.pdf.

———. "Community Action Groups." Tearfund learn (n.d.). https://learn.tearfund.org/en/resources/publications/footsteps/footsteps_101-110/footsteps_106/community_action_groups/.

———. "Mobilizing Churches and Communities." Tearfund learn (n.d.). https://learn.tearfund.org/en/themes/church_and_community/mobilising_churches_and_communities/.

Theron, P. M., and G. A. Lotter. "Corruption: How Should Christians Respond?" *Acta Theologica* 32, no. 1 (2012): 96–117. https://www.ajol.info/index.php/actat/article/download/78840/69162.

Theuri, M. "Poverty in Africa." In *Theology of Reconstruction: Exploratory Essays*, edited by M. N. Getui and E. A. Obeng, 233. Nairobi: Acton/EATWOT, 1999.

Thomson, Jessie. *Durable Solutions for Burundian Refugees in Tanzania* (2008). https://www.fmreview.org/sites/fmr/files/FMRdownloads/en/protracted/thomson.pdf.

Tshaka, Rothney S. "African, You Are on Your Own!: The Need for African Reformed Christians to Seriously Engage Their Africanity in Their Reformed Theological Reflections." *Scriptura* 96 (2007): 533–548.

———. "On Being African and Reformed? Towards an African Reformed Theology Enthused by an Interlocution of Those on the Margins of Society." *HTS Theological Studies* 70, no. 1 (2014): 1–7.

Tshaka, R. S., and A. P. Phillips. "The Continued Relevance of African/Black Christologies in Reformed Theological Discourses in South Africa Today." *Dutch Reformed Theological Journal/Nederduitse Gereformeerde. Teologiese Tydskrif* 53, no. 3 & 4 (2012): 353–362.

Tutu, Desmond. "Black Theology and African Theology: Soulmates or Antagonists?" *Journal of Religious Thought* 2 (1975): 42.

———. *No Future without Forgiveness*. New York: Doubleday, 1999.

UNESCO Institute for Statistics. "Education in Africa." UNESCO (n.d.). http://uis.unesco.org/en/topic/education-africa.

UNICEF. "Trafficking in Human Beings, especially Women and Children." UNICEF Innocenti Resource Centre (2003), 3. https://www.unicef-irc.org/publications/pdf/trafficking-gb2ed-2005.pdf.

United Nations. "Transforming Our World: The 2030 Agenda for Sustainable Development." *Sustainable Development Goals Knowledge Platform* 21. https://sustainabledevelopment.un.org/post2015/transformingourworld/publication.

———. *Africa Sustainable Development Report: Towards a Transformed and Resilient Continent*. United Nations Economic Commission for Africa (2018). https://www.uneca.org/publications/2018-africa-sustainable-development-report.

United Nations Department of Economic and Social Affairs: Indigenous Peoples (2007). *Declaration on the Rights of Indigenous Peoples* (UNDRIP). https://www.un.org/development/desa/indigenouspeoples/wp-content/uploads/sites/19/2018/11/UNDRIP_E_web.pdf.

———. Population Division. *International Migration Report 2017* (ST/ESA/SER.A/403). https://www.un.org/en/development/desa/population/migration/publications/migrationreport/docs/MigrationReport2017.pdf.

United Nations Development Programme. *Human Development Report 1998*. (New York: Oxford University Press, 1998), 25. http://hdr.undp.org/sites/default/files/reports/259/hdr_1998_en_complete_nostats.pdf.

United Nations High Commissioner for Refugees (UNHCR). "Chapter 10: Information Strategy." In *Refugee Protection and Mixed Migration: The 10-Point Plan in Action* (Geneva 2011). http://www.unhcr.org/50a4c2289.pdf.

———. *Refugee Status Determination: Identifying Who Is a Refugee*. Self-study module 2 (Geneva, 2005). https://www.refworld.org/pdfid/43141f5d4.pdf.

———. *UNHCR Protection Training Manual for European Border and Entry Officials: 3 Who Is a Refugee?* Brussels: UNHCR Bureau for Europe, 2011. https://www.unhcr.org/4d944c319.pdf.

Vander Lugt, Wesley, and Trevor Hart, eds. *Theatrical Theology: Explorations in Performing the Faith*. Cambridge: Lutterworth, 2014.

Verster, P. *New Hope for the Poor: A Perspective on the Church in Informal Settlements in Africa*. Bloemfontein: Sun Media, 2012.

Villa-Vicencio, Charles. *A Theology of Reconstruction: Nation-Building and Human Rights*. New York: Cambridge University Press, 1992.

Waghid, Y. "On the Relevance of a Theory of Democratic Citizenship Education for Africa." In *African Democratic Citizenship Education Revisited*, edited by Y. Waghid and N. David, 1–12. London: Palgrave Macmillan, 2018).

Walls, Andrew. *The Cross-Cultural Process in Christian History*. Maryknoll, NY: Orbis, 2002.

———. *The Missionary Movement in Christian History: Studies in the Transmission of Faith*. Maryknoll, NY: Orbis, 1996.

Walton, John. "Deuteronomy: An Exposition of the Spirit of the Law." *Grace Theological Journal* 8, no. 2 (1987): 213–225.

Walzer, M. *Spheres of Justice: A Defense of Pluralism and Equality*. New York: Basic Books, 1983.

Wardle, Claire. "Fake News. It's Complicated." First Draft (16 February 2017). https://medium.com/1st-draft/fake-news-its-complicated-d0f773766c79.

Ware, Bruce A. "The Father, the Son, and the Holy Spirit: The Trinity as Theological Foundation for Family Ministry." *Journal of Discipleship and Family Ministry* 1, no. 2. https://www.sbts.edu/family/2011/10/10/the-father-the-son-and-the-holyspirit-the-trinity-as-theological-foundation-for-family-ministry/.

Weanzana, Nupanga. "Word and Deed: Patterns of Influential African Christian Organizations." In *African Christian Leadership: Realities, Opportunities, and Impact*, edited by Robert J. Priest and Kirimi Barine. Carlisle: Langham Global Library, 2019.

Weber, Max. *Economy and Society: Volume 1*. New York: Bedminster, 1978.

———. *Economy and Society, Volume 2*. New York: Bedminster, 1978.

Welch, Claude E. "The Organisation of African Unity and the Promotion of Human Rights." *Journal of Modern African Studies* 29 (1991): 535–555.

West, Gerald. *Biblical Hermeneutics of Liberation: Modes of Reading the Bible in the South African Context*, 2nd ed. Pietermaritzburg: Cluster, 1995.

West, M. O. *The Rise of an African Middle Class: Colonial Zimbabwe, 1898–1965*. Bloomington: Indiana University Press, 2002.

White, Lynn. "The Historical Roots of our Ecologic Crisis." *Science* 155 (1967): 1203–1207.

White, P., Fortune Tella, and Mishael Donkor Ampofo. "A Missional Study of the Use of Social Media (Facebook) by some Ghanaian Pentecostal Pastors." *Koers* 81, no. 2 (2016): 1–8.

Wikipedia. "John Maguguli." https://en.wikipedia.org/wiki/John_Magufuli#Presidency.

Williams, Rowan. "Convictions, Loyalties and the Secular State." *Political Theology* 6, no. 2 (2005): 154.

Wingfield-Hayes, Rupert. "Why Does Japan Have Such a High Suicide Rate?" BBC News Tokyo (3 July 2015). https://www.bbc.com/news/world-33362387.

Wink, Walter. *Engaging the Powers: Discernment and Resistance in a World of Domination.* Minneapolis: Fortress, 1998.

———. *When the Powers Fall: Reconciliation in the Healing of Nations.* Minneapolis: Fortress, 1998.

Wolterstorff, Nicholas. "Justice as Condition for Authentic Liturgy." *Theology Today* 48 (1991): 6–21.

———. "Liturgy, Justice and Holiness." *Reformed Journal* 16 (1989): 12–20.

———. *Until Justice and Peace Embrace.* Grand Rapids: Eerdmans, 1983.

Woodruff, Jim. "Advantages and Disadvantages of Unions for Employers." bizfluent (20 October 2018). https://bizfluent.com/info-12140728-advantages-disadvantagesunions-employers.html.

World Conference on Human Rights. "Vienna Declaration and Programme of Action." (Vienna, 1993), articles 5 and 8. https://www.ohchr.org/en/professionalinterest/pages/vienna.aspx.

World Council of Churches. *Confessing the One Faith: An Ecumenical Explication of the Apostolic Faith as It Is Confessed in the Nicene-Constantinopolitan Creed.* Geneva: WCC, 1991.

———. *Together towards Life: Mission and Evangelism in Changing Landscapes,* edited by Jooseop Keum. Geneva: WCC Publications, 2013. https://www.oikoumene.org/en/resources/publications/TogethertowardsLife_MissionandEvangelism.pdf.

World Health Organization. *Constitution of the World Health Organization: Basic Documents,* 45th ed. Supplement (October 2006). https://www.who.int/governance/eb/who_constitution_en.pdf.

———. *A Heavy Burden: The Indirect Cost of Illness in Africa.* Brazzaville: WHO Regional Office for Africa, 2019. https://reliefweb.int/report/world/heavy-burdenindirect-cost-illness-africa.

Wright, Christopher J. H. *The Mission of God: Unlocking the Bible's Grand Narrative.* Nottingham: Inter-Varsity Press, 2006.

———. *Old Testament Ethics for the People of God.* Downers Grove, IL: IVP Academic, 2011.

Yukl, Gary. *Leadership in Organizations,* 8th ed. Saddle River, NJ: Prentice Hall, 2002.

Zambian Observer. "Ignatius Chombo: Zimbabwe's Finance Minister Net Worth Over $1.2 Billion." (27 November 2017). https://www.zambianobserver.com/ignatiuschombo-zimbabwes-home-affairs-minister-net-worth-over-1-2-billion/.

Zvarivadza, Tawanda. "Making the Most out of Zimbabwe's Marange Diamonds: Leaving a Lasting Positive Legacy for Distressed Communities." *Mine Closure 2015*, 10th International Conference on Mine Closure, Vancouver, Canada: InfoMine Inc., 1. https://www.researchgate.net/publication/282658002_Making_the_most_out_of_Zimbabwe's_Marange_diamonds_leaving_a_lasting_positive_legacy_for_distressed_communities.

Zvobgo, R. *The Post-Colonial State and Educational Reform in Zimbabwe, Zambia and Botswana*. Harare: Zimbabwe Publishing, 1996.

www.ingramcontent.com/pod-product-compliance
Lightning Source LLC
Chambersburg PA
CBHW071351300426
44114CB00033B/1412